PMO
知识体系指南

《PMO知识体系指南》编写组 ◎编著

Guide to
the PMO Body of
Knowledge

《PMO 知识体系指南》通过对 PMO 工作实践的提炼、总结，探讨了 PMO 对组织持续发展的贡献、PMO 的价值、PMO 的工作职责和原则、PMO 的工作内容、PMO 的最佳实践及常用工具和技术等项目管理界普遍关注的问题，形成了可复用的、标准的体系。本书希望能够在一定范围内创造 PMO 及其项目管理的最佳秩序，对项目管理潜在问题和现实问题制定通用和可重复使用的规则，大大提高项目管理的效率和质量，充分发挥出 PMO 对组织不可替代的作用，使组织在日益激烈的竞争中立于不败之地。

图书在版编目（CIP）数据

PMO 知识体系指南 /《PMO 知识体系指南》编写组编著．－－北京：机械工业出版社，2024.10（2025.4 重印）．
ISBN 978-7-111-76804-3

Ⅰ. F272-62

中国国家版本馆 CIP 数据核字第 20247FZ148 号

机械工业出版社（北京市百万庄大街 22 号 邮政编码 100037）
策划编辑：孟宪勐　　　　　　　　责任编辑：孟宪勐　高珊珊
责任校对：张勤思　杨　霞　景　飞　责任印制：刘　媛
涿州市般润文化传播有限公司印刷
2025 年 4 月第 1 版第 3 次印刷
185mm×260mm・25.25 印张・1 插页・394 千字
标准书号：ISBN 978-7-111-76804-3
定价：89.00 元

电话服务　　　　　　　　　　网络服务
客服电话：010-88361066　　　机　工　官　网：www.cmpbook.com
　　　　　010-88379833　　　机　工　官　博：weibo.com/cmp1952
　　　　　010-68326294　　　金　书　网：www.golden-book.com
封底无防伪标均为盗版　　　　机工教育服务网：www.cmpedu.com

前　言

指南背景

当下，越来越不确定的、模糊的、复杂的、易变的时代环境呼唤越来越快节奏的应对模式，项目管理模式能够快速响应甚至拥抱变化业已成为共识。无论是追求卓越的企业还是专注于创新的初创公司，都面临着在有限的资源和严格的时间框架内实现目标的挑战，因此，项目管理已经成为组织成功的关键要素之一。项目管理不仅仅是一种方法，更是一种战略性工具，能够协调、控制和优化资源，以确保项目的顺利实施。

作为组织项目管理的载体，项目管理办公室（Project Management Office，PMO）义不容辞地担当起通过有效开展项目管理，助力组织应对环境变化，在激烈的市场竞争中立于不败之地的大任。时代呼唤一部为PMO指明方向的指导手册，《PMO知识体系指南》应运而生。

本指南汇聚了中国PMO/PM社区中近三百位杰出项目管理专家的卓越智慧与经验结晶。这些来自全国各地的精英均拥有深厚的项目管理实战经验及卓著成就，在各自领域内引领潮流，共创了这份代表国内项目管理前沿水平的宝贵指南。行业涉及互联网、通信、金融、人工智能、IT、卫星遥感、航空航天、石油化工、教育、新能源/传统汽车制造、建筑、新媒体、智能制造、医疗/医药、餐饮、零售连锁等。

本指南旨在提供一套全面而实用的、组织视角下的项目管理原则和实践指引，帮助读者理解如何有效地从组织全局的角度管理项目集和项目，做好项目组合管理，支撑组织战略落地。

指南目的

本指南由前言、概述及八大管理领域和一个能力模型构成。通过本指南，希望读者能够获得全面的 PMO 项目管理知识和方法，以 PMO 的视角在复杂的商业环境中取得成功。无论你是经验丰富的项目经理，还是初次涉足项目管理领域的新手，本指南都将提供宝贵的见解和实用的工具，助你成为卓越的 PMO 专业人士。

指南受众

本指南的主要受众包括但不限于以下人员。

- **PMO/PM 从业者**：项目组合、项目集或项目管理办公室（PMO）人员，项目经理，项目团队成员，项目干系人。
- **产品管理从业者**：产品经理、产品需求方、产品负责人。
- **组织职能管理者**：组织董事会成员、组织高管，项目、项目集和项目组合发起人，项目治理委员会成员，职能经理、运营经理、组织中层管理者，职能管理岗位人员。
- **项目管理学习者**：在校、在职学习项目管理相关专业的人员。
- **项目管理研究和教授者**：专职/兼职 PMO/PM 研究人员，专职/兼职项目管理工作人员，PMO/PM 讲师。
- **其他人员**：其他对项目管理、PMO 感兴趣的人员。

指南结构

本指南主体由八大管理领域和一个能力模型构成，如图 0-1 所示。

- **战略管理**：通过从项目管理视角为组织制定战略并闭环管理，为组织输送快速响应变化的能力——PMO 努力的方向。
- **效益管理**：通过搭建效益管理框架来进行识别、分析、规划、达成、评估和维持效益的有效管理，实现组织的价值，确保组织战略落地——PMO 工作的底层逻辑。

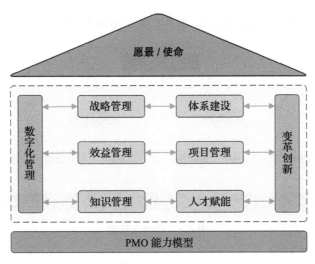

图 0-1 指南主体框架

- **体系建设**：通过构建、监督和维护组织项目管理体系，持续提升组织竞争力——形成 PMO 的治理能力。
- **项目管理**：通过全生命周期的项目管理及与运营管理的无缝对接，为组织输送源源不断的项目成果——形成 PMO 的执行能力。
- **变革创新**：通过变革创新框架——五阶段（ABCDE）+十过程，全面、系统地管理组织变革创新，为组织适应市场竞争提供有力支撑——PMO 的灵魂。
- **数字化管理**：兼顾组织数字化转型项目管理和数字化项目管理，为组织适应数字化竞争大潮提供动力——PMO 发展的趋势。
- **知识管理**：通过及时、全面地获取、共享、应用和创新组织知识，打造学习型组织，以支持组织知识资产的持续积累和创新——形成 PMO 推动组织学习的能力。
- **人才赋能**：通过向下、向上、横向及全员四个重要方向，打造组织项目管理人才资源池，为组织夯实项目管理地基——形成 PMO 的赋能力。
- **PMO 能力模型**：全面梳理了 PMO 及 PMO 从业者的能力，并创新性地提出 PMO 成熟度模型，以为组织不断提升项目管理水平提供方法和路径——PMO 发展力核心。

如希望了解更为详细的信息，图 0-2 是本指南的全景图。

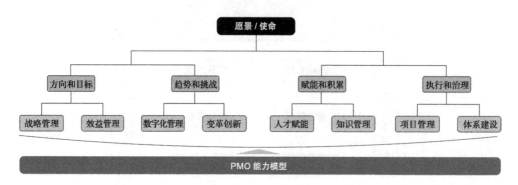

图 0-2　指南全景图

目 录

前 言

第1章 概述 1
1.1 PMO 的定义 1
1.1.1 PMO 的定位 2
1.1.2 PMO 的作用 3
1.1.3 PMO 的知识领域 5
1.2 PMO 的组建和运行 7
1.2.1 PMO 的运行环境 7
1.2.2 PMO 的组织支持 8
1.2.3 PMO 的岗位设置 9
1.2.4 PMO 团队组建五阶段 10
1.3 PMO 的工作原则 12

第2章 战略管理领域 14
2.1 概述 15
2.1.1 战略管理 15
2.1.2 PMO 统筹战略管理的优势 17
2.1.3 PMO 战略管理的原则 17
2.2 战略管理框架 19
2.2.1 战略分析 19
2.2.2 战略制定 27

2.2.3　战略实施　　37
　　2.2.4　战略评估　　43

第3章　体系建设领域　　52

3.1　概述　　53
3.2　体系建设的必要性　　53
3.3　组织常见体系　　54
3.4　体系建设的原则　　59
3.5　体系建设的步骤　　60
　　3.5.1　需求分析　　60
　　3.5.2　体系规划与设计　　61
　　3.5.3　体系实施与执行　　63
　　3.5.4　体系落地监督与控制　　64
　　3.5.5　持续改进　　65
　　3.5.6　体系文化培养　　66
3.6　工具和方法论　　68
　　3.6.1　通用工具和方法论　　68
　　3.6.2　战略管理体系的工具和方法论　　69
　　3.6.3　研发流程体系的工具和方法论　　70
　　3.6.4　营销管理体系的工具和方法论　　70
3.7　项目管理体系建设　　71
　　3.7.1　项目管理体系需求分析　　71
　　3.7.2　项目管理体系规划与设计　　72
　　3.7.3　项目管理体系实施与监督　　78
　　3.7.4　项目管理体系持续改进　　80
　　3.7.5　项目管理文化培养　　82
　　3.7.6　项目管理体系建设工具和方法论　　84
附录3A　项目管理体系建设相关工具　　94

第4章　项目管理领域　　95

4.1　概述　　95

4.1.1　PMO 项目管理的组织定位	95
4.1.2　项目管理的指导原则	96
4.2　过程管理	**103**
4.2.1　基础支撑	103
4.2.2　基础规划	115
4.2.3　关键行动	118
4.2.4　评价激励	124
附录 4A　项目管理运营相关工具	**128**
附录 4B　LTC、IPD、ITR 流程图	**133**
附录 4C　项目干系人管理	**135**
附录 4D　项目常见阻力和应对策略	**140**

第 5 章　人才赋能领域　142

5.1　概述	**143**
5.1.1　定位	143
5.1.2　职责与原则	143
5.2　赋能项目人才	**145**
5.2.1　项目人才开发	147
5.2.2　项目人才培养	149
5.2.3　项目人才任用	155
5.2.4　项目人才评价	159
5.2.5　项目人才激励	164
5.2.6　项目人才职业发展	169
5.3　赋能高层管理者	**175**
5.3.1　目标	175
5.3.2　方式	176
5.3.3　内容	177
5.4　赋能协同部门	**178**
5.4.1　目标	178

5.4.2	流程	179
5.4.3	工具	181
5.5	赋能全员	181
5.5.1	知识、技能、沟通和领导力赋能	182
5.5.2	实施框架与措施	183
5.5.3	方法	184

第 6 章　知识管理领域　　188

6.1	概述	189
6.1.1	知识	189
6.1.2	知识管理	191
6.1.3	PMO 与知识管理	192
6.2	知识管理过程	193
6.2.1	知识获取	193
6.2.2	知识共享	200
6.2.3	知识应用	205
6.2.4	知识创新	210
6.3	知识产权保护	215
6.3.1	知识产权	215
6.3.2	知识产权的保护	216

附录 6A　常见知识管理系统　　221

第 7 章　变革创新领域　　222

7.1	概述	222
7.1.1	变革创新	222
7.1.2	PMO 与变革创新	224
7.2	变革创新框架	231
7.2.1	阶段一：唤醒重视	234
7.2.2	阶段二：获得认可	238

7.2.3 阶段三：构建能力　　　243

7.2.4 阶段四：试点实施　　　250

7.2.5 阶段五：推广优化　　　258

7.3 关键成功因素　　　268

7.3.1 要素一：价值　　　268

7.3.2 要素二：领导力　　　269

7.3.3 要素三：持续变革　　　270

附录7A 变革创新相关工具技术　　　272

第8章　数字化管理领域　　　276

8.1 PMO的角色与职责　　　276

8.1.1 数字化转型项目管理　　　277

8.1.2 PMO的新角色和挑战　　　278

8.2 数字化转型项目管理框架和实施方法　　　279

8.2.1 定义战略目标　　　279

8.2.2 制定管理框架　　　281

8.2.3 管理数字化转型项目　　　287

8.3 数字化项目管理　　　288

8.3.1 数字化项目管理成熟度模型　　　288

8.3.2 项目管理数字化平台建设　　　294

8.3.3 项目管理数字化平台运营　　　304

8.4 数字化项目治理　　　306

8.4.1 文化建设　　　306

8.4.2 人才培养　　　309

第9章　效益管理领域　　　310

9.1 概述　　　310

9.1.1 效益与效益管理　　　310

9.1.2 效益管理的关键原则　　　314

  9.1.3　效益管理的核心要素　315
9.2　效益管理的内容　317
  9.2.1　PMO 与效益管理　317
  9.2.2　效益管理组织搭建　323
  9.2.3　效益管理制度制定　325
9.3　效益管理流程　327
  9.3.1　目标设定　328
  9.3.2　效益分析　333
  9.3.3　效益计划　334
  9.3.4　实施监控　335
  9.3.5　评估反馈　336
9.4　效益管理的未来及发展　338
  9.4.1　效益管理的未来与前景　338
  9.4.2　PMO 在效益管理领域的发展　339
附录 9A　效益管理与其他领域的关系　340
附录 9B　效益管理的工具和方法　342
附录 9C　各行业效益管理重点　343

第 10 章　PMO 能力模型　344

10.1　PMO 能力构成　344
  10.1.1　基本能力　345
  10.1.2　必备能力　351
  10.1.3　扩展能力　354
10.2　PMO 成熟度模型　360
  10.2.1　各级别关键特征　361
  10.2.2　分级标准　362
  10.2.3　评估标准　363
10.3　PMO 从业者能力模型　367
  10.3.1　基本素质和能力　367

10.3.2	项目管理专业能力	370
10.3.3	业务能力	374
10.3.4	技术能力	379
10.3.5	综合管理能力	382

附录 《PMO 知识体系指南》编审人员　　386

第 1 章　概述

1.1　PMO 的定义

通常，Project Management Office（PMO）可被翻译为项目组合、项目集或项目管理办公室等，在不同领域和组织中的具体称呼可能有所不同，为简便起见，本指南统一使用其缩写——PMO。

在实践中，不同组织对 PMO 的定位、赋予的权责有很大差别。本指南阐述的是广义上的 PMO，其工作内容不仅限于项目治理和项目管理等工作，而是在组织高层的位置上，承担项目治理以及项目组合、项目集和项目管理（为行文简便，除特别说明以外，以下均将"项目组合、项目集和项目"简称为"项目"，将"项目组合管理、项目集管理和项目管理"简称为"项目管理"）的职责，对项目相关的治理过程进行标准化，为项目组合、项目集和项目管理提供资源、方法论、工具。在上层建筑中，PMO 担任统筹战略管理的任务；在中层管理中，PMO 负责推动项目管理体系建设，实施项目管理，组织改革和创新，组织项目数字化转型，实现项目效益管理；在下层夯实中，PMO 负责推动项目人才赋能，参与知识管理以及为组织建设 PMO 能力。可以说，PMO 是组织战略改革的提倡者、决策的落地者、机制的建设者。

本指南中的 PMO，泛指项目管理部门、项目管理中心、流程改进中心、变革管理中心、项目与综合管理部门等，是为了协调、管理和优化战略管理、项目管理、流程改进、质量管理、效益管理、变革管理、数字化管理等而设立的专门机构。PMO 致力于提高组织内外部管理的效率、质量、效果和成果，使组织能够更好地通过项目来实现战略目标和商业价值。PMO 通过标准化、框架化、最佳实践的推广和实施，提供战略管理、项目管理、流程改进等全方位的支持，为组织提供决策参考、行动建议、项目实施和管理服务等，从而增强组织的核心竞争力，推动业务可持续发展。

1.1.1 PMO 的定位

PMO 是组织中专门负责管理项目组合、项目集、项目的职能机构，其职责不仅限于项目的管理和实现，还包括与战略管理的协调，推进体系建设和数字化转型，推动人才赋能，提升组织绩效，推动组织变革和创新等方面的工作。PMO 通过提供项目组织结构、流程管理、绩效管理、风险管理、资源管理、知识管理等服务，支持管理层制定和实施组织战略、实施项目计划，推动组织改进和优化以及实现商业目标。

PMO 是组织的战略性中枢部门，是应对市场变化、实现组织目标和增强组织核心竞争力的关键因素之一，它不仅提供日常项目管理的服务，还是体系建设、数字化转型、组织变革等关键的推动者和协调者。PMO 还会定期进行项目管理评估和优化，以保证项目组织的效率和质量。图 1-1 呈现了 PMO 的职能。

大中型组织中往往存在多个 PMO（见图 1-2），多个 PMO 分别负责不同区域、业务或项目类型的项目管理。在这种情况下，PMO 在衡量区域和业务的方向与战略时，需要协调各个项目的需求和利益，确保组织整体向着战略目标和方向前进。同时，PMO 也会不断地关注市场趋势、业务模式和新技术的变化，及时调整组织的项目管理方向，以适应变化的商业环境。

此外，PMO 还是组织中的项目 CEO 的培养基地，为组织打造复合型人才。

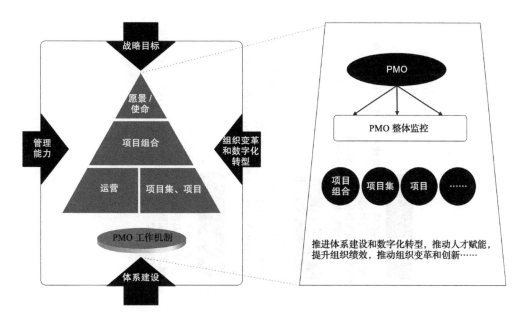

图 1-1　PMO 职能全景图

1.1.2　PMO 的作用

PMO 的价值主要体现在协助高层进行战略管理和落地、搭建高效的流程体系、提高项目管理效率、优化资源利用、提升组织执行力、提供有价值的数据依据，以及推动组织变革和创新等方面，从而起到提高组织的项目管理效率、组织效能和决策效果，推动组织战略目标的实现，并提高组织的竞争力和创新能力的作用。具体来说，主要包括：

- **提高项目管理效率**。PMO 可以提供专业的项目管理服务，包括流程管理、绩效管理、风险管理等，从而提高项目管理效率，减少资源浪费。
- **优化资源利用**。PMO 管控了组织的大部分项目，在不同的项目中积累了丰富的经验和资源，可以更好地优化组织内部资源的使用，从而提高组织的效率，节约组织成本，为组织降本增效。
- **提升组织执行力**。制定标准化的流程和规范，帮助组织提高执行力和管理的协调性，确保项目按时完成，保障项目目标的实现。
- **提供有价值的数据依据**。PMO 在负责项目管理的过程中会积累大量的项目数据和经验，这些数据和经验能够为组织提供有价值的洞察力，支持组织的决策和战略规划。

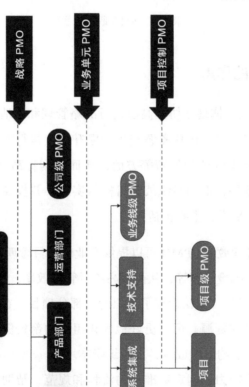

图 1-2 不同层次的 PMO

- **推动组织变革和创新**。PMO 能够有力地推动组织变革和创新，通过标准化、框架化和最佳实践的推广和实施，将新的理念、流程、技术等引入组织，从而提高组织的竞争力和创新能力。
- **助力组织战略实现**。PMO 可帮助组织设计和落地战略，从而确保项目和业务活动与组织的战略目标相一致；可以评估项目和活动的贡献，分析资源需求和风险，提供合理的建议和指导，并根据高层的决策落地实施，以确保组织战略的成功实现。
- **建设流程体系和赋能人才**。负责制定标准化的流程和流程执行标准，为组织提供一致的方法和工具，提高流程的质量和效率。此外，PMO 还通过提供培训和引导，提高组织内部的人才水平和能力，提高项目团队的绩效和项目成功率。
- **提升效益管理水平**。负责制定和实施效益管理体系，帮助组织确保项目和业务活动目标的实现，并实现可持续的经济效益。主要负责制定效益管理计划，制定指标和目标，进行绩效评估和优化，以确保组织获得最大的收益。

1.1.3 PMO 的知识领域

作为组织的核心枢纽，PMO 在战略管理、体系建设、项目管理、人才赋能、知识管理、变革创新、数字化管理和效益管理八大关键领域发挥着关键作用，确保组织以高效的方式管理和交付项目，协助组织在快速变化的商业环境中保持竞争力，促进持续创新、价值提升和组织战略的实现。本书第 2~9 章对这八大领域做了详细描述。

战略管理：基于 PMO 战略管理的原则，负责战略管理全过程并确保战略落地，持续推动战略来响应外部环境及趋势变化，主动变革和积极创新，从而实现组织的战略目标。对于组织而言，为确保实现战略目标，尤其需要 PMO 在战略管理中充分发挥统筹者的作用，这也正是 PMO 在组织中的独特价值。

体系建设：PMO 要确保项目与组织的战略和目标保持一致，为组织创造价值。通过构建组织级项目管理体系，PMO 能够帮助组织更有效地控制和管理项目，降低风险，提高效率，从而实现组织的战略目标。PMO 可依据行业最佳实践和成熟的项目管理知识体系，结合组织自身的行业和业务属性，承担制定符合组织特点的项目管理流程、统一工具和模板、培养项目管理团队、管理资源、协调跨部门合作等职能，以确保组织战略的有效执行和项目成功。

项目管理：以项目全生命周期管理为主线，全面界定组织项目管理的定位、指导原则和行为管理。在基础支撑方面，需要制定年度项目规划、项目规范，建设运营机制，管理项目预算；在基础规划方面，需要执行战略规划、建立项目审核机制。关键行动包括项目过程监控、向上汇报和团队赋能。最后，还要进行项目成果评价和项目团队激励。

人才赋能：PMO 作为项目管理最佳实践的核心和项目人才管理中心，通过理解、执行并实现组织战略，构建并不断完善一个科学且适合组织的项目管理与执行环境，为组织遴选、培养和匹配项目人才，为项目人才提供优质的职业发展和成长机会，在组织中推广项目管理文化，来提升组织项目执行的综合能力。需要从四个重要方向推动组织能力不断进化与提升，包括向下赋能项目人才、向上赋能高层管理者支撑业务决策、横向赋能协同部门提升组织效能、赋能全员营造项目管理文化和环境，进而使组织更好地适应市场环境，不断为业务创造价值。

知识管理：阐明知识管理的定义和管理过程、知识产权保护，以及 PMO 在知识管理中面临的挑战和需要提供的保障等内容，提炼出 PMO 在知识管理中需要关注的要点，以帮助 PMO 掌握知识管理的基本原则与方法。

变革创新：变革驱动组织不断创新，创造未来的价值。由于其全局视角和广泛职责，PMO 能够从组织的整体战略出发，协调和优化项目管理过程，确保项目的成功交付。作为合纵连横的推动者，PMO 应以"五阶段（ABCDE）+十过程"这一变革创新框架为纲，为组织持续成长保驾护航。

数字化管理：在数字化管理领域，PMO 的职责覆盖了两大类工作，一是数字化转型项目管理，二是数字化项目管理，前者需要定义战略目标、制定管理框架并具体管理数字化转型项目，后者则需要在对组织的数字化项目管理成熟度进行评估的前提下，建设和运营数字化项目管理平台。

效益管理：PMO 应搭建效益管理组织、制定效益管理制度，并从项目干系人管理、成本和资源管理、风险管理、交付和质量管理、法规和合规管理、营销管理、人才管理七个维度，通过目标设定、效益分析、效益计划、实施监控、评估反馈这五个步骤，对组织的效益进行全面的规划与管控，从而实现组织持续发展。

1.2 PMO 的组建和运行

1.2.1 PMO 的运行环境

PMO 在组织内发挥价值和作用需要有良好的运行环境，关键因素包括但不限于以下内容。

1. 组织文化氛围

- 倡导团队合作文化，重视组织项目管理发展。
- 鼓励基于事实的决策，追求数据驱动。
- 营造开放和包容的文化氛围，鼓励创新和试错。
- 注重过程管理和持续改进。

2. 组织架构设计

- 应设立独立的 PMO 部门，且位于组织架构的较高位置，具备项目管理的权威性。
- PMO 应能够参与组织决策和治理，并拥有足够的权力以推行工作。
- PMO 应能够跨部门协调组织资源，应建立与职能部门有效沟通与协作的机制。
- 应采用跨职能的项目团队/虚拟组织，或项目制的项目团队管理方式。

3. 人才培养机制

- 建立项目管理人才选拔、培养和轮岗机制。

- 建议将项目工作纳入员工绩效考核体系。
- 鼓励员工获得项目管理专业认证。
- 项目管理能力应作为员工晋升的重要考量因素。

4. 资源保障

- 提供 PMO 基础设施和运营资源保障。
- 提供项目管理工具、软件和系统的支持与保障。
- 为 PMO 及其人员提供培训和发展资源。

5. 高层重视

- 高层需要明确项目管理的战略定位。
- 高层定期沟通项目动态,并提供指导。
- 高层支持 PMO 的组织建设规划。
- 高层带头倡导项目管理文化理念。

1.2.2 PMO 的组织支持

要想起到预期的作用和效果,PMO 需要得到组织强有力的支持,这主要包括但不限于以下工作。

1. 战略支持

- 将项目管理能力作为组织的核心竞争力,纳入组织战略规划。
- 高层带头倡导项目管理文化,关注项目管理工作,参与项目管理决策和路线规划,并定期沟通进展。

2. 架构支持

- 高层支持 PMO 的组织建设规划。
- PMO 在组织架构中的地位明确,职能部门与 PMO 的协作模式清晰、高效。
- 赋予 PMO 足够的权力推行工作,PMO 负责人具有项目管理议事权,PMO 能够跨部门协调项目资源。

3. 制度支持

- 积极推动项目管理规章制度建设。
- 建立项目管理标准和绩效考核体系,将项目管理结果与员工绩效挂钩。

4. 资源支持

- 为 PMO 提供充足的预算经费。
- 配备专职项目管理人才,并重视项目管理人才的培养,如支持员工参加项目管理培训与认证,引入外部项目管理专业人才等。
- 持续对项目管理软硬件进行投入和改进。

1.2.3　PMO 的岗位设置

PMO 的岗位设置可能包括以下内容。

- **PMO 主管 / 总监**:负责整个 PMO 部门的战略定位、领导和管理。
- **项目经理**:负责特定项目的日常管理,包括规划、执行、监控和关闭项目。
- **项目协调员**:协助项目经理完成日常的项目管理任务,如日程安排、文档管理等。
- **项目分析师**:负责项目的数据分析、性能度量,为项目提供必要的分析报告。
- **项目管理员**:负责项目的文档管理、会议记录和其他行政任务。
- **资源经理**:负责管理所有与项目相关的资源,包括人员、预算和其他物资。
- **质量保证经理 / 分析师**:确保项目产出的质量达标,并进行必要的质量测试和验证。
- **风险经理**:负责项目风险的识别、评估和管理。
- **项目培训师**:为团队提供项目管理和相关工具的培训。
- **PMO 业务分析师**:负责与业务部门沟通,确保项目需求的准确性和完整性。
- **工具和技术专家**:负责管理和支持项目管理的工具和技术。
- **项目审计员**:进行项目的定期审查,确保项目遵循组织的标准和最佳实践。

- **项目会计/财务专家**：负责项目预算的制定、监控和调整。
- **数据分析师**：专门收集、处理和分析项目数据，提供有关项目性能、风险和趋势的见解。
- **商业分析师**：作为业务需求和项目团队之间的桥梁，确保项目产出满足业务需求和目标。
- **战略管理人员**：负责将组织的长期战略与项目组合、计划和资源对齐，确保项目活动支持总体战略目标。
- **需求管理师**：专门处理项目的需求收集、验证和管理。
- **敏捷教练**：对于采用敏捷方法的组织，敏捷教练可以帮助团队更好地理解和实践敏捷原则。
- **流程改进人员**：专注于审查和优化项目管理流程，确保持续的效率提升和最佳实践的应用。
- **效能提升人员**：评估和提升组织的效能与产出，制定组织效能提升计划，并落地实施，为组织降本增效。

这些岗位可以根据组织的实际情况和需求进行调整或合并。不同的组织和行业可能需要不同的专业技能和角色。重要的是，每个组织都应确保它的 PMO 和项目管理部门能够满足其特定的需求。

1.2.4 PMO 团队组建五阶段

PMO 团队的工作职责包含三层。

- 作为战略改革的提倡者，承担统筹战略管理、推动项目管理体系建设、组织改革和创新的任务。
- 作为决策的落地者，负责实现项目管理、项目效益管理，推动项目人才赋能。
- 作为机制的建设者，参与知识管理、组织项目数字化转型以及为组织建设 PMO 能力等工作。

PMO 团队组建的过程分为五个阶段，分别是职责明确期、岗位引入期、机制建设期、文化渗透期、人才赋能期。这五个阶段既相互补充又齐头并进，区别主要在于重点工作不同（见表1-1），建议采用逐步深入、不断延展的方式融入组织。

表 1-1　PMO 岗位配置与团队组建五阶段映射表

	职责明确期	岗位引入期	机制建设期	文化渗透期	人才赋能期
战略改革的提倡者	缺乏战略建设的专岗	缺乏战略建设的专岗	项目审计员、项目会计/财务专家 PMO业务分析师、商业分析师、战略管理人员、需求管理师	项目审计员、项目会计/财务专家 PMO业务分析师、商业分析师、战略管理人员、需求管理师	项目审计员、项目会计/财务专家 PMO业务分析师、商业分析师、战略管理人员、需求管理师
机制的建设者	缺乏机制建设的专岗	PMO主管/总监	PMO主管/总监、流程改进人员 质量保证经理/分析师、风险经理、数据分析师、工具和技术专家	PMO主管/总监、流程改进人员、效能提升人员 项目分析师、资源经理、质量保证经理/分析师、风险经理、数据分析师、工具和技术专家	PMO主管/总监、流程改进人员、效能提升人员 项目分析师、资源经理、质量保证经理/分析师、风险经理、数据分析师、工具和技术专家
决策的落地者	项目经理、项目协调员、项目管理员	项目经理、项目协调员、项目管理员	项目经理、项目协调员、项目管理员	项目经理、项目协调员、项目管理员 项目培训师	项目经理、项目协调员、项目管理员 项目培训师 敏捷教练

职责明确期：组织刚刚做出建立 PMO 的决策。及时明确部门及岗位职责范围是本阶段的重点，前提是要充分了解组织架构及已有部门的职责分工，从而明确最适合当下组织发展阶段的、组织最需要的 PMO 部门职责和价值。

岗位引入期：组织引入少量实干型项目管理人才。在这个阶段，PMO 需要注意避免急于求成，不要给予太多理论、颁布过多流程和制度，更不能采用强压的推进方式，这会给大家留下刻板或只说不干的印象，甚至导致大家排斥项目管理。要降低沟通门槛，使用大家都听得懂的语言；充分了解各岗位的工作难点，给予可行的目标和指令，甚至在特殊情况下出手帮助交叉岗位合理完成任务，循序渐进地培养组织对 PMO 团队的好感。

机制建设期：逐步搭建组织项目管理机制。PMO 应通过制度、流程、标准、工具、方法论等，在组织中逐步渗透体系化的项目管理方式及符合流程逻辑的 SOP（标准操作规程），帮助项目发起人和团队成员更合理、规范地完成任务。要结合各岗位职责，给予合理化的岗位分工和步骤设计。建立流程的过程要保留征求意见和审批环节，对于已建立的流程也要落实宣导和演练计划，通过这种虚实结合的方法推动流程的最终落地。时机成熟时，可研发线上化工具，将大部分标准化的项目管理工作放到系统中去完成，并通过逐步扩大其功能及价值，形成有流程、有标准、有审批、有记录的可视化流程闭环。

文化渗透期：PMO 团队在初步完成机制建设的同时，对项目管理文化的建设也要加紧步伐。PMO 要适度宣传组织的战略目标是什么，让组织员工明白自己在做什么事、对组织的价值是什么；同时，通过项目管理服务于组织战略决策，构建组织战略的仪表盘。

人才赋能期：PMO 应持续为组织各级人才赋能，通过培训、辅导、实践、竞赛、激励、职业通道等多种方式，提高个人、团队、部门及业务线的各项能力，既要促进组织员工增加对项目管理的兴趣，肯定项目管理对工作生活的价值，更要为组织各类项目的成功交付提供有力保障，最终支撑战略实现。

1.3　PMO 的工作原则

以下原则对于 PMO 在组织内发挥价值至关重要。

- **战略导向**：PMO 要深入组织战略，将所有的项目管理工作都围绕战略目标进行。确保项目的目标和成果与组织的战略目标相一致，让项目管理成为推动组织战略实现的重要手段。
- **效益导向**：PMO 对项目效益要有明确的掌控，了解项目的长期和短期效益，在开展新项目时，要从效益的角度审慎地进行选择。
- **结果导向**：PMO 要以卓越的项目结果为导向，不仅要注重项目管理流程和方法的优化，更需要在项目实施过程中，着重产生品质卓越、交付及时、符合成本要求的高质量成果。
- **风险导向**：PMO 需要建立项目风险评估模型，主动防范和控制项目风险。要制定科学的项目风险管理方案，针对不同风险情况建立相应的应对机制，确保项目顺利完成。要紧密关注风险，及时发现和处理潜在的项目风险，在项目管理中做到风险可控，确保项目成功实施。
- **持续改进导向**：PMO 要通过项目数据统计分析，不断优化项目管理流程和方法。需要建立完善的改进机制，反思项目管理过程中的不足，寻找改进措施，从而不断提高项目管理质量和效率。
- **价值最大化导向**：PMO 需要创造尽可能大的价值，为组织提供支持和帮助，推动组织发展。需要注重项目管理效率和效用，确保在项目实施过程中，最大限度地为组织创造价值。

第 2 章　战略管理领域

战略是方向，是选择，是取舍。方向大致正确，取舍精准有效，投入足够聚焦，组织资源才能发挥其最大价值。特别是在当今竞争激烈的商业环境中，组织需要制定合适的战略来应对不断变化的市场需求和竞争环境，确保组织长期健康发展。战略管理是保证组织战略有效执行的手段和方法，正确的方法能提高战略成功的概率，提高决策的准确性和效率，促进资源的合理配置和协调，提高组织的竞争力和适应性，帮助组织实现长期目标，所以越来越受到企业的重视。随着项目经济的发展，项目管理能力逐渐成为组织的核心竞争力，战略管理也逐渐成为 PMO 的重要职能之一。PMO 从业者应具有较强的项目管理专业能力，能够可持续地、稳定地发挥战略管理能力。很多企业目前的战略管理职能可能分布在各个职能部门，例如企划部、市场部、财务部等，呈现出碎片化、割裂化的现状，由 PMO 进行统筹管理可以提高协同效率，保障战略高效落地。

本章将以 PMO 作为统筹者的视角，基于 PMO 战略管理的原则，阐述 PMO 如何负责战略管理全过程并确保战略落地，持续推动战略来响应外部环境及趋势变化，主动变革和积极创新，从而实现组织的战略目标。对于组织而言，为确保实现战略目标，尤其需要 PMO 在战略管理中充分发挥统筹者的作用，这也正是 PMO 在组织中的独特价值。

2.1 概述

2.1.1 战略管理

战略与企业的使命、愿景和价值观密切相关。

愿景是对组织未来期望状态的描述，它可以激励和激发员工的工作热情与动力。愿景通常是一个长期的目标，描述了组织希望成为的样子。组织愿景可以作为一个指导原则，帮助组织制定长期战略目标和规划。

使命是组织存在的原因和目的，它描述了组织为何存在以及为谁提供价值。使命为组织提供了一个明确的方向和目标，帮助组织在制定战略时保持一致性。组织使命可以帮助组织确定适合自身使命的战略方向和行动计划。

价值观是组织所坚持的核心价值和行为准则，它反映了组织的文化和道德观念。价值观对于组织的战略非常重要，它可以帮助组织建立良好的组织文化，吸引和保留优秀的人才，提高员工的工作满意度和忠诚度。在战略中，组织价值观可以帮助组织制定符合价值观的战略目标和行动计划。价值观可以塑造企业文化，影响整个组织的人。

战略制定需要在遵循价值观的基础上，确定能最有效地帮助组织实现其愿景和使命的方案。战略的制定需要考虑外部环境和内部资源能力状况，以确定组织的发展方向、达成目标的途径和手段。战略是竞争的产物，最早用来指有关战斗的谋划，而在组织经营管理中，战略被延伸和应用于组织层面。通过战略管理，组织能够更好地适应变化的外部环境，提高竞争力，实现长期可持续发展。

愿景可以分解出组织战略，组织战略分解出具体的组织目标，组织目标进一步分解成任务，包括具体的步骤、各步骤所需的时间、相关责任人、行动过程和策略等。组织会筛选什么样的人，鼓励什么，不鼓励什么，背后都是以组织价值观为准绳。根据价值和收益等评价标准，组织可以筛选、关联相关任务，从而形成项目组合、项目集和项目。

战略和项目是组织成功的两个关键要素。这里的"项目"参考组织级项目管理的三个层次域，特指包括项目、项目集、项目组合三个层次的范围。PMO

与战略和项目的关系如图 2-1 所示。战略为项目指明了方向和目标，项目是实现战略的手段。战略为项目、项目集、项目组合的实现提供了积极、必要的组织环境。反之，项目、项目集和项目组合是实现战略的重要路径和支撑。PMO 通过监控和治理项目、项目集、项目组合，调整项目计划以适应变化的市场环境和组织战略目标，并通过及时解决过程中遇到的风险和问题来确保项目按时、按预算、按战略方向推进，从而确保项目管理活动与组织战略目标的一致性。

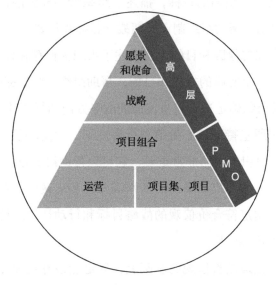

图 2-1　PMO 与战略和项目的关系

战略管理的核心，是确定和实施组织的长期发展方向和竞争优势。它通过确保战略与使命、愿景和价值观的一致性，提高竞争力以及有效利用资源，使组织能够在竞争激烈的市场环境中取得成功。战略管理对组织发展主要有以下作用。

- **帮助组织明确目标和方向。**通过战略管理，组织能够深入分析外部环境和内部资源，确定适合自身发展的目标和方向，有助于组织集中资源和精力，避免盲目行动和资源浪费。
- **促进资源的有效配置。**战略管理通过评估组织的资源和能力，确定资源的最佳配置方式，以支持战略的实施，有助于组织优化资源利用，提高效率和效益。
- **提供有效的执行框架。**战略管理将战略转化为具体的行动计划，并建立相应的绩效评估和控制机制，有助于组织明确责任和权力，推动战略的顺利实施。

2.1.2 PMO 统筹战略管理的优势

在 PMO 的系列职能当中，战略管理是其中最重要的职能之一。PMO 可以通过战略管理职能，统筹确定组织的长期愿景及目标，制定相应的战略计划，根据组织的战略方向来选择项目，确定项目的目标和优先级，并确保项目与组织战略的一致性。

PMO 统筹战略管理的工作需要提供整体化的管理方法，帮助组织实现战略目标，提高项目、项目集和项目组合的执行效率、成功率和绩效结果。主要通过以下几个方面实现：

- **持续稳定发挥能力**。战略管理的生命周期包括分析、制定、实施、评估及闭环，以及类似项目所在行业的市场分析及商业化飞轮推演。PMO 从业者具有较强的项目管理专业能力，能够可持续地、稳定地发挥战略管理能力。
- **提高目标一致性**。PMO 可以确保项目组合、项目集、项目与组织的战略目标保持一致，帮助组织选择和优化项目组合，提高各业务单元的目标一致性。
- **优化资源分配**。PMO 可以对组织的资源进行有效的管理和分配，确保资源的合理利用，避免资源的浪费和过度分配。
- **提高目标成功率**。PMO 可以提供项目管理的专业知识和经验，帮助项目团队制定和执行项目计划。通过提供项目管理方法和工具，PMO 可以提高项目的执行效率和成功率，减少项目失败的风险，从而提高目标达成的概率。
- **促进知识共享**。通过建立和维护项目管理的最佳实践与经验库，PMO 可以帮助组织吸取项目的经验教训，提高组织的学习能力和适应能力，进而降低项目成本，提高项目成功概率。

2.1.3 PMO 战略管理的原则

PMO 在开展组织战略管理过程中须遵循一些重要的原则（见图 2-2）。这些原则相互促进、相辅相成，综合应用可以帮助组织更好地实现战略目标，为组织创造更大的价值并提升竞争优势。

图 2-2　PMO 战略管理原则

聚焦原则：PMO 在制定和执行组织战略时，需要将资源和精力集中在关键领域和关键问题上，以实现最大的战略效益。这一原则强调组织在有限的资源条件下，结合竞争矩阵分析，确认项目优先级并进行选择，集中资源实现战略目标的高杠杆实施。

价值交付原则：PMO 在管理战略时应该以价值交付为核心，通过创新、优化、整合等有效的管理和协调方式，提高项目、项目集、项目组合的成功率并促进价值实现。建立有效的绩效评估机制，对项目进行定期评估和监控，确保项目在预算范围内按时交付，并达到预期的业务价值等。

目标一致性原则：PMO 在参与制定和执行战略时，要确保各个部门、各个环节之间的协调统一。通过确保企业内项目、项目集、项目组合的目标、里程碑和关键绩效指标与整体战略目标看齐，从而实现协同工作和整齐划一，达到战略的一致性。

以客户为中心原则：PMO 要将客户需求和满意度放在首位，所有的决策和行动都要以客户为中心，致力于提供优质的产品或服务来满足客户的需求和期望。遵循以客户为中心原则，意味着 PMO 需要参与规划和管理客户的需求，致力于客户的价值匹配，以确保项目的成功和战略的成功。

灵活和适应性原则：PMO 在参与制定和执行战略时，一方面要保持战略的稳定性，另一方面也要根据市场环境、同行业竞争等因素的变化，及时灵活地调整和优化战略，以适应新的市场环境和竞争格局。PMO 还需要结合组织所在的外部环境、组织内部特征和文化，灵活地选择、剪裁或者丰富方法、工具，确保战略管理的方法适应组织的需要。通过建立灵活的项目管理框架和机制，为团队提供资源分配和方法支持，以确保项目能够有效地适应不断变化的商业环境。

长期主义原则：PMO 在参与或管理决策时，需要考虑决策对组织长期目标的影响，而非仅仅关注短期的收益或表现。因此，PMO 应该在项目规划和决策中纳入组织对长远目标的规划，引导项目实施符合长期战略方向，并通过审视资源分配、项目选择和优先级，确保资源和投资的合理分配，推动组织长期目标的达成。

2.2 战略管理框架

战略管理围绕战略意图展开。战略意图是企业的引擎、基因以及时代机遇和创新实践的综合体，它激发企业的情感和智慧，为企业开启通往未来成功的旅程。战略意图通常包括愿景、使命和价值观等，它为战略提供了一个坚实的基础，确保组织在制定和执行战略时保持一致性和连贯性。愿景、使命和价值观帮助组织制定长期战略目标和规划，确定适合自身使命的战略方向和行动计划，并建立良好的组织文化。

在愿景、使命和价值观的指引下，战略管理框架通常包括战略分析、战略制定、战略实施和战略评估四大过程（见图 2-3）。战略分析为战略制定提供依据，战略制定明确了战略方向和目标，战略实施将战略转化为具体项目和行动，战略评估对战略实施的结果进行评估和反馈。

2.2.1 战略分析

战略分析的核心目的是验证或确认商业洞察。商业洞察是指在商业领域透过现象洞察商业本质，它通过对市场、社会、行业的趋势和模式进行深入分析和理解,为组织提供全面和深入的洞察,以支持经营和战略决策。商业洞察的目的是帮助组织了解未来几年可能面临的机遇和威胁,以及如何提升市场地位、规避风险和开创新业务等。商业洞察首先需要深入了解市场的情况,包括市场规模、增长趋势、竞争格局等。其次,需要关注社会的变化和趋势,例如人口结构、消费习惯、社会价值观等。最后,需要关注新技术的出现和应用对行业和市场的影响。

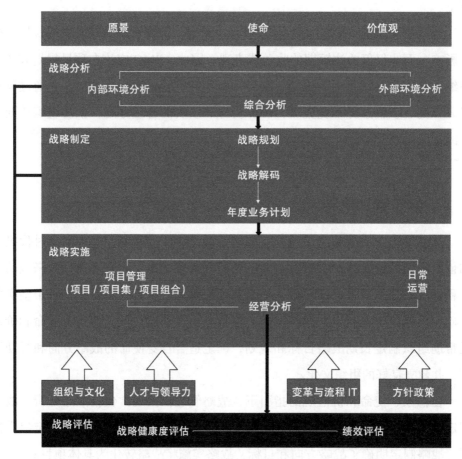

图 2-3　战略管理框架图

战略分析的核心价值是通过对内、外部环境的全面分析,为战略制定提供准确的数据和信息,帮助组织深入了解组织环境、确定竞争优势、发现机会和威胁、确定战略方向并提高决策质量。战略分析基于战略意图,通过对组织进行外部环境分析、内部资源能力分析以及综合分析,帮助企业看清环境和趋势,识别潜在的机会和风险，认清自身的优势与劣势，为战略制定提供支撑。

战略分析流程如图 2-4 所示，PMO 作为战略管理的统筹者，主导战略分析的全过程，关注战略分析的逻辑和交付的分析结果，具体可通过统筹战略管理团队、人力资源团队、财务团队进行落地。此外，PMO 可以在高层级管理者的指导下组建战略管理团队，团队通过商业洞察的闭环工作方法，来识别组织当前最重要的战略问题，并以此为目标展开后续的分析工作。战略分析想要能够对企业、组织真正起到支撑作用，就必须要有明确的分析目标，这样才能够将分析结果明确地传导到业务目标当中，让战略不再是"空中楼阁"。

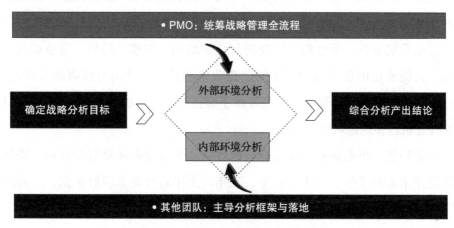

图 2-4　战略分析全流程及组织支撑

战略分析具有时效性，需要基于清晰的目标和时间规划展开。企业的战略分析目标通常是一个问题或者多个关键问题的组合，而这些问题通常来源于一定周期的战略复盘、业务复盘、经营分析，或项目、业务落地过程当中的卡点，以及组织搭建过程中的人才、资源缺口等。确定战略分析的目标后，基于要解决的关键问题，战略分析通常需要从外部和内部进行信息收集，最终整合信息进行综合分析，并给出关键问题解法的结论。

2.2.1.1　外部环境分析

外部环境分析是企业识别自身定位、解决外患的必要分析路径，主要包括政策环境分析、市场环境分析和竞争环境分析。其价值主要在于帮助组织识别外部潜在机会与威胁、竞争空间的变化，最终为战略分析提供依据。实际工作中，外部环境分析主要由战略管理团队进行，PMO 关注分析逻辑、结果与进程把控，并且要基于分析目标及时进行纠偏。

进行外部环境分析时，通常会从宏观环境及行业发展、企业客户、竞争对手三个方向来看。

1. 宏观环境及行业发展分析

宏观环境指一切影响行业和企业的宏观因素，一般包括政治因素、经济因素、社会和文化因素、技术因素、法律因素、环境因素等。宏观环境分析可以帮助企业确定宏观环境中影响行业走势变化的关键因素（这些因素会决定行业如何变化），并分析行业变化对企业影响的程度和性质——是带来机遇还是挑战。行业发展分析，指对组织所处的行业的结构、规模、趋势、竞争格局、价值链、关键成功因素等进行系统的信息收集和整理、评估与预测的分析过程。通过行业发展分析可以帮助企业更好地了解当前和未来的行业状况与发展方向，把握行业机遇和规避风险。

外部环境分析通常基于战略分析的目标，先对宏观环境展开分析，确认宏观环境在未来的半年、一年、三年、五年、十年对行业是利好扩张，还是逐渐收缩；再对行业进行深入的分析，确认行业规模、结构、价值链等是否会发生变化；最终完成对企业所在宏观环境和行业的分析与趋势判断。

在做宏观环境分析时，至少需要从政治和法律因素、经济因素、社会和文化因素、技术因素四个角度进行展开。其中政治和法律因素是需要最先分析的因素，因为只有在一个稳定的法治环境中，企业才能真正通过公平竞争，获取自己正当的权益，并得以长期稳定地发展。国家的政策和法规对企业的生产经营活动具有控制、调节作用，同一个政策或法规，可能会给不同的企业带来不同的机会或制约。而经济因素通常与局部地区的经济政策制度及落地休戚相关，跟政治和法律因素比起来，经济因素对企业生产经营的影响更直接、更具体。社会和文化因素通常会影响消费者的消费偏好，而消费者的消费偏好又是企业确定投资方向、改进与革新产品等的风向标。所以，在做外部宏观环境分析时，需要考虑社会和文化因素。同时技术因素也是不可忽视的，它决定着企业能够跑多快。当前科学技术迅速发展，技术环境对企业的影响可能是创造性的，也可能是破坏性的，企业必须预见新技术带来的变化，并在战略管理上做出相应的战略决策，以获得新的竞争优势。

常用的工具有：PESTEL 模型、波特五力模型、价值链模型、产品生命周期模型等。

2. 企业客户分析

客户是最终为企业的服务和产品买单的角色，对企业而言，客户的定位、偏好、压力与挑战、关键购买要素等变化，都会直接影响企业的经营情况。在进行客户分析时，我们要聚焦在客户的变化上，基于已有的客户画像，对其所在行业的趋势、经营状况进行洞察，预测其需求的变化。在关注已有客户的同时，也要对潜在客户进行挖掘，为企业的拉新获客指引方向。

此处的企业客户分析，重要的是两个方向，一个是评估已有客户个体和客户企业的发展情况，另外一个便是基于已有客户分析延展出来的潜在客户方向。在评估已有客户发展情况时，与前面的宏观环境及行业发展分析方法类似，此处最重要的是形成客户分层，比如哪些客户有很大的增长空间，哪些客户可能出现萎缩。在对客户分层后，筛选出有增长潜力的客户，并基于其画像在行业内外进行扫描，筛选出可能有类似需求的潜在客户名单，并且对潜在客户群的商业价值进行估计。

常用的模型和方法有：RFM 模型、4P 营销理论、KANO 模型、STP 模型、客户画像等。

3. 竞争对手分析

竞争对手分析指对企业现有竞争者和潜在竞争者的战略、能力、假设、目标等进行系统的收集、整理、评估和预测，帮助企业了解行业竞争格局，评估竞争对手的优点和缺点，发现市场机会和威胁，支持最终的战略分析结论。

竞争对手分析需要明确场景和分析内容。需要进行竞争对手分析的场景有很多，凡是涉及竞争策略制定的地方，往往都需要进行竞争对手分析。以战略规划为例，关注竞争对手，主要有两个考量，一个是从竞争对手身上找优点，另一个是从竞争对手身上找缺点。我们找优点是为了借鉴学习，而找缺点是为了压制竞争对手，形成竞争优势。以业务战略为例，业务战略主要回答在哪里竞争、与谁竞争以及如何竞争的问题，其中涉及竞争对手界定、主要竞争对手分析、业务战略举措制定。所以，在开始分析竞争对手前，我们需要确认分析的场景。

结合需要分析的场景，可以从以下 6 个层面展开竞争对手分析。

战略层面：分析主要竞争对手的战略意图，尤其要关注竞争对手战略意图的变化。首先，我们要通过战略意图变化洞察竞争对手战略方向的调整；其次，我们要关注竞争对手的业务选择变化，以及业务设计上的变化。

组织层面：分析竞争对手的架构变化，是职能型组织、事业部组织，还是矩阵制组织；进一步可以看营销组织、解决方案组织、区域运营组织的构成与变化，以及产生变化的原因。

产品层面：分析竞争对手的产品组合，以及产品组合的变化，还可以看竞争对手的新产品上市情况。

研发层面：分析竞争对手的研发投入、研发人员数量、专利申请情况、研发组织架构、外部技术合作情况等。

渠道层面：分析竞争对手的经销商与门店数量情况，看门店流量、坪效、单店盈利情况，还可以看渠道结构与信息化情况。

服务层面：分析竞争对手对服务的重视程度，看总部服务人员、区域服务人员、经销商服务人员的配置情况，以及主要服务活动与服务信息化情况。

常用的模型和方法有：SWOT 分析模型、波特五力模型、商业模式画布、VDBD 战略模型、波士顿矩阵、竞争雷达图等。

2.2.1.2　内部环境分析

内部环境分析是企业完成自身资源评估、明确能力边界的必要分析路径，主要包括五大资源：人力资源、资金储备、科技资源、数据资源和自然资源；以及四大能力：分析组织能力、产品能力、研发能力、经营能力。其目的是协助企业找到自身的优势和劣势，并在发展过程中发挥优势、规避劣势，从而赢得竞争。

内部环境分析通常有两种分析方法：价值链分析和差距分析。

1. 价值链分析

企业的价值链,由基本活动与支持性活动构成,基本活动包括进料物流、生产、发货物流、销售、服务,而支持性活动包括采购、研发、人资培养和基础设施建设。

在进行价值链分析时,我们首先要梳理出本业务单元的价值链,然后明确关键能力,再分析在这些关键能力上,有哪些关键成功要素,最后通过分析找到薄弱环节,识别需要提升的能力要素。

消费者心目中的价值由一连串企业内部物质和技术上的具体活动以及利润所构成,当企业和其他企业竞争时,其实是内部多项活动在进行竞争,而不是某一项活动进行竞争。站在价值链的角度,企业可以分析自己在哪些活动上占优势,哪些处于劣势。企业与企业的竞争,不只是某个环节的竞争,而是整个价值链的竞争,整个价值链的综合竞争力决定企业的竞争力。所以价值链分析,可以帮助企业找到自身的优劣势所在。

2. 差距分析

差距分析,通常可以使用双差分析,从业绩和机会两个方向分析差距。

业绩差距是指实现的经营结果与期望值的差距,往往通过执行层面的改善,就能够弥补业绩差距。业绩差距可以从财务指标、市场地位、客户满意度三个维度进行量化描述。

机会差距是指实际经营结果与新的业务设计所能带来的结果之间的差距,是未来的差距,是重要但不一定紧迫的差距,容易被忽略,需要通过新的业务设计来弥补。机会差距没有明确的量化描述方式,需要通过市场洞察来得出。这两个分析方向的主要区别在于是否要改变业务设计。

差距分析的大概思路:第一步是识别差距(从战略目标出发,分析财务指标方面的差距;从竞争对手出发,寻找与竞争对手的差距;从客户角度出发,寻找与市场机会的差距),第二步是分析差距产生的原因,第三步是找到差距产生的根因,第四步则是提出改善措施,而这里的改善措施可以作为下次差距分析的输入的来源之一。

内部环境分析常用的模型和方法有:BLM 模型、RFM 模型、BCG 模型、价值链模型、三个成长地平线、SWOT 分析模型、商业画布、OPM3 模型、组织盘点、人才盘点、项目盘点、项目复盘、项目后评价模型等。

2.2.1.3 综合分析

综合分析就是将外部环境分析和内部环境分析的信息进行梳理，将各种维度的分析结果综合起来，将企业当前在行业内、竞争格局中的现状，与识别的战略机会点结合，转化为战略定位和发展方向，并指明备选的策略方案和行动建议，供高层管理者们参考和决策。战略分析的结论通常就是企业下一阶段的战略选择，这便是战略分析的最终交付物。

综合分析由 PMO 组织高层管理者进行，战略管理团队、人力资源团队、财务团队各司其职并协作，PMO 关注分析结果呈现、讨论结论迭代、进程把控，并且要及时引导回顾分析目标，有时也会出现更换分析目标的情况，PMO 作为战略管理的统筹者，要及时地明确结论、使全员达成共识、推动迭代。

由于信息量巨大，要从海量的内容中提取有效信息，并给出明确的战略分析结论，解决企业遇到的关键问题，以达成最初的分析目标。综合分析需要运用各种思考和数据分析工具，从不同的角度对数据和信息进行深入的探索和挖掘，发现数据和信息背后的规律和模式，识别出可能的机会和风险，并根据组织的愿景、使命、原始战略等进行适当的调整和优化，为关键问题给出解法建议。

综合分析会在高层管理者的顶层管理会议中，通过多轮的分析组合、迭代、重塑，最终形成一个明确的结论，这个结论取决于最初的目标。综合分析产出的结论可以作为企业一个阶段的核心目标，输入到战略制定环节，也可以是解决某个业务卡点的重要策略，直接传导到业务目标制定和项目设立中。

PMO 参与战略分析的全流程，不可或缺，从最开始的推动分析目标确立，到支持内外部环境分析完成，再到最后统筹综合分析产出最终分析结论。即使是在明确结论后，也需要根据结论的情况，将其输入到战略制定或项目落地中，才算完整闭环。

战略分析中可使用的部分模型和方法如表 2-1 所示，在选择战略分析工具时，通常从目标、信息可获得性、分析深度和复杂度、综合性和专业性四个维度思考并选择。

表 2-1 战略分析的工具选择

工具名称	简介	适用范围	优点	缺点
SWOT 分析	通过分析企业的优势、劣势、机会和威胁,帮助企业制定战略决策	外部环境分析、综合分析	简单易用,能够全面分析企业的内外部环境	可能存在主观性,结果受到评价客观性的制约
PESTEL 分析	分析政治、经济、社会、技术、环境和法律这六个方面的因素对企业的影响	宏观环境分析	能够全面了解外部环境的各个方面,有助于发现机会和威胁	只提供了环境因素的信息,没有提供具体的行动建议
波特五力模型	通过分析供应商、买家、竞争对手、替代品和进入障碍这五个方面的力量,评估行业的吸引力	竞争分析	能够深入了解竞争的各个方面,有助于制定竞争策略	只提供了行业竞争的信息,没有提供具体的行动建议
价值链分析	分析企业内部活动的价值创造过程,帮助企业找到降低成本和提高价值的机会	内部环境分析	能够识别企业内部活动的价值创造点,有助于提高竞争力	需要大量数据支持,分析过程较为复杂
核心竞争力分析	分析企业的核心能力和资源,帮助企业确定竞争优势	综合分析	能够帮助企业了解自身的优势和劣势,有助于制定战略	需要对企业内部进行深入了解,可能存在主观性
BCG 矩阵	通过分析产品/业务的市场份额和市场增长率,帮助企业管理产品/业务组合	适用于产品/业务分析	能够帮助企业了解产品/业务的市场地位和发展潜力	只提供了产品/业务的信息,没有提供具体的行动建议

2.2.2 战略制定

战略制定是通过战略分析明确组织的长期目标和选择适应性战略,为组织提供发展方向和指引。战略制定在考虑内外部环境、资源和能力的基础上,确定战略目标,明确达到这些目标所需的路径、行动计划和资源配置。

战略是对企业愿景、使命和价值观的承接,需要在不同阶段对全局和未来做出有限资源下的取舍。战略制定通常有以下几个目的。

- 指明企业方向和目标,明确实现目标的路径。
- 动态平衡外部环境、内部资源和能力、战略目标之间的关系,使企业获得长期、稳定、协调发展。
- 优化组合资源配置,发挥企业的整体功能,提高经营管理的效率。
- 对企业发展的方向形成共识,更好地发挥全体员工的积极性、主动性和创造性。

战略制定的产出通常包括长期、中期、短期战略规划。如表 2-2 所示，组织通过战略选择制定中、长期战略规划，再通过战略解码拆解为短期战略规划，即年度业务计划。

表 2-2 战略制定的输出

分类	描述
长期战略规划	指组织在较长时期，通常为五年以上的发展方向。绘制组织长期发展的蓝图方向，明确组织在较长时期内从事某种活动应达到的目标和愿景
中期战略规划	基于长期战略明确三至五年的中期战略定位、战略目标、核心竞争力、关键任务等重点方向，围绕战略目标通过战略解码识别关键任务，并根据组织每年度的经营成果来进行滚动复盘和修订
短期战略规划	中期战略规划解码为短期战略规划，通常对应年度业务计划，短期战略规划应明确组织 KPI 目标、年度重点工作清单、全面预算及资源配置计划、高管个人绩效薪酬（Performance-based Compensation，PBC）等，是中长期战略落地到下一年的行动计划分解，有明确的责任部门与负责人

2.2.2.1 战略规划

战略规划为企业提供明确的战略方向和实现路径。战略规划的任务：承接战略分析，明确企业未来发展的战略机会点；确定战略方向，明确企业把握战略机会点的战略选择；完成业务设计，明确业务组合及企业实现战略目标的路径；识别实现战略目标的关键任务；进行组织、人才、文化氛围与激励机制的设计，以支撑战略实现。战略规划主要包含两部分内容，即战略选择和战略呈现。

1. 战略选择

战略选择可分为若干层次，企业战略一般分为整体战略、业务战略和职能战略三个层次，如图 2-5 所示。

企业整体战略是企业最高层次的战略，是统筹业务战略、职能战略的全局性战略。它需要根据企业的目标，选择企业可以竞争的经营领域，合理配置企业经营所必需的资源，使各项经营业务相互支持、相互协调。面对不同的外部环境和不同的内部资源和能力，企业所选择的战略存在差异，一般来说，企业整体战略主要有成长型战略、稳定型战略和收缩型战略三种类型。不同企业整体战略类型适用情形如表 2-3 所示。

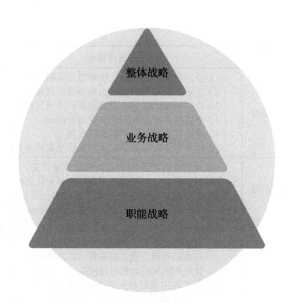

图 2-5 企业战略的三个层次

表 2-3 整体战略类型

战略类型		适用情形
成长型战略	一体化战略	当企业存在以下情况时，比较适宜采用纵向一体化战略： (1) 企业现有的销售渠道成本较高或者可靠性较差，难以满足企业的销售需要 (2) 企业所在产业的增长潜力较大 (3) 企业具备纵向一体化所需要的资金、人力资源等 (4) 销售环节的利润率较高
		当企业存在以下情况时，比较适宜采用横向一体化战略： (1) 企业所在产业竞争较为激烈 (2) 企业所在产业的规模经济较为显著 (3) 企业的横向一体化符合反垄断法律法规，能够在局部地区获得一定的优势地位 (4) 企业所在产业的增长潜力较大 (5) 企业具备横向一体化所需的资金、人力资源等
	密集型战略	当企业存在以下情况时，比较适宜采用市场渗透战略： (1) 企业产品或服务在现有市场中还未达到饱和 (2) 现有用户对产品的使用率还可以显著提高 (3) 整个产业的销售在增长，但主要竞争者的市场份额在下降 (4) 历史上销售额与营销费用高度相关 (5) 规模扩大能够带来明显的竞争优势
		当企业存在以下情况时，比较适宜采用市场开发战略： (1) 存在未开发或未饱和的市场 (2) 可得到新的、可靠的、经济的和高质量的销售渠道 (3) 企业在现有经营领域十分成功 (4) 企业拥有扩大经营所需的资金和人力资源 (5) 企业存在过剩的生产能力 (6) 企业的主业属于正在迅速全球化的产业

(续)

战略类型		适用情形
成长型战略	密集型战略	当企业存在以下情况时，比较适宜采用产品开发战略： （1）企业产品具有较高的市场信誉度和顾客满意度 （2）企业所在产业属于适宜创新的高速发展的高新技术产业 （3）企业所在产业正处于高速增长阶段 （4）企业具有较强的研究和开发能力 （5）主要竞争对手以类似价格提供更高质量的产品
	多元化战略	（1）当企业在产业内具有较强的竞争优势，而该产业的成长性或吸引力逐渐下降时，比较适宜采用同心多元化战略 （2）当企业当前所在产业缺乏吸引力，而企业也不具备能力和技能转向相关产品或服务时，比较适宜采用离心多元化战略
稳定型战略		当企业存在以下情况时，比较适宜采用稳定型战略： （1）稳定型战略适用于预计战略期环境变化不大（一般处在市场需求及行业结构稳定或者只有较小动荡的外部环境，企业所面临的竞争挑战和发展机会都相对较少），而且在前期经营相当成功的企业 （2）在市场需求以较大的幅度增长或者外部环境提供了较多的发展机遇的情况下，企业资源状况不足以使其抓住新的发展机会，此时企业不得不采用相对保守的稳定型战略
收缩型战略		当企业存在以下情况时，比较适宜采用收缩型战略： （1）大企业战略重组的需要 （2）企业赖以生存的外部环境出现危机。如整体经济形势、产业周期、技术、政策、社会价值观发生变化或面临市场饱和、竞争等形势 （3）企业自身（或企业某个业务）已失去竞争优势。企业因内部经营机制不顺、决策失误、管理不善等原因陷入困境，不得不采用防御措施

业务战略是针对组织不同的业务单元或部门制定的战略。它处于战略层级中的第二层次，是企业总体战略之下的子战略，着眼于企业中有关事业部或子公司的局部性战略问题，为企业的整体目标服务。主要回答在选定的业务范围内或在选定的市场、产品区域内，业务单位应该怎样生存、发展和竞争，以取得超过竞争对手的竞争优势。

职能战略是指组织内部各个职能单元的战略，是为贯彻、实施和支持总体战略与竞争战略而在企业特定的职能管理领域制定的战略。职能战略通常包括研发战略、供应链战略、财务战略、人力资源战略等。主要回答如何根据专业职能来支撑和落实业务单位战略，并将其转化为职能部门具体行动计划。

战略选择的注意事项如下。

- 确保与组织的愿景、使命和核心价值观一致。
- 市场趋势：根据战略分析的结果，判断在既定的市场环境和时间段内，市场的需求或市场上产品的销量是在逐渐增加还是减少，存量博弈情况如何，增量可能在哪里等。
- 竞争环境：根据战略分析中"外部环境分析"的结果，了解、认识市场状况和市场竞争强度，做到知己知彼。了解竞争对手的优势，在总体战略制定上取长补短、扬长避短。
- 核心能力：认识企业自身的核心竞争力，并根据核心竞争力来做"取舍"，确定企业未来发展的方向，这就包括选择多元化还是专业化以及业务定位，这是组织在制定总体战略前对自身的观察和期望。

2. 战略呈现

企业在进行战略制定时，需要以恰当的方式进行表达呈现，才能更好地被内部干系人所理解，从而进行战略实施和战略评估。战略呈现的目的与意义如下。

- 对企业的战略目标与战略目标实现的关键路径进行可视化。
- 提供企业内部沟通的战略语言，保障沟通顺畅。
- 明确各部门和岗位与战略的承接管理，有效提高组织的执行力，保障战略落地。
- 根据战略地图重点指标进行分析与监控，衡量战略实施效果。

战略呈现的方式有很多，下面我们主要介绍战略屋和战略地图这两种常见方式。

战略屋（见图2-6）是一种具象化呈现组织战略从最上层的愿景、使命到战略目标、战略布局、核心策略及组织保障的图形化表达方式，可以清晰、直观地呈现组织的整体思考和具体措施。

战略屋看起来就像一所房子。

房顶：组织的愿景、使命和战略目标。

框架和支柱：从上往下依次是战略布局（一般指业务组合，分为核心业务、成长业务和新兴业务）、核心策略（未来三至五年业务要达到的第一阶段战略目标，需要抓的战略关键点以及重点举措）。

最下面是组织保障（组织、人才、文化氛围及激励机制等方面的支撑策略，保障战略目标的实现）。

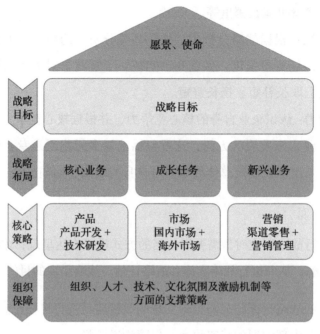

图 2-6　战略屋

战略地图（见图 2-7）是一套用来呈现企业战略的工具，它可以把一个系统而复杂的战略解释为一系列相关的主题活动。它是以平衡计分卡的四个层面（财务层面、客户层面、内部运营层面、学习与发展层面）目标为核心，通过分析其中的相互关系而绘制的企业战略因果关系图。其底层逻辑关系是：企业通过运用人力资本、信息资本和组织资本等无形资产（学习与发展），创新和建立战略优势与效率（内部运营），进而使企业把特定价值带给市场（客户），从而实现股东价值（财务）。

战略地图的绘制方法主要如下。

第一层面：确认财务层面目标。

制定战略首先应该明确企业的财务目标。财务指标是衡量战略实施情况的重要指标。财务指标实际上是股东价值的体现，它通常可以通过两条途径来实现。一是生产率战略，即提高生产效率，包括改善成本结构和提高资产利用率，从而提高单位产品的盈利能力和资产的使用效率，这样，在销售不变的情况下企业的盈利能力就提升了，或者在资产不变的情况下企业的生产效率就提高了。二是增长战略，即通过销售收入的增加提高企业的盈利能力。财务层面的战略主题是生产率战略与增长战略。财务目标的设定可以从以下几个方面考虑。

- 长期的股东价值是怎样实现的？是通过生产率战略还是增长战略实现？
- 如果采取的是生产率战略，是改善成本结构还是提高资产利用率？
- 如果采取的是增长战略，是增加收入机会还是提高现有客户价值？
- 如果同时采取生产率战略和增长战略，我们的组合策略有哪些？

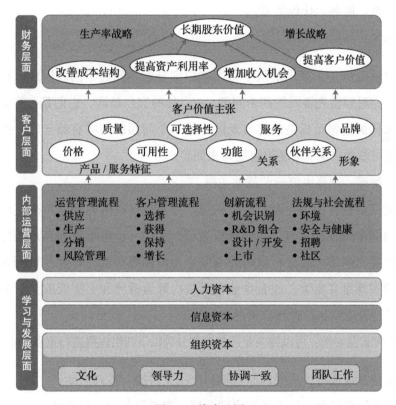

图 2-7　战略地图

在设置/确认财务目标时，需要注意生产率战略和增长战略的平衡。一般来说，增长战略要比生产率战略花费更多的时间和资源。当面临财务压力时，可能更倾向于改善成本结构或提高资产利用率这样的短期行动。然而，股东利益最大化的终极目标是股东价值的持续增长，这就要求企业必须考虑增长战略的某些指标，实现短期和长期财务目标的平衡。

第二层面：明确客户层面目标。

设置完财务指标之后，需要考虑财务指标如何实现，并对这种实现过程重点关注，选择一些非财务指标作为财务指标的有益补充。实际上，财务目标的实现来源于企业对客户价值的满足。通俗地说，客户价值就是客户为什么选择该企业的产品或服务，而不是竞争对手的产品或服务。概括来讲，客户价值包括以下三类。

- 产品／服务特征：价格、质量、可用性、可选择性、功能。
- 关系：服务、伙伴关系。
- 形象：品牌。

需要注意的是，客户价值主张因客户细分的不同而不同。因此，在做客户价值分析的时候首先要回答两个问题：一，你的客户是谁，它们是怎样划分的？二，未来你的销售目标是怎样实现的？第一个问题的回答有赖于客户细分，第二个问题可参照产品／市场组合矩阵来回答。

第三层面：选择内部运营战略主题。

无论是财务目标还是客户价值主张，都要靠卓越的内部运营来实现。在完成战略地图中财务和客户层面的分析之后，要进一步将财务和客户指标与内部运营相连接。内部运营分析就是要确定企业内部哪些流程对财务目标和客户价值主张的实现意义重大，或者企业在哪些内部运营流程上需要改善，所有这些实际上就是为战略执行选择合适的主题。

在内部运营层面，可以将企业运营流程分为以下四组流程进行重点分析和考虑。

- 运营管理流程：从采购原材料到产品交付的一系列活动。
- 客户管理流程：从选择客户到营销、客户服务的一些活动。
- 创新流程：产品／服务的研发流程。
- 法规与社会流程：处理利益相关者的流程。

事实上，上述流程划分只是针对典型单体企业，甚至只是制造业企业的一种流程划分方式，而并不适合集团企业或其他行业的流程划分。因此在选择企业运营流程主题时应考虑企业所在行业、业务的特征。

第四层面：规划组织学习与发展。

经过财务和客户目标设定、战略主题分析之后，企业需要做的就是在内部为这些目标和措施的实现做好支持和保障的准备。支持财务和客户目标实现的内部运营流程最终是需要每位员工去执行的。因此，战略地图所描述的内部运营关键举措（关键流程）必须与组织发展相连接。在组织发展层面必须关注以下三个方面的内容。

- 人力资本准备度：用于衡量组织支持战略所需的知识、能力的可用性。
- 信息资本准备度：用于衡量组织支持战略所需的信息系统、网络等基础设施的可用性。
- 组织资本准备度：用于衡量组织执行战略、发动变革的组织能力。

2.2.2.2 战略解码

战略解码指的是，把组织的整体战略目标解码为业务战略目标、核心竞争力目标和关键任务目标；再进一步把关键任务目标解码为关键任务、策略和行动，便于再转化为年度业务目标和年度重点工作，明确责任分工和资源配置、考核机制，并通过可视化的方式让全体成员清晰明了并可执行，具体如图 2-8 所示。

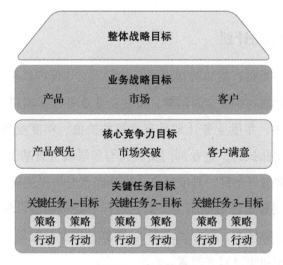

图 2-8　战略解码

战略解码的核心要素是目标、策略、行动，战略解码的本质是站在执行的视角解读战略是什么、做什么、怎样做，并进行战略宣导和导入年度业务计划。

因此，战略解码在目标层面的关键是进行明确的目标定义，并明确验收标准；在策略层面的关键是明确实现目标的关键任务；在行动层面的关键是将关键任务分解细化成具体的行动计划，并将每一项关键任务的行动计划落实到个人，与个人所在组织的 KPI 及个人绩效挂钩。

战略解码要能够有效提升组织的战略实施能力并确保战略落地执行，需要注意以下四个方面。

（1）所制定的战略的质量。

（2）管理层和员工对战略的认同度。

（3）策略的清晰度。

（4）组织的支持力度。

这四个方面是相乘而非相加的关系，要想使战略实施效果最大化，组织需要在这四个方面都有卓越的表现，任何一个环节执行不到位，都会让战略实施效果大打折扣。因此战略解码需要在战略目标—支撑策略—行动路径—任务计划—个人职责—资源匹配—支撑系统这些环节建立有效的联结，并且能够保证组织的核心资源（包括人力资源、财务资源、研发资源、信息资源、客户资源等）最大化地支撑战略实施，促进战略落地。

2.2.2.3 年度业务计划

年度业务计划是指在战略的指引下，确定下一年度的经营目标和重点工作，并通过实施业务计划和年度全面预算，促使企业业务目标顺利达成。

在战略制定中，年度业务计划具有重要的价值。年度业务计划由企业高层牵头制定并带领团队执行，企业部门负责人与各层级主管基于战略解码的输入，明确年度计划，并做好季度、月度计划，也为经营分析提供输入。

年度业务计划要遵循的原则主要有：目标和指标明确可量化、行动计划具体（包含时间表、责任人、资源需求等）、预算和资源分配科学合理、绩效评估强关联、风险管理和沟通对齐前置。

年度业务计划通常包含六个部分。

（1）上一年度总结：对上一年度业务计划中的年度业务目标、年度重点工作进行复盘总结，注重差距、根因和经营分析，为年度组织绩效评估提供输入。

（2）战略规划导入：包括战略分析洞察出的机会和风险、战略解码出来的下一年度的战略目标和关键任务等，为制定下一年度业务目标、年度重点工作提供输入。

（3）年度业务目标：明确企业的年度业务目标和部门的年度业务目标，通过平衡计分卡制定年度组织 KPI，并层层分解、上下左右对齐，确保经营结果指标（财务/客户）、过程管控指标（内部运营、学习与发展）既承接战略，又牵引下一年度的策略和方向。

（4）年度重点工作：为了实现年度业务目标，可以通过关键成功要素分析，导出年度重点工作清单。年度重点工作可以在战略实施这一阶段，通过项目组合管理来明确项目目标、项目团队、项目计划和资源配置。

（5）全面预算：年度业务计划的机会、业务目标、重点工作、财务预算、人力预算要一盘棋。年度全面预算关键是把财务预算和人力预算规划清楚，并和年度业务目标、年度重点工作进行匹配。

（6）组织保障：年度业务计划要匹配相应的组织保障，包括组织架构调整方案、部门使命与职责分工、人力编制，重点要突破的能力建设等。

2.2.3 战略实施

战略实施的核心价值是通过有效地组织资源和实施行动计划，将战略转化为实际行动，实现组织目标。

战略实施是将战略计划转化为具体行动和实际结果的过程，它涉及组织内部各个层面的资源配置、任务分配、目标设定和行动计划的执行。组织战略的实施包含项目管理、日常运营、经营分析、组织保障四个核心支撑，它们协同合作以确保战略顺利落地并实现预期的目标。

2.2.3.1 项目管理

项目管理是将组织的战略计划转化为可控制的、临时性的工作单元的过程。在组织战略实施中，项目管理为组织级项目管理的概念，包括项目组合管理、项目集管理以及项目管理三个层级，其关系如表 2-4 所示。

表 2-4 项目组合、项目集以及项目的关系

层级	定义	特点	负责机构	管理目标
项目组合	一组项目、项目集、子项目集和运营活动的集合	实现组织的战略目标	项目组合经理或项目组合办公室	确保项目组合目标与战略一致、资源优化、风险管理和评估等
项目集	一组相互关联且协调管理的项目的集合	共同实现特定的战略目标或业务目标	项目集经理或项目集办公室	实现项目集目标、资源协调、风险管理和沟通协调等
项目	为创造独特的产品、服务或结果而进行的临时性工作	有明确的开始和结束时间、特定目标和交付物	项目经理或项目团队	实现项目目标、按时交付、控制成本和质量等

在战略实施时，项目组合、项目集、项目自上而下拆解，支撑战略目标落地，自下而上确保战略目标实现，具体如图 2-9 所示。

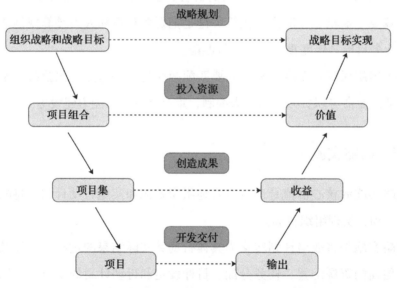

图 2-9 项目组合、项目集、项目对战略目标的承接

项目组合管理作为组织战略、项目和运营之间的桥梁，旨在通过对项目组合的持续协调和优化，实现组织战略，并提高项目的运作能力，项目组合管理包括以下基本活动。

（1）**衡量项目价值和收益**：在决定是否要启动某个项目以及如何分配资源时，衡量项目的价值和收益对于做出明智的决策至关重要。在项目组合管理中，需要对各项目的财务指标、战略价值、客户价值、社会价值、风险和机会等方

面进行综合评估，以确定所有可能的候选项目，如表 2-5 所示。

表 2-5 项目价值及收益评估维度

维度	评估方式
财务指标	投资回报率（ROI）、净现值（NPV）、内部收益率（IRR）
战略价值	与组织战略目标的一致性：评估项目与组织的战略目标之间的关联程度
客户价值	客户满意度：评估项目的成功是否会提高客户满意度、客户忠诚度和口碑 新客户获取：评估项目是否会扩大市场份额，带来新的客户和收益
社会价值	可持续性：评估项目对环境和社会的影响，以确保项目符合可持续性和社会责任的要求 创造就业：评估项目是否会创造更多的就业机会，从而促进社会经济增长和增加社会福利
风险和机会	风险评估：评估项目的风险可能带来的不利影响 新机会：评估项目是否会为组织带来新的机会和增长领域，增加未来的收益潜力

（2）**识别和评估项目优先级**：识别和评估项目优先级有助于组织确定应该首先聚焦于哪些项目，以确保资源的合理分配。在项目组合管理中，需要根据企业的战略目标、资源约束等因素，对所有候选项目进行评估和筛选。

（3）**项目投资决策与管理**：项目投资决策与管理是指根据所有候选项目的价值、收益以及优先级，对项目所需的人力、设备设施、资金等资源进行投入分配决策和管理的过程，以确保组织资源的最佳利用和项目的成功实施，并确定最具价值和潜力的项目组合。

项目投资决策的原则主要有以下几个。

- 利润最大化：通过投资实现项目利润最大化。
- 风险最小化：投资多个项目，分散风险，降低损失的可能性。
- 资金长期增长：将资金分配到不同类型的项目中，从而在未来获得更长期的增长。
- 社会影响力提升：通过投资来支持社会事业，如环保、教育、医疗等领域，回馈社会，提升企业影响力。

常见的投资决策方法有财务评估、风险评估、战略一致性评估。项目投资决策是多维度综合评估的结果，其目的还是希望通过项目投资管理来获得更高的回报率和更大的收益。

（4）**监控和收集项目组合绩效数据**：监控和收集项目组合绩效数据是为了

获取项目组合实施过程中的实际数据和交付物,以便支持经营分析时的绩效评估与纠偏。该过程对于在经营分析中了解各项目的整体绩效,发现风险与问题,并做出最优决策非常重要,主要包括以下工作。

- **确定项目基准与绩效指标**:确定项目基准和绩效指标是确保项目组合有效实施并达到预期目标的关键步骤,管理者应明确整体目标和战略,识别可量化的各组件项目基准与关键绩效指标。
- **数据收集**:从各个组件项目和项目集中收集与绩效指标相关的必要数据,例如项目进展报告、财务数据、资源利用率等,确保数据的准确性和完整性对于绩效评估的可靠性至关重要。
- **数据整理与准备**:收集到数据后,需要进行包括数据清洗、转换和标准化等步骤的整理和准备,使其适用于绩效数据分析,确保数据的一致性和可比性。

(5)**记录项目组合的风险和问题**:记录项目组合的风险与问题是为了及时捕捉和跟踪可能影响项目组合实施的风险和问题,并为经营分析时的风险管理与问题解决提供支持,主要包括以下工作。

- **风险识别与记录**:在项目组合管理过程中,管理者应识别和记录可能影响项目组合的各类风险,包括其描述、可能发生的概率及其影响、潜在的解决方案等。
- **问题跟踪与记录**:除了风险,各组件项目在实施过程中可能会出现项目延期、成本超支、资源冲突等各类问题,管理者应记录所有的问题,包括问题的描述、影响程度、责任人以及解决进展等信息。

(6)**沟通和资源管理**:在进行项目组合管理时需要与所有项目干系人进行有效的沟通和协调,以确保所有人都了解项目组合的目标和进展。同时,有效的资源管理也至关重要,资源管理涉及对组织的资源进行识别、规划、分配和优化,以确保项目组合能够在有限的资源下取得最大的效益,从而增强项目组织的灵活性和适应性,提高整体绩效,帮助组织更好地应对变化和挑战。

项目组合管理的目标是在组织层面上管理和协调项目,以实现组织战略目标的最优化。通过有效的项目组合管理，组织可以更好地控制项目，最大限度地利用资源，降低风险，对齐战略并提高决策质量和绩效。

2.2.3.2 日常运营

日常运营是组织持续进行的重复性活动，旨在维持组织正常运转并达成长期目标。日常运营是组织战略稳定实施的保障，包括生产制造、销售、人力资源管理、财务管理、客户服务等一系列活动。这些活动通常是组织持续运营和提供产品或服务的基础，也是围绕战略关联而采用的管理手段，用以不断检验战略关联的正确性与可操作性。

战略实施需要依据战略规划、年度业务计划，对于具体的业务工作，需要在战略方向的牵引下，明确部门和岗位的年度工作计划，并通过日常运营获得最优效果。日常运营的工作主要是季度/月度运营计划、组织KPI分解、绩效管理闭环，具体如图2-10所示。

图 2-10　战略管理与日常运营

运营计划承载了三个重要使命：

- 作为 PDCA 管理的基本框架组成部分，促进年度业务计划按季度/月度运营计划执行并持续优化。
- 配置和协同月度资源，促进计划管理更加快速地适应市场变化。

- 月度绩效考核作为年度绩效评估的重要依据，能够解决项目过程管理缺乏依据的问题。

精细化的日常运营保证了组织运行的有序和稳定，提高了组织横向协同的效率，保障了战略在执行中不变形。

项目管理和日常运营是两个关键的概念，它们在组织战略的实施中相互关联且相辅相成。项目管理是实现组织战略目标的具体手段，它使得战略计划更具体化、可操作性更强，在实施过程中能够适应变化，保持灵活性和高效性。项目集管理和项目组合管理则在更宏观的层面上协调和优化多个项目的资源和目标，确保组织战略的一致性。日常运营则为项目管理提供支持和延续，保障项目的成功交付，以及项目交付后的持续运营，并获得持久的收益。因此项目管理与日常运营之间形成了密切的关系，且共同构成了组织的全面运营体系，如图 2-11 所示。

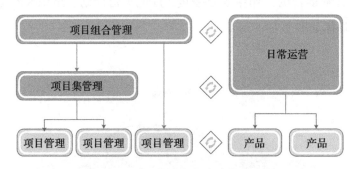

图 2-11　项目管理与日常运营的关系

2.2.3.3　经营分析

经营分析在组织战略的实施中扮演着重要的角色，是从战略生成到结果落地的全过程管理工具。它帮助组织评估项目管理和日常运营的战略一致性，优化资源分配，评估绩效并纠偏，同时有效地管理风险和解决问题，从而帮助组织更好地实现目标，持续改进，提升竞争力。

经营分析通过收集、处理、解释和深入分析与评估各类项目及运营相关的数据和信息，帮助组织全面了解当前运营状况和项目绩效表现，并为及时调整战略实施中的行动计划和资源配置提供客观的数据支持。经营分析包括向外看及向内看，向内看主要是指分析内部项目的执行情况和绩效表现，向外看主要是指分析市场环境和客户需求，内部、外部信息共同构成了全面的经营分析视角，通过经营分析，组织能够更好地理解内外部因素的相互影响，从而优化组织决策和规划。

2.2.3.4 组织保障

组织保障为组织战略实施提供稳定的支持和资源，确保组织能够有效地实施战略，适应变化的环境，并取得成功。组织保障包括组织架构与文化、人才与领导力、变革与流程 IT 以及方针政策等多方面的支撑，它们相互交织，共同形成组织战略实施的支撑体系，并确保组织在不断变化的环境中取得成功。

合理的组织架构能够保障信息流通畅，任务分工明确，并支持战略的执行。同时，积极的组织文化可以激励员工，增强员工的归属感和提高员工的忠诚度，帮助员工更好地理解组织的战略目标并推动组织战略目标的实现。

拥有合适的人才及优秀的领导力是组织成功的关键因素，招聘、配置、培训、开发和留住高素质、高潜质的员工，尤其是那些与组织战略目标相契合的人才，对于组织战略的顺利实施至关重要。此外，高效的领导力是推动组织向前发展的关键，并且在实现战略目标的过程中起着至关重要的引导作用。

变革管理确保组织能够有效适应不断变化的市场和环境，应对挑战和抓住机遇。自动化流程的应用可以提高组织的运作效率和决策速度，有助于优化资源配置和降低成本，使组织更具竞争力。

明确的方针政策为组织提供明确的指引，以确保员工在实施战略时遵循统一的方向、行动框架，支撑组织战略目标的顺利推进和实现。

2.2.4 战略评估

战略评估的核心价值是通过对战略执行过程和结果的监控与评估，及时发现问题并在执行过程中进行策略调整，来提高组织的竞争力和适应性。战略评估从内容来说一般包括评估组织的战略目标、计划和执行，评估战略执行对组织目标的贡献和影响，评估组织战略与实际执行情况的偏差。战略评估从类型来说一般包括绩效评估、战略健康度评估等。经过战略评估之后形成的评估报告可以为未来的战略制定和调整提供依据。

2.2.4.1 绩效评估

绩效评估在战略评估中具有重要的价值，它可以帮助组织了解其目标的实现情况，评估战略的有效性，并为决策提供依据。同时，绩效评估还可以帮助组织识别问题和机会，优化资源分配，改进业务流程，并提高整体绩效。

绩效评估涉及不同层级的评估，包括经营绩效评估、项目组合绩效评估、项目集绩效评估和项目绩效评估。

- **经营绩效评估**：经营绩效评估是对组织整体运营情况的评估，包括财务绩效、市场份额、客户满意度等指标。它提供了对组织整体绩效的评估，可以为制定和调整战略提供参考。
- **项目组合绩效评估**：项目组合绩效评估是对组织所有项目组合的绩效进行评估，包括项目组合的战略目标实现情况、风险分散程度、投资回报率等指标。它帮助组织了解项目组合的整体绩效，优化项目组合的结构，提高组织整体绩效。
- **项目集绩效评估**：项目集绩效评估是对一组相关项目的绩效进行评估，包括项目之间的协同效应、资源利用效率等指标。它帮助组织了解项目集的整体绩效，优化资源配置，提高项目集的整体效益。
- **项目绩效评估**：项目绩效评估是对单个项目的绩效进行评估，包括项目的目标达成情况、成本控制、进度管理、质量管理等指标。它帮助组织了解项目的执行情况，及时发现并解决问题，确保项目能够按计划实施。

为了开展这些绩效评估工作，组织可以采取以下步骤。

- **确定评估指标**：根据战略目标和项目特点，确定适合的评估指标，包括财务指标、运营指标、客户指标等。
- **收集相关数据**：收集数据，包括财务报表、项目执行数据、市场调研数据等，用于评估指标的计算和分析。
- **进行评估分析**：根据收集到的数据，进行评估指标的计算和分析，得出绩效评估结果。
- **提出改进建议**：根据评估结果，提出相应的改进建议，包括调整战略目标、优化项目执行计划、调整资源配置等。

- **监控和反馈**：定期监控绩效评估结果，及时反馈给相关部门和人员，以便他们采取相应的行动。

通过绩效评估，组织可以不断优化战略规划和项目执行，提高整体绩效，实现组织的长期发展目标。

常用的绩效评估方法工具如表 2-6 所示。

表 2-6 常用的绩效评估方法工具

方法工具	简介	适用场景	优点	缺点
目标与关键成果法（OKR）	设定野心性的目标和关键结果来衡量员工的绩效	追求高增长和高度创新、需要快速适应变化的环境的组织，创新团队和初创企业等	有助于激发员工的积极性和创造力 有助于提高企业的效率和透明度 有助于促进团队合作和沟通	需要花费大量的时间和精力来制定和跟踪 如果不正确地使用OKR，可能会导致员工因没有实现目标而感到沮丧或失望
关键绩效指标（KPI）	依据企业战略目标和关键成功因素确定与之对应的绩效指标，对企业战略实施进行度量和评价	对关键业务和目标有明确需求的企业	简洁明了，便于企业快速识别关键绩效指标 适用范围广，适用于各行业和领域	如果过于关注部分指标，可能导致失衡和受局限 指标设置不当可能引发目标或执行的偏离
平衡计分卡（BSC）	从财务、客户、内部运营、学习与发展四个维度来衡量企业绩效 强调既要关注短期财务表现，也要关注非财务类指标，用以反映企业的战略绩效	适用于各行业，尤其是对战略的执行效果有较高要求的企业	较为全面，从财务、客户、内部运营、学习与发展四个维度评估企业绩效 既关注企业短期的财务表现，也关注长期的非财务类指标 可以识别企业战略的关键成功因素，帮助制定具体的战略目标和执行计划	评估过程可能较为复杂，需要细化各个维度的指标 若指标设置不合理，可能导致部分目标与实际战略不一致的情况
个人绩效承诺（PBC）	PBC 一般包含组织绩效目标、人员管理目标、个人重点工作和能力提升计划。相较于 KPI 考核关注核心业绩指标的达成，PBC 更重视过程及战略目标的统一和对齐；相较于 OKR 的自下而上，PBC 自上而下的制定方式有利于组织战略的达成	需要全面评估员工工作表现的企业，需要激励员工提高积极性和创造性的企业，需要确保所有员工都理解和接受绩效评估计划的企业等	有助于企业利出一孔，关注组织绩效和个人绩效的统一 有助于拉齐个人与组织对绩效的认知和理解 有助于综合评定绩效成效，避免唯指标论或只关注过程而忽视结果	需要投入大量的时间和精力确保所有员工都理解和接受绩效评估计划 操作过程中可能出现主观成分较大，导致评估标准不明确或者工作关系紧张的情况

2.2.4.2 战略调整

战略调整的价值在于能够使组织适应变化的环境，提高竞争力，实现长期可持续发展。企业战略的调整应通过绩效评估和战略健康度评估来进行监控，当发现出现以下场景时需要及时进行必要的战略改进。

- 企业所处的市场环境发生了变化。例如，市场需求、竞争格局、政策法规等发生了变化，企业需要根据新的市场环境来调整自身的战略方向和策略。
- 企业内部管理出现了问题。例如，组织架构不合理、人员流失严重、绩效考核不公等，这些问题会影响企业的正常运营和发展，需要进行战略调整来解决。
- 企业所处的行业发生了重大变化。例如，新技术的出现、新产业的崛起等，这些变化会对行业产生影响，企业需要根据新的行业环境来调整自身的战略方向和策略。
- 企业自身的发展阶段发生了变化。例如，企业在发展初期、成长期、成熟期等不同阶段需要不同的发展战略和目标，企业需要根据自身发展的阶段来调整自身的战略方向和策略。

战略调整需要结合评估结果，制定和实施新的战略规划，并动态监测和评估战略执行情况，最终使整个战略管理形成闭环，主要工作包括以下几项。

- 重新评估现有战略：通过 SWOT 分析、PESTEL 分析等工具，重新评估现有战略的有效性和适应性，确定需要调整的方向和重点。
- 制定新的战略规划：在重新评估现有战略的基础上，制定新的长期和短期战略规划，明确目标、任务和行动计划。
- 实施新的战略规划：将新的战略规划转化为具体的行动计划，并分配资源和责任，确保顺利实施。
- 监测和评估战略执行情况：通过关键绩效指标、项目进展、预算执行等，监测和评估战略的执行情况，及时发现问题并提出改进建议。

战略调整是一个复杂的过程，需要综合考虑内外部环境、组织文化、员工态度等因素，制定科学合理的调整方案，并严格执行和监测执行情况，以达到预期的效果。企业在进行战略调整前，需要充分了解内外部环境的变化和趋势，以便更好地把握机会和应对挑战。战略调整需要得到组织内部的支持和配合，需要注意组织文化和员工态度的影响，要积极引导和激励员工参与战略调整过程。战略调整可能会面临各种风险和挑战，需要注意风险控制和管理，要制定相应的应对措施,降低风险的影响。

战略调整是一个长期的过程,需要坚持长远眼光,注重未来发展,而不是只关注眼前的利益。

§ 小贴士
Tips 其他战略管理方法论

在战略管理过程中,我们还可以使用业务领先模型(Business Leadership Model,BLM)或 6S 体系等战略管理方法论。

(1)BLM 如图 2-12 所示,以市场结果(业绩差距与机会差距分析)为起点和输入,以领导力为根本,以价值观为基础,以战略制定(包括市场洞察、创新焦点、业务设计、战略意图四个模块)和战略执行(包括关键任务、人才、正式组织、文化氛围四个模块)为主体内容,并通过战略解码进行连接,从而形成完整的战略规划设计。BLM 可以帮助组织在战略制定和战略实施过程中,进行系统思考、明确方向并进行资源配置。因为 BLM 是一种协作模型,要领导者打破自身局限性,所以对领导者本身的经验和能力有较高要求,故只有不断实践和提升个人与团队的认知,才能利用 BLM 实现更好的战略管理。

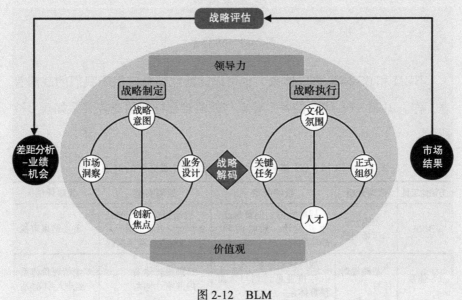

图 2-12　BLM

（2）6S 体系是战略规划体系、年度业务计划与全面预算体系、管理报告体系、内部审计体系、业绩评价体系和经理人考核体系的简称，如图 2-13 所示。6S 体系适用于实施集团多元化管理、采用战略管控模式的企业，它帮助企业以战略为主线，确保战略的一致性，促进职能管理体系的整合与协同，提升战略目标实现的可能性。对于采用财务管控和运营管控模式的企业来说，6S 体系的适用性就有所降低。

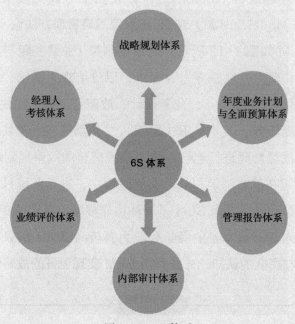

图 2-13　6S 体系

BLM 和 6S 体系自成体系，也可以灵活地综合应用于我们的战略管理工作。BLM、6S 体系的各个要素与战略管理框架的对应关系如表 2-7 所示。

表 2-7　BLM、6S 体系各个要素与战略管理框架的对应关系

方法论工具	战略分析	战略制定	战略实施	战略评估
BLM	差距分析 市场洞察	战略意图、创新焦点、业务设计、战略解码、战略执行	战略目标和关键任务执行，以及组织、人才、文化氛围激励执行	市场结果审视
6S 体系	战略规划体系	战略规划体系 年度业务计划与全面预算体系	管理报告体系 内部审计体系	业绩评价体系 经理人考核体系

------- 延伸阅读 -------
响应趋势变化，积极创新

在快速变化的商业环境中，组织面临着多方的变化和挑战。当企业外部趋势或环境变化时，需要进行动态的战略管理以确保企业的可持续性健康发展。

外部趋势的变化是组织面临的重要挑战之一。市场需求、竞争环境、法规政策等因素的变化，可能导致组织的战略目标需要调整或重新制定。PMO可以通过与各部门和利益相关者的紧密合作，及时获取外部环境的信息，为组织提供准确的数据和分析，帮助组织做出战略调整的决策。

技术的迭代也是组织面临的重要挑战之一。技术的快速发展和更新换代，可能给组织的业务模式、流程和产品带来重大影响。PMO可以通过建立技术监测和评估机制，及时了解新技术的发展趋势和应用场景，为组织提供技术咨询和建议，帮助组织把握技术变革的机遇。

基于变化，PMO可以搭建咨询库，通过独立于业务的第三方提供专业的咨询和支持服务，从机制设立上协助企业解决问题。

响应趋势变化、积极创新是组织在快速变化的商业环境中适应变化、保持竞争力和持续发展的关键。通过倡导创新文化、引入创新手段和与外部创新生态系统合作，PMO可以帮助组织在变化中保持稳定和持续创新，实现长期发展目标。

创新文化是组织培养创新能力和推动创新的重要因素。PMO可以通过倡导创新文化，鼓励员工提出新的想法和解决方案，促进创新的发生。PMO可以组织创新活动，如创意工坊、创新比赛等，为员工提供展示和实践创新的平台，激发他们的创造力和创新潜力。

创新手段也是组织积极应对快速变化的商业环境的重要工具。PMO可以引入新的项目管理方法和工具，如敏捷项目管理、设计思维等，以适应变化的需求。创新手段可以帮助组织更加灵活地应对变化，提高项目交付的速度和质量。PMO还可以推动组织数字化转型，以及利用先进的技术和工具，如人工智能、大数据分析等，提升组织的运营效率和决策能力。

除了创新文化和创新手段，PMO 还可以通过与外部创新生态系统的合作，获取外部创新资源和知识。与创新型企业、创业公司、高校等建立合作关系，可以帮助组织获取最新的科技成果和市场趋势预测，为组织的创新提供新的思路和机会。PMO 可以组织创新交流活动，如创新论坛、创新合作项目等，促进组织与外部创新者的互动和合作，实现资源共享和优势互补。

企业发展问题、管理问题的本质还是增长的问题，所有的企业都面临规模和利润的增长压力。在 PMO 进行战略管理的过程中，项目上线投产后到运营阶段，企业会接收到市场的反馈，从而带来需求的变更。如果这个变更是由于真实的市场反馈并且收益足够大，可能会变更项目集的收益登记册，收益变化会影响项目集，原有项目集终止，产生新的项目集。如果新的项目集产生的收益足够大（包括但不限于规模和利润的增长），会促使企业将更多的资源投入到该业务领域，并进行战略变革，甚至有可能会改变愿景和使命。在这种情况下会发展出企业的创新业务领域或者一个新公司，所谓第二曲线。这就是通过项目集变更产生的适应市场的变革，进而带来企业的变革，这也是 PMO 进行战略管理的重要性和价值所在。

2.2.4.3 战略健康度评估

战略健康度评估是指对与战略制定和战略实施相关的工作进行周期性复盘和审视。一般而言，可以从机会、客户、竞争、产品竞争力、运营效率、组织关系等维度开展战略健康度审视。这里我们从长期和短期这两个维度来进行分析。

长期维度关注的是战略是否正确有效、是否需要调整，侧重评估战略健康状态，包括审视战略是否带来了预期结果，识别行业、竞争、市场需求变化带来的机会或威胁，以及明确对现有战略的影响，同时识别或更新现有战略问题、挑战和风险。

短期维度关注的是战略实施是否良好，包括评估半年度、年度重点工作的达成情况，评估半年度、年度业务目标的进度与目标进度的差距，识别关键问题、风险和提出改进建议。战略健康度评估结果将作为下一轮战略制定的输入。

战略健康度评估操作要点，如图 2-14 所示。

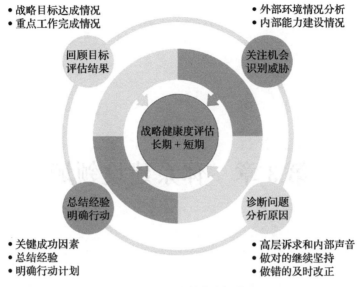

图 2-14　战略健康度评估

第 3 章　体系建设领域

PMO 在组织中的作用远不止战略管理，它更是组织战略成功的助推器，负责推动从战略制定到执行的全链路。PMO 的核心价值在于其能够将组织的长远愿景转化为可操作的项目和计划，确保战略目标的实现。战略的成功还依赖组织中各个体系的建设和协作，如产研体系、运营体系、营销体系、供应链体系、质量体系等，这些组成了组织运行和长期发展的基石。

PMO 作为组织内外部协调的核心部门，还承担组织各种体系建设的任务。首先，各个体系都不仅仅涉及一个部门，大部分都需要跨部门协作和沟通，PMO 具有天然的协同特性，能够更好地主导各种体系的建设，并且可以通过确保不同体系间的协同和一致性，促进组织资源的高效利用和流程的优化，从而提升整体运营效率。其次，PMO 在推动战略实施和监督执行的过程中，保障了组织目标与日常运营的紧密结合，确保战略规划得以顺利推进。PMO 在体系建设中发挥着桥梁作用，能促进跨部门沟通与合作，加强团队间的协作和信息共享。它还能通过持续监控和评估体系效能，推动组织的持续改进和创新，提高组织的适应性和竞争力。PMO 在体系建设中发挥着至关重要的作用，是推动组织持续成长和成功的关键力量。

3.1 概述

体系建设是组织为了实现既定目标和愿景而系统性地构建和优化工作流程、管理制度、操作规范和技术支持结构的过程。这个过程不仅关乎组织内部管理流程、技术系统和操作标准的优化，而且涉及组织文化和员工行为的引导与改变。

体系建设的关键在于确保组织的每一部分都能协同工作，形成一个整体，以支持组织核心目标和战略的实现。体系建设的核心目标包括提高工作效率、确保服务和产品质量、提高对市场变化的适应性、促进创新，以及建立有效的风险管理机制。关键步骤包括需求分析、体系规划与设计、体系实施与执行、体系落地监督与控制、持续改进，以及至关重要的体系文化培养。成功的体系建设不仅能带来高效、透明、可持续的运作模式，完善的管理体系和流程，训练有素的员工队伍，以及强大的技术和创新平台，还能确保组织持续学习、适应和创新，有效实现战略目标，提升竞争力，实现可持续发展。

体系建设领域覆盖企业各部门的工作范围。以华为公司为例，它具备一整套成熟的企业管理体系，包括 BLM（业务领先模型）、IPD（集成产品开发）、MTL（从市场到线索）、LTC（从商机到回款）、ISC（集成供应链）、IFS（财经服务流程）等。

体系建设也是 PMO 的重要职责之一，PMO 要协助高层构建组织的各种管理体系，以实现战略和目标。体系建设能够助力组织使命、愿景、战略的达成，从而提高组织的核心竞争力，确保组织的可持续发展。PMO 可依据 ISO 国际标准及行业标准来对标自身组织，结合组织自身的行业和业务属性，推进符合组织特点的体系建设项目，并通过适配的管理体系运作，高效实现流程制定、培养协作团队、控制管理资源、协调跨部门合作等职能，确保组织战略落地和目标实现。体系建设是一个系统工程，要结合战略、组织阶段、数字化能力、人才梯队等多个维度综合考虑。

3.2 体系建设的必要性

体系建设的必要性如下。

提高运营效率与降低成本：体系建设通过标准化流程和优化资源配置来提

高工作效率，减少时间和资源的浪费，这不仅缩短了项目周期，还降低了运营成本。

确保质量和提升客户满意度：建立严格的质量控制体系可以确保产品和服务达到高标准，从而提升客户满意度和忠诚度。这种对质量的承诺增强了客户信任，有助于吸引新客户并扩大市场份额。

明确职责分工与确保战略执行：管理体系的核心在于明确职责分工，确保每个成员都清楚自己的角色和责任，这提高了员工的工作积极性和主动性，并在出现问题时能够迅速定位和解决。同时，管理体系将组织的战略目标分解为具体的工作计划和任务，可以确保战略的有效执行，促进组织的长期发展和核心竞争力的提升。

这三大必要性共同构成了组织体系建设的坚实基础，它们相互关联并支持组织实现长期目标和持续发展。通过有效的体系建设，组织能够在激烈的市场竞争中保持领先地位，实现稳健增长。

3.3 组织常见体系

组织中的各种体系可以帮助组织提升管理水平和增强竞争力。这些体系共同构成了组织的管理架构，支撑组织实现其业务目标和战略愿景。不同的组织可能会根据自身的规模、行业特点和战略需求，强调不同体系的重要性和优先级。

组织可以根据自身的特点和需要选择适合自己的体系进行建设。具体采用哪种分层方式，需要结合组织的实际情况、管理需求以及管理成熟度等要素进行综合考虑。无论选择何种分层方式，关键是要保证各体系之间紧密协调、相关支撑，共同实现组织的可持续发展。

本节提出一些可供参考的体系，这个框架覆盖了组织管理的各个关键领域，既有战略层面的顶层设计，又有管理层面的具体执行，同时配备了完善的支撑保障体系。

组织常见的紧密协同、相互支撑的体系建设有三个层面，样例参考图3-1。

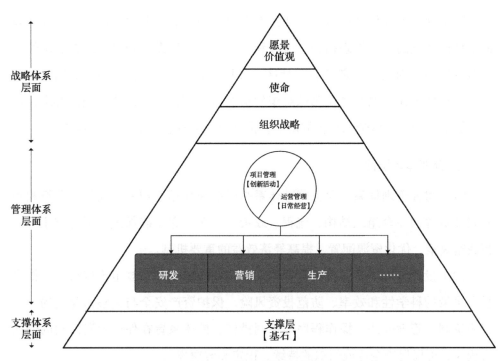

图 3-1 体系建设样例图

1. 战略体系层面

（1）战略管理体系：战略管理体系关注组织长期目标和整体方向的设定，以及为实现这些目标所采取的具体策略，包括市场分析、目标设定、战略规划、执行和监控。战略管理体系帮助组织识别其内外部环境的优势、劣势、机会和威胁，并据此制定竞争策略，确保组织资源得到最有效的配置和利用。战略管理体系是指导组织整体发展方向和决策的基础。

（2）组织能力体系：组织能力体系是指一个组织内部用于确保有效运作和实现长期目标的一系列能力、流程、系统和资源的集合。这个体系涵盖了组织的所有方面，包括人力资源、技术、流程、文化和领导力等，旨在提升组织的竞争力和适应性。

（3）组织文化体系：组织文化体系是指在组织内部形成的独特的价值观、行为准则、工作方式、管理制度和组织氛围的总和。这个体系是组织在长期发展过程中逐渐形成的，对组织的运营和发展具有深远的影响。组织文化体系的核心是组织的价值观。

（4）社会责任体系：社会责任体系是组织为了履行其对经济、社会和环境的责任而建立的一套管理措施、流程和政策。这个体系体现了组织在追求经济效益的同时，对员工、消费者、社区、环境和社会可持续发展的承诺和贡献。社会责任体系建设的目的是确保组织的运营活动不仅符合法律法规的要求，而且能够给社会和环境带来积极的影响，提高组织的社会价值和品牌形象。

2. 管理体系层面

（1）财务管理体系：财务管理体系是组织内部用于规划、监控、分析和控制财务资源的一套组织结构、流程、政策和程序。它是确保组织财务健康、支持战略决策、优化资源配置、提高经济效益的重要机制。

（2）投资管理体系：投资管理体系是企业或组织为了规范投资行为、提高投资决策的科学性和效率、防范投资风险、保护资产安全与完整而建立的一套组织机制、管理办法、操作程序与控制措施。该体系旨在保证投资活动的合法合规性，可以促进企业或组织的持续、稳定和健康发展。

（3）项目管理体系：项目管理体系涉及规划、组织、激励和控制，以实现特定项目目标的一系列活动。有效的项目管理体系可以确保项目按照既定的时间表、预算和质量要求顺利完成。这个体系包括项目启动、规划、执行、监控与控制，以及收尾等关键阶段。项目管理体系可以通过定义清晰的责任、流程和标准，帮助组织提高项目成功率和资源使用效率。

（4）人力资源体系：人力资源体系是企业或组织为了有效管理和发展人力资源而建立的一套综合管理机制和流程。这个体系涵盖了招聘、培训、绩效管理、薪酬福利、员工关系和职业发展规划等多个方面，旨在确保组织拥有合适的人才队伍，以支持其战略目标的实现和业务的持续发展。

（5）运营管理体系：运营管理体系是组织为了确保其日常业务活动高效、顺畅进行而建立的一套综合性的管理框架和流程。这个体系涉及组织运营的各个方面，包括生产管理、供应链管理、质量控制、项目管理、客户服务管理、技术支持等，旨在通过优化资源配置、提高生产效率、降低成本、提升客户满意度来实现组织的长期战略目标。

（6）研发管理体系：研发管理体系关注产品的创新和开发过程，涵盖从市场调研、产品设计、原型开发到测试验证等各个环节。这个体系旨在通过系统化的方法和流程提高研发效率，缩短产品上市时间，并确保产品质量满足市场需求。研发管理体系还包括知识产权管理、技术研究和技术储备等方面。

（7）供应链管理体系：供应链管理体系涵盖了从原材料采购、库存管理、物流配送到最终产品交付的全过程。它的目标是通过有效的供应链管理降低库存成本，缩短供应链周期，提高响应市场变化的能力。供应链管理体系还需要建立良好的供应商关系，确保原材料供应的稳定性和质量。

（8）营销管理体系：营销管理体系涉及市场分析、产品定价、促销活动管理、销售渠道管理以及客户关系维护等方面。它的目标是通过有效的市场策略和营销活动提升品牌知名度，扩大市场份额，并建立稳固的客户基础。营销管理体系需要与研发、生产等其他体系紧密配合，确保产品能够满足市场需求并实现销售目标。

（9）生产管理体系：生产管理体系关注生产过程的规划、组织和控制，包括生产计划、工艺流程、设备管理、人力资源配置和生产监控等。它的目的是提高生产效率，降低成本，确保产品质量和交货期。生产管理体系还需要不断优化生产流程，引入新技术和自动化，以适应市场变化并提高竞争力。

（10）质量管理体系：质量管理体系是确保产品和服务符合客户要求和法规标准的整体框架。它包括质量策划、质量控制、质量保证和质量改进等方面。通过实施质量管理体系，组织能够建立一套持续改进的机制，提高产品和服务的质量，增强客户信任。

（11）采购管理体系：采购管理体系是组织为了规范采购活动、提高采购效率、降低采购成本、确保供应链稳定性和质量安全而建立的一套完整的管理流程和制度。这个体系涵盖了从供应商选择、采购计划制定、采购执行、合同管理到供应商绩效评估等所有与采购相关的环节，旨在通过系统化、标准化的管理来提升采购的整体效能和价值。

（12）服务管理体系：服务管理体系是组织为了提供高质量的服务、满足客户需求、提升客户满意度和忠诚度而建立的一套综合性的管理策略、流程和控制措施。这个体系旨在通过系统化的方法来规划、执行、监控和改进服务活动，确保服务的一致性和可靠性，同时促进组织的长期发展并提升市场竞争力。

3. 支撑体系层面

（1）知识管理体系：知识管理体系是组织为了有效创造、获取、分享、利用和保护知识资源，以支持其战略目标和运营活动而建立的组织结构、流程、策略和工具的总和。这个体系旨在促进知识的积累、传播和创新，增加组织的智慧资本和竞争优势。

（2）资产管理体系：资产管理体系是企业或组织为了有效管理和优化其资产，确保资产价值最大化和风险最小化而建立的一套综合性管理流程和制度。这个体系涵盖了资产的获取、使用、维护、处置等全生命周期的管理活动，旨在提高资产的使用效率，保障资产的安全和完整，同时支持组织的战略目标和日常运营。

（3）安全管理体系：安全管理体系是组织为了确保员工、资产、环境和运营过程的安全，预防事故和伤害，以及满足法律法规要求而建立的一套综合性管理措施和流程。这个体系旨在通过识别风险、制定控制措施、监控和改进安全性能，来提高组织的整体安全水平。

（4）环境管理体系：环境管理体系是组织为了提高环境绩效，确保遵守环境法规，减少对环境的负面影响，以及促进可持续发展而建立的一套综合管理框架和流程。这个体系基于持续改进的原则，涵盖了组织的活动、产品和服务对环境的影响，以及如何有效地管理并减少这些影响。

（5）合规管理体系：合规管理体系是组织为了确保其业务活动符合相关法律法规、行业标准、内部政策和道德规范而建立的一套管理措施和流程。这个体系旨在预防组织出现违法违规行为，降低合规风险，保护组织的声誉和利益，同时促进组织的可持续发展。

（6）品牌管理体系：品牌管理体系是组织为了建立、维护和发展其品牌形象与价值而建立的一套综合性的管理策略、流程和控制措施。这个体系旨在确保品牌信息的一致性，明确品牌的市场定位，保护品牌资产以及品牌与消费者。

（7）数智化 AI 体系：数智化 AI 体系是指企业或组织利用人工智能（AI）、大数据、云计算、物联网（IoT）等先进技术，对业务流程、决策制定、产品服务、客户体验等进行智能化改造和优化的一套综合性体系。这个体系旨在通过数字化转型提高组织的运营效率、创新能力和市场竞争力，同时为组织带来更深入的洞察和更好的决策支持。

3.4 体系建设的原则

体系建设要遵循以下原则。

客户导向与保持市场敏感性：体系建设的核心是满足客户需求和提升客户体验。组织应深入了解市场动态和客户的变化，确保体系设计和服务能够满足并超越客户的期望。同时，保持对市场趋势的敏感性，以便及时调整和优化体系，保持组织的竞争力。

持续改进与创新：体系建设是一个动态的过程，需要组织不断评估和改进体系的各个方面。通过建立反馈机制和定期评审，组织可以识别改进机会、实施创新措施，以提高效率、质量和服务水平。这种持续改进的文化有助于组织适应外部环境的变化和内部成长的需求。

整体规划与协同：体系建设应从全局出发，考虑组织的所有组成部分及其相互关系。通过整体规划，确保战略目标、流程、人员、技术和资源等各个方面的协调一致和组织的高效协作，同时，促进组织内部的协同，实现组织目标的最大化。

灵活性与适应性：体系建设应具备足够的灵活性，以适应外部环境的变化、市场需求的演进和技术的发展。组织应能够快速响应这些变化，通过灵活调整策略和流程，确保体系始终能够应对新的挑战和抓住机遇。

参与、沟通与透明度：全员参与是体系建设成功的关键。组织应鼓励从高层管理者到基层员工的广泛参与，并确保体系建设的过程和结果高度透明。通过有效的沟通机制，确保信息的流通和共享，增强员工的参与感和归属感，可以提高体系的接受度和执行力。

风险管理与合规性：在体系建设过程中，识别和管理潜在风险是至关重要的。组织应建立风险管理机制，制定应对策略，以减少不确定性和潜在损失。同时，确保体系建设遵循相关法律法规和行业标准，以确保组织运作的合法合规。

3.5 体系建设的步骤

体系建设是一个涉及组织各个层面的复杂过程,它不仅关系到组织的现在,更影响组织的未来。体系建设在不同的组织和领域中可能会有所不同,但本指南总结了一个通用的体系建设六步骤框架,可以为大多数组织提供参考。

3.5.1 需求分析

在需求分析阶段,重点是深入了解组织的愿景、使命、战略目标以及面对的内外部环境。这个步骤不仅包括收集和分析数据,还涉及与关键利益相关者的访谈,以确保全面理解他们的需求和期望。需求分析的结果将直接影响后续所有步骤的方向和内容,因此,这一步骤需要非常细致和全面,主要涉及以下内容。

(1)理解组织愿景和使命。

组织愿景:描述了组织希望在未来达到的状态,是组织的长期目标和方向。在进行需求分析时,首先要清晰理解组织的愿景,这有助于确保体系建设能够支持这一愿景的实现。

组织使命:阐述了组织存在的目的,它通常涉及组织提供的主要服务或产品,以及其服务或产品的主要受众,有助于明确体系建设需要支持的核心活动。

(2)分析战略目标。

战略目标:这是组织为实现其愿景和使命所设定的具体、量化的目标。需求分析需要识别这些目标,并理解体系建设如何帮助达成这些目标。

(3)了解内外部环境。

内部环境:分析组织的内部环境,包括员工、组织结构、现有流程和技术、基础设施等,以识别体系建设中需要考虑的内部因素和潜在挑战。

外部环境:评估组织外部的法律、经济、社会和技术环境,以及竞争对手和市场趋势,了解它们对体系建设可能产生的影响。

(4)收集和分析数据。

数据收集:收集关于组织当前运作的数据,包括财务数据、运营数据、市场分析和客户反馈等。

数据分析：对收集到的数据进行分析，识别趋势、问题和机会，这些将为体系建设提供依据。

（5）访谈利益相关者。

识别利益相关者：确定对体系建设有重大影响或由此受到重大影响的个人或群体，包括管理层、员工、客户、供应商等。

进行访谈：与利益相关者进行一对一访谈或小组讨论，收集他们的需求、期望和担忧。

（6）需求归纳和优先级排序。

需求归纳：将收集到的所有需求和信息综合起来，形成完整的需求文档。

优先级排序：根据组织的战略目标和资源限制，对需求进行优先级排序，决定哪些需求应该优先被满足。

需求分析阶段的最终产物是一个详细的需求文档，它将成为体系规划与设计阶段的基础。这个文档需要被组织的关键利益相关者审阅和批准，以确保所有人对体系建设的目标和方向有共同的理解。

3.5.2 体系规划与设计

在需求分析阶段之后，体系规划与设计阶段是将这些需求转化为具体的实施计划和设计蓝图。这是体系建设过程中的关键步骤，因为它确定了体系建设的方向和框架。本阶段需要开展以下重点工作。

1. 目标设定

目标应具备以下特点。

（1）具体：目标需要具体明确，避免模糊，以便每个人都能理解目标的具体含义。

（2）可衡量：目标应有明确的衡量标准，使得进度和成果可衡量、可跟踪。

（3）可实现：目标应该具有挑战性，但同时需要确保它们是可实现的，要考虑到组织的资源和限制。

（4）高相关性：确保目标与组织的战略目标和需求分析阶段确定的需求紧密相关。

(5)具有时限性:为目标设定明确的时间框架,包括总体时间表和阶段性里程碑。

2. 规划和设计

在目标设定之后,接下来是将这些目标转化为具体的规划和设计。这个过程涉及以下多个方面。

(1)体系结构设计。

定义体系的整体架构,包括技术框架、数据架构、应用架构等。

确定各个组成部分之间的关系和交互方式。

(2)流程设计。

根据需求分析的结果,设计新的或改进的工作流程。

确保流程高效和符合规范,同时考虑用户体验。

(3)功能规划。

确定体系必须实现的功能和服务,以满足组织的业务需求。

规划功能的优先级。

(4)标准和规范设定。

制定适用的行业标准和采纳最佳实践,确保体系的质量和可持续性。

设定内部开发和操作的标准及规范。

(5)资源配置。

- 人力资源:确定所需的团队组成和角色分配,确保有足够的人力支持体系建设。
- 技术资源:选择合适的技术平台、工具和设备。
- 财力资源:制定预算,确保项目的财务支持。
- 信息资源:规划信息的获取、存储和管理方式,确保数据的安全和可用性。

3. 可行性研究与风险评估

进行可行性研究,确保规划和设计在技术、经济和运营上是可行的。

识别与评估潜在的风险因素,并制定风险管理计划。

体系规划与设计阶段的最终产物是一套详细的设计文档和实施计划,这将指导后续的体系实施与执行阶段。这些文档需要得到组织内部关键利益相关者的审阅和批准,以确保计划的实施得到充分的支持和资源保障。

3.5.3 体系实施与执行

体系实施与执行阶段是体系建设过程中的关键环节,它涉及将之前阶段的规划和设计转化为实际的系统、流程和操作。这个阶段需要精心组织和管理,做好以下工作,以确保实施活动能够顺利进行,并达到预期的体系规划与设计的目标。

(1)人员培训。

培训计划:基于新体系的要求,制定详细的培训计划,确定培训对象、内容、方法和时间表。

培训实施:通过工作坊、在线课程、面对面培训等多种形式,对员工进行必要的技能和知识培训,确保他们能够在新体系中有效工作。

效果评估:培训结束后,通过考试、实际操作等方式评估培训效果,必要时进行补充培训。

(2)系统开发与部署。

开发计划:根据设计文档,制定详细的系统开发计划,包括技术选择、开发工具、人员分配、时间表等。

开发实施:按照开发计划进行系统编码、测试和调试。采用敏捷开发方法等可以提高开发过程的灵活性和响应性。

系统部署:在系统开发完成并通过测试后,进行系统部署,包括硬件安装、软件配置、数据迁移等。

(3)流程实施。

流程细化:将设计阶段的流程图转化为详细的操作步骤和指南。

实施准备:准备实施所需的资源,包括人员、设备、物料等。

流程实施:按照流程指南,实施新的或改进的流程。初期可能需要进行试运行,以便调整和优化流程。

（4）制定与实施管理制度和操作规程，并进行监督。

制度制定：根据新体系的要求，制定或修订管理制度和操作规程，确保组织活动的规范性和一致性。

制度实施：通过培训、宣传等方式，确保所有相关人员了解并遵守新的管理制度和操作规程。

监督检查：设立监督机制，定期检查管理制度和操作规程的执行情况，及时发现并解决问题。

（5）文档化与标准化。

过程记录：记录实施过程中的关键活动、决策和变更，以便未来参考和审计。

形成成果文档：对实施成果进行详细记录，包括系统文档、操作手册、培训资料等。

经验总结：在项目结束时，组织团队进行经验总结，记录成功经验和教训，为未来类似项目提供参考标准。

体系实施与执行阶段需要进行严格的项目管理和质量控制，确保各项活动按计划顺利进行。同时，要保持与关键利益相关者的沟通，确保他们对实施过程和成果满意。通过这些活动，可以确保新体系能够有效地支持组织目标的达成。

3.5.4 体系落地监督与控制

体系落地监督与控制阶段是体系建设过程中至关重要的一个环节，旨在确保项目的各项活动能够按照既定计划顺利进行，及时发现问题并进行调整。这个阶段主要包括进度管理、质量保证和风险管理三个核心部分。

（1）进度管理。

进度监控：建立一个详细的进度计划，包括每个任务的起始和结束日期，以及关键里程碑。使用项目管理软件或工具来跟踪进度，确保所有任务按时完成。

状态报告：定期生成进度报告，向项目团队和关键利益相关者报告项目的当前状态。这些报告应包括已完成的工作、即将进行的工作以及延期的工作。

计划调整：如果发现进度偏离计划，需要及时调整计划和资源分配，以确保项目回到正确的轨道上。

(2)质量保证。

明确质量标准：明确项目的质量标准和要求，这些应当在项目计划阶段就确定，并且与所有项目成员共享。

质量检查：定期进行质量检查和审计，以确保项目的输出符合预定的质量标准，包括代码审查、设计审查、测试结果评估等。

持续改进：基于质量检查的结果，识别改进机会，实施必要的改进措施，以提高项目的质量和效率。

(3)风险管理。

风险识别：持续识别项目实施过程中可能遇到的风险，包括技术风险、管理风险、财务风险等。

风险评估：评估识别出的风险发生的可能性和影响，将风险分为高、中、低三个等级。

风险应对：对于每个识别出的和评估的风险，制定应对措施，包括风险的避免、降低、转移或接受。重要的是要制定一个明确的风险响应计划，并分配责任人来监控和执行这些计划。

风险监控：定期检查风险的状态和风险应对措施的执行情况，必要时调整风险管理计划。

体系落地监督与控制阶段的核心是通过有效的管理和控制机制，确保体系建设能够按照预定的时间、成本和质量要求完成。这要求项目管理团队具备良好的沟通能力、灵活的问题解决能力并对项目细节持续关注。通过实施监督与控制措施，可以最大限度地降低项目失败的风险，确保项目成功交付。

3.5.5 持续改进

持续改进是确保组织长期具备竞争力和适应性的关键策略。在体系建设过程中，持续改进意味着不断评估和优化已实施的体系，包括与体系相关的流程、技术和人员配置，以提高效率、效能并满足变化的外部环境需求。这一阶段需要开展以下工作。

(1)评估和反馈收集。

性能评估：定期对体系的性能进行评估，包括但不限于质量评估、效率评估、成本效益分析和用户满意度调查。

反馈收集：从体系的用户和运营人员那里收集反馈，了解他们对体系的看法、改进建议以及遇到的问题。

（2）分析和识别改进机会。

数据分析和识别问题：对收集到的性能数据和反馈进行分析，以识别存在的问题、挑战和改进机会。

根本原因分析：对识别出的问题进行根本原因分析，确定问题的深层次原因，以便制定有效的改进措施。

（3）制定改进计划和实施改进措施。

制定改进计划：基于分析结果，制定改进计划，明确改进目标、措施、责任人和时间表。

实施改进措施：按照改进计划，实施必要的改进措施，包括流程优化、技术升级、人员培训等。

监控和调整：实施改进措施后，要监控其效果，并根据实际情况进行调整和优化。

（4）建立持续改进文化。

鼓励反馈和创新：建立一种文化，鼓励员工提出反馈和创新想法，确保改进是一个持续的过程，而不是一次性事件。

培训和发展：提供持续的培训和职业发展机会，以提升员工的技能和能力，支持改进活动。

认可和奖励：对于那些对持续改进做出贡献的个人或团队给予认可和奖励，以激励员工更多地参与持续改进和做出贡献。

（5）使用持续改进工具和方法。

持续改进是一个无止境的循环过程，涉及评估、分析、执行和复盘。通过持续改进，组织能够不断适应变化，提高业务性能和市场竞争力。

3.5.6 体系文化培养

体系的成功不仅取决于技术和流程，还与组织文化紧密相关。培养一个支持体系目标和流程的组织文化至关重要。它涉及塑造一种组织氛围，使所有成员都能理解、接受并支持体系的目标和流程。这样的文化不仅能够促进体系的有效运行，还能够提升组织成员的满意度和组织的目标感。这一阶段需要开展的主要工作如下。

（1）明确文化目标。

体系价值宣讲：清晰地定义体系的目标及其带来的价值，使所有员工都能理解为何体系对组织至关重要。

文化愿景设定：设定一个与体系目标相协调的文化愿景，描述期望的组织行为和价值观。

（2）加强沟通。

透明沟通：保持沟通的透明度，确保每个人都了解体系建设的进展、面临的挑战和取得的成就。

双向沟通：鼓励员工提出意见并对这些意见及时反馈，建立双向沟通渠道，让员工感觉到自己的声音被听见和重视。

（3）组织培训。

定制培训计划：根据体系要求和文化目标，设计和实施定制化的培训计划，帮助员工增加必要的技能和知识。

将文化融入培训：在培训中融入组织文化元素，强调团队协作、创新和客户导向等核心价值。

（4）激励和认可。

奖励体系：建立奖励体系，表彰和奖励那些支持体系目标和积极贡献于文化建设的员工或团队。

职业发展机会：提供职业发展机会，激励员工通过支持体系目标和积极参与组织文化建设来实现个人成长。

（5）强化领导作用。

领导树立榜样：高层管理者和项目领导者应通过自己的行为树立文化建设的榜样，展现对体系和组织文化的承诺。

领导力培训：对领导层进行培训，提升他们在文化建设中的领导力和影响力。

（6）持续改进文化。

文化评估：定期评估组织文化和组织成员对组织文化的满意度，以确定文化建设的效果和需要改进的地方。

适应性文化：培养一种适应性强的组织文化，鼓励员工接受变化并积极寻找改善工作和流程的方法。

通过上述措施，可以培养出一个支持体系目标和流程的组织文化，这样的文化不仅能够促进体系的有效实施和运行，还能提升员工的幸福感和归属感，从而提升组织的整体绩效和竞争力。

3.6 工具和方法论

3.6.1 通用工具和方法论

在新建体系的过程中，工具和方法论的选择是非常广泛的，它们为项目管理提供了架构、策略和程序。比如组织级项目管理体系，它的工具和方法论包含了一系列辅助项目管理的软件工具以及规范项目管理实践的理论框架，这些工具和方法论的目的是提高项目交付的效率和质量，确保项目按时、按预算且达到预期目标地完成。表 3-1 中列出了一些通用的工具和方法论，供大家参考使用。

表 3-1 通用工具和方法论

工具和方法论名称	说明	价值	适用范围
访谈和问卷	收集关键利益相关者的需求和反馈的一种方法	提供定性的深入见解，帮助理解具体需求	需求分析
SWOT 分析	评估组织的优势、劣势、机会和威胁	帮助识别战略方向和提供决策支持	需求分析
PEST 分析	分析政治、经济、社会和技术对组织的影响	识别宏观环境变量，支持外部环境分析	需求分析
甘特图	项目管理工具，用于规划和跟踪项目进度	提高项目管理透明度，确保按时完成	体系规划与设计
UML	用于软件开发，绘制软件蓝图	促进技术团队之间的沟通和标准化	体系规划与设计
流程图和思维导图	描述流程或思路的图形方法	促进创意生成和理解复杂概念	体系规划与设计
RACI 矩阵	定义项目任务与团队成员之间的责任关系	明确责任，减少重叠和遗漏	体系规划与设计、体系实施与执行
项目管理软件	如 Jira，用于任务分配和进度跟踪	提高项目执行效率和团队协作水平	体系实施与执行

（续）

工具和方法论名称	说明	价值	适用范围
敏捷开发方法	如 Scrum、看板，用于提高项目的适应性和灵活性	加速产品交付，提高客户满意度	体系实施与执行
质量管理工具	如六西格玛 DMAIC 方法，用于改进质量	系统地提升产品和服务质量	体系落地监督与控制
风险管理软件/矩阵	识别、评估和管理项目风险	最小化风险，确保项目成功	体系落地监督与控制
PDCA 循环	计划—执行—检查—行动的持续改进框架	促进流程和产品的持续改进	持续改进
内部沟通平台	如钉钉、飞书、企业微信等，用于团队沟通	提升团队沟通效率和协作水平	体系文化培养
员工满意度调查	收集员工的反馈和意见	提高员工满意度和参与度	体系文化培养

3.6.2 战略管理体系的工具和方法论

战略管理体系的工具和方法论如表 3-2 所示。

表 3-2 战略管理体系的工具和方法论

工具和方法论名称	说明	价值	适用范围
PEST 分析	宏观环境分析工具，考虑政治、经济、社会和技术四个方面的因素	识别外部环境对企业战略的影响，为战略决策提供宏观背景	适用于所有企业的战略制定和市场分析
SWOT 分析	评估企业的优势、劣势、机会和威胁	帮助企业全面了解自身竞争地位和市场环境，制定有针对性的战略	适用于企业内部分析和战略制定
战略地图	使用可视化的方式展示战略目标和关键绩效指标之间的关系	提供战略实施的清晰路径，帮助企业实现战略目标	适用于需要明确战略目标和衡量标准的企业
波特五力模型	由迈克尔·波特提出，用于分析行业竞争态势，包括供应商议价能力、买家议价能力、新进入者威胁、替代品威胁和行业内竞争	帮助企业评估行业吸引力和竞争策略	适用于行业分析和竞争战略制定
DSTE 战略体系	这个体系主要按照战略设计、战略展开、战略执行与监控、战略评估四个步骤进行，最终形成企业的战略与运营流，以及多种战略管理体系	确保战略的落地性	适用于端到端打通
平衡计分卡	平衡计分卡是一种绩效管理工具，通过财务、客户、内部运营和学习与发展四个维度来衡量和管理企业绩效	确保企业战略目标的实现，平衡短期财务目标与长期发展，提高组织的整体绩效	适用于企业绩效管理、战略执行和组织目标对齐
GE 矩阵法	通用电气公司使用的一种投资组合分析工具，结合市场吸引力和企业竞争力进行评估	辅助企业进行资源配置和战略规划	适用于业务多元化的大型企业

3.6.3 研发流程体系的工具和方法论

研发流程体系的工具和方法论如表 3-3 所示。

表 3-3 研发流程体系的工具和方法论

工具和方法论名称	说明	价值	适用范围
敏捷开发	敏捷开发是一种迭代式的项目管理和软件开发方法,强调适应性和客户反馈,通过小步快跑、快速迭代、拥抱变化来交付价值	提高团队响应速度,减少开发中的障碍,快速向客户交付价值,适应市场变化	适用于需求不断变化的项目,适合中大型、复杂、创新型的产品开发项目
DevOps	DevOps 是一组实践、方法与系统的总称,旨在促进开发、技术运营和质量保障(QA)部门之间的沟通、协作与整合	提高软件交付的速度和质量,加强跨部门协作,实现持续集成和持续部署	适用于需要快速迭代和高频率发布软件的组织,特别是在微服务架构和云环境中
Scrum	Scrum 是一种结构化的敏捷开发方法,通过固定的迭代周期(Sprint)来交付增量工作,强调团队协作和自组织	提高项目管理的灵活性和效率,确保团队能够快速响应变化,持续交付有价值的产品	适用于跨职能团队,适合于需要定期交付和频繁反馈的软件开发项目
看板	看板是一种灵活的持续交付模式,通过可视化工作流程和限制在制品(WIP)来提高效率和响应性	减少浪费,优化流程,提高团队的工作效率和交付速度,使团队更好地应对变化	适用于有大量优先级工作的团队,尤其是那些需要处理大量计划外工作的团队
极限编程(XP)	极限编程是一种追求速度和简洁的敏捷项目管理方法,通过一系列严格的规则和实践来提高软件质量与响应速度	通过频繁的代码审查和单元测试实现快速更改,强调团队合作和客户参与,以适应需求变化	适用于需要快速迭代和频繁集成的软件开发项目,特别是那些对代码质量有高要求的团队

3.6.4 营销管理体系的工具和方法论

营销管理体系的工具和方法论如表 3-4 所示。

表 3-4 营销管理体系的工具和方法论

工具和方法论名称	说明	价值	适用范围
STP 营销策略	STP 代表市场细分(segmentation)、目标市场选择(targeting)和市场定位(positioning),是一种帮助企业进行市场细分和选择目标市场的策略	帮助企业更精准地识别和服务特定的客户群体,提高营销效率和市场竞争力	适用于所有需要进行市场细分和定位的企业
4P 营销组合	4P 代表产品(product)、价格(price)、渠道(place)和促销(promotion),是营销策略的基本框架	提供一个全面的营销策略制定框架,帮助企业在产品、价格、渠道和促销方面做出协调一致的决策	适用于所有需要制定或优化营销策略的企业

(续)

工具和方法论名称	说明	价值	适用范围
客户关系管理（CRM）	通过技术和策略来管理与客户的互动，以提高客户满意度和忠诚度	提高客户忠诚度，提高客户生命周期价值，促进企业的长期发展	适用于需要提升客户满意度和维护客户关系的企业
品牌资产管理	管理和评估品牌资产的价值，包括品牌知名度、品牌形象、品牌忠诚度等	提升品牌价值，提高企业的市场竞争力和盈利能力	适用于拥有品牌资产并希望提升品牌价值的企业
营销漏斗	描述消费者从意识到购买再到忠诚的整个过程，帮助企业识别和优化转化环节	提高营销活动的转化率，优化营销投入的回报	适用于需要优化营销转化流程的企业
数据分析和市场研究	利用数据分析工具和市场研究方法来收集和解读市场数据，指导营销决策	提供基于数据的决策支持，降低营销风险，提高营销活动的精准度	适用于需要用数据支持营销决策的企业

3.7 项目管理体系建设

建设项目管理体系就是要建设支持项目管理的组织体系和组织环境。PMO 不仅要为组织带来体系化的项目管理理念，更要带来可视化的项目管理工具、动态化的过程控制方法以及程序化的项目作业流程等。建设步骤包括需求分析、体系规划与设计、体系实施与监督、持续改进、文化培养。

3.7.1 项目管理体系需求分析

PMO 需要了解组织所处的地缘环境、行业环境、客户环境及组织内部环境。在着手进行项目管理体系建设之初，首先需要识别组织当前在项目管理过程中的痛点问题。通常，需要调研公司管理层、项目管理部门或 PMO 部门负责人、项目经理/项目团队及内外部项目干系人（如运营管理部门、采购部门、人力部门、财务部门、客户等相关部门和组织）。调研方式包括但不限于调查表、访谈、历史项目数据分析、经验教训库识别等，调研内容包括但不限于：

- 组织高层对项目管理的期望。
- 项目选择和优先级排序的评估方法与标准。
- 项目治理和监控需求，如项目决策机制、项目阶段评审、关键绩效指标的跟踪和监控等。

- 项目风险和回报的评估方法与标准。
- 项目管理的流程、工具、方法及系统。
- 项目管理制度规范、工具的平台化需求。
- 资源管理和优化需求,如资源规划、分配和调整,以及资源的合理利用。
- 项目交付后的运营管理,如项目交付后的收益、运营维护、优化改进等。
- 项目干系人管理及沟通。

3.7.2 项目管理体系规划与设计

3.7.2.1 工作要点

项目管理体系规划与设计阶段要做好如下几点。

(1)明确 PMO 的角色和职责,包括项目管理、项目组织管理、项目运营管理等,明确 PMO 为组织带来的价值和效益。

(2)规划 PMO 发展战略,包括短期、中期和长期发展战略,并制定明确的计划和阶段性指标。

(3)建立 PMO 的组织结构,包括人员招聘、培训、考核和奖惩等方面,确保 PMO 的正常运转和发展。

(4)制定 PMO 的绩效管理标准,包括业绩评估、质量控制、资源管理等方面,确保 PMO 的服务质量和业务水平。

(5)制定 PMO 的标准化管理流程和工具,如项目管理手册、项目管理工具、质量管理制度等,为项目管理实践提供标准化的方法和支持。

(6)建立 PMO 的知识管理和沟通体系,包括知识归档、知识分享、信息发布、问题收集与反馈等方面,为项目管理实践提供知识和信息资源支持。

3.7.2.2 体系规划

PMO 在开始建设项目管理体系时,要结合组织实际情况,为项目管理体系建设做好充足的准备和良好的规划。可以从以下几个方面进行规划。

(1)目标。

确定项目管理体系建设的整体目标和预期成果。

设定可衡量的关键绩效指标,用于评估项目管理体系建设的效果和成果(可使用 SMART 原则)。

(2)范围。

确定项目管理的范围,包括涉及的职能及业务部门、项目类型和管理层次等。

界定项目管理流程的具体内容,包括项目管理框架、项目管理程序、业务实现流程、职能分工流程和岗位操作流程。

(3)时间表。

制定项目管理体系建设的时间表,包括建设阶段和关键里程碑。

确定每个阶段的工作内容和交付物,以及预计的时间和里程碑完成日期。

(4)资源管理。

评估项目管理体系建设的预算需求,包括人力资源、培训、工具和技术等方面的费用,制定预算计划,确保项目管理体系建设的经费支持。

确定项目管理体系建设所需的资源,包括人员、设备、技术和信息系统等。

将资源分配到各个阶段和任务中,确保项目管理体系建设的顺利进行。

确定项目管理体系建设的项目团队,包括项目经理、专家顾问和实施人员等,分配团队成员的角色和责任,并制定沟通和协作机制。

(5)风险管理。

识别和评估项目管理体系建设中的风险和挑战。

制定风险应对策略和计划,以减轻风险对项目管理体系建设进度和成果的影响。

(6)监控和评估。

设定监控和评估机制,以跟踪项目管理体系建设的进展和效果。

定期评估项目管理体系建设的绩效和质量,并进行必要的调整和改进。

3.7.2.3 资源策划与分配

资源策划与分配是确保项目顺利进行和成功实施的关键。在项目管理体系建设初期,PMO 需要综合考虑多种资源类型和规划,估算体系建设所需资源量,并向组织提出申请。

PMO 需要根据具体的项目需求和组织情况来确定资源分配策略，并与项目干系人进行充分的沟通和协商，确保资源分配的合理性和可行性，并根据实际需要进行必要的调整和控制。

1. 预算

制定预算的主要步骤如下。

（1）确定范围和目标：明确项目管理体系建设的范围和目标，包括流程、方法、工具、培训、技术支持等。

（2）识别成本项：根据体系建设的范围识别相关的成本项，可能包括培训费用、顾问费用、软件和工具采购费用、人力资源费用、设备和设施费用等。

（3）估算成本：对每个成本项进行估算和预测，确定大致的费用范围。这可以通过类比估算、参考市场价格、询价、专业评估等方式进行。

（4）制定预算计划：根据成本估算结果制定详细的预算计划。将成本项分类，并为每个成本项设定预算金额。

（5）确定资金来源：确定体系建设的资金来源，包括组织内部的预算、特定项目管理基金、外部资助等。

（6）考虑风险和储备：在制定预算时，为应对潜在的风险和不确定性因素，包括可能的额外费用或变动应设定一定比例的风险储备。

（7）审批、监控和调整：将预算提交给相关流程规定的项目干系人进行审批，以确保预算的合理性和可行性。在项目执行过程中建立预算监控和调整机制，定时跟踪和管理预算的执行情况，并根据实际需要进行必要的调整，确保预算在控制之内。

预算分配的原则如下。

优先级和时间表：根据项目的优先级和时间要求，制定资源分配的优先级和时间表。确保关键资源在项目需要时能够及时提供，避免因资源短缺或延迟提供导致项目延误。

优化资源利用：要考虑资源共享和分配，避免资源闲置或重复利用。合理安排资源的工作量和任务，确保资源能够充分发挥其能力。

持续监控和调整：在项目执行过程中，持续监控资源的使用情况和效果，及时调整资源分配，以满足变化的需求并实现资源优化利用。

2. 其他资源

项目管理体系建设需要的其他资源如下。

项目管理团队成员：包括项目经理、项目助理、项目协调员等。根据体系建设的规模和需求，确定所需的人员数量和角色，并分配合适的项目管理专业人员。

培训师和教育专家：负责提供培训和教育活动，以提高组织内部人员的项目管理能力和知识水平。

内部顾问和专家：负责提供项目管理领域的专业咨询和指导，支持项目管理体系建设的规划和实施。

项目管理软件和工具：根据体系建设的需要，选择和配置适当的项目管理软件和工具，以支持项目计划、进度跟踪、资源管理等方面的工作。

协作平台和工具：为项目管理团队提供协作和沟通的平台，以便有效地分享信息、交流和协作。

培训设施和资源：为培训和教育活动提供适当的场地、设备和教学资源，以支持人员的学习和培训。提供适当的培训课程、培训材料和学习资源，以提高人员的项目管理能力和知识水平。

内部知识共享平台：建立和维护内部的知识共享平台，以促进项目管理经验和最佳实践的交流与分享。

外部咨询和专家资源：在需要时，考虑聘请外部咨询机构或专家，提供专业的项目管理知识和经验支持。

以上为参考举例，实际的资源分配、资源类型，需要根据项目的规模、复杂性和需求进行适配、调整。

3.7.2.4 流程策划

流程策划的具体步骤如下。

1. 确定项目优先级流程

（1）明确公司的战略目标和优先级：根据公司的长期战略目标和优先级，来评估每个项目的重要性，以便决定资源的分配顺序。

（2）评估项目的商业价值：使用成本效益分析、投资回报分析等技术工具和方法，评估项目的商业价值，以决定投资哪些项目、投资多少、分配怎样的资源等。

（3）考虑项目时限优先级：有些项目更加紧迫，如果这些项目不能按时完成会威胁到整个公司的效益和声誉，那么这些项目的优先级会更高。

（4）考虑资源的可用性：评估人力资源、物力资源、财务资源等的可用性，以便合理分配资源并保证项目的可持续发展。

（5）评估项目风险：根据项目风险的大小，确定项目的优先级。对于风险较高的项目，应该分配更多的资源并优先实施，以减轻风险的影响。

（6）组合优化：根据资源可用性、项目优先级以及对相关资源和依赖关系方面的考虑，确定不同项目之间的资源分配计划。

（7）更新项目的优先级：定期更新和评估项目优先级，以确保项目优先级和资源分配计划的合理性，并结合项目变更确保对项目进行合理的优先级排序和资源分配，以实现公司的战略目标和获得最大化的商业效益。

2. 监控项目执行流程

（1）设定项目指标：在项目开始执行前，确定项目时间表、里程碑和指标，并设定监督和控制的指标。

（2）确定项目质量标准：根据项目的特定需求和目标，确定项目质量的目标和标准，并根据这些标准进行质量监督和控制。

（3）监督项目进度：对项目的进度进行实时监督和跟踪，并根据计划制定变更措施，及时进行错误修正和调整。

（4）监督项目成本：对项目成本进行实时监督和跟踪，确保项目的成本符合预算和计划，对于超出预算或计划的情况应及时调整和上报。

（5）报告和沟通：定期向项目组织、项目发起人和项目干系人报告项目进展情况并跟踪、沟通、反馈，识别潜在风险，以便及时纠正和改进。

（6）审核和评估项目：对项目过程和成果进行审核与评估，确保项目的质量和效益达到预期目标，并通过成果反馈和经验总结不断推进项目的优化和改进。

3. 项目报告流程

（1）定义数据收集和报告要求：针对不同的项目干系人需求，定义组织内外部项目数据收集和报告要求，并保证这些要求与组织的战略目标和项目目标相符合。

（2）选择数据收集工具和方法：根据项目类型和目标，选择适宜的数据收集和分析工具，如在线调查、面谈和采样等。

（3）收集数据：利用定义好的数据收集工具，收集有助于响应项目干系人需求的数据，包括项目进展、预算和资源分配、项目风险和问题等。

（4）分析数据和制定评估指标：利用定义好的数据分析工具，分析和整合所收集的数据，制定有关项目执行、管理和绩效的评估指标，以更好地评估项目风险和执行情况。

（5）编制报告：采用可视化方式（如图表等）展示数据。报告应该按照固定的格式制作，包括但不限于主要成果、重点风险和建议措施等。

（6）沟通和报告：利用报告中的数据，与管理层和项目管理团队沟通和报告项目执行情况。沟通和报告还可以促进项目管理团队之间的合作，及项目目标的实现等。

4. 其他流程（见表 3-5）

表 3-5 项目管理流程示例

类别	关键流程
项目准备	项目团队任命流程
	项目商业论证流程
立项管理	项目分级标准流程
	项目立项审批管理流程
	项目章程制定流程
项目规划与监控	项目计划规划与监控流程
	项目成本规划与监控流程
	项目质量规划与监控流程
	项目资源规划与监控流程
	项目采购规划与监控流程
	项目干系人需求分析与监控流程
	项目沟通规划与监控流程

(续)

类别	关键流程
风险跟踪与变更控制	项目风险监控及措施流程
	项目变更控制流程
项目治理	项目授权管理规划与监控流程
	项目例外计划（升级管理）流程
	项目经验教训总结流程
项目收尾	项目验收流程
	产品移交流程
	项目复盘与经验教训总结流程

3.7.3　项目管理体系实施与监督

项目管理体系的搭建、导入必然会对组织现有的项目管理流程、活动产生影响，引发项目管理过程的变革。项目管理体系和组织现状的差异情况，决定着变革范围、程度与难度。为避免变革失败，建议先试点推广，之后再全面推行。

3.7.3.1　试点

1. 启动

项目管理体系建立的启动阶段需要有明确的需求调研和流程裁剪规则，具体工作如下。

（1）确定试点项目范围、团队、部门。

（2）通过一对一访谈了解各方当前的主要痛点及期望目标。

（3）了解当前团队/部门的流程使用基本情况，对内对外是否已经有基础的可运行的流程。

（4）了解当前团队/部门使用的项目管理手段。

（5）获取公司管理层支持。

（6）明确试点目标和时间周期，并告知相关成员。

2. 规划

（1）根据试点项目/团队/部门现状，确定试点的范畴、深度和力度。

（2）为减少项目管理体系落地的阻力，提升落地成功率，尽量在当前已有的流程/成员间相互配合的流程的基础上进行。

（3）为保证落地效果，优先推行能解决当前问题的部分，如在短期内无法解决，可优先推行立项和结项流程，以形成基本闭环。

3. 培训与试点支持

（1）根据项目/团队/部门现状及需求编制培训材料。

（2）在正式培训之前，把相关培训材料，特别是关于流程的培训材料向将要试点的项目/团队/部门的负责人和关键成员进行说明介绍，收集他们的意见并据此优化。

（3）对涉及的所有项目/团队/部门成员进行流程培训介绍（需特别强调各节点责任人、关键点及准出文档，如需求设计方案等），并将流程培训录制成视频以便回顾。

（4）在体系试运行阶段持续提供相关支持。除培训外，还包括但不限于辅导、演示、研讨等。

（5）通过问题反馈机制定期收集意见及反馈。

4. 总结

（1）阶段性收集问题，据此对流程进行优化。

（2）收集人员满意度及意见反馈，并分析原因。

（3）撰写包括体系落地前后的流转效率、交付效率及交付质量等的对比信息的试点报告，供高层和关键利益相关者判断体系试运行的有效性，并做出是否全面推广的判断。

3.7.3.2 全面推广

将成功试点的报告及团队成员的反馈作为宣传案例，项目管理体系更容易被组织所接受，并进行全面推广。

为保证全面覆盖的落地效果，可由熟悉体系的项目/团队/部门业务人员组成推广小组，负责各子项目/团队/部门流程及制度相关工作的落地及反馈。为保证推广小组的推行效果及规范性，须对其进行相关培训和辅导。

在全面推广阶段，应注意以下原则。

（1）明确"以效益为核心，以效率为目的"这一终极目标。

（2）在不影响项目/团队/部门业务的情况下，优先选取优先级高的项目，或涉及人员较多的项目进行推广。

（3）体系的落地使用及反馈须全员参与，须确保每个人、每个岗位都参与其中，以树立正确的管理意识。

（4）须确保包含业务和管理的关键节点（如研发、采购、验收等）。

（5）应将关键的项目干系人关心的指标作为全面推广阶段的核心指标，并在流程优化时进行修正。

> § 小贴士
>
> ### Tips 项目管理体系研发所需要的职能
>
> 要搭建项目管理体系，通常需要同时包含三个工作小组的职能。
>
> **项目集小组（Program Group，PGG）**：承担研发领域重要的项目或者项目集，达成重点项目或者项目集的按时交付，促进重要研发流程落地实施。
>
> **过程改进小组（Engineering Process Group，EPG）**：提供所有研发团队必须遵守的流程和规范，并不断改善研发流程、提升研发效能。与敏捷教练类似，EPG 在这个大的前提下，同时负责提供与流程相关的工具和系统。
>
> **项目质量保证小组（Project Quality Assurance，PQA）**：通过量化的数据来呈现研发的全过程，对于研发过程的效率做出客观独立的评价，对于发现的问题，跟踪整改情况，侧重于研发流程质量管理。

3.7.4 项目管理体系持续改进

3.7.4.1 项目验收与评估

在体系建设项目完成后，需要对成果进行真实、全面、客观的验收，并做出相应的评价。主要包括以下几个步骤。

（1）项目文件和文档验收。

核查内容：确保所有项目管理文件和文档（如管理手册、流程文档等）都是最新的、准确的并且完整的。

评估指标：文件的准确性、完整性、规范性以及是否能提供必要的指导和支持。

（2）流程和模板审查。

核查内容：回顾项目启动、规划、执行、监控和收尾的流程与模板。

评估指标：流程和模板的实际业务适配性、可用性、易用性和适应性。

（3）系统功能测试。

核查内容：对项目管理体系使用的软件系统和工具进行功能正常性和预期符合性测试。

评估指标：系统的功能性、稳定性、安全性和易用性。

（4）实地考察和观察。

核查内容：在实际项目中考察项目管理体系的应用情况，观察团队是否有效运用管理流程和工具。

评估指标：实地应用情况、遇到的问题和挑战，以及管理体系的应对能力。

（5）收集反馈意见和满意度调查。

核查内容：收集项目管理体系的用户、项目干系人的反馈意见和满意度。

评估指标：用户的认可程度、满意程度以及基于反馈制定的改进计划。

（6）绩效评估。

核查内容：基于设定的绩效指标和目标进行项目管理体系的绩效评估。

评估指标：实际绩效与预期绩效的差距、改进空间和机会。

（7）项目评估与改进。

项目评估：综合验收结果，分析项目的优缺点，总结经验教训。

经验教训总结与分享：总结和分享项目过程中的成功经验和遇到的问题。

制定改进计划：基于评估结果，制定改进计划，包括：规范化和标准化项目管理流程；加强团队沟通和协作，建立有效的沟通机制；加强技术研究和创新，提升团队技能和能力；加强风险管理，制定风险应对措施，避免进度延误和成本增加。

3.7.4.2 持续改进

项目管理的持续优化在组织层级、项目层级都可以开展。项目管理需要持续改进。主要包括如下三大动作。

1. 绩效监控

（1）制定项目管理体系运营方案，明确绩效指标和统计方法，协同各部门参与体系建设和改进。

（2）通过检查业务活动执行情况，发现问题并整改。

（3）通过线上系统采集或线下人工统计的方式，定期收集项目管理体系运行绩效，发现问题并整改。

2. 过程审计

（1）建立项目管理体系审计机制（如策划例行和临时性审计方案，制定审计标准等）。

（2）制定审计计划（如组织层面的统一审计、特定对象的专项审计），出具审计报告并跟踪审计问题整改情况。

（3）辅导和推动各领域自查自检，并对自检结果进行评审。

（4）对于内部审计发现的问题进行纠正，分析原因，制定有效的解决措施，并将此作为持续改进的输入项。

3. 流程优化

（1）搜集体系建设及执行过程中的合理化建议与优化需求，进行初步确认、分析，为流程优化提供输入。

（2）选择优化目标，识别痛点，分析根本原因，确定优化方案。

（3）进行流程优化，如流程改进、流程再造。

（4）持续对输出模板进行优化，如项目计划、阶段总结、风险识别等。

3.7.5 项目管理文化培养

在构建组织级项目管理体系的过程中，项目管理文化培养是一个至关重要的环节。一个健康、积极的项目管理文化不仅能够促进项目的有效执行，还能提升团队成员的参与感和满意度。项目管理文化培养的主要工作包括以下几个方面。

（1）明确文化目标。

项目管理价值宣讲：明确项目管理在组织中的重要性和价值，向所有团队成员传达这一信息，确保每个人都理解项目管理对实现组织目标的重要性。

文化愿景设定：制定一个符合项目管理目标的文化愿景，明确组织希望通过项目管理实现什么样的行为模式和价值观。

（2）加强沟通。

透明沟通：确保项目管理过程中的透明度，让团队成员了解项目的进展、面临的挑战和取得的成就。

双向沟通：鼓励团队成员就项目管理过程中遇到的问题并对这些问题进行反馈，建立有效的双向沟通机制。

（3）组织培训。

定制培训计划：根据项目管理的特点和文化目标，设计并实施定制化的培训计划，帮助团队成员增加项目管理的技能和知识。

将文化融入培训：在培训过程中强调项目管理的核心价值，如团队合作、创新思维和客户导向等。

（4）激励和认可。

奖励体系：建立针对项目管理的奖励体系，表彰那些在项目管理中表现突出的个人或团队。

职业发展机会：提供与项目管理相关的职业发展机会，鼓励团队成员通过参与项目管理实践来促进个人职业成长。

（5）强化领导作用。

领导树立榜样：管理层和项目负责人应通过自己的行为树立榜样，展现对项目管理和组织文化的承诺。

领导力培训：提供专门的项目管理领导力培训，提高管理层在推动项目管理文化建设中的领导力。

（6）持续改进文化。

文化评估：定期评估项目管理文化的成熟度和团队成员的满意度，识别改进的机会。

适应性文化：培养一种开放性和适应性强的项目管理文化，鼓励团队成员积极适应变化，不断寻求优化项目管理实践的机会。

建立一个强大的项目管理文化，不仅能支持项目管理体系的有效实施，还能增强团队的凝聚力，提高项目成功率，最终提升组织的整体绩效和竞争力。

3.7.6 项目管理体系建设工具和方法论

本小节列举了项目管理体系建设的常用工具和方法论。除此之外，还有许多其他工具和方法论可用，组织应根据自身需求和体系建设的职能、目标等实际情况选择。

1. 项目管理体系框架与方法论

（1）能力成熟度模型集成（CMMI）。

核心理念：CMMI 旨在提升组织的过程成熟度，通过改进软件工程和组织过程，来提高产品和服务的质量。

应用价值：它提供了一套广泛的最佳实践，帮助组织系统地识别性能瓶颈，实施持续改进，最终实现过程优化和成本节约。

适用环境：尤其适用于软件开发和相关服务行业，也被广泛应用于其他需要高度过程控制的行业。

（2）项目组合、项目集和项目管理成熟度模型（P3M3）。

核心理念：P3M3 通过评估组织在项目管理、项目集管理和项目组合管理方面的成熟度，帮助组织识别改进机会。

应用价值：它提供了一个五级成熟度框架，让组织能够明确当前位置，规划改进路径，从而更有效地实现战略目标。

适用环境：适用于所有行业的组织，特别是那些管理多个项目并希望通过项目实现战略目标的组织。

（3）组织项目管理成熟度模型（OPM3）。

核心理念：OPM3 强调通过最佳实践、工具和技术，整体提升组织的项目管理成熟度。

应用价值：它能够帮助组织建立与业务目标一致的项目管理能力，通过改进项目选择、资源分配和执行过程来提升组织绩效。

适用环境：适用于所有期望通过系统化、标准化项目管理过程来提高项目成功率的组织。

（4）敏捷方法论（如 Scrum、看板等）。

核心理念：敏捷方法论强调适应性、灵活性和快速反应变化，通过迭代和增量的方式交付项目。

应用价值：它能促进跨功能团队的紧密合作，快速响应客户需求和市场变化，同时保持项目的高透明度和灵活性。

适用环境：特别适用于需求不断变化或不完全明确的项目，如软件开发、产品创新等项目。

（5）传统项目管理方法（如 PMBOK® 指南、PRINCE2 等）。

核心理念：这些方法提供了一套全面的项目管理过程和实践指南，强调项目的规划、执行、监控和收尾。

应用价值：通过定义清晰的角色、职责和过程，帮助组织提高项目管理的规范性和预测性，确保项目按照预期目标完成。

适用环境：适用于需要严格控制范围、成本和时间的项目，广泛应用于建筑、工程、公共管理等领域。

（6）混合方法论。

核心理念：结合敏捷和传统项目管理的优点，保证项目的灵活性、结构性和可预测性。

应用价值：允许组织根据项目的特定需求和环境，灵活选择和应用最适合组织的管理方法和实践。

适用环境：适用于同时需要灵活性和结构化管理的复杂项目环境，如大型 IT 项目、研发项目等。

（7）组织变革管理。

核心理念：在实施新的项目管理框架或方法论时，组织变革管理关注帮助个人、团队和整个组织适应变化，确保变革成功落地。

应用价值：通过有效的沟通策略、培训和支持机制，减轻员工的抗拒心理，提高变革的接受度和参与度,从而确保新的项目管理实践能够顺利进行。

适用环境:适用于任何正在或计划进行项目管理体系变革的组织,尤其是中大型企业。

2. 项目管理软件和信息系统

(1)项目管理软件(如 Microsoft Project、Jira 等)。

目标与功能:

提供全面的项目管理功能,如任务规划与分配、进度跟踪和资源管理。

支持团队协作,通过共享文档、沟通工具和实时更新促进信息流通。

实现项目监控,通过仪表板和报告功能提供项目状态的实时视图。

对组织的影响:

项目管理软件可以使项目规划和执行更为系统化和可视化,有助于识别潜在问题和延误风险,从而提前采取行动。

通过提高透明度和沟通效率,增强团队协作和提高生产力。

通过提供详细的项目数据和趋势分析,支持决策制定。

(2)企业资源规划(ERP)系统。

目标与功能:

整合组织的核心业务流程,如财务、采购、库存和人力资源管理,在单一平台上实现跨部门的信息共享。

与项目管理模块结合,支持项目预算管理、成本跟踪和资源分配。

对组织的影响:

通过提供一个整合的视图,帮助管理层更好地理解项目执行如何影响组织的财务和运营。

改进资源分配和利用,确保项目的资源需求与组织的总体资源规划相一致。

支持战略规划和执行,通过更有效的资源管理和成本控制来实现组织目标。

(3)项目组合管理(PPM)工具。

目标与功能:

帮助组织评估、选择、管理和监控项目组合,以确保项目和项目组合与组织战略目标一致。

提供项目组合的视图,支持优先级设置、资源分配和风险管理。

通过监控关键绩效指标（KPI）和进行健康检查，实现对项目组合的性能评估。

对组织的影响：

使组织能够根据战略优先级和资源能力，做出明智的项目投资决策。

通过确保资源分配到最合适和最需要的项目上，提高资源的效率和利用率。

改善组织的项目交付能力和战略执行能力，通过持续监控和调整项目组合以适应变化。

3. 绩效监控与评估工具

（1）KPI 和绩效仪表板。

定义与应用场景：

关键绩效指标。精心挑选的指标，用于反映项目、项目组或组织对其战略目标达成程度的关键评估因素。这些指标可能包括项目成本、时间、质量、客户满意度和团队绩效等。

绩效仪表板。通过图形化的界面展示 KPI，使项目经理和团队能够实时监控项目的关键绩效数据。仪表板可以定制化，以满足不同层级管理者的监控需求，从项目层面到组织层面都可应用。

组织级影响：

可以为管理层提供实时、直观的项目绩效视图，支持快速决策和及时调整项目方向。

帮助识别绩效差距和问题区域，促进持续改进和优化项目管理过程。

促进目标一致性和透明度提升，通过共享绩效数据加强团队成员之间的沟通和协作。

（2）挣值管理（Earned Value Management，EVM）。

定义与应用场景：

一种综合考虑项目范围、时间和成本的绩效监控技术。EVM 通过比较已完成工作的价值（Earned Value，EV）与实际花费（Actual Cost，AC）和计划价值（Planned Value，PV）来评估项目绩效和进度。

EVM 可以帮助项目经理预测项目完成的时间和成本，及早发现偏差，以采取纠正措施。

组织级影响：

提供了一个标准化的方法来评估和比较不同项目的绩效，使得绩效结果具有可比性。

通过量化分析支持更精确的项目进度和成本控制，有助于提高预算精度和成本效率。

可以增强风险管理能力，通过持续的绩效监控和趋势分析，可以预见和降低潜在的项目风险。

（3）项目健康检查。

定义与应用场景：

项目健康检查是一种定期评审项目管理过程和项目状态的活动，目的是识别潜在的问题和风险，确保项目按计划进行。

它通常包括评估项目范围、时间表、预算、资源利用、团队绩效和风险管理等方面。

组织级影响：

通过早期识别问题和风险，帮助项目团队采取预防或纠正措施，避免项目脱轨。

促进项目团队和利益相关者之间的沟通，提高项目目标和进度的共识度。

（4）敏捷度量和反馈循环。

定义与应用场景：

在敏捷项目管理中，敏捷度量（如燃尽图、累积流图等）用于跟踪项目进展、工作负载和团队效率。

反馈循环（如 Sprint 回顾会议）在敏捷框架中用于评估过去迭代的绩效，并从中学习和改进。

组织级影响：

提供及时、透明的项目绩效反馈，支持持续改进和适应性决策制定。

提高团队协作和自我管理能力，通过共同审视绩效数据和反馈来推动改进。

（5）风险管理工具。

定义与应用场景：

风险管理工具，如风险矩阵和风险登记簿，可以帮助项目团队识别、评估和优先处理项目风险。

这些工具支持制定风险缓解和应对策略，以减少风险对项目成功的潜在影响。

组织级影响：

提高组织对风险的预见性和准备性，使组织通过主动管理风险来提高项目成功率。

支持更高效的资源分配和利用，确保重点关注最关键的风险领域。

（6）客户满意度调查。

定义与应用场景：

通过定期进行客户满意度调查，收集关于项目结果和团队表现的反馈。

这种直接从项目利益相关者那里获取的反馈，是衡量项目成功和绩效的重要指标。

组织级影响：

提供直接、实用的项目绩效反馈，帮助组织了解并满足客户的期望和需求。

通过识别和解决客户关切的问题，促进客户关系和信任的建立，有助于未来项目的成功。

4．风险管理和决策支持工具

（1）风险管理软件。

定义与应用场景：

风险管理软件是用于系统化风险管理流程的工具，提供了从风险识别、分析、优先级排序到监控和报告的一套完整的解决方案。

它允许项目团队在一个集中的平台上记录和评估风险、定义风险缓解措施，以及跟踪风险处置的进展情况。

组织级影响：

提高风险管理的效率和一致性，确保所有潜在的项目风险都被系统地识别和处理。

支持更好的风险沟通和报告机制，使项目利益相关者能够基于完整的风险画面做出信息充分的决策。

通过风险监控和分析，帮助组织预防风险发生，减少项目延误和成本超支的风险。

（2）决策支持系统（DSS）。

定义与应用场景：

DSS 是利用先进的数据分析、模拟和预测模型来支持复杂决策过程的计算机程序和信息系统。

DSS 可以应用于各种决策场景，如资源分配、项目选择、风险评估和预测项目结果等，可以提供定量和定性的分析支持。

组织级影响：

促进基于数据的决策制定，提高决策的质量和可靠性。通过综合分析大量数据，DSS 可以帮助管理层识别和评估不同决策方案的潜在影响。

支持灵活的风险评估和预测，通过模拟不同的项目场景和假设，帮助项目团队预见未来的趋势和挑战。

提高决策过程的效率，通过将复杂的数据分析任务自动化，减少人为错误，缩短决策周期。

（3）蒙特卡洛模拟。

定义与应用场景：

蒙特卡洛模拟是一种计算机化的数学技术，通过模拟成千上万次的随机样本来预测项目中的不确定性（如成本和时间）。

用于评估项目风险和不确定性的影响，帮助项目经理了解项目结果的潜在波动范围和可能性。

组织级影响：

可以提供更深入的风险分析和评估，帮助管理层做出更为信息化和量化的决策。

通过预见项目成本和时间线的潜在变化，为制定风险缓解措施和应急计划提供支持。

（4）PMO 仪表板。

定义与应用场景：

PMO 仪表板是一种视觉管理工具，用于展示项目或项目组合的关键绩效指标、当前状态和进度。

为项目管理办公室和高级管理人员提供实时的、汇总的项目信息，支持项目监控和决策。

组织级影响：

提高项目绩效的可视化程度和透明度，支持基于数据的战略决策。

促进资源的优化分配和对风险的及时识别与管理，提升项目管理效率和效果。

（5）专家系统。

定义与应用场景：

专家系统可以模拟人类专家的决策能力，在特定领域内提供决策支持。它们基于知识库和推理引擎，为复杂问题提供解决方案和建议。

可应用于复杂的项目决策场景，如技术选择、项目方法论应用或风险评估。

组织级影响：

改进决策质量，尤其是在需要深度专业知识和经验的情况下。

提高决策速度和一致性，减少人为错误和偏差。

（6）风险热图。

定义与应用场景：

风险热图是一种视觉工具，用不同的颜色来表示项目风险的严重程度和发生概率。

帮助项目团队和利益相关者快速识别和理解项目中最关键的风险点。

组织级影响：

提高项目团队对风险优先级的认识，促进针对高风险领域的资源协调和关注。

支持风险沟通和讨论，建立共识，促进有效的风险管理策略制定。

5. 沟通协作、持续改进与培训工具

（1）协作平台。

定义与应用场景：

协作平台（如 Slack、Microsoft Teams）提供了一个中心化的沟通和协作环境，在平台上，团队成员可以交换信息、共享文件，并进行实时讨论。

它们支持项目团队跨地域合作，实现无缝沟通和信息共享。

组织级影响：

通过减少邮件往来和会议数量，显著提高团队沟通效率。

支持创建专门的项目或主题频道，有助于保持信息畅通和易于检索。

（2）文件共享和文档管理系统。

定义与应用场景：

文件共享和文档管理系统（如 Google Drive、SharePoint）提供了一个中央存储和管理项目文件的平台，支持版本控制和访问权限管理。

它们确保所有团队成员都能够访问最新的项目资料和文档，无论他们身处何地。

组织级影响：

促进项目文档的标准化管理和存档，降低文件丢失和版本混淆的风险。

支持审计跟踪和合规性管理，对于需要遵循特定行业标准的组织尤其重要。

（3）在线学习平台和研讨会。

定义与应用场景：

在线学习平台（如 Coursera、LinkedIn Learning）和专业研讨会提供了项目管理相关的培训和专业发展机会。

它们帮助团队成员学习新的项目管理技术、工具和最佳实践，支持个人职业成长和认证准备。

组织级影响：

促进团队成员持续学习和发展，提升项目管理能力和专业知识。

支持组织建立一支更加专业和高效的项目管理团队，提高项目成功率。

（4）戴明环。

定义与应用场景：

戴明环（Plan-Do-Check-Act，PDCA）是一种迭代的质量管理和持续改进方法，强调计划、实施、检查（或评估）和行动（或调整）的循环，也称 PDCA 循环。

戴明环这种精益方法旨在通过消除浪费来优化生产过程，提高效率和产品质量。

组织级影响:

促进组织和项目流程的持续改进,确保项目管理实践的不断优化和成熟。

支持组织在变化的市场环境中保持竞争力,通过提高效率和质量来满足客户需求。

结合使用这些沟通协作、持续改进与培训工具,可以显著提升组织的项目管理效率和成效。这些工具不仅加强了团队间的协作与沟通,还促进了组织文化的发展,其中重视持续学习、改进和追求卓越成为组织成功的关键因素。

附录 3A

项目管理体系建设相关工具

表 3A-1 项目管理体系建设的五级成熟度量表

级别	名称	组织项目管理状态	项目组合管理	项目集管理	项目管理
1	初始级	组织处于初始阶段，没有形式化的项目管理流程或工具。项目的成功基本取决于个人的努力和技能，缺乏统一的准则，缺乏预测性。须引导组织认识到项目管理的重要性并开始实施基本的项目管理实践	未设定明确的项目组合管理	未设定明确的项目集管理	项目管理主要由个人或小团队独立运作
2	项目可重复	组织已识别、实施了一些基本的项目管理流程，例如项目规划和项目监控。这些流程在不同项目中可能有所不同。需要推动组织寻找和实施标准化、一致性的方法，提高项目成功的可预测性	已经意识到并开始执行基本的项目组合管理	已经意识到并开始执行基本的项目集管理	开始在项目间分享和复用成功的项目管理实践
3	组织可定义	组织已定义并标准化了一整套项目管理流程和工具，并在所有项目中一致地应用。组织需要开始根据特定项目的需求，定制和适应标准化流程	实现一致的项目组合管理流程和工具，根据需要进行定制和适应	实现一致的项目集管理流程和工具，根据需要进行定制和适应	实现一致的项目管理流程和工具，根据需要进行定制和适应
4	量化管理	组织已能对项目管理流程进行量化管理和控制，这包括收集和分析项目管理数据，评估项目管理的效果，以及识别流程改进的机会并实施。组织需要开始考虑如何通过持续改进，提高项目管理的效果和效率	通过定量管理和控制对项目组合的表现进行评估，并寻找优化机会	通过定量管理和控制对项目集的表现进行评估，并寻找优化机会	通过定量管理和控制对项目的表现进行评估，并寻找优化机会
5	持续改进	组织已实现项目管理的持续改进，包括通过创新的方法和技术，提高项目管理的质量和效率。此阶段的组织应将其项目管理能力作为竞争优势，以支持其战略目标和商业成功	持续优化项目组合管理流程和工具，用以提升管理质量和效率	持续优化项目集管理流程和工具，用以提升管理质量和效率	持续优化项目管理流程和工具，用以提升管理质量和效率

表 3A-2 项目优先级评估表示例

序号	标准	权重	得分	序号	标准	权重	得分
1	战略重要性	0.20		6	分包数	0.10	
2	预期投资回报率	0.15		7	新技术应用	0.10	
3	项目总金额	0.10		8	项目团队规模	0.05	
4	项目总工期	0.10		9	相关方对失败的容忍程度	0.10	
5	总包或分包	0.10		总得分		1.00	

第 4 章　项目管理领域

项目管理是组织发展和日常运营管理中的基本能力和组织单元。本章以项目全生命周期管理为主线，对组织中项目管理的"定位、指导原则、行为管理"等方面进行了介绍。通过对不同类型组织中 PMO 最佳实践的归纳和总结，我们提炼出了通用的规范、流程、机制和模板等。我们期望借此可以帮助读者了解 PMO 与组织的协作关系、PMO 的基本构成、项目管理指导思想、关键活动和运营管理等方面的知识，并努力使本章成为相关从业者的日常操作指南。本章的设计初衷是为不同发展阶段、不同业务类型、不同组织环境下的 PMO 组建、运营、优化和迭代升级提供参考和借鉴。

4.1　概述

4.1.1　PMO 项目管理的组织定位

PMO 在组织中扮演着重要的角色，负责保障组织短期、中期和长期的战略规划，通过项目管理推动组织战略的顺利落地。因此，PMO 在组织运作过程中起着关键的驱动作用，也是组织发展中的关键职能构成。

在组织战略落地和项目推进过程中，PMO 须协调好项目资源、决策层期望等方面的关系，负责平衡好各方的资源冲突，并发挥好支持、协调、监督和资源整合等职能，以确保项目在约束条件下符合组织中长期战略发展的需要。

PMO、PM 与决策层、业务线之间的关系可见图 4-1。

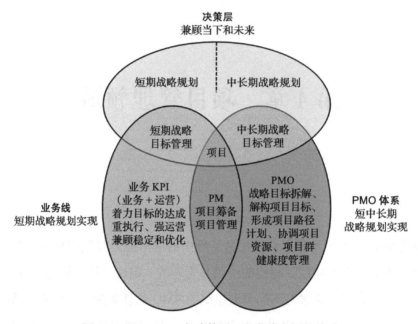

图 4-1　PMO、PM 与决策层、业务线之间的关系

4.1.2　项目管理的指导原则

PMO 的指导原则是项目管理者日常行为和价值判断的依据，始终以客户为中心、以业务为载体，通过项目实施交付及运营管理手段促进组织目标的达成，在此基础上，通过检核评估、专项治理等方式持续不断地迭代优化，并指导团队不断创新、快速验证，探索新的机会点，保障组织的项目管理体系持续发展。

1. 以客户为中心

以客户为中心，是指组织围绕客户的价值，满足客户的需求和期望，为其提供优质产品和服务，并获得持续经营利润的过程（见图 4-2）。在追求市场份额扩大和确保产品或服务在同行中处于不可替代的主导地位的同时，组织应致力于构建流程化组织体系，通过 IPD（产品集成开发）、LTC（从商机到回款）、

ITR（售后运营服务）三大业务流（见图4-3）来实现这一目标。通过深入了解客户、对标战略和匹配能力创造真正的客户价值。

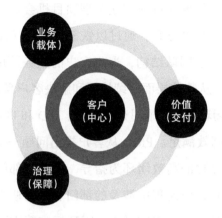

图 4-2　以客户为中心

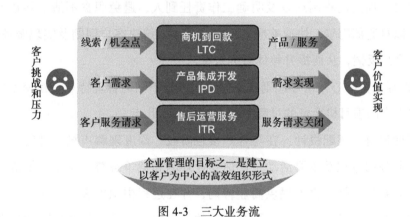

图 4-3　三大业务流

PMO工作开展过程中，以"客户为中心"的指导原则主要包括两个方面，如图4-4所示。

图 4-4　"客户为中心"的指导原则

挖掘需求，价值实现：在 LTC 业务流程中，PMO 通过前期有序地组织销售接触客户，深刻理解客户业务流程，提炼出客户觉察和未觉察到的问题或痛点，将其升华为可以内部推动落地的业务型项目机会点，并对标到客户业务流程，给出问题或痛点的解决方案。通过以铁三角 CC3（AR—商务、SR—售前、FR—交付）为代表的核心团队结构，聚焦客户的业务及现状，想客户之想、想客户之未想，引导组织从整体层面持续挖掘和解决客户需求、实现客户价值。

快速响应，高效闭环：组织通过建立 LTC、IPD 和 ITR 流程（详见附录 4B），实现客户服务请求的高效满足。PMO 从客户提出问题—受理问题—客户反馈出发，以客户服务请求流程的高效闭环为指导，通过跨部门联动的方式挖掘流程中可优化的项目机会点，对流程中涉及的部门和人的职责边界、责任划分、节点触发条件、正负信息反馈、响应时效、闭环标准等方面进行流程标准化和高效化建设。通过流程制约以及明确工作责任到人，避免职责不清而导致的互相推诿，以打通部门墙，快速响应客户需求，高效解决客户问题及实现服务请求，并给到客户反馈，从而提升整体服务效率。

"以客户为中心"指导原则在不同阶段中有不同的管理特点，在挖掘更好满足客户需求的项目机会点的过程中需要注意以下几点。

深度理解，匹配设计：在与客户接触阶段，深度理解市场、理解客户，分析客户业务的过程及主要活动，评估商业环境和竞争态势以确定长期战略，针对客户需要的支持和服务提供商业咨询，并在过程中识别客户的业务机会、痛点，辅助客户完成商业论证，结合组织的产品规划，设计与客户商业计划匹配的服务、产品，并在其中给予指导。

集成产品，成果交付：评估交付内容是否有价值以及有市场，缩短产品交付时间至关重要。要充分了解市场信息、客户反馈以及产品战略，其基本过程包括需求分析—产品开发—技术储备—跨部门团队合作—异步开发等。需求分析，就是对标客户，将客户的战略和业务活动流程匹配和映射到组织的经营和活动流程中，实现产品的客户交付和市场推广。

售后服务，全程保障：进入后期，并不意味项目的结束，这阶段更需要关注客户的反馈以及新的诉求。售后沟通过程中应当保持有效互动，及时、高质量地进行售后服务、商业咨询和业务交流等，对客户提出的问题进行及时的解决和反馈，从客户中来，到客户中去，确保客户全生命周期的良好体验。

2. 以业务为载体

客户的需求，通过商业化运营过程被满足。商业化的战略，通过组织使命和愿景被呈现，这里往往包含着业务所在市场的导向、竞争环境和业务价值论证。这个阶段 PMO 需要深入业务，在项目过程中贯穿以业务为载体的指导原则，推动搭建满足市场需要的商业模型，构建组织战略和业务价值实现之间的桥梁。

在这个过程中，搭建和梳理商业模式，用以指引和确保业务线内部产生的所有项目管理活动，都围绕一个可视化的业务模式而展开。在业务闭环的过程中，PMO 所在的商业组织着重对整个链条中的各主体分工、各环节参与程度、参与方式等方面进行重构，进而确立组织在行业中的基本定位和未来地位。在这一原则下，需要注意的事项如图 4-5 所示。

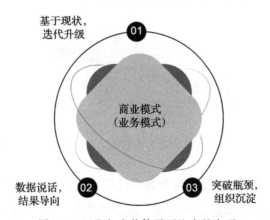

图 4-5　以业务为载体需要注意的事项

基于现状，迭代升级：在不完全推倒原有业务模式的基础上，PMO 要推动对业务模式局部进行升级和迭代，以及项目机会点的挖掘，并推动对新业务机会点的探索，实现组织在组织链条中的降本增效和提高市场占有率。

数据说话，结果导向：PMO 需保障项目目标达成的结果可量化、可度量，自始至终以数据结果作为衡量项目成功与否的标准，以项目交付结果为导向并通过项目的落地和结果的达成驱动对商业模型的优化、升级。

突破瓶颈，组织沉淀：PMO 承接和保障组织的业务战略落地，同时作为信息枢纽，发挥着组织内神经网络的作用。组织内的多个"场"里蕴含着不同类型的丰富信息，PMO 基于存在的使命对"场"进行持续的感性感知，将感知到的信息精准地记录和进行逻辑化的抽象提炼，将能够一定程度还原现场的抽象化信息，及时反应到组织大脑，促进组织大脑对业务发展中的问题或卡点的本质进行甄别、响应、部署和解决。如果 PMO 脱离业务感知，那么组织大脑就会接收到较多的可能带有主观立场，或非整体视角的碎片化信息，带来组织判断和决策部署时的失真和偏颇，缺少一个反映问题本质的整体视角，导致围绕和聚焦于具体问题的解决而非以全局视角去展开组织动作。

PMO 的体系化建设和系统性管理，有利于帮助组织站在客观立场的全局视角下，针对组织中遇到的业务瓶颈，寻找到某些未被具象出来，甚至没有数据产生的项目机会点，通过对项目机会点的感性感知、理性挖掘和项目化拆解，可以将项目机会点沉淀为稳定的运营流程，促进组织瓶颈的突破。

以业务为载体原则主要适用的情境如图 4-6 所示。

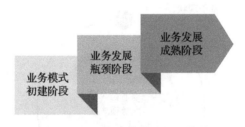

图 4-6　以业务为载体适用的情境

业务模式初建阶段：在复杂的业务系统项目中，PMO 帮助业务方、项目组、各条职能线等统一工作语言，可以极大地提高工作效率。PMO 让项目管理在组织和项目内，形成一个科学且大家可以接受的运行机制和方法，让大家用一套语言体系来进行对话，讲目标、时间规划和里程碑，减少沟通成本，促进新组织的融入并形成合力。

业务发展瓶颈阶段：该阶段，PMO 应充分理解组织战略和执行策略，以实现业务价值为核心目标，做整体的系统性逻辑设计。在每一个环节流程中，都需要围绕本环节业务发展的过程做详细的梳理。通过这种嵌套业务意识和思考逻辑，PMO 在设计项目管理流程规范时，就可以自然而然与业务场景紧密贴合，为最终的项目交付建立高效运转的保障机制。

业务发展成熟阶段：在业务发展成熟阶段，组织过程资产的沉淀就显得尤为重要，其本质是让所有的项目信息、认知迭代等留存、传承和复用。从依靠个体变为依靠系统和机制，将个体的经验和知识变成组织的过程资产。PMO 需要引导项目组从核心业务价值的视角，将不断积累和沉淀的业务实践经验，转化成"知识库＋方法论"，作为组织人员升级、阶段过渡等关键环节的工具，提高组织效能。偏离业务信息链的梳理和沉淀，事后接触项目的后来者则无法了解项目的初衷及来龙去脉（如为什么做、如何做、发生了哪些关键过程迭代等），导致效率的低下和成本资源的重复耗费。

3. 以价值交付为导向

项目的价值交付是产品在由概念化走向图纸化再走向应用化的整体项目落地过程中，一系列干系人（人）、工具（机）、物资原料（料）、方法（法）、组织环境（环）有效互动从而产出独特价值的过程，其核心要保障的是实现商业价值。商业价值的具体表现形式有很多，但最终要体现在收益的实现上。

以价值交付为导向原则需要的注意事项如图 4-7 所示。

图 4-7　以价值交付为导向注意事项

战略解构，目标清晰（确保组织战略被解构为目标清晰的项目目标）：PMO 在开展日常工作的过程中，需要确保承上启下的职能被认真履行到位，并向上负责。保证组织的战略被解构为具备可拆解性的各级战略目标。

需求分析，预期管理（确保项目产出与需求方的需求、环境变化保持一致）：PMO 在项目落地过程中的各个交付阶段需要具有全局视角，以综合评估项目进展。PMO 还要根据内外部环境的变化，控制项目总体节奏，保证可被交付的项目能够满足关联方或上游业务方的实际需求。

项目交付，价值衡量（确保交付的项目产出可被衡量）：实现收益的可衡量是以交付为中心的重要原则之一。PMO应确保项目在落地的各个阶段有交付点被识别，并且要判断收益是否可衡量，对偏离或不符合预期的项目应进行有效的干预、调整甚至制止。

持续运营，过程改进（确保项目按照运营目标爬坡及持续迭代）：PMO在此过程中的工作是识别和挖掘在组织内部或外部运营模式中的项目机会点，区分项目机会点落地前后新旧运营模式间的绩效表现差异，并明确在最终交付阶段所产生的价值。所以持续运营，过程改进，就是要求PMO帮助组织更好地减少运营模型、运营模式在变革和升级过程中的阻力，推动对运营过程机会点的挖掘和对项目价值的验证，最终达成整体组织目标。这一阶段工作的要点包括运营团队、前置参与、价值评估、持续迭代，坚守愿景、响应变化等。

4. 以治理为保障

在组织发展过程中，保证持续发展的内在动力不退化是一个长期命题。既要防止管理过于严格导致组织僵化，出现大企业病，又要避免过度授权导致动态变化过程随意性过大，出现管理失控的情况。因此，在项目管理中，建立长效的机制来预防和治理组织的僵化和失控，是PMO体系建设和优化的重要保障。

以治理为保障需要注意的事项如图4-8所示。

图4-8 以治理为保障注意事项

检核评估，决策支持：PMO履行部门职责，在保证理解顶层设计和推动项目交付的基础上，还需要在组织运行过程中考虑"合规安全、决策机制、组织结构、权力分配、决策程序、流程标准化、数字化能力、信息传递和运营效率"等维度，对应的部门、板块和干系人（如内控、人力、财务、法务、一线业务部门和决策层）的感知，对组织运行过程进行周期性的主动检核和评估。对评估和识别出的关键点，以项目的形式联动干系部门成立治理专项组，协同推进组织的治理和优化，确保组织运营的可靠性和安全性。与此同时，其中的关键过程、沉淀等信息可作为组织的决策依据。

指导创新，快速验证：创新是组织发展的重要动力，鼓励员工提出新的业务想法和尝试新的方法，以不断推陈出新、创造价值为目标，是保证组织活力和发展动力的关键。在生态型的商业场景中，有大量业务机会点需要挖掘和探索。在富有活力和发展动力的组织中，PMO 会是组织中众多的创新型项目的主要承接和管理部门，以保证业务机会点能在给定的时间内完成结项，项目产出可以与既有的运营流程快速融合。在此过程中，容许试错是指在对员工提出的业务机会点进行验证时，可以接受失败的验证结果。在验证过程中，PMO 需要重点关注和保障验证的过程遵从有脉络可循的规范项目管理方法。对于验证失败的业务机会点，PMO 在结项报告中需要突出项目机会点失败的复盘总结，如机会点的提出背景、立项过程、验证过程等，以期通过复盘帮助组织找到其他方面可以自我改善的机会点，同时在试错过程积累必要的组织理论知识。

4.2 过程管理

过程管理主要体现在以下四个模块。

4.2.1 基础支撑

在大部分组织中，PMO 通常作为配合组织方和主导方的管理方来支持业务运转。PMO 的顺畅运作需要必要的支撑条件，一般包含以下几点。

年度项目规划：参与组织制定的年度项目战略规划工作，确保项目的筛选与组织战略目标一致。

项目规范制定：主导制定和维护项目管理的规范、流程、模板、机制等，以确保项目管理的一致性和有效性。

运营机制建设：通过推广和使用项目信息管理系统，建立 PMO 运营管理机制，构建项目数据和指标体系，监控和评估项目执行过程和结果，进而保障项目的高质量和高效率交付。

项目预算管理：战略目标制定后，组织会联动 PMO 制定项目规划，并评估项目所需资源，PMO 根据在前期需求调研过程中收集到的需求范围及具体项目的内容等信息，对当前要负责的项目进行整体资源评估和测算，完成对项目所需资源的规划，并周期性评估资源的分配情况，进行资源管理，确保项目管理运作的高效性。

4.2.1.1 年度项目规划

1. 年度战略目标制定

年度战略目标制定是指组织在特定的一年中，为达成其长期战略规划而制定的具体的、可衡量的、可达成的目标。它是将组织长期战略规划分解到短期的具体实施项目计划的重要步骤之一。

年度战略目标的制定由高层管理者或战略规划部门负责组织和协调。他们可能会与其他部门进行协作，例如市场营销、财务等部门，以确保目标和策略的可行性。而 PMO 则负责协助高层管理者或者战略规划部门，协调各个部门之间的合作，促进整个战略规划流程的顺利实施。此外，PMO 还可以提供项目管理方面的专业知识和经验，确保行动计划的执行合理有效，以及目标能够按时实现。

制定年度战略目标时 PMO 的工作要点如图 4-9 所示。

2. 年度战略目标拆解

战略目标拆解（strategic goal decomposition，SGD）指将年度战略目标拆解为具体可操作的项目和任务的过程。该过程主要围绕客户、业务、运营这三个方面进行，例如，在业务维度上进行模式改造以实现战略目标倍增的项目，在运营方面考虑快速扩张、复制以及系统建设等不同维度的项目。

步骤	说明
1 收集分析信息	PMO 应该收集各种内部和外部信息,外部信息包括竞争对手战略、市场趋势等,通过与高层管理人员合作了解内部信息,包括组织的愿景、使命和战略目标。结合内外部信息,进行深入的分析,研究和分析当前业务环境,就实现组织战略目标的途径提供建议和指导,以便制定有意义的年度战略目标
2 制定战略规划	PMO 负责为本职能部门制定一份详细的项目管理战略规划,包括项目目标设定、资源需求、任务分配等,并组织研发等职能部门提交对应的年度战略规划,提交给战略部门或相关职能部门进行汇总
3 提供项目管理支持	PMO 负责提供项目管理方法论、流程和工具的支持,以确保年度战略目标在制定过程中遵循一致的标准和最佳实践,同时也提供培训和指导,确保团队具备必要的技能和知识
4 提供战略目标支持	PMO 负责组织和协调战略会议、工作坊和沟通活动,与利益相关者进行有效沟通,促进信息共享和意见交流,并协调各部门及团队之间的工作与冲突,以确保它们的目标与组织的战略目标相一致,确保相关方对战略目标透彻理解,以及保障整体目标的实现
5 持续改进	PMO 不断评估战略目标的实现情况,并提出建议以改进组织的业务流程、制定更有效的战略目标和提高整体绩效

图 4-9 制定年度战略目标时 PMO 的工作要点

战略目标拆解可通过制定项目计划和路线图,解构出支撑年度目标的各板块的子目标。在这个过程中需要逐级细化战略目标,可拆解出战略目标、项目清单、研发预算、资源地图、价值描述及大致成本等。在项目立项前,PMO 应组织干系人准备好每个项目所需资源、时间表、交付成果和主要风险等信息。

战略目标拆解的主要步骤如表 4-1 所示。

表 4-1 战略目标拆解的步骤

序号	步骤	内容
1	明确年度战略目标	组织应明确年度战略目标,便于分解为可执行的项目和任务
2	制定项目实施计划	根据年度战略目标,以运营模型为基础,制定项目计划,包括项目工期表、资源分配及成果物交付等,定义项目交付成果,包括清晰定义项目交付成果物和质量标准
3	评估项目进度风险	针对项目进行全面风险评估,并且评估对其他项目的影响,包括成本、质量、项目延期及其他方面的风险,例如外部环境等风险
4	项目管理	将相关系列项目归入项目管理范围,确保按节奏及工期如期进行

3. 项目整体规划

根据相关性、资源共享、技术依赖关系等因素,对本年度需要执行的、已确定的所有项目进行分类、分级,形成项目整体规划。

在执行项目管理时,PMO 需确保它们按预期顺序和时间完成并及时调整。项目的规划和节奏管理是确保多个项目按照计划顺利完成的关键因素。

表 4-2 是一些实施项目规划和节奏管理的步骤。

表 4-2 项目规划步骤

序号	步骤	内容
1	识别项目	● 识别所有相关项目，并纳入同一项目 ● 根据不同的标准对项目进行分类，如业务领域、资源共享或技术依赖等 ● 按照不同分类指派相应的项目经理作为项目负责人，负责督导该项目实施
2	制定项目计划	● 根据战略目标及单项目目标计划，制定整体项目计划，确保所有项目都能实现其预期目标，并在整体项目计划实施过程中做好协调工作
3	管理项目间依赖关系	● 识别项目中各项目间可能存在的依赖关系，并确认和记录
4	进度管理	● 确保项目按照既定的计划和节奏启动，并合理调配和管理组织的资源，包括监控进度、及时调整计划、分配资源等 ● 遵循科学的项目管理方法，或通过敏捷方法（如 Scrum、看板等）来提高效率
5	风险管理	● 全面评估所有项目的风险，并制定相应的预防和控制措施，以确保项目按计划完成

4.2.1.2 项目规范制定

制定保障项目落地的标准、规范、流程、机制、模板等规范，可以帮助项目团队更好地组织和分配任务，掌握项目推进各个阶段的进展情况，提高协作效率和质量。同时，这些规范还可以帮助组织实现项目的标准化管理，降低管理成本、提高工作效率和减少风险。PMO 需制定以下几类规范。

1. 标准、规则、流程、机制

标准是一种普遍认可的基准或模式，可以用作衡量和评估工作质量和成果的依据。

在项目管理过程中，制定相应的标准至关重要。例如，在质量管理领域，可以制定质量标准，明确对产品或服务的质量要求，作为评判其合格与否的标准；在技术开发过程中，也需要制定相关的技术标准，规范产品或系统的技术指标、性能要求等。总的来说，标准为评估工作成果提供了客观的参考。

规则是指在某些领域或行业中经过广泛应用和验证的最佳实践或操作案例的范式提炼。

它是对成功经验的提炼和总结，具有一定的普遍适用性。在项目管理中，我们可以从已有的成功案例中提炼出一系列规则，并在新项目的实施过程中予以遵循和执行，以提高工作效率，降低风险。例如，在风险管理领域，就可以制定一些风险规则，明确不同风险等级所对应的处置措施和应对方式。

流程是为了完成特定目标而设计的一系列有序活动，它规定了各项工作按照何种逻辑顺序展开，遵循何种规范和标准。

在项目管理中，通过制定流程可以确保工作有序、高效开展。例如，在需求管理阶段，我们可以设计需求管理流程，明确需求提出、评审、变更等各个环节的操作规范，以确保需求实现过程的可控性。制定流程通常需要经历需求调研、制定初稿、意见征集、采纳等步骤。

机制是为了解决特定问题场景而建立的一系列方法、策略和手段。

它规定了在高频或低频发生的特定情况下应该如何处置、如何反馈。在项目管理中，我们需要建立多种机制以应对可能出现的各种状况。例如，在沟通管理方面，就需要建立完善的沟通机制，明确不同层级、不同阶段的沟通方式、沟通内容、沟通频率等，以确保项目信息的高效传递。

以上维度，是规范制定过程中需要考虑和兼顾的方方面面（参考表 4A-1）。

2. 项目全生命周期各类模板

模板指按照某种规范设计和制定的文件或表格，用于记录和传输信息。

在项目管理中，各种类型的模板都是必不可少的。例如，在项目的论证阶段，需要制定**论证报告模板**；在立项阶段，需要制定**立项报告模板**；在评审、结项和收益评估等阶段，也需要制定相应的模板来指导工作。

这些模板可以帮助团队系统化地进行各项工作，并对项目实施的各个阶段进行有效的控制和跟踪。同时，模板也能提高工作的复用性和标准化程度，简化操作流程，避免重复性工作，从而提高工作效率和质量。具体模板参考表 4A-1。

3. 项目的准入和准出标准

制定项目的准入和准出标准，可以帮助项目团队更好地评估和管理项目，同时也能减少项目选择不当导致的资源浪费和风险增加。

（1）准入标准。

准入标准（见表 4A-2）指的是项目启动实施之前必须满足的一系列前置条

件。通过设置准入门槛，可以防止那些前期准备不充分、风险过高的项目草率启动，从而避免资源浪费。

准入标准的制定需要考虑多方面因素，例如项目的战略意义、商业价值、技术可行性、资源条件、潜在风险等。具体来说，准入标准可能包括但不限于。

- 项目与组织战略目标的契合度。
- 项目的经济效益和投资回报率评估。
- 所需技术和人力资源的可获得性。
- 已识别的主要风险及应对措施。
- 关键利益相关方的支持程度。
- 法律法规符合性要求。

只有通过所有准入标准的审核，项目才能真正启动实施。对于未能满足标准的项目，需及时调整优化或直接取消。

（2）准出标准。

准出标准（见表 4A-3）则是项目实施完成后，进行收尾工作所须满足的条件。主要目的是确保项目最终交付物能够达到预期质量，并被客户或利益相关方验收。

准出标准的制定需要回顾项目的总体目标，并且要结合实施过程的具体情况。通常准出标准会涉及以下几个方面。

- 交付物符合需求说明书及质量标准的要求。
- 项目管理过程符合既定流程和规范。
- 项目实施过程中出现的各类问题或变更均得到妥善处理。
- 项目效果、收益等承诺事项的实现程度。
- 最终用户的验收意见和满意度评价。

对于未能通过准出标准审核的项目，需要进一步跟进并采取相应的整改措施，直至符合要求。在极端情况下，如果无法实现既定目标，也可以决定终止项目。

制定合理的准入和准出标准，需要项目团队与利益相关方共同参与，并最大限度地兼顾组织的战略目标和具体项目特征。标准的制定不是一蹴而就的，也需要在实践中不断优化和完善。但只有切实执行这些标准，才能真正发挥其在项目管理中的重要作用，提高项目成功率，减少资源浪费。

4.2.1.3 运营机制建设

PMO项目管理的运营机制建设对于提高项目的成功率至关重要。通过明确职责与权限、制定项目规划、建立项目盘点和管理机制、建立PMO内部运营机制与指标体系、建立沟通机制等,可以有效地降低项目风险,提高组织资源的利用效率,提升团队协作效率,为未来项目的落地提供支撑,从而不断提高组织的项目管理水平。PMO运营机制建设主要包括以下几个方面。

1. 项目的整体盘点和管理机制

整体盘点:项目整体盘点是指对项目内所有项目进行综合评估和审查,以了解项目的整体情况和进度。在整体盘点过程中,需要考虑各个项目之间的依赖关系、资源分配、风险管理等因素,并确保项目整体达成预期成果。

管理机制:为实现项目的有效管理,需要建立适当的管理机制,这些机制包括但不限于表4-3列出的几项。

表4-3 项目管理机制

序号	机制维度	内容
1	指挥和控制结构	建立明确的管理架构和角色职责,确保项目能够高效协作和执行
2	沟通和协调机制	建立有效的沟通和协调机制,确保项目间的信息被及时共享、协同和管理
3	资源分配和管理	合理规划和调整各项资源,确保项目能够按时、按质完成预期目标
4	风险管理和控制	制定风险管理策略和措施,从整体上管理和控制项目中产生的各种风险

为了梳理项目之间存在的复杂依赖关系,便于理解彼此的关联和整体管理,可以采取如表4-4所示的步骤。

表4-4 项目依赖关系梳理的主要步骤

序号	步骤	内容
1	识别关键依赖项	分析每个项目在整体项目中的角色和功能,确定其对其他项目的依赖。识别出关键依赖项是梳理依赖关系的基础
2	绘制依赖关系图	使用依赖关系图或者网络图的方式来可视化各项目之间的相互依赖关系。这样可以清晰地展示项目之间的连接和依赖路径
3	确定关键路径	在依赖关系图中,按照项目的执行顺序和依赖关系,找到影响整个项目进度的关键路径。这有助于确定需要重点关注和管理的项目
4	沟通和协调	建立有效的沟通和协调机制,确保项目间的信息被及时共享,便于协同和管理。定期召开项目会议,讨论项目进展、解决问题,并及时更新依赖关系图
5	风险管理和控制	针对项目整体的风险,制定相应的风险管理策略和措施。监控项目内的风险,及时采取措施进行控制和应对

2. 项目运营机制建设

PMO 应建立适合组织的项目运营机制。建立一个高效的运营机制可以提高工作效率，提升运营质量。这个机制主要包括表 4-5 中的几个维度。

表 4-5　PMO 运营机制的构成

序号	构成维度	内容
1	工作流程	PMO 的工作流程应该清晰明确、规范化，并且能够适应组织的实际情况
2	工作标准	需要建立统一的工作标准，例如项目管理规范、报告模板等，便于各个部门之间的沟通和协作
3	绩效评估	建立绩效考核和激励机制，以保证所有成员在 PMO 中有明确的目标和方向，并且根据其所做出贡献能获得公正的回报
4	组织架构建设	建立 PMO 组织架构：组织建立合适的 PMO 组织架构，应当包括 PMO 的层级和管理幅度、人员配置和职责分工等。合适的组织架构可以帮助 PMO 更好地开展工作，并且使项目管理人员和团队成员能够更好地接受 PMO 的管理和指导
5	干系人管理	PMO 关注和管理的项目干系人，通常是指在项目组人力资源之外，会对项目的落地过程、资源投放等方面带来影响的项目外干系人（个人、群体或组织）。项目对他们可能有影响，他们有自己的需求、期望、利益关切。建立项目干系人管理机制，有利于在项目落地的前期、中期和后期，对干系人进行有效的联动和协调，减少项目落地执行过程中的外来干扰（详见附录 4C）
6	信息与沟通管理	PMO 在工作开展的过程中，应秉持以人为本的基本立场，保障 PMO 与组织的血肉联系，这是 PMO 项目管理赖以存在的基础

表 4-5 中，在进行信息与沟通管理时，对于组织发展和 PMO 内部运营管理过程中的各类信息交互，PMO 应从组织经营和 PMO 运营层面，建立主要信息交互形式——会议管理机制。

会议标签体系：如内部会、外部会，未来会（面向未来）、运营会（面向过去、当下）、培训赋能会，以及依据会议性质制定的其他标签。

会议监督和复盘机制：对项目各会议的召开执行情况进行抽查，以确保会议按期启动的严肃性；监控各会议的召开情况、效率和会议纪要内容的准确性，并采取必要的干预措施，以确保会议的质量。为保证会议的高效性，须定期组织会议复盘会，回顾和总结会议群的安排、评估会议群效果及效率和讨论会议群管理改进措施。通过会议管理复盘会，对会议的规划、执行和落地情况进行盘点，并与上级管理部门对齐会议群安排和部署情况，优化会议群管理过程。

同时，基于上述内容，要对 PMO 运营和 PM 日常管理过程中的会议标签、会议监督和复盘机制进行设计。提炼出 PMO 视角下，围绕承接组织项目任务、兄弟部门项目需求、主动识别的项目机会点等展开的各类项目规划会；围绕项目启动、项目进展健康度管理开展的"日、周、月、年例会"的会议主题和会议内容，会议的前中后材料要求、纪要要求（格式、时效）、共识和遗留事项的发布和追踪要求。会议的组织形式、召开方式、参会人等内容要进行规范化和标准化。

3. PMO 运营指标体系建设

通过 PMO 运营指标体系，组织负责人可了解 PMO 体系及项目整体的运营情况，进而对项目管理的规范性和质量进行准确评价和指导。

运营指标体系的建设可以分为如表 4-6 所示的三个步骤。

表 4-6 运营指标体系建设步骤

序号	维度	内容
1	理清业务模式	深度理解组织的业务模式，深入了解组织的核心战略目标，明确组织的核心竞争力以及市场需求，可以帮助组织确定项目所需的关键指标。这些指标应该与组织的战略目标一致，并能够反映出项目的整体健康情况
2	明确业务阶段和目标	需要明确组织的业务阶段和对应的具体目标。不同的业务阶段可能会有不同的重点和关注点，因此需要根据每个阶段的特点来选择相应的 PMO 运营指标
3	建设指标体系	在初创阶段，组织可能更加关注资源的利用效率和风险管理；而在扩张阶段，组织则可能更加关注项目的进度和预算控制。在建设指标体系时，要注意区别

建设 PMO 运营指标体系的过程是一个类似 KPI 指标制定的过程，通过量化或加权形式的指标衡量，可为具体项目的评价提供依据。这种维度上的量化管控能够涵盖战略目标一致性、资源维度、风险、进度、预算、干系人、业务价值以及项目收益等要素，从而全面评估项目进展的健康度。该指标体系可包含如表 4-7 所示的指标。

表 4-7 PMO 运营指标

项目管理指标：帮助 PMO 及时监控项目进展，有效发现和解决问题，提高项目的交付效率和质量		
序号	维度	内容
1	时间	项目进展与实际进展的偏差
2	成本	项目预算与实际耗费的偏差，以及项目中各项成本占总成本的比例
3	质量	根据项目需求或相关标准，对项目成果进行质量偏差评估
4	范围	项目计划与实际完成的范围差异

(续)

序号	维度	内容
5	风险管理	评估风险管理计划的质量,如风险辨识、分析、应对措施等方面
6	交付效率	评估项目生命周期内的交付效率,包括时间、人力、资源等方面
7	变更管理	评估变更的数量、类型、影响程度以及变更管理计划执行的情况
8	沟通管理	评估沟通管理计划的有效性和及时性,以及与各干系人之间的沟通情况

PMO 绩效指标:用于评估 PMO 整体运营效果的指标,不仅反映了 PMO 在服务范畴内的表现,也涉及 PMO 对于组织的价值贡献。这些指标可以帮助 PMO 确定自身的优点和不足之处,并制定改进措施

序号	维度	内容
1	服务满意度	客户对 PMO 服务质量和服务方式的满意度
2	工作质量	PMO 工作的准确性、可靠性和及时性
3	资源利用率	PMO 资源利用效率评估,包括对人力资源、财务资源等的评估
4	预算控制	对 PMO 预算的控制水平,包括开支计划与实际耗费的差异、资金使用效率等方面
5	项目管理成果	根据项目具体情况评估项目管理过程中所取得的成果,例如项目交付时间和质量、客户满意度等
6	业务贡献	以 PMO 在组织战略层面的贡献为评估依据,如有针对性地推动业务拓展,提供高附加值的专业咨询等
7	其他	如员工培训成果、知识共享等

变革管理指标:帮助 PMO 监控变革进展,及时发现和解决问题,并评估变革的实施效果

序号	维度	内容
1	变革实施计划	变革实施计划与实际完成情况的差异
2	变革效果	根据变革目标或相关指标,对变革效果进行评估
3	变革决策的准确性	评估变革决策是否符合组织的战略目标,以及能否带来预期的效果
4	变革沟通效果	评估变革沟通的有效性和及时性,以及对组织成员的影响程度
5	变革风险控制	评估变革风险的发生概率和影响程度,以及采取的防范措施和应对方案

PMO 应该定期对这些指标进行监控和分析,及时发现问题并采取相应的纠正措施,以提高项目管理效果和交付质量。

组织需根据自身情况对上述指标进行裁剪。表 4A-4、表 4A-5 提供了互联网和软件两个行业的案例。

4.2.1.4 项目预算管理

PMO 预算管理是指对项目预算进行有效规划、监控和控制的过程。它包括制定预算计划、跟踪预算执行情况,并采取必要的纠正措施来使预算保持在可接受范围内的活动,是指对 PMO 年度项目计划所需的资金支出的管理。它是制定 PMO 工作计划和项目管理的重要组成部分,可以帮助团队规划、跟踪和控制项目的开支。项目预算是评价项目规模的重要指标之一。通常情况下,PMO 下

的项目预算越大，项目规模就越大。PMO 预算管理主要分为两个模块，分别是业务型项目预算管理和年度研发预算管理。

1. 业务型项目预算管理

组织每年都会依据年度战略规划，为需要投产的项目设定项目预算范围，而 PMO 协助收集及提供 ROI 数据供组织高层决策参考，例如对于创新类项目或运营优化类项目，可以清晰地衡量项目投入所带来的价值。

PMO 预算的结构大体包括维持业务稳定运营的预算、研发预算、战略型项目预算、运营优化型预算、创新型项目预算、项目奖金等维度。

PMO 在推动战略项目落地的过程中，还需要考虑项目成员的积极性，部分战略型、优化型、创新型和探索型项目，可能涉及额外的成本投入，需要专门设立**项目预算**用于创意验证和费用控制。

因此，在年初规划阶段，要考虑是否规划项目奖金预算，还要考虑由 PMO 推进的项目，投入产出、现有人力资源和物料资源是否需要额外的成本投入。需要预留一部分**战略型项目预算**用作人员激励的项目奖金，这类项目奖金可用于团队建设或年终分红，而所有纳入 PMO 管理的项目都将有机会获得项目奖金。在制定预算，尤其是考虑奖金预算时，应该将这类型项目预算纳入考虑范围。而确定项目奖金的金额额度和比例是一个关键决策，直接影响到项目的规模和资源分配。

项目预算编制的主要步骤如表 4-8 所示。

表 4-8 项目预算编制步骤

序号	步骤	内容
1	项目预算估算	每个新项目都需要评估项目可行性，并制定合理的预算计划。在此过程中，PMO 需要考虑项目的规模、复杂度、所需资源、时间等因素，并与项目负责人和团队进行充分沟通和协作。假设组织正在开发一个新的移动应用程序，需要进行预算估算。根据市场调研和竞争分析，预计该应用程序需要投入 30 万美元的研发成本，并可以在未来 3 年内带来 100 万美元的收益。此外，由于该应用程序的成功对组织的品牌形象和市场份额都有很大的影响，因此组织准备投资额外的 20 万美元用于市场营销和推广
2	预算编制	在项目启动时，为了更好地管理项目预算，PMO 需要针对每个项目制定详细的预算计划。该计划应包括项目的所有成本（如人员费用、设备费用、物料费用、运输费用等）和收益，并根据项目的实际情况进行调整和修订。预算编制模板包括以下内容：项目名称、项目描述、项目目标、项目任务和活动、资源需求、预算细项、收支计划、预算责任人及监控方式等。通过这些信息，可以清晰地了解项目的情况和预算需求，并为后续的预算分配和监控提供依据

(续)

序号	步骤	内容
3	预算分配	PMO 要根据组织的战略目标和规划，对各个项目的预算进行规划编制和资源分配。基于项目的优先级和重要性，以及组织的战略目标和规划，PMO 可以对各个项目的预算进行适当的分配。例如，在移动应用程序项目中，由于研发成本占据了大部分预算，因此可以适当减少市场营销和推广的预算，以确保整个项目的可持续发展
4	预算监控	PMO 可以使用预算管理软件或数据分析工具实时监控每个项目的预算执行情况，并及时采取措施控制预算超支情况。对于已经超出预算的项目，可以通过调整项目进度、减少项目成本等方式进行控制。例如，如果移动应用程序项目的研发成本超过了预算，PMO 就可以与相关团队和部门进行充分协商和沟通，并通过调整进度、优化资源配置等方式来控制成本
5	预算调整	如果项目出现了较大的变化或者风险，可能需要对预算计划进行适当的调整。在调整预算时，需要充分考虑项目的实际情况和目标，并与相关团队和部门进行充分协商和沟通

在编制项目预算时，应考虑如表 4-9 所示的维度。

表 4-9 项目预算考虑维度

序号	考虑维度	内容
1	需求评估	要了解项目的需求，包括目标、范围、时间和人力资源等。通过与干系人讨论和调研市场，确定项目的规模
2	风险评估	评估项目的风险是非常重要的。较大的项目可能伴随着更高的风险，需要投入更多的资源来进行管理
3	资源可用性	项目的额度应该与可用的资源相匹配，这包括人力、物质和财务资源。如果资源有限，那么项目的额度可能需要相应地调整
4	投资回报率	投资回报率是业务型项目的一个关键指标。项目预算额度需要在投资回报率和控制项目预算风险之间取得平衡
5	控制比例	控制项目的比例是一个管理决策，它涉及将资源分配给不同的项目或不同的项目阶段。有时，为了优先发展重要项目或确保资源的合理利用，需要对比例进行调整

总体而言，确定项目的额度和比例是一个综合考虑多个因素的过程，组织需要权衡项目需求、风险、资源可用性和投资回报率等因素，并根据实际情况进行灵活调整。

2. 年度研发预算管理

作为组织核心竞争力之一，产品研发在 PMO 项目预算编制中占据着重要的地位。然而，研发经费一般具有如下几个特点，增加了预算管理的难度。

- 难以通过比较投入产出比来判断其合理性。
- 市场变化莫测，研发周期长，存在很多不确定性，因此管理风险较大。

为了确保产品研发的成功和商业价值的最大化，需要采用科学的方法和策略，结合数据、洞察和逻辑进行全面的分析和评估。主要步骤如表 4-10 所示。

表 4-10 研发预算步骤

序号	步骤	内容
1	分析解决方案	分析客户的新解决方案需求、组织对市场洞察的战略需求以及组织当前提供的解决方案类型
2	产品研发预算评估	由解决方案架构师负责，将整体分解到一个或多个产品，并根据分解的需求进行产品的研发预算评估，确保每个产品都有足够的预算支持
3	制定预算和预算控制策略	在实施过程中需综合考虑各种因素，如产品周期、市场需求、客户反馈和竞争压力等，以确定适当的投资策略和预算控制策略，并提高产品研发的效率和成功率，增强组织核心竞争力 为确保产品研发的成功和商业价值最大化，可通过加强内部协同和团队沟通等措施来提高产品研发效率和质量

根据不同的解决方案分解需求进行不同产品的研发预算评估，可以确保每个产品都有足够的预算支持。同时，在实施过程中，需要综合考虑各种因素，以确定适当的投资策略和预算控制，提高产品研发的效率和成功率，更好地适应变化的市场需求，从而赢得更多客户和市场份额。

为了更好地控制研发经费预算，可以按如表 4-11 所示的五个方面进行分类。

表 4-11 研发经费的主要分类

序号	维度	内容
1	按持续时间分类	将所有投入预算按年份分别列出
2	按费用项目分类	将所有投入预算按人力、材料、设备和其他方面分别列出
3	按价值流向分类	将所有投入预算按体验、技术、功能、品质、外观和其他方面分别列出
4	按一级科目分类	将研发费用同管理费用一样作为一级科目并列使用
5	审核可行性计划和推进方案	审核和评估研发项目的可行性计划和推进方案是否合理有效，业务路径和资源路径是否清晰，过程控制是否得当等

4.2.2 基础规划

各组织成立 PMO，其本质目的通常都是对目标、进度、成本、质量、风险等方面进行专业化的项目管理机制建设。PMO 应当通过自身在组织中的定位，以客观立场，向上承接组织战略，协同运营板块和项目组，确保项目组围绕战略目标"做正确的事"，使项目目标与战略目标保持一致，实现组织效益最大化。

4.2.2.1 执行战略的规划

在组织中，PMO 为项目落地提供重要支撑，包括批准项目变更和对与项目相关的部分业务进行决策。PMO 需跟踪商业计划书（business planning，BP），维护项目规划列表，保障项目按期启动和执行，并确保项目执行过程是对战略规划的执行。

一般而言，PMO 执行战略的规划包括如表 4-12 所示的步骤。

表 4-12　PMO 执行战略的规划步骤

序号	步骤	内容
1	定义 PMO 的角色和职责	PMO 需要明确其在组织中的角色和职责，并向组织的战略目标靠拢。这可以帮助 PMO 更好地理解组织的需求，并为组织提供更好的支持和服务
2	分析当前状态和瓶颈	PMO 需要评估当前的项目管理实践和流程，并确定其存在的问题和瓶颈。这将帮助 PMO 识别组织的挑战和机会，并为制定战略规划奠定基础
3	制定 PMO 的愿景和目标	基于对组织需求和现状的分析，PMO 需要制定其自身的愿景和目标，并确保它们与组织战略目标的一致性。同时，PMO 制定的目标应该是明确的、可测量的和可行（拆解）的
4	确定 PMO 的关键成功因素	在制定 PMO 战略规划的过程中，需要确定 PMO 实现目标的关键成功因素。这将帮助 PMO 确定重要的措施和行动计划，并在实践中成功地实现其愿景和目标
5	制定 PMO 实施计划	PMO 需要制定一份详细的实施计划，包括关键的里程碑和时间表。此外，计划还应考虑 PMO 的资源需求、风险管理和质量保证等方面
6	评估和改进	PMO 需要对其战略规划进行评估，以确定是否实现了目标，并及时纠正和改进其计划与实践

综上所述，PMO 执行战略规划需要确定角色和职责、分析当前状态和瓶颈、制定愿景和目标、确定关键成功因素、制定实施计划以及评估和改进这些步骤。通过制定一个明确的战略规划，PMO 可以更好地为组织实现战略目标和创造价值提供支持。

4.2.2.2 项目审核机制

项目规划和落地涉及较多的组织资源调动，建立项目规划准出的审核机制，对保障组织资源在项目上的有效投放至关重要。一般而言，PMO 审核项目和项目规划准出通常有如表 4-13 所示的几个步骤。

表 4-13 审核项目和项目规划准出的步骤

序号	步骤	内容
1	确定审核标准和流程	确定项目规划审核的标准和流程，包括项目目标评估、项目计划可行性评估、风险评估和资源需求评估等
2	评估项目规划	对项目规划进行评估，以确保项目规划符合组织的要求和标准，包括对项目的目标、计划、风险管理和资源需求的评估
3	与项目经理和团队沟通	与项目经理和项目团队进行沟通，了解项目规划的细节和背景，并提供有关项目规划的建议和反馈
4	做出决策	根据评估结果和组织的需求，做出审批或拒绝项目规划的决策，并向项目经理和干系人做出相应的反馈
5	监控项目实施过程	监控项目实施过程，了解项目规划的执行情况，提供必要的建议和支持，以确保项目在预算范围内按时交付，并符合项目质量和标准要求

以上步骤在针对产品/技术类项目与对外交付类项目时又有所不同。

对于产品/技术类项目，建议 PMO 在项目审核过程中按照相应的开发流程和模板定义实施。具体审核步骤如表 4-14 所示。

表 4-14 产品/技术类项目审核步骤

序号	步骤	内容
1	确定开发流程和模板	确定开发流程和模板，以确保项目参照这些标准进行开发。这些标准应该包括商业、技术和实施评估方面的要求
2	建立培训计划	建立培训计划，以向项目团队介绍这些标准。培训计划应包括对开发流程和模板的详细说明，以及如何使用它们的实际演示
3	监督团队工作	通过定期检查项目文档和会议记录来监督项目团队，确保团队按照开发流程和模板进行工作
4	支持指导	对项目团队遇到的任何问题或困难提供支持和指导，以帮助团队解决问题并按照开发流程和模板进行工作
5	定期审查	定期审查项目进展，以确保项目团队按开发流程和模板进行工作，并及时纠正偏差

对于对外交付类项目，PMO 需确保项目遵循招投标、合同签署相关流程实施。具体审核步骤如表 4-15 所示。

表 4-15 对外交付类项目审核步骤

序号	步骤	内容
1	确认招投标相关流程	认真阅读招标文件，了解招标的标准、要求和限制条件，明确招投标的规定、流程和时间表
2	确认合同签署相关流程	了解合同的条款和细节，包括合同签署日期、双方责任、保证金等条款
3	确保项目合法合规	在招投标和合同签署过程中，需要确保项目合法合规，确保符合政策和法规要求

(续)

序号	步骤	内容
4	文档管理和归档	做好相关文档的管理和归档工作，包括招标文件、合同文件、招标结果文件和变更文件等，确保文件完整、准确无误
5	建立风险预警机制	在实际项目管理中建立风险预警机制，及时识别风险并解决可能出现的问题

4.2.2.3 项目评审标准

PMO 负责制定组织立项评审的流程，并对项目经理提交的立项申请进行评审。在此过程中，需要明确项目的目标、预算、资源、可行性等方面的内容，并根据标准化的评估体系进行评分和排名，最终决定是否通过立项。

在项目评审的过程中，要保证评审的公正性和客观性，并要遵循相关的法规和政策要求。组织立项评审的流程主要包括：

- 制定评审标准。
- 设计评审流程。
- 组建评审委员会。
- 对具体项目进行评审。
- 对评审结果的进行公示和发布。

在立项评审中，PMO 也可以作为参与者之一，对立项申请提出专业性的意见和建议，并根据自身在项目管理、风险管理和投资决策方面的经验，为评审提供有价值的参考和支持。

4.2.3 关键行动

4.2.3.1 项目过程监控

项目的执行过程需要持续的监控，有效的项目过程监控对 PMO 的帮助有以下几点。

- **提高项目效率**：及时发现项目进程中的问题和风险，并采取相应措施和手段，控制项目管理效率。

- **降低项目风险**：在项目落地过程中，对项目的质量、进度、成本和风险等关键指标进行持续监控，可以发现和预防项目延期和失败的风险，有效提高项目的成功率。
- **优化资源配置**：PMO 通过过程监控，可以充分了解整体项目资源的投入和利用情况，确保组织项目资源的合理配置，提高项目资源的投入产出比。
- **改进项目方法**：PMO 监控项目过程，有利于了解项目管理中存在的问题和不足，并对问题和不足制定针对性的 PMO 管理方法，提高组织整体的项目管理水平。
- **实现信息透传**：让所有相关人员都能够了解项目的进展情况，避免信息不对称造成的误解和不信任，为项目的成功实施提供有力保障。

PMO 可以根据项目的实际情况，制定和推动过程监控的执行落地，让项目整体处在可控范围之内，提高项目的成功率。过程监控中，主要涉及过程监控流程、过程监控方法和过程风险控制。

1. 项目过程监控流程

过程监控的流程如表 4-16 所示。

表 4-16 过程监控流程

序号	维度	内容
1	确定监控指标	根据项目需求和目标，制定对应的监控指标，如进度、成本、质量、风险等指标，并建立相应的监控机制
2	建立监控体系	建立有效的监控体系，包括监控流程、项目管理工具和技术手段等，确保能够及时获取项目信息
3	设定监控频率	制定监控计划和频率，明确监控的时间节点和具体内容，及时了解项目进展情况，以便及时采取措施
4	分析监控数据	对收集到的监控数据进行分析，识别出问题、风险和机会等，以便及时进行调整和优化
5	制定实施计划	根据监控结果，制定相应的实施计划，明确解决方案、责任人和时间计划，保证及时解决问题
6	跟踪执行情况	根据实施计划，跟踪执行情况，及时反馈和调整，确保项目进展顺利

2. 项目过程监控方法

过程监控的方法如表 4-17 所示。

表 4-17 过程监控方法

序号	方法	内容
1	项目管理标准	PMO通过定义、培训、维护和督导项目管理流程和方法，确保所有项目都遵循同样的最佳实践和标准
2	关键绩效指标	PMO定义和监控一系列项目相关的关键KPI，评估项目的表现并及时发现问题
3	项目状态报告	PMO收集和分析项目状态报告，以了解项目的进度和问题 这些报告可以是周期性的，如每周或每月，也可以在里程碑提交 定期收集和分析每个项目的进展情况，包括项目进度、成本、质量、风险和问题等关键指标
4	项目审计	PMO可通过项目审计确认项目是否遵循了预定的流程和标准，是否符合规划的项目目标 对项目开展周期性或不定期的审计，可以有效发现和解决潜在的项目问题，确保项目的质量和效率
5	风险管理	PMO负责对项目的风险进行监控和管理，包括对潜在风险进行评估，以及制定和执行风险处置策略 定期进行风险评估和管理，识别可能影响项目的风险，并及时制定应对策略
6	项目复盘和学习	在项目结束后，PMO通常会进行项目复盘，总结项目成功和失败的经验，识别学习和改进的机会，为未来的项目提供参考
7	项目管理软件	PMO可使用项目管理软件来自动化项目监控的部分工作，例如任务跟踪、时间线管理、预算控制等。这些工具可以提高项目监控的效率和准确性
8	干系人的反馈	周期性汇集、分析项目干系人对项目的各方面的反馈，可以了解他们对项目的满意度，以及PMO管理中可能存在的问题和改进的机会
9	透明度和开放性	保持透明度和开放性可以促进信息的流动，有助于建立成员信任，提高项目管理效率

3. 过程风险控制

在过程监控中，PMO要识别和发现的项目健康度风险，并采取必要措施对风险进行干预，这一过程主要包括以下几个方面的工作。

风险识别：PMO需要结合过程监控流程和方法，梳理制定风险识别流程和机制，确保项目中的所有潜在风险能够被及时识别和记录。风险识别包括对项目各个方面进行全面分析，例如项目的进度、成本、质量、技术、环境变化等。

风险评估：对识别出的项目风险，PMO要组织进行整体评估，包括风险发生的概率、风险的影响程度、风险的可控性等，以便确定哪些风险需要采取措施进行管理和干预。

风险应对计划：PMO需要制定针对评估出的风险的应对计划，包括风险规避、减轻、转移、监控等措施。应对计划应该根据项目的具体情况进行制定，并监督计划是否得到有效实施。

风险监控与报告：PMO 应对项目风险进行持续监控，并向项目干系人及时进行项目健康度的报告，以确保风险得到及时处理和有效控制。监控的内容包括风险的现状、应对措施、风险的变化、后续监控机制等。

4. 项目过程管理常用工具

PMO 应确保项目管理工具和方法的标准化和规范化，以便更好地管理和控制项目。PMO 可以提供培训和支持，确保项目管理工具和方法的正确使用，并保证项目管理工具和方法的实施效果。PMO 还可以收集和分析项目管理数据，以便更好地评估项目管理工具和方法的效果，并提出改进建议。

PMO 可使用多种工具和方法来管理和控制项目，以确保项目的成功实施。表 4-18 列出了一些常用的工具。

表 4-18　PMO 常用工具

工具名称	内容
项目管理软件	Asana、Microsoft Project、Jira 等，这些工具可以帮助 PMO 团队进行任务分配、进度跟踪、资源管理等
进度管理工具	甘特图，它可以清晰地展示项目任务、起止日期，以及任务间的依赖关系
风险管理工具	风险矩阵，用于识别、评估和优先处理项目风险
质量管理工具	六西格玛、PDCA 等，用于管理和提高项目的质量
沟通工具	Slack、Teams 等，可以帮助项目团队进行有效的沟通和协作
会议管理工具	Zoom、Google Meet 等，用于在线会议和远程协作
文档管理工具	Google Docs、Confluence 等，可以帮助团队共享和管理项目文档

具体使用哪些工具和方法，应根据项目的特定需求和组织的环境进行选择。以上是目前常用的一些项目管理类工具的对比分析，供大家参考，其他项目管理方法还可参考本书第 8 章"数字化管理领域"。

5. 常见阻力和应对策略

在项目管理中，阻力是不可避免的，只能尽量降低其影响。针对个性化问题，PMO 需要制定解决策略。来自干系人的阻力是最棘手的问题，各方需要深度理解和沟通。应对阻力的策略可分为预防管理、主动管理和被动管理。项目经理应专注于发现阻力的源头，让干系人参与阻力管理。同时，提供简单、明确的选择和后果，明确有力地宣示项目目标，为干系人创造希望，降低项目阻力。识别和解决阻力是成功完成项目的关键，细化阐述可参考附录 4D 的内容。

通过以上措施的实施，PMO 能够及时发现和识别项目中的健康度风险，并采取有效的措施进行管理，确保项目能够顺利实施，达到预期的目标。

4.2.3.2 向上汇报机制

PMO 向上汇报是一种关键的沟通机制，用于向项目的上级管理层或其他干系人（如客户、投资者等）提供项目的进展和状态更新。通过向上汇报，PMO 可以获得高层管理者的支持和认可，进一步提升 PMO 的组织影响力，及时解决项目管理中的问题和冲突，有利于更好地推动项目的顺利实施并达成预期目标。

向上汇报的要点如下。

- **明确对象**：明确自己的汇报对象是直接上级还是更高层级的领导，这样才能确定汇报的内容和方式。
- **突出重点**：在汇报中要突出重点，抓住关键问题，重点阐述解决方案和实施效果，让汇报对象清晰地了解到项目的进展情况和成果。
- **准备充分**：在向上汇报前，要做充分的准备工作，包括整理好数据、分析问题、制定解决方案等，确保汇报内容准确、清晰、有条理。
- **注意表达**：用简洁明了的语言描述问题和解决方案，避免使用拗口或过于专业、过于复杂的专业术语或新造词，使用业务语言，让被汇报内容易于理解。
- **注重沟通**：与汇报对象进行互动交流，听取对方的意见和建议，及时解决问题和调整方案，增强汇报的针对性和实效性。
- **及时跟进**：在汇报后要及时跟进，落实汇报中的问题和建议，及时反馈项目的进展情况和成果，让汇报对象感受到项目的实际效果和价值。

向上汇报时可采用的主要方式如下。

- **状态报告**：这是最常见的项目汇报框架，通常包括项目的基本信息（如项目名称、项目经理、报告日期等），项目的总体状态（如按时、超期或有风险），及项目的详细进度（如完成的任务、未完成的任务、延期的任务等)。此外,状态报告还可能包括项目的财务状况(如预算使用、成本超支等)、项目风险和问题,以及下一步的计划。
- **RAG 状态(红黄绿)**:这是一种用颜色表示项目状态的方法。其中,红色表示项目有严重问题或风险,需要立即关注;黄色表示项目有一些问题或风险,需要密切监控;绿色表示项目正常进行,没有重大问题或风险。RAG 状态可以以视觉方式明确显示项目的状态,非常适合向高级管理层汇报。
- **项目仪表盘**:这是一种直观展示项目信息的可视化工具,可用图表和指标显示项目的各种信息,如进度、成本、质量、风险等。项目仪表盘可以提供全面和即时的项目视图,帮助管理者快速理解项目的状况。
- **里程碑报告**:关注项目的关键阶段和成果,通常在项目达到重要里程碑时进行。里程碑报告可以展示项目的重要成就,以及下一个里程碑的计划。
- **干系人报告**:根据不同干系人的需求和关注点进行定制。例如,客户可能更关注项目的成果和交付日期,而高级管理者可能更关注项目的成本和风险。

4.2.3.3 团队赋能

对于组织成员,如项目经理、项目组员、PMO 其他成员和兄弟部门成员,甚至组织领导层、干系人等,PMO 都可以规划和组织赋能活动。良好的团队赋能机制可以产生良好的组织内动力。

- **提高信心,激发潜能**:提高团队成员的自信心和自主性,激发他们的创造力和创新能力,从而提高团队的绩效和效率。
- **凝聚力量,促进协同**:促进团队成员之间的协作和配合,增强团队的归属感和向心力,从而提高团队的稳定性。
- **奠定基础,团队提升**:提升团队成员的管理和领导能力,强化其职业素养,进而为组织未来的更好发展奠定基础。
- **学习能力,人才储备**:增强团队成员的学习意愿和学习能力,促进他们的个人成长和发展的重要方式,从而提高组织的人才储备和竞争力。

- **激发热情，组织创新**：增强团队成员的责任感和使命感，激发他们的工作热情和动力，从而提高组织的创新能力和市场竞争力。

PMO 进行赋能的对象和时机应该根据组织的特定情况和项目需要来确定。比如，在项目启动阶段，为项目经理和团队成员提供必要的培训和支持；在项目执行阶段，为项目经理提供管理工具、技术或外部支持等；在项目结束后，对项目进行评估和总结，为组织提供经验教训和最佳实践。此外，PMO 还可以在组织层面进行赋能，为整个组织提供项目管理培训、流程优化和战略规划等支持。

赋能的方法主要有：

- 研讨会和培训会。
- 专门的辅导与指导。
- 专业认证。
- 深度的交流和经验分享。
- 对被赋能对象进行激励，使其认同。
- 提供有效的工具、技术等资源。

团队赋能是一个需要持续优化的工作。可通过采集如下指标评估赋能效果，从而确定改进方向。

- 项目的目标成功率是否增加？
- 项目的交付质量是否提高？
- 项目的成本投入是否降低？
- 项目的交付时间是否如期甚至缩短？
- 组织的绩效是否提高？

关于团队赋能的具体内容，详见本书第 5 章"人才赋能领域"。

4.2.4 评价激励

4.2.4.1 项目成果评价

依据项目绩效评价模型，PMO 须对项目的目标完成情况进行评价，以用于：

- 了解本项目的绩效在同级项目中的排名情况。
- 指导项目经理对项目实施过程中的问题进行分析和总结，挖掘出问题的本质，并提炼出后续处置此类问题的方法论和措施。
- 将项目落地过程中的经验和教训沉积为过程资产，以适当方式存档，为后续项目提供参考或复用。
- 识别和挖掘优秀的员工，给予相应的组织认可，提高组织的创新能力和活力。

项目评价一般在项目客户已签署竣工报告、项目经理走完内部移交流程后进行。一般的评价流程如图 4-10 所示。

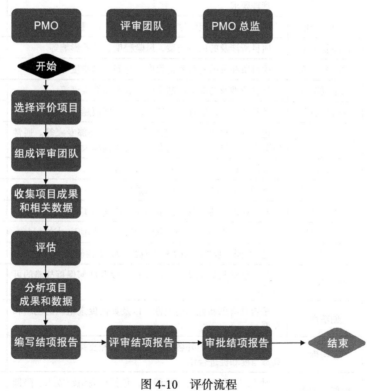

图 4-10　评价流程

评价的详细程度可以根据项目级别设置，即 PMO 根据组织自身情况设计符合本组织的评价流程以及评价模版。主要的评价指标如表 4-19 所示。

表 4-19 项目评价指标

指标名称		定义和评价标准	数据源
项目收益	财务收益	包括项目的投资回报率、净现值、内部收益率等指标，反映项目的盈利能力和经济效益	成本概算表
项目质量	符合度	项目交付成果是否符合客户的要求和规范标准	项目经理
项目满意度	成果质量	项目交付的成果是否符合预期，是否满足客户需求	项目经理
	总体进度	项目是否按计划交付，以及是否满足客户计划中的时间要求	项目经理
	总体成本	项目是否在总体预算内交付，以及是否满足客户对成本的要求	项目经理
	项目管理	项目管理是否规范、高效，是否满足客户的管理要求	项目经理
	风险管理	项目团队是否能够有效地识别、评估和应对风险，是否满足客户的风险管理要求	项目经理
	变更管理	项目团队是否能够有效地管理变更，是否满足客户的变更管理要求	项目经理
项目复杂度	组织复杂度	项目所涉及的组织结构、人员分工、沟通协调等	评审结果
	风险复杂度	项目所涉及的风险类型、风险程度、风险影响等	评审结果
	时间复杂度	项目所涉及的时间紧迫程度、时间安排难度等	评审结果
	成本复杂度	项目所涉及的成本控制难度、成本预算难度等	评审结果
项目规模	项目预算	通常情况下，项目预算越大，项目规模越大	评审结果
	项目人力资源	包括项目经理、项目组成员、顾问、外部专家等。通常情况下，项目人力资源越多，项目规模越大	评审结果
	项目范围	包括项目的目标、任务、交付物等	评审结果
战略支持度	目标一致性	是否与组织的长期目标和愿景相一致	评审结果
	可行性	能否在组织的资源、技术和能力范围内实现	评审结果
	风险评估	是否存在潜在的风险和不确定性，以及如何应对这些风险	评审结果
	绩效评估	是否能够实现预期的绩效和效益，以及如何衡量和评估绩效	评审结果
	可持续性	是否能够长期维持和持续发展，以及如何保持战略的可持续性	评审结果
	创新性	是否具有创新性和前瞻性，以及如何促进组织的创新和发展	评审结果
	参与度	是否得到组织内外各方的积极参与和支持，以及如何提高参与度和促进合作	评审结果
组织过程资产贡献度	价值贡献度	对组织价值创造的贡献程度，包括提高组织收入、降低成本、提高效率等方面	项目经理
	创新贡献度	对组织创新能力的贡献程度，包括推动新产品、新技术、新业务模式等方面的创新	项目经理
	知识贡献度	对组织知识管理的贡献程度，包括知识共享、知识创新、知识保护等方面	项目经理
	人才贡献度	对组织人才管理的贡献程度，包括吸引、培养、留住人才等方面	项目经理

4.2.4.2 项目团队激励

在项目完成评价后，PMO 根据各指标评价结果对表现优秀的项目和项目组成员进行激励是至关重要的。通过建立公正、透明的绩效评估体系，项目激励可以激发员工对于工作的投入度，让员工明确自己的工作目标和职责，提高工作满意度和忠诚度，降低员工流失率。

项目激励方式主要有：

- 对项目组的工作成果进行公开表扬，让项目成员的工作得到组织的认可，激励他们在未来的项目中继续努力。
- 建立 PMO 项目管理**荣誉体系**，给予对应的表彰。
- 提供**培训**机会，提高团队成员的能力和意愿。
- 向达成立项时确立的项目目标的项目团队发放**奖金**，可以增强团队成员的工作动力，同时也可以让他们感到自己的工作得到了重视。
- 建立 PMO 项目管理**认证和晋升体系**，给予对应的认证晋级。

关于项目激励的具体内容，详见本书第 5 章"人才赋能领域"。

附录 4A

项目管理运营相关工具

表 4A-1 标准、规范、流程、机制、模板清单

模块	标题	描述	适用范围	面向对象
标准/规范	项目管理标准	定义项目管理过程中的基本原则、工具、方法和规定，对包括启动、规划、执行、监控和收尾等阶段提出具体要求	适用于项目管理的全生命周期	PMO 项目经理 项目团队 研发全员 组织全员
	文件命名标准	规定文件的命名标准，以确保文件易于识别和检索	适用于所有需要命名文件的情况	研发全员 组织全员
	文档编写规范	定义文档的格式、结构和内容要求，使其易于理解和传达	适用于规范文档	组织全员
	质量管理标准	确保项目交付物符合预期质量要求，并通过相关检查和质量评估测试	适用于规范项目交付物质量	PMO 项目经理 项目团队 质量团队 研发全员 组织全员
	风险管理标准	对项目落地过程中的风险进行识别、分析和应对，最大限度地减少不确定性对项目结项的影响	适用于规范风险管理	PMO 项目经理 项目团队
	成本管理标准	对项目落地过程中的成本进行监督和控制，确保在预定的预算范围内完成项目的结项	适用于项目管理的全生命周期	PMO 项目经理 采购部 财务部
	交付物管理标准	定义项目交付物的格式、结构和交付要求，以便满足干系人的需求	适用于规范项目交付物	PMO 项目经理 项目团队
	变更管理标准	规定变更请求的流程和程序，以有效管理项目变更带来的影响	适用于规范项目变更	PMO 项目经理 项目团队 采购部 销售部 财务部
	问题解决标准	提供一套方法和步骤，用于识别、跟踪和解决项目中出现的问题	适用于规范问题解决流程	组织全员
	人力资源管理标准	包括招聘、培训和绩效评估等方面的规范，以确保有能力和胜任的人员参与项目	适用于规范人力资源管理	PMO 人力资源部 项目团队 研发团队 组织全员
	采购管理标准	制定采购需求、评估供应商并管理采购合同的过程和规定	适用于采购全过程	PMO 项目经理 采购部 销售部

（续）

模块	标题	描述	适用范围	面向对象
流程	项目启动流程	明确项目的背景、目标和项目边界，制定和评审约束项目组员的项目章程和项目管理计划	适用于项目立项前期和项目启动初期阶段	PMO 项目经理 项目团队
流程	项目计划流程	包括定义项目任务、制定时间表、资源分配和风险评估等，形成详细的项目计划	适用于项目计划阶段	项目经理 项目团队
流程	项目执行流程	按照项目计划实施项目工作，包括资源协调、任务分配、进度监控和沟通协作等	适用于项目计划执行阶段	项目经理 项目团队
流程	项目变更流程	管理项目变更请求，评估其对项目范围、进度和资源的影响，并决策批准或拒绝变更	适用于管理项目变更	PMO 项目经理 项目团队 研发团队
流程	项目结项流程	完成项目交付物，进行验收和总结，撰写项目报告并进行项目结项	适用于规范项目结项流程	PMO 项目经理 项目团队
机制	项目健康度评估机制	通过评估项目的进展情况、质量、风险等方面，衡量项目的健康状态，并及时采取措施解决问题	适用于项目评估阶段	PMO 项目经理
机制	变更管理机制	规范管理项目的变更请求，包括提出、审批、实施和验证变更的过程，确保对变更的有效控制	适用于规范管理项目的变更	PMO 项目经理
机制	资源额外申请流程	处理在项目执行过程中额外的资源申请，包括评估需求、提出申请、审批和分配资源的流程	适用于规范额外资源分配	PMO 项目经理
模板	项目计划模板	提供一个标准的模板，用于制定项目计划，包括任务列表、时间表、资源分配等内容	适用于项目计划制定	PMO 项目经理
模板	项目立项模板	规范项目启动阶段的决策，包括项目背景、目标、范围、风险评估和项目章程等信息	适用于项目启动阶段	PMO 项目经理
模板	项目风险管理模板	对风险点进行登记，以支撑PMO总体分析项目风险和制定相应的风险管理策略	适用于项目全生命周期	PMO 项目经理
模板	项目变更控制模板	记录和管理项目变更请求，包括变更描述、影响评估、审批决策和变更实施的相关信息	适用于记录和管理项目变更	PMO 项目经理
模板	项目结项评审表模板	进行项目结项评审，包括验收标准、交付物确认、项目总结和反馈等内容	适用于项目结项阶段	PMO 项目经理

表 4A-2　项目准入标准

准入评估维度	描述	计算公式
风险评估	对项目立项材料中的总体风险进行前期评估,包括技术、市场、财务等风险	风险级别＝影响等级 × 概率等级 风险评估得分＝风险级别 × 项目可行性指数
资源可行性	评估项目所需资源的可行性,包括人力资源、资金、设备等	资源满足程度＝（可用资源 ÷ 所需资源）× 100%
技术可行性	技术难度、依赖性、创新性等 技术成熟度,如稳定性、可靠性等	技术可行性得分 = 技术难度得分 × 技术成熟度得分
市场可行性	评估项目的市场需求,包括市场规模、竞争情况等	市场可行性得分 = 市场需求得分 × 竞争情况得分
财务可行性	投资回报率（ROI）：项目带来的经济效益相对于投资成本的比例是否符合预期 回本周期（Payback Period）：对于项目投资金额在经营活动中所产生的净现金流量,使之全部收回所需要的时间	ROI＝(项目收益－投资成本) ÷ 投资成本 ×100% 回本周期＝投资金额 ÷ 年度净现金流量
组织能力	评估组织是否具备完成项目的能力,包括管理层支持度、团队能力等	组织能力得分＝管理层支持得分 × 团队能力得分 × 资源配备得分

表 4A-3　项目准出标准

准出评估指标	描述	评估方式
业务目标达成度	综合分析项目进展、关键里程碑、成本效益、质量标准和客户满意度	• 项目进度：完成度 • 里程碑事项：里程碑如期实现 • 成本效益：ROI • 质量标准：产品或服务符合要求 • 客户满意度：客户调研或客户意见
技术可行性	评估技术解决方案和系统交付能力	• 技术难点：无法解决的技术方面的问题 • 系统功能：满足业务需求的系统是否完善 • 可扩展性：是否可以满足未来发展需要 • 兼容性：与现有系统的兼容性
组织资源	评估财务预算、人力资源、物料等	• 人力资源：所需项目成员是否配备完成 • 物力资源：设备、材料等是否齐备 • 财力资源：资金是否足够支持项目
风险管理	审查项目风险清单,评估清单中的风险点对项目目标的影响	• 已发生风险：已经发生的风险,对项目进展的影响程度 • 风险预测：对以后可能发生的风险的预估 • 风险控制：对风险进行预防和风险发生后的控制能力
商业环境变化	外部环境等因素对项目进度带来影响	• 市场竞争态势：市场的需求和竞对的竞争情况 • 法规政策变化：对项目的合规性要求变化 • 技术趋势：对项目技术方案的适应性
干系人参与度	干系人对项目的支持和参与深度的评估	• 干系人支持度：满意度调查结果 • 参与深度：干系人的参与程度评估
经济效益	综合考虑项目的投入和预期回报	• 投资成本：在项目上的总体投资 • 预期回报：预测计算项目结项后可获得的收益 • ROI：投资回报率
项目治理和执行问题	对项目落地执行和治理过程进行问题分析	• 沟通状态：日常的沟通渠道是否畅通高效 • 决策时效：决策过程是否及时准确 • 资源使用：项目资源的使用是否适当

表 4A-4　互联网 PMO 和项目管理部门 KPI

指标名称	定义	计算公式 & 描述
项目成功率	成功完成的项目数量与总项目数量的比率	项目成功率＝成功完成项目数量÷总项目数量×100%
项目延期率	延期项目数量与总项目数量的比率	项目延期率＝延期项目数量÷总项目数量×100%
项目超支率	实际花费与预算之差与总预算的比率	项目超支率＝（实际花费－预算）÷总预算×100%
用户满意度	对产品或服务满意的用户数量占总用户数量的比例（通过问卷调查或用户反馈进行衡量）	用户满意度＝满意用户数量÷总用户数量×100%
产品活跃用户率	统计周期内，与产品进行过交互的用户占总用户数量的比例，即为产品活跃用户率	产品活跃用户率＝活跃用户数量÷总用户数量×100%
项目成本节省率	项目实际花费与预算之间的差距与预算的比值	项目成本节省率＝（预算－实际花费）÷预算×100%
项目周期	项目从开始到最终结束所需的时间	项目周期＝项目结束日期－项目开始日期
部门运营成本	部门内各项支出的总和，包括薪资、职业培训费用、设备成本等	部门运营成本＝薪资＋培训费用＋设备成本＋……
员工满意度	员工对组织、团队和工作的满意度，例如薪酬、福利、组织文化和职业发展等	调查问卷的结果
项目风险率	项目面临的潜在风险数量与项目总数的比值	项目风险率＝项目风险数量÷项目总数×100%
项目变更率	项目中变更的数量与项目总数的比值	项目变更率＝项目变更数量÷项目总数×100%
项目交付率	项目结项时按时交付的，质量、数量等均符合要求的产品、服务或成果，占应交付总数的比例	项目交付率＝按时交付产品或服务的数量÷总产品或服务数量×100%
项目创新率	衡量项目的创新程度的指标，即有创新的项目数量占项目总数的比例	项目创新率＝项目创新数量÷项目总数×100%
项目合作度	项目和其他部门、组织或客户之间的协作程度和合作质量的衡量指标	调查问卷结果
项目知识管理成熟度	反映项目团队的知识管理水平，包括知识制度、知识分享、知识应用和知识保留	项目知识管理成熟度＝（项目知识更新数＋知识应用数）÷项目总数

表 4A-5　IT 软件行业项目管理部门和 PMO 部门 KPI

指标名称	定义	计算公式 & 描述
项目按时完成率	项目实际完成的进度与计划进度的比率	项目按时完成率＝实际完成进度÷计划进度×100%
项目质量合格率	项目交付的产品或服务的质量符合要求的数量与交付总数的比值	项目质量合格率＝符合要求的交付数量÷交付总数×100%

(续)

指标名称	定义	计算公式 & 描述
项目成本控制成熟度	实际成本与预算成本的比率	项目成本控制成熟度=实际成本÷预算成本×100%
项目风险管理	对项目风险的识别、评估、应对和监控情况进行记录、整理和监督执行	风险管理计划执行情况、风险评估报告、风险应对措施执行情况等
项目资源利用率	在项目规划阶段对为保障项目目标实现而预分配的项目资源的利用效率	项目资源利用率=实际使用资源÷预分配的可用资源×100%
计划完成率	项目实际交付时间与计划交付时间的差值，与计划交付时间的比率	计划完成率=（实际交付时间−计划交付时间）÷计划交付时间
项目客户满意度	项目客户对项目交付的满意度	客户满意度调查结果
PMO 服务水平	PMO 提供的服务质量水平	PMO 服务评估结果、客户反馈等
项目完成率	项目实际完成数量与项目计划数量之间的比率	项目完成率=项目实际完成数量÷项目计划数量×100%
项目进度偏差	实际进度与计划进度的差异性即为项目进度偏差	项目进度偏差=（实际进度−计划进度）÷计划进度
项目成本偏差	实际成本与计划成本的差异性即为项目成本偏差	项目成本偏差=（实际成本−计划成本）÷计划成本
项目团队绩效	项目组成员在完成目标过程中，为保障项目目标达成所采取的方式方法、交付的成果等内容	根据团队绩效评估和绩效考核结果进行评估
项目交付时间	为保障项目目标与业务战略节奏的匹配，而确定下来的项目里程碑事项和总体完成时间	—

附录 4B

LTC、IPD、ITR 流程图

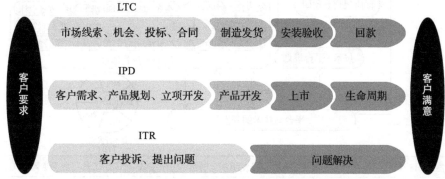

图 4B-1　LTC、IPD、ITR 流程图

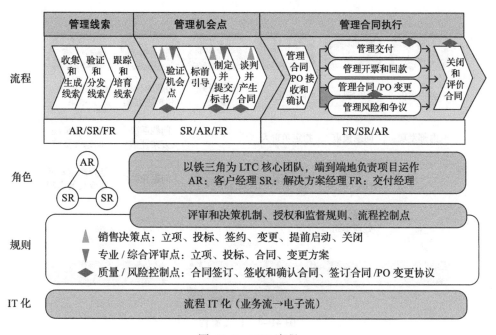

图 4B-2　LTC 流程

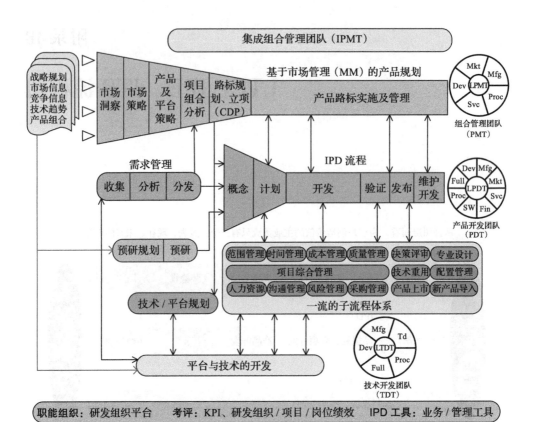

图 4B-3 IPD 整体框架

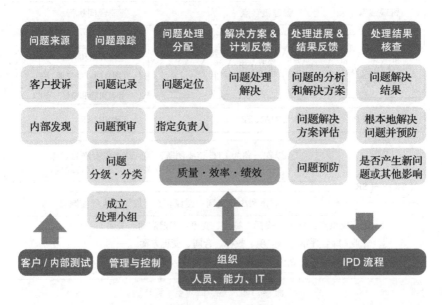

图 4B-4 ITR 流程

附录 4C

项目干系人管理

1. 干系人定义

任何能够影响项目或被一个项目影响,或者自认为会受项目影响的个人、团体或组织都是项目干系人,这里包含两层意思(见图 4C-1)。

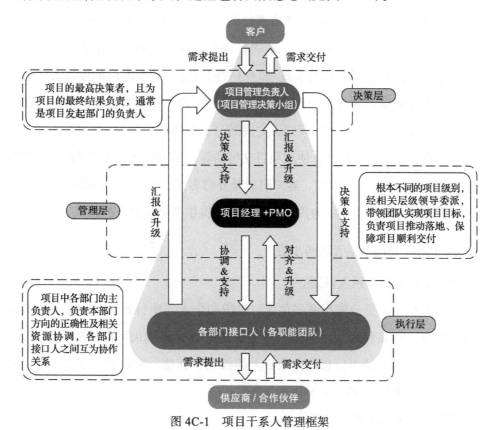

图 4C-1　项目干系人管理框架

(1)项目外,干系人能够对项目的决策和执行产生影响,在项目决策层如门票度假和交通事业部总经理、项目管理者的直属上级、客户决策层的景区负责人等。

（2）干系人会受/自认为会受项目影响，如项目中系统供应商、与本项目组有资源冲突的其他项目组等。

图 4C-1 中包括的干系人如下。

- 项目管理决策小组：为项目提供指导、支持和决策，为重点项目管理提供组织保障。
- 项目管理负责人：为项目明确目标，把控项目方向和策略。
- 项目经理：由项目管理负责人任命，项目管理负责人/决策委员会授权。负责带领项目组实现项目目标，并对项目执行中的项目管理过程和项目交付结果负责。
- PMO：支持项目经理进行项目管理的具体执行人或组织。负责制定项目管理相关的流程机制，促进资源协调，管理过程进展和风险。
- 各部门接口人与执行团队：由项目经理和分方向的职能团队任命，领导分方向执行，团队成员实现项目分方向目标。各个部门的接口人，主要负责在该项目中自己部门所负责方向的正确性和相关资源的协调，在这个过程中要做好各部门接口人之间的分工和协调。
- 客户：金字塔顶端处，使用项目交付的新产品/能力，并获得预期收益的组织/个人。一般来说，客户可以是外部客户，也可以是内部客户。
- 供应商及合作伙伴：为内部或外部客户提供产品和服务的团队/个人。

2. PMO 管理干系人的四步法

第一步：项目干系人识别。

项目开始，需要分辨出哪些角色、组织和个人与项目相关，并收集干系人的基本信息。可以使用头脑风暴、小组讨论的方式识别出可能的项目干系人，记录项目干系人的基本信息及在项目上的权利、利益、影响力，输出一份《项目干系人登记册》，在项目团队内部对齐。

第二步：项目干系人分析。

理解每个项目干系人的重要性和影响，搞清楚项目干系人能够提供给项目哪些信息，以及需要从项目获取哪些信息，从而明确与项目干系人的沟通管理计划。例如，某个特定的团体对项目信息漠不关心，可能就需要特别关注这个团体。对干系人的利益、影响力、观点进行分析，与干系人充分沟通，理解项目干系人的需要和期望，从而制定对应策略才是关键，这就是干系人分析。可以使用"项目干系人评估矩阵"（见表 4C-1）这个工具来进行项目干系人分析。

表 4C-1　项目干系人评估矩阵

序号	角色	姓名	对项目的影响	对项目的支持级别	信息输入	信息输出	参与方式

在完成对项目干系人的评估之后，根据"项目干系人评估矩阵"的信息制定"项目沟通管理计划"，包括组织会议、建群、发送邮件、报告等，并在沟通计划中明确定义沟通对象、沟通内容、沟通渠道、沟通频率、产出物等信息。

建议制定清晰的干系人策略：与主要干系人建立联结，清楚了解他们对项目的影响程度，以及对项目的感受和支持程度，从而获得更多的支持并采取行动，让他们去影响其他干系人 / 不积极支持项目者。

制定干系人策略时可以参考以下五个思考维度。

- 需要从干系人那里得到什么支持？
- 干系人之间的什么信息需要被传递？
- 是否需要建立相关机制以保证沟通顺畅（项目周会、定期复盘等）？
- 保持与干系人良好沟通的方式有什么？
- 现在的策略可以影响干系人吗？

第三步：项目干系人职责分工规划。

一般来说，项目干系人尤其是执行团队的成员大部分都是跨职能的兼职成员，所以定义清楚项目干系人的职责分工，并明确项目在各个阶段的重点事项的当责人和负责人，对帮助项目组形成清晰、具体、明确的协作机制非常重要。

表 4C-2 的责任分配矩阵（RACIS）可以帮你对项目重点工作进行拆解，识别每一项重点工作并指定明确的当责者、负责者、咨询者、告知者、支持者，从而使参与其中的成员清楚地知道自己的职责。

表 4C-2 责任分配矩阵

RACIS 角色	释义		职责
R = Responsible 当责者	谁负责	执行落地、过程保障	负责执行任务的角色，对具体项目进行操控、管理并解决问题。（该角色牵头对"A"部署的任务目标进行实现，结果导向，对任务目标的完成结果负全责）
A=Accountable 批准者	谁批准	全局把控、关键决策	对任务的授权负全责的角色，经其同意之后，项目才能进行推进和开展。（负责批准与布置任务，目标导向，负责对目标完成情况进行把控，并确定对目标进行牵头的负责人，即"R"，并对"R"所承担的目标完成情况进行评价）
C=Consulted 咨询者	咨询谁	专业的咨询	在项目的任务被实施前或在实施过程中，可以提供指导性意见的角色
I=Informed 告知者	告知谁	知晓、了解	有知道任务进展状态的需求，需要被及时地通知结果的人员。通知时不必咨询和征求其意见
S=Supportive 支持者	谁支持	资源支持	提供信息资源，参与具体任务，协助"R"完成工作的角色

第四步：项目干系人参与 & 评估。

最后在项目的执行过程中，项目经理需检查各项目干系人对"项目沟通管理计划"的实际参与情况，评估项目干系人参与度，从而保证他们的信息需求得到满足，并且适时向项目提供信息和支持。

面对面沟通是与项目干系人讨论、解决问题的最有效方法，必须形成书面的会议纪要。

从项目启动到收尾的过程中，都要有侧重点地保持沟通。

- 启动：召开项目调研会议，邀请干系人参与其中并提出需求，预判项目风险，展示项目与大家的关系度，提高各方参与感。
- 规划：征询团队成员和干系人意见，明确项目的范围、目标、进度计划，并达成共识以及获得书面确认。
- 执行：伴随项目的推进，出现问题和矛盾时，项目经理应与相关项目方共同致力于分析、解决问题，并考虑是否可以制定相应制度以辅助项目推进。
- 收尾：邀请项目团队成员及干系人召开项目回顾会议，总结项目的经验教训，避免类似问题在其他项目中再次发生，即项目复盘。

表 4C-3 的项目干系人参与度评估清单模板可供参考。

表 4C-3 项目干系人参与度评估清单模板

	沟通方式	计划参与人	实际参与人	未参加原因	备注
会议	启动会				
	项目周会				
	项目月度汇报				
	日站会				
	复盘会				
报告	立项报告				
	项目周报				
	项目月报				
	项目复盘报告				

附录 4D

项目常见阻力和应对策略

任何阻碍项目依照计划进行的事件，我们都可以定义为阻力。与风险的不同之处在于：风险是有可能发生的事件；阻力是实际存在的，且在项目进行过程中会不断地以不同面貌涌现，如范围不断变更、进度延误、干系人抵制、团队士气低落等。有项目必然有阻力的存在，我们无法消除阻力，只能尽力去减少阻力对项目的影响，避免项目失败。

不同类型的项目，如业务型、运营型、营销型、研发类、工程建设、IT 和咨询等项目，在落地过程中可能会遇到不同阻力。这些阻力可能属于一些共性问题，这些问题体现在不同的方面，如项目资源汇集和分配规则、项目成员参与和配合度、项目管理技能、项目管理文化氛围、技术风险、项目技能和知识培训、项目进度管理工具、与业务部门的沟通和协调等方面。项目常见阻力具体可以归结为结构型阻力、技术型阻力、干系人阻力等。

结构型阻力：先天的、无法改变的、无法消除的阻力。如组织结构、组织价值观文化、过去项目的实施经验、已成形的制度或习惯，以及约定俗成的流程等。

技术型阻力：支撑项目实现的技术方案阻力，一般来说可以通过加强资源投入或选择替代方案的方式避开。

干系人阻力：受干系人多面性和多变性的影响，对于项目的解读差异直接决定了他们对于项目的态度。在不同的场景、情境中，干系人极可能有不同的表现，因此最具不稳定性。

处理这些阻力的思路大体可以分为以下三类。

- **预防管理**：在项目启动过程中导入变革管理方法论，如使用 ADKAR 模型，收集干系人的阻力点，提早制定对策，预先降低阻力的影响。
- **主动管理**：预期和早期识别可能的阻力，提前计划、解决或消除它。如加强项目过程监控，保持干系人沟通渠道的畅通，制定沟通管理计划。安排干系人出席相关会议，对项目团队或是相关干系人制定必要的培训计划。
- **被动管理**：当阻力真的发生以后，按照头痛医头、脚痛医脚的方式针对阻力制定策略，并处理阻力。这种处理方式，是相对初级的项目阻力处理方式。

针对上述三类阻力处理的思路，可以采用以下措施对阻力进行必要的前置管理。

- 倾听、理解反对意见，并制定针对性策略。
- 专注于"阻力来源"，并放手给干系人消除阻力。
- 充分了解干系人的个人情况（甚至包括家庭、健康、资金等方面），以清除障碍。
- 提供简单、明确的选择和后果，明确有力地宣示项目目标和阻力容忍度信号，促使员工做出抉择，降低阻力。
- 通过分享目标达成的阶段性信息和进展，增强干系人对项目的期望。
- 项目发起人或高层管理者对项目的背景和意义，进行持续或有效的宣导。
- 重点转变持强烈反对态度的干系人。

PMO 有必要在项目初期找出阻力来源，通过在项目的早期预见阻力，对阻力进行预防与主动管理策略，减少计划外行为，从而提高项目成功率。

第 5 章 人才赋能领域

人才作为 PMO 各项工作成功开展的基础和保证，是组织中最重要的资产和资源，也是组织发展的内驱动力和制胜法宝之一。PMO 需要以更加全面的视角，充分发挥承上启下、战略落地的作用，指引项目人才管理工作，帮助企业赋能项目人才，为企业提供标准化的项目管理流程和方法，提升组织项目管理的协同和合作效率，并建立项目风险监控机制，保障项目的成功率。

PMO 作为项目管理最佳实践的核心和项目人才管理中心，通过理解、执行并实现组织战略价值，构建并不断完善科学且适合组织的项目管理与执行的环境，为组织遴选、培养和匹配项目人才，为项目人才提供优质的职业发展和成长机会，通过在组织中推广项目管理文化来提升组织项目执行的综合能力。因此，PMO 需要从四个重要方向推动组织能力不断进化与提升：向下赋能项目人才，升级人才管道；向上赋能高层管理者，支撑业务决策；横向赋能协同部门，提升组织效能；赋能全员，营造项目管理文化和环境。这样可以使组织更好地适应市场环境，不断为业务创造价值。

5.1 概述

5.1.1 定位

项目是组织创新的载体。在当今社会，越来越多的组织依靠项目人才来不断激活组织，他们采用跨组织、跨职能、跨专业等方式对相关方的资源进行整合，从而推动业务与产品的创新，实现组织的发展与战略的落地。项目人才的管理在组织中有着举足轻重的地位，因此，如何通过 PMO 的建设来实现对项目人才的科学有效管理是组织关注的焦点，这也成为组织创新的核心竞争力之一。

在人才赋能领域，PMO 的核心价值是通过对项目人才的赋能，推动组织在业务、创新、变革和价值交付方面取得成功。根据业内的实践和观察，PMO 在项目人才赋能领域的定位可以归纳为四类角色：顾问角色、教练角色、管家角色、伙伴角色。事实上，根据 PMO 所在行业以及组织所处发展阶段的不同，PMO 的角色定位一般是呈现多个角色的综合体。

- **顾问角色**：在组织拓展全新领域的过程中，能够快速连接到专业的顾问库，提供独立、专业的意见和建议。
- **教练角色**：提供教练资源，提高项目人才的项目管理能力、沟通能力、领导力、影响力等能力。
- **管家角色**：成为组织内的人才管家，负责人才的开发、培养、任用、评价、激励等。
- **伙伴角色**：作为 PMOBP（PMO Business Partner，PMO 合作伙伴），与组织其他部门建立紧密的合作伙伴关系，帮助项目人才在组织内更好地发挥价值。

5.1.2 职责与原则

项目人才是对组织发展担负特殊使命的群体，因此，PMO 在项目人才赋能领域的职责应区别于 HR 部门（见表 5-1），需要更加聚焦于项目人才赋能领域的发展。

表 5-1 PMO 与 HR 部门在人才赋能领域的职责对比

对比维度	PMO	HR 部门
赋能方式	主导项目人才赋能	与业务部门协作
赋能目标	搭建项目人才梯度，形成人才库	搭建专业、管理各类人才梯度，形成人才库
赋能视角	向下、向上、横向、全员赋能	向下、全员赋能
赋能内容	围绕项目管理能力	围绕业务、管理、软实力等多维度

我们可以从以下四个重要方向来推动组织能力不断进化与提升。

- 向下：赋能项目人才，升级人才管道。
- 向上：赋能高层管理者，支撑业务决策。
- 横向：赋能协同部门，提升组织效能。
- 全员：赋能全员，营造项目管理文化和环境。

PMO 可以以此来推动组织更好地适应市场环境，不断为业务创造价值。同时，PMO 还可以通过建立顾问库、项目人才库、经验与知识中心、业务支持等来开展具体工作，进而实现组织目标。在人才赋能领域的四个重要方向中，PMO 应建立较为完备的体系来更好地落地人才赋能工作（见图 5-1）。

PMO 在为项目人才赋能的过程中应遵循必要的原则，包括但不限于：专业度原则、协同原则、共享原则、共赢原则。

- **专业度原则**：PMO 应使用专业的方法、工具帮助项目人才提升项目管理能力、沟通能力、影响力、领导力、商业嗅觉等。
- **协同原则**：PMO 应与业务、财务、HR 等部门互相协作、互相支持，更好地理解和满足各部门的工作及诉求。
- **共享原则**：PMO 应站在更高视角，打破组织壁垒，实现人才资源方面的共享。
- **共赢原则**：项目的成功、组织的成功、个人的成功应相互关联，形成共赢的局面。

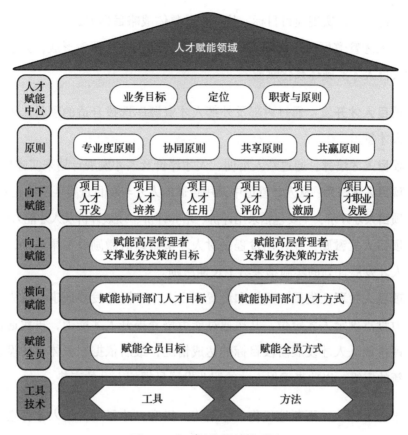

图 5-1 人才赋能领域体系屋

5.2 赋能项目人才

项目人才是指具备项目管理相应的专业知识、技能和经验，能有效组织、管理和执行项目相关工作的人员。主要包括以下各类人员。

- 管理不同类型项目的人才，例如项目组合经理、项目集经理、专职项目经理、临时委任项目经理等。
- 参与项目实施的各类项目团队成员。
- PMO 各类岗位人才。

项目人才赋能的目标是基于组织的战略规划及项目人才规划，PMO 从专业角度与 HR 部门充分联合，建立项目人才管道，保障项目人才及时、有效地支撑各类项目运作，实现项目目标，从而推动整体战略目标的达成。

项目人才管道可通过内部人才资源库及外部人才资源库形成，并通过六大模块对项目人才实施体系化赋能。

- **项目人才开发**：通过内部及外部人才资源库选拔合适的项目人才来扩充人才管道。
- **项目人才培养**：通过新人培训、人才评价及人才发展计划来实施培养。
- **项目人才任用**：从人才管道中调用合适的人才与项目进行匹配并正式任用。
- **项目人才评价**：主要包括录用评价、培养评价、绩效评价及人才能力评价等。
- **项目人才激励**：在任用过程中对人才实施即时激励及结果激励，并基于人才发展计划的实施结果给予长期激励。
- **项目人才职业发展**：规划和设置项目人才不同的发展通道，首先通过能力盘点确定人才定位，其次通过能力培养提升人才能力，再次通过人才评价确认人才发展阶段目标的达成情况，最后依据职级体系的设置给予新的定级，以此来确保人才的职业发展呈螺旋上升的态势。

基于以上模块，不断地优化人才结构，提升人才厚度，使人才管道不断升级，确保所需人才及时供应，从而保障项目的成功，最终达成人才战略目标和组织战略目标。项目人才赋能流程如图 5-2 所示。

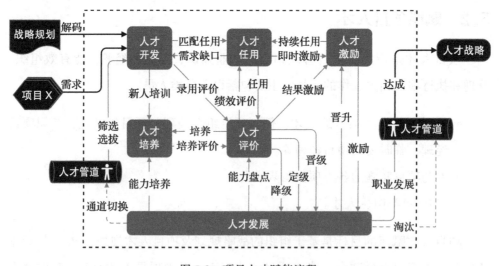

图 5-2 项目人才赋能流程

5.2.1 项目人才开发

项目人才开发是组织基于整体战略规划，通过战略解码拆解至具体的项目规划，由 PMO 确定或统筹项目人才需求，并协同 HR 部门进行人才筛选和选拔，同时，建立和更新项目人才管道，做好人才储备，以保证项目的关键资源——"人才"的及时供应及按需匹配。项目人才开发关键路径如图 5-3 所示。

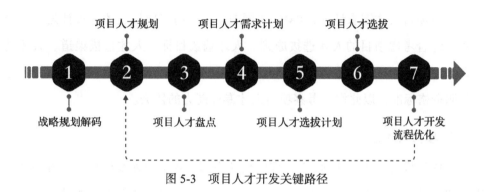

图 5-3　项目人才开发关键路径

1. 战略规划解码

PMO 根据组织战略规划，拆解至各项目规划，然后明确项目数量、目标、时间计划、预算、资源需求等。

2. 项目人才规划

项目人才规划是指，基于项目规划，PMO 统筹各业务部门评估所要完成项目的各里程碑节点所需人才的岗位类型、数量及任职资格要求等，以此作为项目人才需求评估的依据。

3. 项目人才盘点

人才盘点的目的是帮助组织了解当前的人才资源情况，以便制定相应的人才发展策略和计划。PMO 在人才盘点中主要关注评估人才的项目管理专业能力和项目经验。在人才盘点时我们通常会进行差距分析，识别组织在项目管理能力和经验方面的不足，并制定出相应的培训和发展计划，以提升人才的能力和经验。项目人才盘点的结果将作为项目人才需求的基础和输入，为组织制定项目人才招聘、培养和留用计划提供依据。

4. 项目人才需求计划

PMO 结合各项目的具体计划，与项目管理部定确定各阶段的项目人才需求。通过对比项目人才盘点的结果与项目人才规划，确认人才缺口。项目人才需求计划一般包括项目人才的类型、数量、到岗时间、任职资格要求等。

5. 项目人才选拔计划

基于项目人才需求计划，PMO 协同 HR 部门制定项目人才选拔计划。选拔计划需综合考虑项目的人才选拔原则、人才选拔目标、人才选拔渠道、人才选拔薪酬预算、面试安排等。在项目人才选拔计划中，PMO 应重点明确项目人才的任职资格标准，以此作为考察项目人才专业能力的依据。

6. 项目人才选拔

根据项目人才选拔计划，HR 部门会从内部人才资源库及外部人才资源库中进行初步筛选和资格确认。PMO 参与内部人才选拔会及外部人才面试，重点对项目人才进行专业筛选，并将评价结果反馈给 HR 部门，以实现人才选拔与人才需求的匹配。项目人才选拔流程如图 5-4 所示。

图 5-4　项目人才选拔流程

- **外部人才资源库**：HR 部门通过外部招聘渠道及第三方人力资源合作方收集的人才资源库，作为招聘人才的筛选渠道。该资源库包括项目人才的简历、专业技能、项目案例、面试评价等。
- **内部人才资源库**：组织内部管理和存储的项目人才资源库，包括项目经理、项目团队成员、专业技术人员、顾问等。该资源库包括各类型项目人才的项目经验、绩效评估、技能和专业知识、培训记录、个人发展计划、人才能力盘点结果等。基于内部人才资源库，组织能够选拔匹配项目需求的候选人，这可以降低招聘成本和缩短招聘时间。
- **项目面试官资源库**：根据项目人才选拔需求，整合符合资格要求的面试官，以此形成面试官资源库。根据应聘者岗位职级选择合适的面试官进行专业面试。面试官的选拔标准包括但不限于项目集管理能力、司龄、参与本公司项目管理时长、学历、职位等。

具体的项目人才选拔流程如下。

资格确认：HR 面试官对应聘的项目人才进行基础能力筛选，包括对学历要求、年龄要求、沟通能力、历史工作经验、性格及价值观等方面的评估。

专业筛选：项目面试官对经 HR 资格确认合格的人才，基于岗位任职资格要求进行项目和业务的专业面试。评估内容包括但不限于人员基本信息、项目管理知识、专业能力、风险应对能力、技术能力、项目经验、行业经验等。

评价输出：由 HR 面试官及项目面试官对单个项目人才进行资格和专业审查后，输出整体评价结果，确定人才是否符合组织的项目人才选拔要求。

录用确认：PMO 及 HR 部门根据组织招聘流程体系，对候选人进行职级、职等的初步评估。HR 部门结合职级薪酬带宽确认薪酬方案，发放正式录用通知书给候选人。

7. 项目人才开发流程优化

PMO 与 HR 部门协作，通过对项目人才选拔的标准、过程及结果进行跟踪、复盘、优化，不断完善人才开发流程，从而更新人才资源库，扩充项目管道。以此来积极寻找和吸引更多的项目人才，做好人才储备，以满足组织的人才需求。

5.2.2 项目人才培养

项目人才培养是指通过一系列系统性的培训、学习和实践活动，帮助项目人才获取必要的知识、技能和经验，或者通过训战一体化来提高项目人才的专业能力和业务水平，进而更好地服务业务，为战略的落地保驾护航。

根据组织的战略目标和项目规划，设计一套符合组织特性的人才培养路径是非常重要的。通过建立完善的培养体系和培养评估机制，结合 PDCA 循环模型持续改善，为组织输送优秀的项目经理和 PMO 序列的人才。这样的人才培养路径不仅可以为组织提供人才任用的依据，还能够支撑业务的持续发展，间接地促进组织的战略落地。

围绕项目经理任职标准、人才胜任力模型、项目职称评定体系和人才学习发展地图，我们可以设计的项目人才培养路径如图 5-5 所示。以此来促使项目管理人才通过不同层次的培训，可以胜任不同岗位或项目。

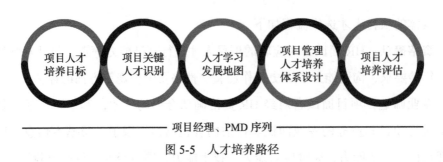

图 5-5　人才培养路径

5.2.2.1　项目人才培养目标

基于组织战略目标，识别项目人才培养目标。通过系统性培训、常态化考核，我们可以实现通用能力提升，以满足关键人才的需求。

5.2.2.2　项目关键人才识别

项目关键人才识别来源于对战略规划拆分和项目人才盘点。

1. 战略规划拆分

基于明确的项目需求，结合项目人才目标，我们可以和多部门紧密协作，进行战略解码、业务规划，以了解业务的发展方向（规划）、项目定位，进而分解成能力地图。在此基础上，结合人才库标签，筛选出掌握基本的项目管理知识、具备基本的项目管理能力及专业的项目管理能力的人员，梳理出适合项目经理序列和 PMO 序列的目标。

2. 项目人才盘点

结合能力地图与项目人才盘点结果，组织制定中长期的人才培养计划和方向，并向 PMO 报备。

通过对项目关键人才进行重点培养和分类管理，提升组织级的项目管理能力。依托胜任力模型进行评估，围绕职业素养和核心能力识别关键人才。人才胜任力模型如图 5-6 所示。

图 5-6 人才胜任力模型

5.2.2.3 人才学习发展地图

PMO 根据组织项目管理的不同阶段，制定符合项目管理人才学习发展地图，为项目人才的发展提供基础。以此来帮助项目管理人员分析自己所在岗位的现状，并结合职业发展方式，通过人才学习发展地图定位自己的能力短板，进而规划个人成长路径如表 5-2 所示。

表 5-2　人才学习发展地图

组织管理类型	能力维度	硬能力维	软能力维	行业知识维
辅助型	项目助理	PMP 基础知识	干系人沟通管理、需求变更管理	立项、结项模板，关键交付物模板
	初级项目经理	PMP 核心工具、方法，项目各维度相关问题实战技能	风险管理、关键干系人管理、冲突管理技巧	立项到结项的全流程化、关键交付物的工作指引
	中高级项目经理	对战略的理解能力项目集、项目组合的知识	组织级项目管理能力项目集、干系人管理	××行业理解、战略解读项目化组织的管理特征
监控型	项目助理	PMP 基础知识	需求变更管理、防止结项烂尾	立项、结项模板，关键交付物模板
	初级项目经理	PMP 核心工具、方法	风险管理	立项到结项的全流程化
	中高级项目经理	项目化组织端到端流程管理	组织收益诉求矛盾的平衡	关键流程的权责及工作指引
强控型	项目助理	PMP 基础知识、项目三基线实战	干系人沟通管理、需求变更管理、防止结项烂尾	××导论立项、结项模板，关键交付物模板
	初级项目经理	PMP 核心工具、方法，项目各维度相关问题实战技能，项目流程化管理的训战结合	应对复杂协同风险管理、关键干系人管理、冲突管理技巧	××产品及其价值链特征立项到结项的全流程化、关键交付物的工作指引
	中高级项目经理	对战略的理解能力项目集、项目组合的知识、组织级项目管理实战技能项目化、组织端到端流程管理	组织级项目管理能力项目集、干系人管理、组织收益诉求矛盾的平衡	××行业理解、战略解读项目化、组织的管理特征、关键流程的权责及工作指引

5.2.2.4 项目管理人才培养体系设计

人才培养体系设计模型如图 5-7 所示，我们可以从课程框架体系、讲师培养体系、继任管理、项目人才培养实施计划四个方向展开，旨在培养符合组织特性和行业特征的项目管理人才。

图 5-7 人才培养体系设计模型

1. 课程框架体系

基于组织文化（环境）、项目管理硬能力、项目管理软能力构建三位一体的课程框架体系，如表 5-3 所示。通过不同的授课方式，依托信息技术实现线上线下的结合，形成"线下全场景投入，线上学习回顾加深理解"的训战模式。围绕训战模式，构建培训 & 实战操作阶段。

表 5-3 课程框架体系

课程框架	课程名称	课程内容
课程类型	组织文化（环境）	组织文化、行业特有知识、组织知识
	项目管理硬能力	项目管理通用硬知识（PMP 项目管理理论）、项目管理必备技能（工具、方法和常用软件）
	项目管理软能力	情商、逆商、领导力、沟通技巧、谈判技巧、决策能力等
	组织变革能力	组织变革
	项目伦理	伦理风险、风险防范、伦理制度建设、职业道德建设、道德监督
授课方式	组织文化（环境）	线上自学、线下讲座、心得分享、文化工作坊参观等
	项目管理硬能力	线上课程或资料自学、线下讲座、情景演练、学习小组互学
	项目管理软能力	线下场景演练、心得分享、文化工作坊参观
	组织变革能力	线下讲座、心得分享、文化工作坊参观等
训战体系	训战提升	一级赋能辅导模式 + 二级能力训战结合

采用导师辅导制,形成师徒传承文化。通过一级赋能辅导+二级能力训战,融入 PDCA 循环模型以行为决定结果,进行复盘指导与改善,协助学员全面提升。

2. 讲师培训体系

依据人才库和外部资源,结合讲师擅长领域,选择合适的讲师,并通过讲师制度打造精品课程,如图 5-8 所示。通过训战机制选取优秀的学员晋升为讲师,并根据组织现状对讲师团进行激励(详见 5.2.5 项目人才激励)。打通内部讲师培训通道,为组织构建内部资源循环机制。

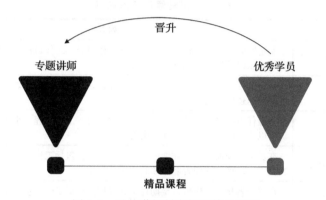

图 5-8 通过讲师制度打造精品课程

学员训战机制如下。

一级赋能辅导:专业课程讲师制度+师徒结对辅导。基于一级赋能辅导模式,实现按能力水平设定训练目标,为核心培养对象安排导师,通过"外敷"和"内服"相结合的方式,加快核心人才的成长速度。

二级能力训战:成果+复盘。以项目经理复盘、讲师复盘、评价及成果输出为核心的训战一体化。通过实践学习,让学员深入了解项目实施的流程、难点和挑战,积累实战经验,提升应对问题的能力和处理能力。实现学员方法实践落地,达到学以致用的目的。

通过组织层面的项目管理经验交流和合作,分享项目实施中的心得体会、经验教训和最佳实践,增强项目人才之间的沟通和协作能力。

3. 继任管理

继任管理需要明确岗位职责和常态化维护管理的清单,以及制定继任者的培养计划。同时，根据"训战一体"的考核情况持续监测和评估继任者的表现。组织还应制定紧急继任管理机制，以应对关键项目管理岗位的变动和挑战。这样的继任管理体系可以确保组织的可持续发展和成功。

基于项目人才培养体系和组织的用人标准，为人才任用提供依据和参考（详见 5.2.3 项目人才任用）。通过该体系，鼓励项目管理人员不断学习和提升自身能力，并为项目管理人员提供晋升机会。在晋升过程中，需要实施继任管理（见表 5-4），以确保业务的稳定开展。

表 5-4 继任管理实施内容

功能	内容
明确岗位职责和要求	制定明确的岗位职责和要求，包括工作内容、工作目标、工作标准、工作流程等，以确保继任者能够顺利地接手工作
建立继任计划	制定继任计划，包括继任人选、培训计划、工作交接计划等，以确保继任者能够快速适应新岗位
培训继任者	为继任者提供必要的培训，包括岗位职责、工作流程、组织文化等方面的培训，以确保继任者能够胜任新岗位
制定工作交接计划	在员工离职前，制定详细的工作交接计划，包括工作内容、工作进度、工作文档等，以确保继任者能够顺利地接手工作
评估继任者的表现	在继任者接手工作后，定期评估其表现，包括工作质量、工作效率、工作态度等，以确保继任者能够胜任新岗位
持续改进	根据继任者的表现和反馈，不断改进继任管理方案，以确保方案的有效性和可持续性

4. 项目人才培养实施计划

基于人才培养体系，形成以课程框架体系、讲师培训体系、继任管理为核心，制定项目人才培养实施计划。

项目人才培养实施计划以认知学习、知识技能训练、在岗实战和技能检验为核心，旨在帮助项目人才快速获取必要的知识、技能和经验，提高其专业能力和业务水平。训战考核周期分为多个阶段，通过一系列的培训、学习和实践活动（见图 5-9），对项目人才进行分阶段考核和选拔，以快速培养符合组织战略定位和业务规划的项目管理人才。

在完成技能检验后，讲师将开展为期半年的职能型辅导，每两周进行一次技能或知识辅导。这将帮助项目人才进一步巩固和提升他们的技能和知识，以适应不断变化的项目管理环境。通过这样的辅导活动，项目人才将能够更好地应对各种挑战，并为组织的成功做出更大的贡献。

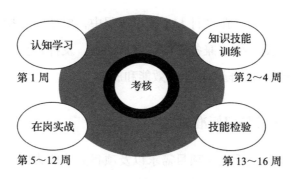

图 5-9 项目人才培养实施计划示例

5.2.2.5 项目人才培养评估

以项目人才能力提升为核心，基于用于训、考、评、定、用的培养评估模型进行培养考核（见图 5-10），**在人才培养评估阶段主要以"训、考"为主，"评、定、用"参见其他章节**。根据培训序列类型，对项目执行过程的度量数据进行监控，综合考核项目管理能力的固化、能效提升等能力。

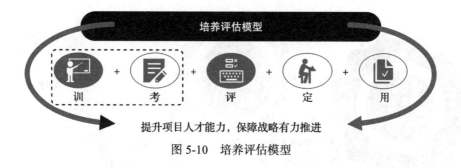

图 5-10 培养评估模型

依托训战一体化构建常态化项目管理知识、项目管理能力并进行"考"核，使项目管理知识和技能融入日常工作。挖掘优秀的人才，并为人才任用、绩效管理等提供参考依据。在人才训战一体化及考核过程中，通过对学员、讲师进行问卷调研，依托数据统计分析进行过程的改进，使培训和考核更好地服务学员，赋能组织。

5.2.3 项目人才任用

项目人才任用是针对项目人才的使用而设立标准，基于不同项目画像以及人才画像，结合人才库筛选机制，合理现实地进行人岗匹配，以达到知人善任、人尽其才的目标。同时，在项目人才任用过程中，要始终保持三个原则：因事择人，量才使用原则；德才兼备原则；扬长避短，发挥优势原则。这些原则确保了用人决策的精准性，提高了工作效能和成果。

5.2.3.1 项目人才任用标准制定

项目人才任用标准旨在从项目需求以及项目人才能力两个方面进行深度挖掘，做好人岗匹配工作。事实上，并非人才越优秀越好，我们需要从岗位出发，确定职级要求和人才能力要求；从人才出发，确认能力要求匹配度是否合适。接下来分别对项目需求和项目人才能力两个方面进行解读。

1. 项目需求分析

组织需要清楚地定义项目的目标和要求以及完成这些目标所需要的人才和资源，如图 5-11 所示。这有助于更好地完成组织战略目标以及筛选合适的项目人才进行项目管理。

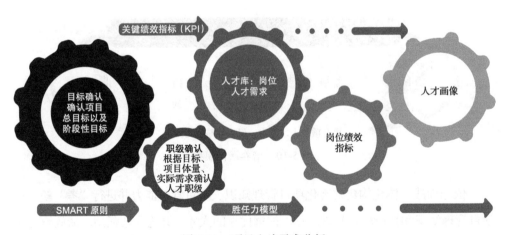

图 5-11　项目人才需求分析

2. 项目人才能力匹配

项目人才需要掌握一定的项目管理知识和技能（项目管理能力、领导力、战略和商务能力），以便更好地管理项目。当项目目标确定后，组织对项目人才进行能力评估，以确定是否匹配：若匹配合适，则需要在邮件中或者启动会上进行正式的任命通知，确保项目相关方知晓并积极配合其工作；若匹配不合适，则将返回至人才库中重新筛选,甚至返回至人才开发阶段(详见 5.2.1)进行重新开发。项目人才能力匹配过程如图 5-12 所示。

图 5-12　项目人才能力匹配

3. 项目人才任用管理办法及流程

为了更好地对项目人才任用进行整理归纳,形成流程化和可持续使用的管理办法,我们对在任用流程中出现的问题进行梳理,可以使用流程树的方法,结合流程六要素以及绩效考核流程,整理输出项目人才任用管理办法及流程和工具表单(见图 5-13)。

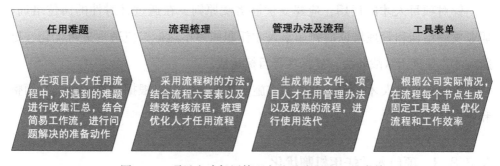

图 5-13　项目人才任用管理办法及流程和工具表单

5.2.3.2　项目人才任用和配置

项目人才任用和配置是指将评估和筛选出来的人才,按照其专业能力和团队角色的要求，分配到合适的工作岗位上，确保人才资源得到充分利用。以下是项目人才任用和配置的实施步骤。

（1）**了解人才需求和项目优先事项**。

在项目人才任用和配置的过程中，需要了解团队和项目的具体需求，确定优先侧重点和工作重点，这样才能根据具体需求和角色要求选择最佳的候选人和确定人才任用方向和计划。这一步是项目人才任用和配置的基础。

（2）**评估和筛选人才**。

根据人才需求和项目优先事项进行人才评估和筛选，了解人才工作背景、优点和缺点、职业规划等方面的个人信息，选择最适合的人才加入项目团队，并确认其在团队中适合的角色。这一步是项目人才任用和配置的核心内容。

（3）**制定岗位职责和工作任务**。

根据团队的组成和人才的团队角色制定岗位职责和工作任务，并指导项目人才透彻理解其工作任务和目标，以便员工更好地融入团队和工作，充分发挥其能力和专业优势。

（4）**给予培训和支持**。

在项目人才任用和配置的过程中，需要为其提供必要的职业规划和培训支持，并安排循序渐进的培训计划，以加快其适应工作的能力，提升其工作能力和素质。

（5）**适度更新并优胜劣汰**。

针对项目人才的任用，应建立优胜劣汰原则。在通过针对性的岗位培训、职业发展培训和管理培训后，如果人才任职能力不达标，应适度进行优化，更新人才。保证团队战斗力，确保项目目标达成。

以上是项目人才任用和配置的实施步骤，我们可以根据实际情况进行调整和完善。

5.2.3.3 项目人才任用机制优化

1. 加强人才储备

建立完善的人才储备机制，对具有潜质的人才进行预先储备，以备项目需要。

2. 完善人才评价体系

完善项目人才评价体系，从绩效结果考评以及核心能力考评两个方面进行完善，可以清晰地评价人岗匹配度、待提升空间以及项目目标追踪情况。过程中通过评估结果及时提供培养支撑，确保人才始终处于"达标"区间。

3. 完善激励机制

建立符合项目特点的激励机制，以吸引和留住优秀的项目人才。例如，制定项目绩效考核制度，设立项目管理奖励制度等。

总之，通过优化项目人才任用机制，对项目人才进行提效赋能，从而有效提升项目团队的整体素质和执行力，为项目的成功实施提供坚实的基础。

5.2.4 项目人才评价

项目人才评价是通过建立综合的人才评价体系，对人才进行全面评估，以充分了解人才的能力、技能和表现。它为人才的任用、培养、激励和发展等项目人才赋能工作提供指导，进而确保项目成功和人才管道的质量。人才评价体系主要包括以下内容。

- 人才录用评价。
- 人才培养评价。
- 人才绩效评价。
- 人才能力评价。

5.2.4.1 人才录用评价

人才录用评价是在人才开发阶段对项目人才的能力进行的首次评价。

- 人才录用评价内容：基于岗位任职资格要求，对面试结果进行反馈，主要对人才的核心专业能力及职业素养进行综合评估；此外，还依据职级体系对人才的职级进行初步评定。
- 人才录用评价流程及评价标准：具体参考 5.2.1 项目人才开发及 5.2.6 项目人才职业发展。

- 人才录用评价应用：开发阶段的人才录用评价将作为人才任用的依据，同时，人才胜任力模型中体现的能力差距将为人才培养赋能提供输入。

5.2.4.2 人才培养评价

基于人才培养目标设计，在人才培养过程中实施和评价培养效果，为人才任用提供依据。人才培养评价流程如图 5-14 所示。

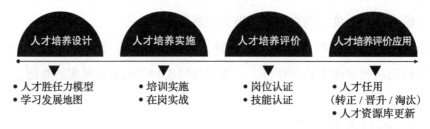

图 5-14　人才培养评价流程

- 人才培养设计及人才培养实施：具体参考 5.2.2 项目人才培养。
- 人才培养评价：PMO 通过实施专业能力评估、技能考试等方式，对人才培养效果进行确认，进而进行岗位认证及技能认证。
- 人才培养评价应用：评价结果将作为人才任用的主要依据，包括新员工的转正、人才晋升以及对经过培养后仍无法胜任岗位的员工进行淘汰。同时，将人才的技能认证等评价信息更新至人才资源库。

5.2.4.3 人才绩效评价

人才绩效评价流程包括绩效设定、绩效数据分析、绩效评价及绩效改进 4 个环节，基于绩效评价结果实施人才激励、人才培养及人才任用，可以促进项目成功及提升人才发展。人才绩效评价流程如图 5-15 所示。

1. 绩效设定

绩效设定是绩效评价的依据。PMO 需要协同 HR 部门确认评价周期、评价方式、评价指标等关键要素。通过建立绩效评价机制，帮助项目人才设定合理的个人绩效目标。

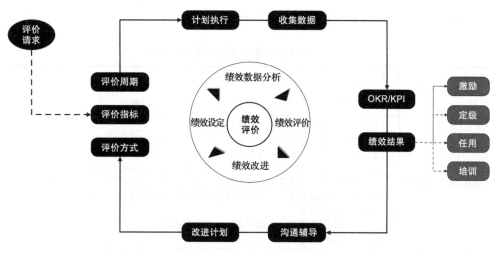

图 5-15 人才绩效评价流程

(1) 评价周期：基于组织及业务环境，确定评价的时机与阶段，以便及时发现问题并进行相应调整。

(2) 评价方式：基于项目特点选用不同的个人绩效评估方式，如 KPI、目标管理 (MBO)、OKR、平衡计分卡、360 度环评等。

(3) 评价指标：PMO 根据项目人才的岗位类型、岗位胜任力模型、项目类型、评价方式等建立人才绩效评价指标库。

项目经理绩效的主要评价指标如表 5-5 所示。

表 5-5 项目经理绩效的主要评价指标

项目管理能力	评估项目经理的项目管理技能、方法和工具的应用能力
团队管理能力	评估项目经理的团队管理能力
业务能力	评估项目经理对所负责项目的业务理解程度和专业知识水平
绩效管理能力	评估项目经理的项目绩效管理能力

项目成员绩效的主要评价指标如表 5-6 所示。

表 5-6 项目成员绩效的主要评价指标

专业能力	评估项目组成员的专业技能和知识水平
团队合作能力	评估项目组成员的团队合作能力
工作态度	评估项目组成员的工作态度和责任心
绩效贡献	评估项目组成员的绩效贡献

PMO 绩效的主要评价指标如表 5-7 所示。

表 5-7　PMO 绩效的主要评价指标示例

支持型 PMO	（1）项目信息收集的准确率、及时率 （2）会议组织与决策的及时率 （3）项目配置管理、文档管理的完整性、质量、及时性
业务协同型 PMO	（1）项目管理体系的完整度、成熟度 （2）端到端项目流程体系的成熟度，包括绩效考核体系 （3）工具与模板：对流程改进的结果进行度量、报告、宣讲和落地 （4）财务指标：人均产值，进度，成本等的偏差率，收益目标达成率 （5）资源管理、预算管理、变更管理、风险管理与阶段评审的规范性和有效性 （6）项目优先级制度，项目经理分级、培养制度成熟度，为不同类别的项目建立准入标准和退出标准 （7）项目经理满意度：内部满意度、客户满意度 （8）项目管理的可视化、信息化程度
战略型 PMO	（1）建立不同领域的专家委员会，完善专家委员聘用、考核和更迭的流程 （2）战略支撑度、战略指标达成情况、收益达成率 （3）对各级 PMO 进行多重治理，确保战略一致性 （4）与组织决策层保持联系，以确保所有进行的项目都符合组织战略，并根据战略变化及时对项目部署做出调整，例如阶段关口评审 （5）建立项目管理委员会，参与项目决策
PMO 成员 个人能力	（1）PMO 成员在管理中的团队沟通能力 （2）深入把握行业技术领域发展趋势的能力 （3）战略性项目的计划、管控能力 （4）组织建设能力（复盘、培训、辅导、流程优化等）

2. 绩效数据分析

绩效数据分析是根据绩效评价设定，在规定的周期内，由 PMO 协同 HR 部门开展人才工作绩效数据的收集工作。收集的人才数据包括以下内容。

（1）过程数据：涉及阶段、里程碑、进度等项目信息，客户满意度等外部信息，主要应用于阶段评审、里程碑评审。

（2）结果数据：包括目标、成本、质量等经营结果。

（3）能力数据：涵盖沟通、合作、计划、冲突解决、团队建设等信息。

3. 绩效评价

项目人才绩效评价是根据绩效评价机制分析人才数据，由 PMO 对直接管理的项目人才出具评价报告和改进计划。绩效评价报告一般包括以下内容。

（1）阶段/里程碑评价报告和改进计划。

（2）项目绩效评价报告。

（3）个人绩效评价报告和改进计划。

4. 绩效改进

绩效改进是基于人才绩效评价结果，对绩效差距进行分析。PMO 通过与项目人才进行绩效面谈，共同制定绩效改进计划，并进行改进跟踪。在人才绩效改进实施过程中，PMO 除了需要有效监测和评估，还需要建立和优化适配的体系机制，从组织层面推动绩效改进。例如：

- 合理的评价指标库。
- 完善的人才激励机制。
- 良好的双向沟通反馈机制。
- 适用的人才培养机制。

5. 绩效评价结果应用

绩效评价结果的有效应用，可以有效提高项目人才的能力水平，促进个人绩效和项目绩效的提升。主要应用包括以下内容。

- 人才激励实施（具体参考 5.2.5 项目人才激励）。
- 作为职级评定依据。
- 确定人才持续任用的标准。
- 制定培训计划的需求输入。

在应用绩效评价结果时，也需注意要允许员工犯错。明确红线，接受员工在红线内所犯的错误，以激励员工勇于创新、勇于独立做出决策。

5.2.4.4 人才能力评价

人才能力评价是指基于人才发展规划，由 PMO 协同 HR 部门定期对项目人才进行盘点，以确定人才能力的分布及进行职级评定，从而推动人才与组织的长期发展。

- 人才能力评价内容：基于岗位的能力标准要求，对人才的核心能力——项目管理能力等进行评估，并依据职级体系，对比当前能力评价结果，对人才进行职级评定。

- 人才能力评价流程及评价标准：具体参考 5.2.6 项目人才职业发展。
- 人才能力评价应用：人才能力综合评价结果将作为人才职级评定的依据，基于职级评定明确人才晋升或降级；同时，评价结果还将作为制定人才发展计划的依据。

5.2.5 项目人才激励

项目人才激励是指 PMO 根据不同的激励方式，并结合组织的项目特点和项目资源结构，设计出符合组织发展需求的激励策略。

在进行项目人才激励时，应遵循激励相容原则，平衡个人利益与集体利益，以确保行为方式和结果符合集体价值最大化的目标。

5.2.5.1 目标

实施激励措施，目标是提高项目人才的工作效率和质量，增强员工的归属感，降低流失率，激发员工实现项目目标的积极性，促使项目人才以更高的工作热情和投入度推动项目成功，最终帮助组织实现战略目标并确保人才可持续发展。

5.2.5.2 方式

项目人才激励方式包括物质激励和精神激励两种。通过激励理论分析激励对象的需求，再结合组织的发展阶段、组织风格、项目特点等，选择合适的激励方式。

常见的项目人才激励方式如表 5-8 所示。

表 5-8 常见的项目人才激励方式

激励方式		激励效果	激励依据
物质激励	加薪	提高激励对象的稳定性、对岗位的满意度以及工作积极性	个人年度绩效
	假期	作为福利，提高激励对象对组织环境的认可度	个人年度绩效、工作年限
	奖金	短期内可提高激励对象的工作积极性，使其完成项目阶段性目标	项目绩效
	晋升	提高激励对象对岗位的满意度，增强其责任感	个人年度绩效
	股票期权	长期留住人才	岗位重要度、个人绩效

（续）

激励方式		激励效果	激励依据
精神激励	评价和表扬	（1）使激励对象感受到被赏识，激发其积极性和动力，更愿意面对挑战和迎接新的机遇 （2）建立激励对象的自信心和自尊心，使其更加乐观和自信地面对工作和生活 （3）可以使激励对象意识到自己的工作价值和重要性，激发其奋斗精神 例如，表彰、设立荣誉称号等	项目绩效、个人年度绩效
	奖励机会	（1）使激励对象感受到被认可和重视，促进其工作积极性，提升其士气 （2）使激励对象感受到自己是组织中的一员，增强其归属感 （3）提高激励对象的能力，促进团队合作，并且可以改善其心态，缓解压力和焦虑 例如，提供培训机会、鼓励参加学术会议、组织内部交流等	项目绩效、个人年度绩效
	提高工作满足感	（1）激发激励对象的工作热情和动力，提高其参与度和投入感 （2）提高技能的同时提高绩效，使激励对象更有成就感和自我价值感 （3）使激励对象感受到被重视和认可，增加其对组织的忠诚度，减少人才流失 例如，提供新机会、分配有挑战性的工作等	个人年度绩效、职级

5.2.5.3 策略

项目人才激励策略由 PMO 基于项目特性及激励对象的特点，结合项目绩效及项目人才个人绩效评价结果，在项目不同阶段采取合适的激励方式及措施，以实现项目预期目标。

1. 激励策略制定的关键

（1）激励设计的差异性：根据项目类型、复杂度和项目周期的长短，采用不同的针对性激励策略。

- 大型、复杂的项目：可以采用激励层次较高的方法，如绩效工资和股权激励等。
- 周期长的项目：可以设计项目过程激励。
- 小型、简单的项目和项目周期短的项目：可以采用激励层次较低的方法，如表扬、奖励和发放小礼品等。

(2）激励方式的多样性：

- 应根据激励对象级别和需求的不同，给予不同形式的激励，以满足个性化需求。
- 将物质激励和精神激励有机结合，以物质激励为基础，辅以精神激励，能大幅提升人才激励效果。

（3）激励执行的及时性：根据"及时表扬，即时激励"原则，当激励对象的工作行为和工作结果表现良好时，应及时给予精神层面的表扬和认可，即时给予物质方面的鼓励和奖励，这样能迅速地产生激励作用，从而实现高效的激励效果。

2. 激励策略制定步骤

激励策略制定步骤如图 5-16 所示。

图 5-16　激励策略制定步骤

（1）事前：要做好前期必要的准备工作，包括但不限于以下方面。

- 理解组织战略目标：PMO 从宏观上要充分理解组织战略目标，尤其是组织层战略→经营层战略→职能层战略的传递过程，要具体明确哪些是作为项目管理职责范畴需要承接的战略目标。
- 确定项目关键指标：PMO 根据组织战略及通过战略解码拆解的项目，明确项目目标与战略目标的对应关系，通过对目标逐层分解，确定符合 SMART 原则的项目关键指标。
- 分析人才激励现状：协同 HR 部门，对市场普遍的激励方式进行调研，并分析组织人才激励现状，充分了解激励对象的需求和动机。项目人才激励现状分析维度如表 5-9 所示。

表 5-9 项目人才激励现状分析维度

维度	具体内容
影响人才激励的因素	薪酬水平：直接经济收益、非经济激励措施 职业发展：晋升机制、培训机会、工作环境 工作内容：工作挑战性、工作质量、工作量
组织人才激励策略	低级别：固定薪酬＋激励奖金、根据绩效晋升、基础培训 中高级别：综合奖励方案、股票期权计划、持续职业发展计划
仪表盘显示关键人才指标	人才流失率、工作满意度、实际员工福利成本、招聘成本
策略实施后的绩效	员工满意度的提升、组织的稳定发展、股东回报率的提高

- 明确激励方案目标：针对现阶段人才激励现状，结合项目关键指标，确定激励方案需达成的效果和目标，以此作为阶段性评估测量以及改善工作的依据。

（2）事中：制定并有效执行和监管激励方案，包括但不限于以下方面。

- 了解财务激励预算：PMO 需要提前与财务部门沟通了解激励预算，保障后续激励工作及时有效落地。在预算总额不变的情况下，可以根据项目的难易程度、地域的薪酬差异等进行比例分配，在预算范围内进行合理、有效地激励。
- 制定激励方案：PMO 需根据组织文化和环境等特点，确定激励方式和手段，并设计激励方案的具体细节。在此过程中，应邀请必要的相关方参与，这有利于后续更好的落地。项目人才激励方案的框架如表 5-10 所示。

表 5-10 项目人才激励方案的框架

框架	具体内容
背景描述	对激励方案的背景进行描述，说明为什么要做以及对员工和组织的正面积极影响是什么
激励目标	制定激励方案，明确想要达到什么效果，以及如何与项目、组织目标呼应
激励对象	明确激励人员有哪些，对激励对象的职业发展进行规划
激励方式和内容	选择合适的激励方式，并结合激励对象的级别和项目周期等明确具体激励内容
激励实施步骤	从项目考核和个人绩效考核结果的输入，到实施激励的全步骤，明确规定每个步骤的执行内容以及负责的部门
激励方案优化方式	定期通过访谈等方式收集意见，包括如何对激励方案进行改进和优化等
激励方案意见收集反馈	建议提供一个合理的平台入口，不定期收集意见和建议，从而促进方案的持续改进

项目人才激励的方式和内容如表 5-11 所示。

表 5-11 项目人才激励的方式和内容

项目类型 激励周期	人才 级别	激励 方式	PMO	项目经理	项目成员
项目过程中	/	物质	奖金（绩效）、福利（假期）	奖金（项目）、福利（假期）	奖金（项目）、福利（假期）
		精神	表彰、内部分享、培训机会（管理培训）	表彰、内部分享、培训机会（管理培训）	表彰、培训机会（技术深造/技术交流）
项目完成后	/	物质	加薪、晋升（建议）、福利（假期）	奖金、晋升（建议）、福利（假期）	奖金、晋升（建议）、福利（假期）
		精神	表彰、培训机会（管理培训/学术会议）、分配有挑战性的工作（项目群管理）	表彰、培训机会（管理培训/行业交流）、分配有挑战性的工作（高难度项目）	表彰、培训机会（技术深造/技术交流）、分配有挑战性的工作（提升某技术）
全年结果	初级	物质	晋升、奖金（绩效、年终奖）	晋升、奖金（项目、年终奖）	晋升、奖金（项目、绩效）
		精神	表彰、内部分享、培训机会（管理培训）	表彰、内部分享、培训机会（管理培训）	表彰、内部分享、培训机会（技术深造/技术交流）
	中级	物质	晋升、奖金（绩效、年终奖）、福利（假期/旅游）	晋升、奖金（项目、年终奖）、福利（假期/旅游）	晋升、奖金（项目、年终奖）、福利（假期/旅游）
		精神	表彰、内部分享、设立荣誉称号、培训机会（管理培训）、增强工作满足感（新工作机会、挑战性工作）	表彰、内部分享、设立荣誉称号、培训机会（管理培训/行业交流）、增强工作满足感（中高难度项目、内部培训带人）	表彰、内部分享、设立荣誉称号、培训机会（技术培训/行业交流）、增强工作满足感（提升技术效率、作为技术导师带人）
	高级	物质	晋升、奖金、福利（假期/旅游）、股票期权	晋升、奖金、福利（假期/旅游）、股票期权	晋升、奖金、福利（假期/旅游）、股票期权
		精神	表彰、设立荣誉称号、培训机会（管理培训、学术会议、行业交流……）、增强工作满足感（新工作机会、挑战性工作、带团队……）	表彰、设立荣誉称号、培训机会（管理培训、学术会议、行业交流……）、增强工作满足感（挑战性项目、PMO 岗位竞聘、项目集管理……）	表彰、设立荣誉称号、培训机会（技术学术会议、行业交流……）、增强工作满足感（技术提升、指导新人、攻克某技术壁垒……）

- 评审激励方案：PMO 组织相关部门对激励方案进行评审，征求利益相关方的意见，对激励方案进行调整和修订，并获得认可和确认。
- 实施激励方案：实施激励方案要注意过程的公平性和及时性。激励方案实施的前提是人才绩效评价结果达到或超出考核要求（具体参考 5.2.4 项目人才评价）。

（3）事后：对激励效果进行评估并收集意见，不断完善，包括但不限于以下方面。

- 评估激励效果：基于激励方案目标，对相关数据进行分析和比对，包括对个人激励效果的评估以及项目目标达成结果的审核，完成整体成本效益分析，并对激励实施过程中的问题进行改进，以最大化激励效果。
- 确保激励的可持续性：PMO 可通过以下方式不断地优化项目人才激励策略，保证激励效果，实现人才发展和组织发展双赢。

1）对激励效果较好的人才，赋予其更多职责和权利，给予其更有挑战性的工作（具体参考 5.2.1 项目人才开发）。

2）营造积极健康的工作氛围，创造有利于项目人才成长和发展的环境。

3）加强与激励对象的沟通交流，了解他们真正的需求，以更好地发挥激励作用。

4）加强人才培养和发展计划，为项目人才提供必要的培训和发展机会，使其不断提升能力。

5）建立公正的绩效考核和晋升机制，确保激励措施公正、合理和透明。

6）持续进行人才激励机制的优化，包括薪酬、福利及人才职业发展（具体参考 5.2.1 项目人才开发）。

5.2.6 项目人才职业发展

项目人才发展必须依赖企业人才的发展，然而，国内大多数企业在人才发展方面仅考虑组织的需求，缺乏对个人发展的长远规划和重视，导致了"人才谋发展只能流动至其他企业，企业无法找到可用之人只能外招"的现象。要培养能够实现战略目标的项目人才，我们需要激发他们的内驱力，同时满足他们的个人职业发展需求。在组织层面，我们需要根据实际情况来定位和培养项目人才，以满足组织的业务发展需求。因此，人才和企业双重发展应该以个人发展需求为核心。在实现企业战略规划的过程中，我们需要充分挖掘项目人才的潜能，完成动态化规划匹配，并实现长期能力的成长匹配，从而将个人发展核心升级为主要核心，实现人才自驱动和企业发展的双飞轮共赢联动效应。

5.2.6.1 项目人才职业发展通道设计

随着项目管理行业的发展和人才需求的变化，项目人才的背景多元化发展已成为一种趋势。在这个多元化发展的环境中，项目人才可以根据自己的兴趣和擅长领域选择不同的发展路径。例如，有些人可能更擅长技术，可以在项目中担任技术专家的角色；有些人可能更擅长管理和组织，可以在项目中担任项目经理的角色；还有些人可能更擅长商务谈判和市场开拓，可以在项目中担任商务经理的角色。通过不断积累经验和提升专业能力，项目人才可以成为管理专家，为企业和行业做出贡献。项目人才职业发展模型如图5-17所示。

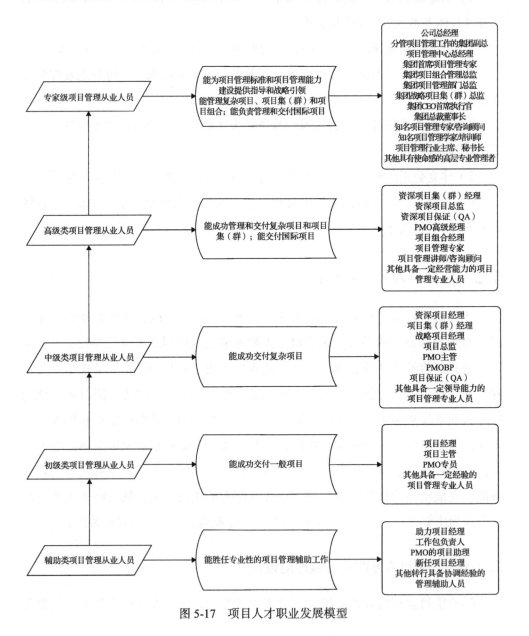

图 5-17 项目人才职业发展模型

项目管理专业人才作为项目的主理人，既可为将又可为帅，但更应逐渐培养自己为师，将能力从辅助级升至专家级，不仅需要层层递进地完善专业技术能力、领导力、沟通能力、项目管理能力、技术能力、决策能力、问题解决能力、时间管理能力、团队建设能力、财务分析能力、战略拆解能力、商业分析能力等，还需要具有面对项目从起步到协调、管理、领导的耐心，培养人才（含自己）具有坚韧向上的使命感以及勇于走向卓越的决心和行动力。

例如，在项目管理序列内部不断晋级、晋升，最终成为项目管理专家、行业权威；或者结合员工意愿，向市场、销售流动，成为营销人才；或者走"之"字形发展路线，成为复合型管理人才等，这些都是项目管理人才发展的通道，如图 5-18 所示。

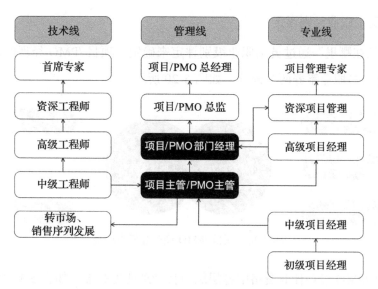

图 5-18　项目管理人才发展通道

为确保项目人才能够长久地在组织的结构阶梯内发展，应根据组织战略和发展的双重需求，设计项目人才职业发展阶梯岗位以及发展通道，建立基于战略的岗位体系、任职资格及能力评价体系、晋升体系，清晰地指引项目人才发展目标，提高项目人才的专业能力和长期工作绩效，提升组织竞争力和满足组织战略发展需求，最终实现员工职业发展与组织经营发展的双赢。

5.2.6.2 项目人才发展的实施

企业项目人才发展实施路径一般分为三步，见图 5-19。

- 首先，基于员工职业级别评定，确定员工在哪里。
- 其次，基于员工职业发展通道与规划，确定员工往哪去。
- 最后，基于员工职业发展规划，对缺失的能力制定培训计划或进行轮岗等，解决员工怎么去。

图 5-19　项目人才发展实施路径

1. 员工职业级别评定

"员工在哪里"通过员工职业级别评定来确定。项目/PMO 经理的胜任力分为核心能力与职业素养两个部分，如图 5-20 所示。

图 5-20　项目/PMO 经理胜任力模型

项目/PMO 经理任职资格中各层级项目管理能力标准，如表 5-12 所示。

表 5-12　项目管理能力标准

人才序列	项目管理能力
辅助级项目管理人员	掌握基本的项目管理知识，日常工作中承担不复杂的项目管理职责。具备在组织的辅导下完成项目交付的经验
初级项目管理专业从业人员	具备基本的项目管理能力，日常工作中承担不太复杂的项目管理职责。具备在组织的监督下成功完成项目交付的经验，拥有基础的沟通管理能力和资源协调能力
中级项目管理专业从业人员	具备专业的项目管理能力，日常工作中承担较为复杂的项目管理职责。有项目成功交付的经验，初步了解业务知识，有较强的沟通协调能力、组织协调能力、问题解决能力和团队领导能力，能够有效地协调各方利益，保证项目按时、按质、按量完成。同时，中级项目管理专业从业人员还需要具备一定的专业知识和技能，如项目管理方法论、项目管理工具、财务管理、人力资源管理等

(续)

人才序列	项目管理能力
高级项目管理专业从业人员	具备专业的项目管理能力，日常工作中承担关键的项目管理职责。具有丰富的业务知识，能够领导复杂的项目，协调各种资源，管理团队，并在项目生命周期的各个阶段实现项目目标。具备深入的项目管理知识和技能，能够应对各种挑战和风险，同时还具备卓越的沟通、领导和决策能力
专家级项目管理专业从业人员	具备专业的项目管理能力，日常工作中承担战略性的项目管理职责。能够领导复杂的项目，协调各种资源，管理团队，并在项目生命周期的各个阶段实现项目目标。具备深入的项目管理知识和技能，能够应对各种挑战和风险，同时还具备卓越的沟通、领导和决策能力。拥有项目管理经验和相关领域的专业知识，能够为组织提供高质量的项目管理服务，帮助组织实现战略目标

能力职业任职资格评审通常按照如下流程设计："人才盘点—晋级申报—资格审核—能力评审—综合评议—发展计划—结果输出"。

通常情况下，人力资源部门每半年或每季度发起人才盘点，各级主管在人力资源部门规定的时间内盘点人才，并编制晋级、降级、换通道、干部培养的员工汇总表。

部门组织按照项目经理胜任力模型、任职资格标准、九宫格工具等对人才进行盘点，以确定员工在哪个级别，最终汇总输出符合晋级晋升要求的高绩效、高潜力员工名单。

人力资源部门在拿到符合晋级晋升要求的人员名单后，负责组织评审委员会对员工进行能力评审。能力评审是对知识考核和行为认证进行确认。知识考核主要是考核培训课程掌握情况，行为认证主要是对照任职资格等评价维度进行评审。

2. 员工职业发展通道与规划

要结合人才发展目标、人才发展通道、能力评价体系、任职资格评定、人才培养计划等，形成人才发展闭环，如图 5-21 所示，以解决往哪去、怎么去的问题。

员工职业发展通道可能有以下四种情况。

（1）巩固本通道、本级别，以现级别标准为方向进行发展。

（2）本通道内向上发展，以现级别的上一级别标准为方向进行发展。

（3）走管理通道，走"之"字形发展路线，成为复合型管理人才。

（4）转换职业发展通道，跨通道发展。例如，拥有良好的沟通能力、目标管理能力等，结合员工意愿，向市场、销售流动，成为营销人才。

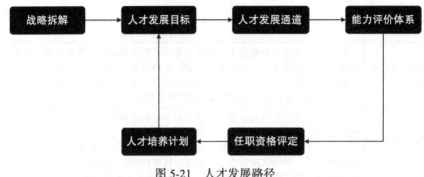

图 5-21　人才发展路径

确定想去的方向后，如何才能到达那里？主管与员工需要根据现状分析与能力发展选择的结果，共同为员工制定发展规划。员工可以根据自身特点、职位要求和对职业生涯的选择决定需要学习、提升和锻炼的内容。规划步骤如下。

（1）根据能力评估职业发展方向所需的等级能力要求，并由主管与员工共同评估员工能力达标情况。

（2）共同找出本岗位对组织最重要的 5 项能力。

（3）共同找出最重要的 5 项能力中急需提高的能力。

（4）根据绩效计划分析能力差距，找出急需改进的 3 项能力。

（5）根据上述的第三步和第四步，确定半年内最重要且最急需改进的 3～5 项能力。

识别出急需改进提升的能力后，员工将进入人才培养体系。对员工的培养形式有很多，例如现场培训、在线培训、项目研究、轮岗、自学、向他人学习、结构化讨论、各类座谈研讨会、学术课程、授课、参加业内协会等。

提升计划确定后，后续主管需要和员工持续进行沟通、交流和反馈，这样才能实现员工能力平稳发展。建议主管定期与员工进行面谈，及时了解员工的发展动态和能力提升情况。

3. 员工职业发展迭代

为促进组织不断满足行业发展需要，提升组织竞争力，确保组织内部人才能够更加适应外部环境和市场的变化，需要不断迭代组织的职业发展通道，以及不断迭代完善人才培养体系。

项目人才职业发展迭代方向包括但不限于以下方面。

- 设计更加符合组织发展需要以及提升组织市场竞争力的人才通道。
- 不断完善项目管理人才培养和发展课程体系，使员工能够不断提升自身素质和能力。
- 建立良好的企业文化，营造积极健康的工作氛围，创造有利于项目人才成长和发展的环境。
- 加强与员工的沟通和交流，了解他们的需求和想法，使员工个人发展方向与组织发展需要相结合。
- 根据员工素质、所承担的工作、组织要求和员工成长情况，为员工提供不同的发展通道。例如，项目人才的发展，可以打破传统的垂直管理结构，进行跨部门、跨职能的发展。

5.3 赋能高层管理者

5.3.1 目标

赋能高层管理者的主要目标是在组织的战略布局和商业论证中，通过PMO组织相关业务部门对关键影响因素进行分析，为高层管理者及决策委员会提供必要的论证方案和数据，使组织在项目组合的策划和治理上更为有效，从而实现持续的商业化发展。此外，在组织业务创新及拓展的落地实施过程中，通过PMO对项目全生命周期的数据监控以及对项目"关停并转"带来的资源调度分析，为高层管理者提供全面的反馈，从而提升项目落地与战略的一致性。因此，通过有效组织项目相关方资源为中高层管理者提供全面的论证方案与翔实的项目运维数据，是PMO为组织向上赋能工作的重要组成部分。

同时，PMO可以通过高层管理者的影响力更好地推广项目管理的最佳实践、理论方法和工具。通过组织实践观察，PMO应建立一套能够支持高层管理者做出正确业务决策的工作模式，进而实现赋能高层管理者的业务目标与逻辑的统一，PMO向高层管理者赋能的体系如图5-22所示。

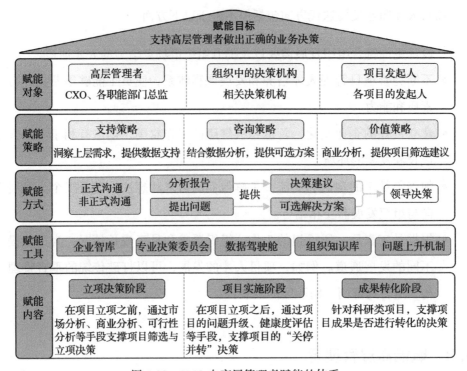

图 5-22　PMO 向高层管理者赋能的体系

5.3.2　方式

PMO 向上赋能的主要对象包括组织中的高层管理者，如 CXO、各职能部门总监或项目发起人等，也包括组织中的决策机构，如组织决策委员会（如数字化委员会、信息化委员会等）、总办会等。通常来说，处于不同发展阶段的 PMO，根据组织现状不同、行业不同，其向上赋能采取的策略也有一定差异性。

- **PMO 发展初期**：可采用支持策略进行向上赋能。洞察高层管理者的需求，通过收集数据、分析数据、呈现准确公正的数据，为高层管理者提供支撑业务决策的依据。
- **PMO 发展中期**：可采用咨询策略进行向上赋能。在数据呈现的基础上，根据不同业务和行业的特点，通过对市场、友商的分析，提供多种方案和建议供高层管理者选择。

- **PMO 发展成熟期**：可采用价值策略进行向上赋能。参与到战略解码以及业务价值环节中，基于对业务的精深了解，从商业、行业、组织等多维度进行分析，并提供专业的、有前瞻性的意见和建议，支撑高层管理者进行最终决策。

PMO 的工作方式是以结果为导向的，通过工作汇报、分析报告、会议召开等正式沟通方式，为高层管理者提供全面的信息支持，使组织内高管的决策更具依据性。也可以采用口头交流等非正式沟通方式，比如教练技术就是一种常用的方法，同时，欣赏式探询技术在非正式沟通中也经常被用到。

PMO 在赋能高层管理者的过程中，可通过建立组织智库、专业决策委员会、组织知识库、数据驾驶舱、问题上升机制，提升高层管理者对项目管控的能见度以及治理的有效性。在 PMO 组织方案分析及呈现并进行沟通的过程中，可采用且不限于 PEST 分析法、SWOT 分析模型、金字塔原理、MECE 原则等分析工具。

5.3.3 内容

在项目立项决策、项目实施、成果转化等不同阶段，根据其实施特点与工作方式的差异性，PMO 为高层管理者赋能的具体内容也各有侧重点。

1. 立项决策阶段

在项目立项之前，PMO 可通过多维度分析、历史项目数据分析、同行业以及跨行业优秀实践的标杆分析，为高层管理者的立项决策赋能。其中多维度分析可参考以下维度：在做行业与产业宏观层面分析时，可使用 PEST 分析法为高层管理者提供经济分析报告；在做产业链竞争对手及友商中观层面分析时，可使用 SWOT 分析模型、波特五力模型等，为高层管理者提供行业分析报告；可使用组织价值链层面的微观分析工具，如商业画布，为高层管理者提供组织价值链分析报告。这些分析有助于管理者更全面地掌握信息，支撑其进行项目筛选，并做出立项决策。

2. 项目实施阶段

在项目立项之后，PMO 可通过指标体系、问题升级、跨部门信息收集等手段为高层管理者对项目的"关停并转"提供决策支撑。其中数字化指标体系客观地呈现了组织中各项目生命周期内项目健康情况和组织资源分布情况，直观地反映出项目进度、项目成本、项目质量、项目风险、项目成果等项目情况和人员投入情况。

3. 成果转化阶段

针对科研类项目在项目收尾阶段，高层管理者会关注项目成果是否能够进行相应的成果转化，进而对项目的持续投入进行决策。此时，PMO 可从项目成果的成熟度、市场需求、商业价值等多方面为高层管理者提供成果转化决策数据支撑，最终实现战略目标的落地。通过这三个阶段的闭环管理，将进一步加强高层管理者对项目人才工作的支持力度，从而形成正向循环。

5.4 赋能协同部门

5.4.1 目标

项目的成功实施与各业务单元及相关方的通力合作（尤其是项目的跨部门团队之间的紧密协作）有非常重要的关系，而且在项目的不同阶段，往往需要获得不同业务单元管理者的关注与业务专家的支持，因此，如何使跨部门团队能够打通部门墙，是 PMO 持续重点关注的问题之一。如何对协同部门进行横向赋能，组建更为高效的协作组，实现组织整体业务目标，也是 PMO 非常重要的工作。

PMO 的横向赋能对象包括协同部门的项目成员、协同部门的职能领导、基础业务部门的成员（如财务、法务、行政等不直接参与项目的成员），PMO 横向赋能协同部门制定架构如图 5-23 所示。

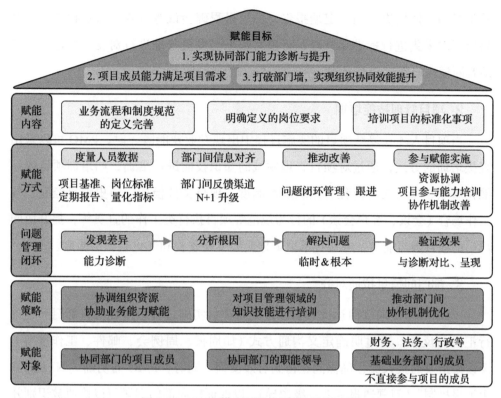

图 5-23 PMO 横向赋能协同部门制定架构

5.4.2 流程

横向赋能的策略可采用多种方式结合的形式协助业务能力赋能。在项目实施过程中，PMO 需要对各参与方资源的投入情况进行评估，进而对协同部门的能力进行诊断。同时，PMO 需要采取横向赋能的方式解决跨组织、跨职能、跨专业的资源整合问题。通过横向赋能，推动流程机制优化，尤其对需要跨组织、跨职能、跨专业的接口管理进行明确定义，并建立协作机制，进而有效打破部门墙，实现组织协同效能的提升。

PMO 在横向赋能方面，主要包括以下四个步骤。

1. 建立项目度量体系

PMO 应建立度量体系，对项目成员的工作信息进行收集分析，以便度量项目人员的绩效和协作效率，如任务关闭率、代码成功率、任务用时、返工率、评审通过率等指标（具体参见本书第 8 章"数字化管理领域"）。同步建立数字采集机制，使用决策门、定期报告、关键里程碑会议等方式，对过程指标、结果指标的采集进行标准化管理。将项目数据与度量基准进行对比，快速、准确地判断横向协作是否有异常。

2. 项目管理技能培训

当项目人才在复杂项目的实施过程中出现专业技能匮乏时，PMO 可以采用直接培训的方式，通过对项目管理领域的知识技能进行培训，如培训项目的标准化事项、项目交付流程、组织规范制度、项目文件模板、历史项目经验、各工作场合（会议、客户会谈）的行为规范等项目执行类工作的宣贯等，提升协同部门的项目参与能力，并通过萃取最佳实践不断改善和优化组织经验库。

3. 部门间信息拉通对齐

PMO 应与横向部门达成共识，定期对项目实施过程中出现的跨部门问题进行汇总与反馈，通过明确定义沟通方式（如周报、周例会、邮件、工作群等）、反馈渠道及通报人员，确保问题得到有效反馈。同时，PMO 需明确"N+1 的举手汇报机制"（问题通报至上一级领导），以保证横向部门问题可以快速被识别并推动解决，避免问题在同职级间拉扯，导致内耗。

4. 赋能实施推动改善

对于横向部门的专业能力提升，PMO 应全程跟进记录。建立问题记录表定期跟进，或者与横向部门明确赋能实施计划，并定期通报进展，以保证赋能计划的落地。同时，PMO 应建立问题管理体系、风险管理体系，可使用横向协同问题登记表（见表 5-13），形成"发现差异→分析根因→解决问题（临时 & 根本）→验证效果"的闭环链路。

表 5-13 横向协同问题登记表

问题编码	问题状态	问题描述	发生项目	发生阶段	提出人	根因分析	临时对策	根本对策	实施效果	标准化
1	待反馈									
2	待改进									
3	验证中									
4	关闭									
⋮	⋮									

问题反馈后，结合业务需求的优先级，帮助横向部门获得赋能资源。通过项目实施过程中对专业部门的职能缺失进行识别，协调项目内部资源进行临时补位，确保项目能够正常开展。也可通过整合组织内外相关领域的业务专家，解决项目关键难点与卡点，补齐项目的资源空缺。

5.4.3 工具

在横向赋能方面，PMO 可以使用以下主要工具。

（1）项目度量指标：符合实际业务的项目数据、项目过程指标或结果指标。

（2）项目相关方管理表：权责明确定义的相关方信息记录，并经过授权。

（3）问题或风险管理体系：问题登记表，形成发现→分析→改进→验证的闭环。

（4）横向领导力：明确组织内部的利益关系及决策人关切的内容，在强势影响或服务型领导中选择合适的推动方式。

此外，对于横向部门协作流程的问题（如部门墙、权责利不匹配、业务真空区等）需要进行业务流程梳理，分析业务价值链是否有缺失，确认各部门权责是否完备清晰。与上级和业务部门达成共识后，应通过更新流程文件、组织架构图，形成检查清单等，实施流程标准化管理。

5.5 赋能全员

赋能全员是指为组织内的所有成员提供必要的资源、工具和支持，使他们能够发挥自己的潜力，积极参与并有效地实施组织的战略和目标。这是一种培养和激发组织所有成员潜力的方式，实施赋能全员需要时间、资源和持续的努力。通过适当的输入、输出和工具方法，组织可以有效赋能全员，培养和激发每个成员的潜力，实现个人和组织价值。

PMO 作为人才赋能中心，主要通过提供支持和资源来帮助全员营造良好的项目管理文化与环境。首先，通过宣传项目管理的价值和利益，增强项目意识，推行项目管理的标准和流程，推动项目管理的方法和工具在组织中的普及；其次，提供必要的资源、工具和技术，确保有效沟通和协作，并制定和实施适当的监控和评估机制等，创造一个有利于项目成功的"土壤"。赋能全员营造项目管理文化体系如图 5-24 所示。

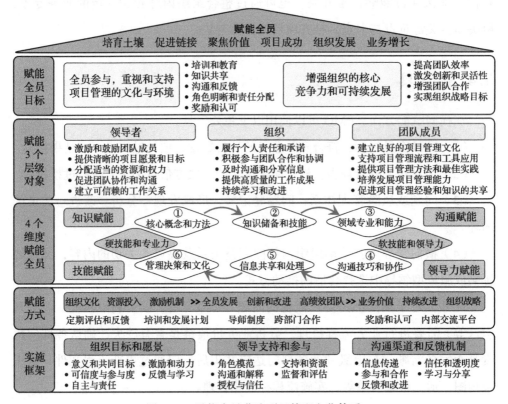

图 5-24　赋能全员营造项目管理文化体系

5.5.1　知识、技能、沟通和领导力赋能

PMO 作为赋能中心，可以从下面 4 个维度赋能全员，建立一个全员参与、重视和支持项目管理的文化和环境，通过培育项目管理"土壤"、促进各部门打破部门墙、聚焦业务价值来推动项目成功和组织发展，进而实现业务的规模化增长。

知识赋能：PMO 通过组织培训、教育和知识分享活动来赋能全员的知识基础。通过传授相关知识，PMO 帮助全员建立起共同的理解和语言，提高项目管理领域的专业素养。

技能赋能：除了知识，PMO 还赋能全员的实际操作技能。通过培训和指导，PMO 帮助全员不断发展和提升这些实际操作技能，以便更好地执行项目任务并取得良好的结果。

沟通赋能：有效的沟通是项目成功的关键因素之一。通过提供沟通技巧培训和协作工具，PMO 帮助全员建立良好的沟通渠道，促进信息共享和团队合作。

领导力赋能：不仅领导者需要赋能，全员都可以发展领导力素质。PMO 赋能全员的领导力，使他们能够在各自的角色中发挥领导作用。通过提供领导力培训和指导，PMO 帮助全员发展自己的领导潜力，并在项目执行过程中承担更多的责任和领导职责。

通过这 4 个维度的赋能，PMO 帮助全员提升专业素养、实践技能、有效沟通和领导力，实现赋能全员营造项目管理文化和环境的目标。通过帮助全员了解和掌握项目管理的概念、方法和最佳实践，共同营造一个注重项目管理和业务效率的文化和环境。通过提供适当的培训和支持，PMO 帮助全员更好地理解和应用项目管理工具和技术，有效提高团队协作能力和项目执行能力，实现组织和个人的共同发展。同时，这种文化和环境也有助于提高工作效率，降低错误和风险，为组织创造更大的价值。

5.5.2 实施框架与措施

赋能全员的实施框架可以将项目管理的文化和环境紧密地串联起来，以创造积极的工作氛围和提升项目管理效能。通过不断加强环境在感染和渗透上的力量，达到整体赋能全员营造项目管理文化和环境的目标，如图 5-25 所示。

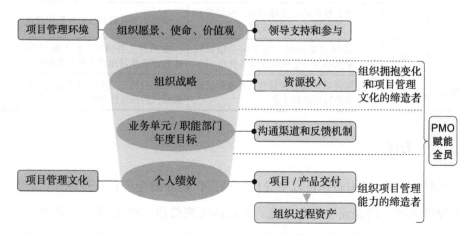

图 5-25　通过项目交付来营造项目管理的文化和环境

PMO 作为赋能中心，可以使用如下实施框架。

（1）**组织目标和愿景**是赋能全员实施框架的指引，它们为员工提供了方向、动力，同时也促进了反馈和学习的循环，使组织能够更好地实现其目标和愿景。

（2）**领导支持和参与**是赋能全员实施框架的基石，领导的角色模范、沟通解释、授权信任、支持资源和监督评估是实现赋能全员的关键因素。通过领导的积极参与和支持，组织可以激发员工的参与度、动力和创造力，从而有效地实施赋能全员的框架。

（3）**资源投入**是赋能全员实施框架的支柱，通过领导支持和参与建立一个全面的资源规划和分配机制，将资源根据实施框架的需要进行合理安排，共同推动项目的顺利进行并取得预期的成果。

（4）**沟通渠道和反馈机制**是赋能全员实施框架的通道，它们促进了信息传递、参与与合作、反馈与改进、信任与透明度以及学习与分享，为框架的成功实施提供了基础和动力。

赋能全员实施框架的核心价值在于促进组织的整体发展和成功，同时提高员工的满意度和忠诚度。赋能全员的实施措施如表 5-14 所示。

表 5-14 赋能全员的实施措施

实施措施	具体内容	目标
导师制度	建立导师制度，由有经验的员工指导和支持新入职或处于发展中的员工	促进知识传承和员工职业发展，为员工提供个别指导和支持
内部交流和分享	组织内部交流会议、团队活动和建立知识共享平台	为员工提供学习和交流的机会，促进相互之间的合作和学习
绩效管理和反馈	建立有效的绩效管理体系，包括目标设定、定期评估及及时反馈	帮助员工了解自己的表现和改进方向
学习文化的建立	打造学习型组织，制定学习培训规则，提供学习平台和培训分享机会	激励员工主动学习和不断提升自我，建立鼓励学习和成长的文化和环境
持续关注和改进	定期评估计划的有效性，并根据反馈和结果进行调整和改善	确保持续关注和实现改进的目标，增强团队的积极性和创造力

5.5.3 方法

PMO 作为赋能中心，可以主导或辅助组织建立健全项目管理体系，打造以项目管理为核心的企业文化和环境。在具体实现阶段，PMO 作为赋能中心，主要需要关注业务协同、项目管理理念穿透以及与企业文化的强联动。以下简单地就实践项目管理文化和业务协同常见的方法进行举例说明。

项目战役（Project Campaign）：设置具体的目标和期限，将项目划分为多个战役，并且鼓励团队成员以战役为单位展开合作。每个战役都有明确的目标和奖励机制，以激发团队成员的积极性和竞争意识。

项目 PK（Project PK）：让不同的项目组进行 PK（对抗），通过评估项目的质量、交付时间、资源利用效率等指标来比较和竞争。这样可以激发团队之间的竞争意识，促进业务协同和相互学习。

赛马机制（Racing Mechanism）：将项目划分为多个阶段，每个阶段设定明确的目标和时间表。团队成员通过完成阶段目标获得奖励或晋级，并与其他团队成员进行排名。这种机制可以激发团队成员的工作动力和竞争意识。

精益工作坊（Lean Workshop）：组织精益工作坊，旨在通过流程改进、问题解决和团队协作来提高项目管理效能。通过培训和工作坊，团队成员可以学习和应用精益方法论，优化项目流程并提高业务协同效率。

在做好业务协同的同时，为了确保项目管理文化的成功落地和实施，作为赋能中心，PMO 也需要与主要负责企业文化建设的部门与对象强联动，具体可以采取以下措施。

确保决策层参与：确保高层管理者参与并支持项目管理和业务协同的实践。他们应该明确表达对项目管理文化的重视，并在决策过程中考虑项目管理和业务协同的影响。同时，决策层应与项目团队保持密切联系，了解项目运作情况，并提供必要的资源和支持。

HR 和宣传等部门联动：PMO 应与 HR 部门和宣传部门密切合作，确保项目管理和业务协同的价值得到充分传达和推广。HR 部门可以提供培训和发展计划，支持员工在项目管理方面的能力提升。宣传部门可以通过内部通讯、企业网站和社交媒体等渠道，宣传项目管理文化和业务协同的重要性。

关注员工职业发展：如新员工的培养和项目中各个角色职能序列的发展。为新员工提供培训和指导，确保他们融入项目管理文化并快速成长。对于项目中各个角色职能序列，可以建立对应的职业发展路径和培训计划，以提供晋升机会和专业发展支持。

使用协同工具和技术：利用协同工具和技术来促进团队成员之间的协作和

信息共享。例如，使用项目管理软件、在线协作平台和即时通信工具等，提高团队成员之间的沟通和协作效率。

强调项目管理文化：将项目管理的理念和实践融入组织的文化。鼓励团队成员在工作中运用项目管理的方法和工具，推动团队间的业务协同和项目交付的卓越表现。

外部交流分享：鼓励团队成员参加行业会议、研讨会和培训课程，与其他项目管理专业人士进行交流和分享。这有助于团队成员获取新知识、拓宽视野，并从其他人的成功实践中学习。

通过以上方法，可以实践项目管理文化、促进业务协同，并在企业层面打造强联动的项目管理文化，从而提高项目管理的效能和业务成果。PMO赋能全员目标的成功，与组织的文化、支持和领导力密切相关，PMO需要与各级管理者保持紧密合作，并在组织中建立信任和合作的关系，确保充分发挥价值，赋能全员营造项目管理的文化与环境。

> § **小贴士**
>
> **组织容错和多元文化的环境营造**
>
> 面对诸多不确定性，越来越多的企业和组织已经行动起来，通过科技创新强化自身实力、把握转型机遇。PMO作为人才赋能中心，要致力于打造一个更为包容的环境，提供更符合组织需求的项目管理技能，赋能更广泛、更多样化的群体。PMO可以通过如下措施和方式营造组织容错和多元文化的环境。
>
> （1）**培养包容性文化**：建立包容性的项目文化可以为项目的成功和复原力做出重大贡献。通过营造一个重视不同观点、鼓励不同想法的环境，可以增强组织内成员的问题解决能力、创造力以及团队协作能力。包容性文化还可以让团队成员感到被重视，激发团队成员积极主动参与问题解决和创新的热情，从而改善项目成果。PMO可以通过提供关于多样性和包容性的培训、资源和指南，积极鼓励团队成员之间的开放式沟通和尊重，在促进包容性方面发挥积极作用。

（2）**授权和发展项目团队**：当项目团队面临挑战时，为它们提供正确的工具、资源和权限可以产生重大影响。PMO可以提供培训和技能提升机会，增强团队的能力。此外，提供辅导和指导计划可以帮助团队成员克服障碍并建立信心。通过投资于团队成员的成长，PMO可以提高团队有效应对挑战的能力。

（3）**弹性建设**：弹性是项目管理的一个关键特征。PMO可以通过倡导拥抱变化和不确定性来提高团队弹性。这包括鼓励适应能力、促进对挫折的积极态度以及在困难时期提供支持。通过创建一个将失败视为学习机会而不是损失的环境，项目团队更有可能从失败中恢复过来并继续取得进展。

（4）**吸取经验教训和持续改进**：PMO可以促进从项目失败和挑战中获取和分享经验教训的过程。定期进行项目后审查或回顾可以让团队找出问题所在以及可以改进的地方。这种反馈循环（如PDCA循环模型）促进了组织形成持续改进的文化，组织可从失败中吸取经验教训，并为未来项目的成功做出必要的调整优化。

（5）**协作与沟通**：有效的协作和沟通对项目成功至关重要。PMO可以建立清晰的沟通渠道，鼓励团队成员之间定期更新和共享信息。开放的沟通渠道有助于及早发现问题并及时干预和解决。

实施这些策略需要PMO和整个组织的共同努力。通过专注于构建包容性、赋权和具有弹性的项目文化，PMO可以提高组织应对挑战、从失败中学习并最终实现更好的项目成果的能力。

第 6 章　知识管理领域

有效的知识管理可以帮助组织更好地适应市场变化，提高工作效率和质量，降低成本，提升组织的整体竞争力。它不仅是一个简单的信息收集过程，还是一个系统化、战略性的资源优化过程。PMO 可以通过有效的过程资产管理，将项目实践中积累的宝贵经验转化为组织和个人的知识财富。不断地积累、创新和战略应用，可以有效使组织形成自己独特的竞争优势，进而巩固自己的市场地位。PMO 应将知识管理作为其工作的核心之一，积极推动组织过程资产的积累，将过程资产中的信息提炼为知识，通过内部培训、研讨会、知识共享平台等方式，促进知识的传播和应用。加强团队的专业技能和项目管理能力，将知识转化为实际的项目管理实践，进而提高项目成功率，为组织带来更高的收益和价值。不同组织的 PMO 在知识管理领域承担着不同的角色，例如：

- 知识获取的领路人。
- 知识共享的规划人。
- 知识应用的促进人。
- 知识创新的统筹人。

本章阐明了知识管理的定义、知识管理过程、知识产权保护以及 PMO 在知识管理中面临的挑战和需要提供的保障等内容，提炼出 PMO 在知识管理中需要关注的要点，不断地审视和优化知识管理流程，确保知识能够有效地支持项目管理的各个方面，从而推动组织的战略目标实现。

6.1 概述

6.1.1 知识

知识是对某个主题确信的认识，PMO 可以通过项目实践、教育、观察等途径获取并内化信息、事实、观念、技能和理解。对于组织而言，知识就是组织所拥有的过程资产、技术、专利、发明创造和组织员工所掌握的技能技巧等智力成果。

6.1.1.1 知识的转化

根据迈克尔·波兰尼（Michael Polanyi）对知识的可描述性分类方法，知识可以分为显性知识和隐性知识。

显性知识是指组织内部的行政手册、技术手册、市场分析报告等，以文件、数据库、手册、规范等形式存在的，并可通过阅读、复制等方式传播的，以书面文字、图表、数学公式等方式表述的知识。

隐性知识是指由个人或组织内化而成的未表述的知识。在实践过程中，隐性知识包括经验、技能、观念、价值观等内容。它很难通过文字进行完整的表达和记录，通常根植于个人的思维和行为过程中，需要通过亲身实践、沟通交流和模仿学习进行传递，例如员工的工作经验、团队间的默契。

显性知识和隐性知识可以互相转化，通常分为社会化、外部化、内部化和组合化四个阶段，显性知识和隐性知识可以在这四个阶段互相转化。以下通过一个案例对知识类型和知识转化过程进行描述。

假设一个研发公司希望开发一种新的产品来应对某个垂直领域的需求，在这个过程中，知识的类型和转化过程发挥着关键作用，它有效地将相应知识转化为项目管理实践，提高项目成功率。

社会化：隐性知识到隐性知识的转化。研究员张三通过与其他研究员讨论、团队合作和实验室实践，掌握了完成该需求的新途径和新方法。在这个阶段中，团队通过经验交流这种隐性知识传播的方式进行技术升级、分享。

外部化：隐性知识到显性知识的转化。研究员张三将自己的发现整理成一份研究报告，详细描述了新产品的技术深度、软硬件配置、性能数据等，以便于其他团队成员和公司管理层理解和评估。此时，隐性知识转化为显性知识。

内部化：显性知识到隐性知识的转化。公司决定投资开发这款新产品，于是让其他研究员和生产部门了解新技术的相关知识，并组织培训和研讨活动。显性知识在此过程中转化为支持后续研发、生产、销售等环节的员工隐性知识。

组合化：显性知识到显性知识的转化。公司的研发部门对研究员张三的报告、相关文献、专利、市场数据等显性知识进行分析与整合，评估规模化研发的可行性、市场潜力、竞争对手情况。这一阶段涉及各种不同来源的显性知识的整合与组合。

6.1.1.2 数据、信息、智慧与知识

托马斯·斯特尔那斯·艾略特（Thomas Stearns Elliot）提出的 DIKW 模型是知识管理领域的一个重要理论框架。该模型中数据、信息、知识和智慧四个层次（见图 6-1），彼此之间紧密联系。数据为本、信息为托、知识为核、智慧为魂。通过对它们进行分析和管理，组织可以更好地整合和利用知识资源，提高知识管理的效率和质量。

数据（Data）：对客观事物的原始记录。数据本身未经过加工和处理，无法直接提供给人们以有益参考。例如，一份销售报告中的单个销售数字，一份调查问卷中的用户评分，这些都属于数据。简而言之，数据就是没有经过组织和解释的原始事实和观察结果，最为客观。

信息（Information）：经过处理和解释的数据。信息可以为人们提供有用的参考和指导，通常是对数据进行筛选、整合、分析后产生的结果，具有一定的指向意义。例如，将一段时间内的销售数据进行分析后得出的销售趋势，对用户调查结果汇总后得出的产品满意度，这些都属于信息。

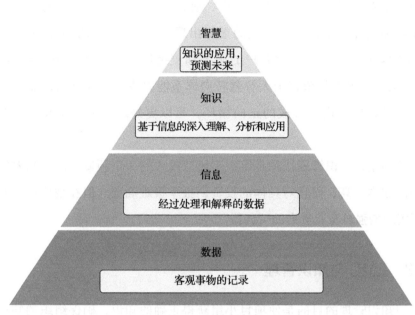

图 6-1 DIKW 模型

知识（Knowledge）：基于信息的深入理解、分析和应用，通常包括经验、观念、洞察策略和技能。知识可以指导员工的行动并提高组织的效率，例如，根据销售趋势制定的市场策略及制定过程，通过产品调查得出的改进方案及判断过程，这些都属于知识。

智慧（Wisdom）：知识层次结构中的最高一级。从采集数据、提炼有关系的信息到总结成能解决当下问题的知识，再到形成普适的智慧，这是人类认识和改造世界的普遍规律。

6.1.2 知识管理

知识管理（Knowledge Management，KM）是指在组织中构建一个信息与知识的管理系统，包括知识的获取、积累、存储、更新、维护、共享，应用和创新以及产权保护。PMO 可以通过为组织提供知识资产系统化管理来满足组织的战略、战术要求，利用集体智慧提升组织的应变能力、创新能力并创造价值。

在瞬息万变的环境中，知识资源的开发、管理和运用可以为组织带来巨大价值。组织知识是一项重要的资产，有效的知识管理通过不间断地知识积累，不仅能避免组织运行中问题的重复出现，让个人和组织可以更快地获取相关知识能力，提高组织对客户的服务和支持能力，也能避免组织走弯路。另外，PMO 还可以从依赖个人智慧转向体系能力建设，提升组织竞争力，降低组织运营成本。由此形成的正向循环，可以更好地帮助组织及时应对市场变化。

遗憾的是，知识管理往往是组织不愿意投入的一个领域，因为高效知识管理所需的成本较高，而且对具体的投资回报率极难确定。但在现实中，知识管理成了组织增强自身竞争力的"利器"。

6.1.3　PMO 与知识管理

组织知识管理的目的是使项目小组获得正确的知识，确保组织的知识资产能够在其知识体系中被学习、检索，从而在新项目的开发过程中得以运用。对于 PMO 的工作而言，进行知识管理就是了解和运用组织现有的知识，收集、创造新知识，让这些知识为员工带来价值，助力组织实现战略目标。

因发展阶段等因素的影响，不同组织的 PMO 在知识管理领域的职责和定位存在一定差异。总的来说，PMO 有以下几种角色。

获取知识的领路人：负责收集组织内各个项目的经验教训、案例、最佳实践等知识，并从其他相关渠道（如专业培训、研讨会、行业报告等）获取有价值的知识。它是知识的提供者，为员工开路，提供其获取知识的途径。

知识共享的规划人：采用目录结构、标签、知识地图等方法，对收集到的知识进行分类、整理和归纳，以便项目团队成员理解、检索和应用。同时，规划组织知识，通过建立一个知识库或者文档管理系统（包括数字化建设，如版本控制、权限管控等），以合适的形式存储和管理组织内的各类知识资料，打造一个具备记忆力功能的组织。

知识应用的促进人：牵头统筹管理不同类型的知识，明确各种知识更新的频率和制定知识维护的规则。不同类型的知识管理员需要定期更新和维护相关的知识库，这样才能保证知识的准确有效。

知识应用和创新的统筹人：推动组织内各个项目，将知识融入项目管理实践，提高项目管理能力和项目成功率。PMO 需要制定评估规则或跟踪项目知识应用情况，提出指导和改进意见，如项目管理培训、交付培训、业务培训等。通过培训、辅导、内部分享等方式，将知识传递给项目组等的相关成员，再通过实践推动组织产生新知识，实现创新，创造更大的价值，进而促使知识内化于组织内部。

6.2 知识管理过程

知识管理过程（见图 6-2）主要包括四大阶段：知识获取、知识共享、知识应用和知识创新。

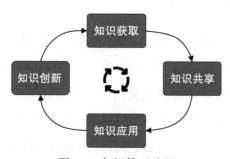

图 6-2 知识管理过程

6.2.1 知识获取

PMO 在知识管理中的首要角色就是"知识获取的领路人"，应持续将项目实践中产生的组织过程资产变成知识。

6.2.1.1 知识来源

"问渠那得清如许，为有源头活水来"，在保持知识鲜活的同时，要寻找源头活水，不断获取新的知识。知识有内部、外部两大来源，如图 6-3 所示。

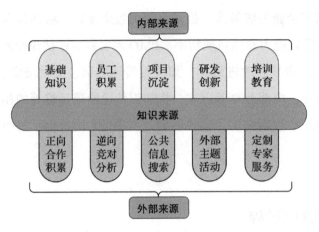

图 6-3 知识来源

1. 内部来源

获取知识的内部来源主要有 5 个。

- 基础知识：组织建立以来的内部数据库、知识库、内部制定的流程和标准等，属于组织最基础的知识来源，它们在内部行政运营、业务运营中也应持续地被收集。而组织文化是一种隐性知识，体现在组织价值观、行为规范等方面，对组织的长期发展有重要影响。此外，组织文化也是激励员工的重要因素，如培训与教育带来的知识共享氛围等。

- 员工积累：员工是组织中知识的主要创建者，员工在工作中积累的隐性知识，如经验、技能等，对组织来说是一笔宝贵的财富。隐性知识和显性知识的周期性转化是组织知识管理的重要组成部分，组织可以将隐性知识转化为显性知识，并通过培训、员工激励等措施在运营过程中长期保留。

- 项目沉淀：组织在项目运营中，根据项目的管理和交付需要，会产生大量的文件、报告、手册、会议纪要等，这些文档可以为组织提供各种相关信息和知识。而文档的分类、标签的管理以及工具的应用，都会直接影响显性知识的使用效率，PMO 要建立文档的管理体系，将项目文档有序沉淀，并通过项目管理体系纳入组织的知识库。

- 研发创新：组织通过研发和创新活动，产生新的技术和产品，这些技术和产品通过技术报告、研究论文、知识专利的形式进行记录和保护。同时,过程中的技术刺探或对产品边界的探讨也会形成新的知识沉淀,可能会产生新的创新文化培育、产权保护激励措施等,PMO 应及时关注这些发展,并尽量将其固化为组织的制度,这将更好地帮助组织的整体知识沉淀。

- 培训教育:组织发起的培训和教育活动,旨在向员工传授专业知识、技能与最佳实践,通过这种方式,不仅能提升员工的专业技能,也能促进学习和知识的传递与共享,为整体的团队氛围带来很大的帮助。组织或 PMO 可以从中选拔、培养组织内训师,使员工更乐于传递知识。

2. 外部来源

获取知识的外部来源主要有 5 个。

- 正向合作积累:以组织的视角,拓展合作伙伴关系,与学术界、研究机构、咨询机构、行业协会、合作伙伴和供应商建立合作关系,从而获取最新的科研成果、学术研究、行业报告、技术发展的前沿知识、行业动态以及最佳实践。
- 逆向竞争分析:组织可以通过定期的市场调研、竞争产品分析,获取市场需求、消费者行为、行业趋势、竞争对手策略、产品技术动态及应用案例等信息,从而为组织制定更具竞争优势的差异化战略提供参考依据。
- 公共信息搜索:利用公开的知识库工具或互联网资源(如行业调查报告、公众号等),获取第一手信息和资讯,获取行业资讯和技术动态。
- 外部主题活动:鼓励员工接触行业内专家和领域内最新的知识和经验分享,从而更快、更深入地了解行业动态和发展趋势;以所处行业为主题,参加或组织行业会议、研讨会、培训班等,以获取更多的行业资讯。
- 定制专家服务:聘请外部的行业专家、顾问等专业人士,为组织提供咨询服务,帮助组织更好地发现优势、劣势、机会和威胁(SWOT),并提供解决方法。此举也可转移管理风险,同时也可制订组织人才引进计划,寻找和吸引具有丰富知识和技能的人才。

6.2.1.2 知识积累

"千里之行，始于足下"。知识积累是组织知识管理体系的根基，无论是对组织还是对 PMO 而言，清晰明确的知识内容都可以对齐员工认知，减少无效沟通和理解偏差。在这个过程中，PMO 需要有效识别、收集并整理项目中产生的各种文档、模板、经验教训等，形成组织的知识库，从而提升整体协作效率，达到降本增效的目的。知识积累需要遵循以下几个原则，以保证知识的有效性和结构化。

- 完整性：受项目和人的复杂性影响，知识积累在内容上必须完整无缺，防止人为因素导致"管中窥豹，只见一斑"的情况出现。在项目管理活动中，知识积累的完整情况，无论是对项目过程，还是对项目交付的成果，都是值得 PMO 关注和考虑的。
- 中立性：高质量的知识管理是放之四海而皆准的道理，是站在全局视角指导人们行动的标准化方法论。但知识积累往往会因角色立场、分析视角、文化程度等的差异，导致人们阐述和积累信息时失真，轻则增加知识使用者的理解成本，重则使各角色矛盾加深。因此，知识积累应立足实践，不可随意杜撰或以个人认知下定义。
- 准确性：积累的知识应与专业认知对齐，专业话术可求助于专家进行修正，避免知识被错用或误用。语意描述和表达也应尽量准确，必要时可增加具体实例，避免 PMO 做出二次判断而曲解原意。
- 时效性：本原则强调知识内容的及时、传递方式的高效。随着科技的发展，社会环境因素越来越成为影响项目管理效率的重要因素之一，而 PMO 作为公司项目知识管理"专家"，随时可能被要求提供与当下环境契合的工作方法论。因此知识管理需注重新经验的迭代，一旦发现当前实施的管理方法存在问题，就需要及时对知识内容进行同步和改进，避免一错再错。
- 易用性：本原则是指知识使用者可以以最低学习成本获取知识，PMO 可将积累的知识按照一定的表述形式进行记录存储，以便其他人员随时查阅、分享、使用，如敏捷与瀑布项目、活动类项目与常规迭代类项目、技改项目与业务项目、数据项目与 app 开发类项目等。
- 计划性：本原则关注知识积累的协作方式，通过计划推动知识的更新迭代。在组织中存在多元化的信息来源，需要制定适合组织情况的计划和规章制度，一方面有利于博采众长，构建多维度、多领域的组织知识库；另一方面也有利于前面提到的几个原则可以高效落地。

通过上述原则逐步完成组织的知识积累，可有效地将碎片化知识搭建成一个知识体系，既体现出知识的关联性，又使知识更具系统性，降低知识积累、学习和使用的成本，使所积累的知识发挥更大的作用。

6.2.1.3 知识存储、更新和维护

在组织发展过程中，在 PMO 制定和推广知识共享的标准流程和协议相关原则的指引下，知识会逐渐形成庞大的积累，此时知识分类的准确性和合理性、知识传输工具的应用性和安全性、知识共享平台的方便性和互动性，以及知识的培训、更新与改进都会直接影响组织知识的落地。

组织知识的储存、更新和维护是一项系统的工作，PMO 负责对组织员工的知识进行收集、整理和归类，并及时更新和维护，以确保知识的实用性和实效性，这是一项十分繁重的工作。组织知识需要一个比较科学的知识管理体系及软件工具来实现。PMO 可以从以下三方面来建立知识库。

1. 设计合理的知识分类框架

- 按业务流程分类：如果产品类型的公司有相关的业务流程，如原材料采购、生产、销售、发货、财务结算等，知识库可以按照业务流程进行划分。这种分类让员工在使用时能迅速找到相应的知识，通过比较下游供应链或业务的衔接流程，让员工更好地了解整体。
- 按知识类型分类：例如按文档、图表、案例、解决方案分类，这种分类可以更好地避免知识的重复存储，提高知识库的利用率。常见于设计公司或咨询公司。
- 按知识来源分类：例如按内部总结知识、竞争对手知识透出、外部专家

经验知识输入分类,这种分类能够更好地管理和运用不同来源的知识。这种管理方式可以应用于某个具体职能部门,例如,在市场部门,通过对比不同来源的数据,如内部信息、外部信息和专家经验判断,可令市场部门对后续产品规划或市场走向做出更好判断。

- 按员工职能分类:与业务流程进行划分类似,可以按照销售人员、后端开发人员、前端设计人员、数据库工程师、网络工程师、财务人员等进行分类。这种分类的好处是,对专业知识技能有较强诉求的员工,可以有比较深的挖掘欲望及共享欲望。
- 按专业深度分类:该分类将知识使用者分为新手、入门者、专家、管理者等,以便于不同深度的员工可以更好地找到所需的知识,也同样适用于垂直部门内的知识建设。

总结来说,组织需要根据自身职能特色和所属行业选择合适的知识管理方式。如果没有好的方向,可以在各垂直部门内部先进行知识分享和知识管理,然后基于组织业务情况,串联流程,或者基于职能流转方向将知识进行整合。

2. 选择合适的知识管理系统

参照组织规模和需求,小型组织由于本身业务流程比较简单,知识量比较有限,在垂直职能或某单独分类情况下即可实现闭环管理,故可选择云端的简单知识管理系统;大型组织基于本身业务方向较多,知识管理分类维度呈网状结构,知识的输入输出也与其他系统有紧密联系,结合本身保密性和商业安全,可能要选择更灵活、可定制化、安全性更高的知识管理系统。

在知识管理系统的选择上,特别需要注意的有以下几点。

可拓展性:知识管理系统要有良好的可扩展性,这样才能随着业务的发展而不断扩展和升级。

交互体验:知识管理系统应有良好的用户交互体验,如支持线上线下多端访问等。

安全性:知识管理系统应具备安全性,确保知识资源不会被泄露或丢失,并通过版本控制,保障信息更新有迹可循。

可维护性：知识管理系统应具备完善的可维护性，出现问题时能够及时获取技术支持。

性价比：在经济方面，知识管理系统应具备性价比，这是非常重要的一个考量指标。

3. 做好知识管理的更新和维护

要做好知识管理的更新和维护，需要保证对知识管理系统进行恰当的维护，如定期备份数据、维护硬件和软件设备等，保障工具层面的稳定性。还需要在知识管理系统的运用上对员工进行培训，提高知识共享的频率，在组织上营造知识共享的氛围。如有可能，也可以建设专门的知识管理团队，推进整体知识的更新和维护。

6.2.1.4 知识获取工具

PMO 在知识获取工具的过程中扮演着关键角色，如工具需求分析、工具统一、工具评估与部署、用户培训、数据管理、知识整合、技术支持、合规性监督、知识发现、沟通协调、性能监控和知识创新等方面。以此确保知识获取工具能有效运用到组织项目管理的流程中，提升知识管理和项目执行的效率，同时促进组织学习和创新。在这个过程中，常用的知识获取工具如下。

1. 搜索引擎

目前最简单、最快速的获取知识的工具就是各种搜索引擎。现在，有不少成熟的软件支持组织内部知识的获取，如百度、Google，还有专利检索、论文、期刊等。这些搜索引擎能够对全文进行精确的高效率检索，并且能够执行任意组合的检索条件，使用户能够对所需资料进行快速检索。

2. 组织知识门户

一般而言，组织知识门户是将组织知识管理系统与组织信息门户相结合，不仅提供检索信息的方法，员工还可以通过它了解当天的最新资讯、工作内容及所需知识等，也可以与其他会员进行实时的沟通交流，寻找专家或知识，以便提供帮助。

3. 知识地图

知识地图是帮助用户了解在哪些地方能找到知识，并揭示它们之间的相互联系，从而作为指向知识来源的"向导"。

6.2.2 知识共享

知识共享是指知识在组织与个人之间进行流动和传递的过程。它包括两个方面：一是知识拥有者为组织贡献自己的知识，使个人知识转化为组织的显性知识，从而促使组织适应外部环境的持续变化，并在不断变化的环境中保持竞争力，从而使组织的显性知识不断丰富与发展；二是个人在组织知识或知识库中吸取新的知识，充实了自己的隐性知识，增强了自己的业务本领。

知识共享是一个复杂的系统，涉及共享主体、共享原则、共享方式，知识共享元素模型如图 6-4 所示。

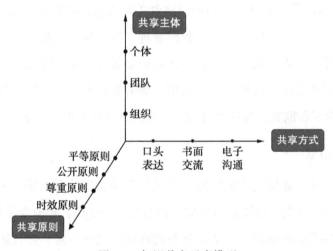

图 6-4 知识共享元素模型

6.2.2.1 知识共享主体

PMO 通过建立和维护一个集中的知识库，为知识共享者提供一个开放的知识共享平台，以便知识分享者获取和分享知识。知识分享的主体是知识的发起者或承受者，包括个人、团队和组织。

PMO 个人：个人及其关系是知识共享计划的重头戏。个人对客观事物的反应，通过不同的认知活动形成不同的广度和深度，为知识的丰富性、深刻性、创新性提供基础，并通过彼此的沟通而吸收他人的知识。

PMO 团队内部知识共享较为常见，但团队之间普遍存在信息差、知识差，"知识孤岛"现象严重。一方面，团队可以作为知识发起者，对外分享成功经验；另一方面，团队也可以作为知识承受者，积极学习，以提升团队整体知识水平。

- 组织：随着经济和技术的发展，社会分工日益细化，各类组织对业务之外的知识供给相对匮乏，而对自身业务领域的知识关注越来越多，组织间的知识分享也会日趋常态化。

6.2.2.2 知识共享原则

在项目内部、项目之间的知识共享网络的构建中，相互知识共享的成员无论采用哪种知识共享方式，都要尽可能适合共享目标。为了实现这一目标，项目经理、项目管理办公室需强调并协助项目成员遵守一般性共享原则。

最重要的共享原则包括但不限于以下几点。

平等原则：组织内部存在不同层级、不同经验的团队及个人，知识共享应该建立在平等的原则上，以保证不同的团队及个人享有平等地获取和分享知识的权利。

公开原则：组织内部的很多知识是自上而下传达的，必然会导致准确性和时效性的降低，因此，组织更应该建立一种公开的知识共享原则，以保证知识在组织内部能够高效传递。

尊重原则：在知识共享过程中，应保留对知识共享主体的署名权和分享权，如果相关知识涉及知识产权或安全问题，可以由知识拥有者选择共享范围。

时效原则：知识都是有时效的，为了保证知识的时效性，知识的分享应定期更新或及时更新。对于一些时效性不强的知识，要定期进行分享。

6.2.2.3 知识共享方式

知识共享方式分为口头表达、书面交流、电子沟通三种。

口头表达：口头表达的形式多样，包括面对面的讨论、谈话、会议和演讲等。口头表达的优点是：传递速度快，信息量大，发送者可以即时获得反馈，从而了解自己所传递的信息是否言之凿凿。缺点是：若不便记录或准备不足，信息在经多人传递后极易失真，核实难度较大。

书面交流：书面交流的工具包括报表、文书、知识库等。书面交流的优点是：信息表达清晰准确，传递时不易失真，可永久保存，并根据自己的时间和反馈信息的快慢，让听者看得细致入微、心中有数。缺点是：信息反馈缓慢，而知识拥有者所表述的内容，接收者不一定能够完全领会。

电子沟通：电子沟通是以电子符号的形式通过电子媒介进行的交流，如传真、电报、电子邮件、视频会议、电话会议和即时通信工具（如 QQ、微信）等。电子沟通的优点是：信息传输速率快、成本低。缺点是：对于复杂问题，电子沟通不能采集到非语言线索。

6.2.2.4 PMO 的作用

作为"知识共享的规划人"，PMO 应深入分析相关元素，帮助组织打造高效的知识共享流程闭环，主要包括以下三个方面。

制度建设：建立组织管理制度，规范项目运作的流程及组织知识的沉淀及共享。

氛围营造：营造有利于组织内部、团队内部交流和分享的文化氛围。

工具保障：保障知识共享工具落地，使知识共享流程简单化。

1. 组织制度建设

在组织制度上，PMO 应遵循"从上至下结合、从下至上运营"的机制。

"从上至下结合"意味着：

首先，组织应有明确的知识管理策略和目标，制定相关部门或业务的策略和计划，确保知识的积累、共享和协作；在整体组织环境中，应先奠定理论基础，以便后续工作顺利进行；还要通过规章、度量、激励机制促进知识的共享，并确保其最终落地。

其次，PMO 应结合组织管理策略和项目管理流程，规范项目各个阶段的知识沉淀及共享标准，并强制执行。PMO 还应综合考虑执行的方式，制定一套适用于当前组织的规范，并督促执行。

"从下至上运营"意味着：

在落地执行的过程中，PMO 要监控并度量执行过程中知识共享的效果。可以通过以下四个维度进行度量。

知识共享的频率：知识共享发生在哪些层面？产生过多少次交互？有哪些变化和趋势？

知识共享的质量：知识本身的质量如何？专业吗？对其他人有帮助吗？

知识共享的影响力：共享的知识被其他员工引用、点赞或分享了吗？

知识共享的成果：共享的知识对组织产生了哪些积极作用？产生创新成果（如专利）了吗？

同时，还需要建立一定的激励机制，从而对激发员工积极性产生核心的牵引作用。激励机制可以是内在的，例如员工对知识共享的自我认同，来自其他员工学习到知识的正向反馈以及对支持共享的价值认可。激励机制也可以是外在的，例如根据员工知识共享的贡献程度给予相应的绩效或薪资奖励。

2. 共享文化建设

为了提升员工的个人成长和归属感，提高组织对外部环境变化的适应能力，将知识共享文化提升到核心战略的高度，可以提高知识传递效率，加强团队间的认知，减少部门墙，增强组织整体的协同创新能力。在这个过程中，PMO 可以从如下几个方面开展工作。

- 定期开展内部知识管理培训及外部知识输入培训，提高员工知识共享和协作技能。在培训交流的过程中，员工可以获取新的知识，实现组织对个人的赋能。
- 在项目中，通过个人知识和经验的分享，提高员工在组织中的参与度和贡献度，同时给予形式丰富的激励，从而提升员工的价值感，营造一个乐于分享的环境。
- 组织各类跨组织活动，传播成功的案例和知识共享的价值观，形成良好的知识共享氛围。

6.2.2.5 知识共享工具小结

前面大致描述了相关工具建设的思考和建议,在此对知识共享工具稍做小结。

1. 知识共享平台

知识在生产过程中有不同的生命周期,应根据不同生命周期建立有效的知识共享平台。例如,使用知识库来长期保存知识,使用组织内部论坛保存中长期知识和经验,使用即时通信工具保障短期知识的留存。这些举措的并用,可以为员工提供多种便捷途径,降低知识共享和获取的难度。

从项目管理的角度来看,项目管理对知识管理的需求重点在于积累成功的模式,通常以项目案例库、知识图谱的方式进行管理和展示。项目案例库主要包括项目过程文档管理和项目经验总结,让项目成员可以随时方便地找到类似的项目案例,从而实现项目知识成果的可用性,PMO 将在这方面发挥重要作用。

有条件的地方,还可以建立专门的知识库管理团队,负责知识库系统工具的建设、知识库系统工具的维护和管理,推动知识创新在各个垂直部门横向传播和应用。

2. 内外部知识分享活动

组织正式或非正式的培训与交流活动,为组织内外部人员创造互相学习的机会,同时为员工提供充分展示自我的舞台。此外,交流心得,碰撞思想火花,对工作氛围和工作环境的充分分享也是有益的。

3. 导师制

导师制是指有针对性地为每一位新员工指定一名导师,通过正式和非正式的方式向新员工传授知识,使新员工更好地适应新岗位并在新的工作岗位上有所发展。导师一般由具有丰富项目经验并有培训和指导能力的资深员工担任。对于职场新人而言,可以借助导师的经验,早点进入工作状态。

项目管理体系庞杂,PMO 应与人力资源部门合作,为涉及项目管理工作的新员工配备相应的导师,并监督导师制的执行情况。

4. 员工黄页

员工黄页是指专门的文员列表，它提供了擅长某方面知识的文员信息。这使得知识在组织内部可以通过与这位员工的沟通而传播和分享。PMO 可以在组织内分享员工黄页，让员工在遇到困惑时知道去向谁寻求帮助。

5. 警示报告

组织中的不同团队在工作过程中往往会遇到一些问题和疑点，这些问题和疑点对于其他团队来说也具有重要的参考价值。警示报告能够快速地向可能需要的团队传递解决办法，避免它们重蹈覆辙。

6.2.3 知识应用

知识应用（Knowledge）是指运用所得知识，解决同类或类似问题的过程，是考查知识运用的方法，是对知识是否掌握以及掌握程度的一种检验。只有学以致用，把知识固化下来，才能真正发挥其效用。同时，知识应用的过程也是一个持续创造价值的循环过程，PMO 应通过持续学习和专业发展计划，加强团队的专业技能和项目管理能力。同样，通过知识应用，员工也能便捷地找到有价值的信息，利用组织提供的赋能工具提升自我价值。

知识应用有如下类型。

- 引用：直接拷贝拿来用。
- 引申：在原知识的基础上，做少许的修改和编辑，加入自己的理解和观点。
- 整合：对多个知识点进行混合提炼、局部再造。
- 解惑：用知识点解决工作中的实际问题。
- 创新：通过创意联想等方式，潜移默化地产生新的知识价值。

作为"知识应用的促进人"，PMO 应将知识转变成组织和个人的能力，通过将其应用到项目上获取更高收益。PMO 通过沉淀各类项目成功或失败的案例，形成组织的过程资产，这是知识应用的重要输出窗口。

从相关方维度来看，知识应用可分为个人、组织和社会的知识应用。从业务维度来看，知识应用可分为问题解决、决策支持、教育培训及创新研发。

6.2.3.1 相关方维度

个人、组织和社会层面的知识应用都是 PMO 的关键职能之一。通过有效的知识应用，PMO 可以提高项目成功率、组织绩效及对社会的积极影响。

1. 个人知识应用

个人知识应用是将个人知识应用于实际工作，以促进项目成功和组织目标的达成。PMO 通过提供支持和资源，确保个人能够有效地运用其专业知识和技能，以实现项目和组织的目标。个人知识应用主要包括以下几个方面。

（1）项目经理的决策：项目经理需要在项目执行过程中运用个人知识来做出各种决策，如分配资源、应对风险、解决问题等。

（2）项目团队成员的技能应用：项目团队成员需要运用个人知识和技能来完成分配给他们的任务和工作包，以确保项目目标的实现。

（3）个人的学习和发展：个人知识应用还包括个人的学习和发展，以不断提升个人的技能和知识，从而为项目提供更好的支持。

个人知识应用的常用工具及方法包括以下几种。

- 笔记和日程管理工具：个人可以使用 TAPD、OneNote 或 ONES 记录重要信息、想法和任务，使用日程管理工具（如 Microsoft Outlook）来管理时间表和用来提醒。
- 学习管理系统（LMS）：对于专业知识的积累和培训，个人可以使用 LMS，例如，通过百度教育云或腾讯课堂来访问在线课程和培训资源。
- 知识管理应用：个人可以使用知识管理工具，如 Teambition 或华为云知识库，对知识、文档和项目信息进行组织和分类，以便轻松检索和应用。
- 时间管理法：为提高工作效率和知识应用质量，个人可以采用时间管理法，如 GTD（通用三电）或番茄工作法等。

2. 组织知识应用

组织知识应用是一个协调、管理和优化组织内部知识资源的过程，以实现项目和战略目标为目的。PMO 在组织知识应用中扮演着关键的角色，负责制定、推广和维护知识管理策略，以支持项目管理和组织的持续改进。组织知识应用主要包括以下几个方面。

（1）构建项目管理知识体系：PMO 负责确保项目管理知识的集成和归纳，以便项目管理人员能够快速获取和应用所需知识。通过建立知识体系，组织能够在项目中引导团队，确保其在面临挑战时能够有计划地应对，并在项目执行中不断积累经验。

（2）培训和发展项目管理团队：PMO 的任务之一是提供培训和发展机会，帮助项目管理人员将知识转化为实际的项目管理能力。通过培训，组织能够增强团队技能，使其能够更好地规划、执行和监控项目，从而提高项目的成功率。

（3）知识分享和最佳实践推广：PMO 要促进知识分享和最佳实践的推广，以确保项目管理知识得到广泛的应用。通过分享成功案例、经验教训和项目管理工具，组织能够将知识传递给组织内的不同团队，帮助它们更好地应用知识、改善项目绩效，并最终改变项目的"命运"。

组织知识应用的常用的工具及方法包括以下几种。

- 文档管理系统：组织可以使用文档管理工具，如 SharePoint、百度网盘企业版或腾讯文档，存储、共享和管理组织内部的知识文档和文件。
- 知识库和内部门户：通过使用 MediaWiki 等工具或自定义的内部网站，创建内部知识库或门户网站，以便员工能够查找和访问组织内的知识资源。
- 协作和团队沟通工具：使用协作工具如 Microsoft Teams、飞书或 Zoom，以便员工能够在项目中共享知识、讨论问题和协作解决挑战。
- 专业知识分享会议：组织可以定期组织专业知识分享会议或工作坊，让员工分享他们的专业知识和经验，使其他团队成员都能受益。

3. 社会知识应用

社会知识应用是指将跨领域、跨行业的知识与资源，以协同合作的方式应用于解决社会问题和推动社会变革，以实现可持续发展和共同福祉的目标。

PMO 在社会知识应用中扮演着协调、监督和支持各方合作，以确保知识和资源有效应用于社会问题的解决和项目实施的关键角色。社会知识应用主要包括以下方面。

（1）社会影响评估：PMO 需要协助项目团队评估项目对社会的影响，包括环境、社会可持续性和可及性等方面。

（2）政策制定和规范遵循：项目在执行过程中可能涉及遵守政府的政策和法规，PMO 需协助项目团队确保项目合规。

6.2.3.2 业务维度

知识管理秉承让员工"做中学，自主学"的主旨。PMO 承担着促进知识获取和显性化的重要责任，可以搭建知识管理平台、引入知识管理专业方法，通过搜索查找、社区交流、提问答疑、回顾总结甚至动态推送等方式，扩充员工的学习手段，提升知识管理和知识赋能的实时性和效率。

可以采用以下方法来确保知识应用的实时性和效率。

1. 问题解决

（1）项目问题解决：在项目执行期间，组织可能会遇到各种问题和挑战，例如资源不足、进度延误、质量问题等。PMO 可以利用项目管理知识和经验，协助项目团队识别问题、分析原因并提供解决方案。

（2）持续改进：项目结束后，PMO 可以组织相关部门和人员分析项目的表现和执行情况，找出潜在的改进之处并提供建议和方案，以确保项目在未来能够更顺畅地执行下去。

相关工具及方法包括以下几种。

- 根本原因分析（Root Cause Analysis，RCA）：通过鱼骨图（也称为石川图或因果图）、5WHY 分析法等方法，识别问题的根本原因，以便制定有效的解决方案。
- PDCA 循环模型：不断改进，优化解决问题的方法。
- SWOT 分析：通过对组织、项目或问题的优势、劣势、机遇和威胁进行评估，识别问题和找到潜在的解决方案。

2. 决策支持

（1）项目选择和优先级：基于项目的战略价值、资源可用性和风险等因素，PMO可以协助管理层在项目组合中进行项目选择和优先级确定，并提供决策支持。

（2）风险管理：PMO可以提供风险分析和评估，以帮助决策者了解项目可能面临的风险，并制定风险应对策略。

（3）变更管理：在项目执行过程中，PMO对项目变更请求进行评估和批准，确保变更的合理性。

常用工具及方法包括以下几种。

- 决策树分析：创建决策树模型来帮助决策者在不同选项之间进行选择，并考虑各种可能性和结果。
- 成本-效益分析：对决策给组织带来的成本和效益进行评估，以确定最佳决策。
- 多标准决策分析（MCDA）：利用MCDA工具和技术，综合考虑多种因素，以帮助决策者在复杂的决策情境中做出最佳决策。

3. 教育培训

（1）项目管理培训：PMO可以开设项目管理培训课程，在项目管理方面帮助项目经理和团队成员提升专业知识和技能。

（2）最佳实践分享：PMO可以组织最佳实践分享会议，让项目经验丰富的团队成员分享他们的知识和经验，以促进组织内部的学习，提高项目绩效。

（3）知识传承：随着项目团队成员的流动，PMO可以协助进行知识传承，确保组织的项目管理知识得以传递给新成员。

常用的工具及方法包括以下几种。

- 学习管理系统（Learning Management System，LMS）又称电子学习系统（e-Learning System），是一种高效的信息化培训管理模式，通过数字化方式进行学习和教学。
- 知识分享会议。
- 虚拟培训和网络研讨会等。

4. 创新研发

（1）新方法和新工具：为了提高项目管理的效率与效果，PMO 可以促进项目管理方法与工具的创新。这可能涉及研发新的项目管理软件、流程或方法。

（2）新产品和技术：如果组织从事研发和创新工作，PMO 可以在项目中利用知识予以支持，包括技术评估、市场研究和项目管理等。

常用的工具及方法包括以下几种。

- 设计思维：使用如用户旅程映射、头脑风暴和原型制作等方法来推动创新和新产品开发。
- 创意会议和工作坊：定期组织创意会议和工作坊，以激发团队的创新思维，推动新想法的产生。

6.2.3.3 知识应用工具

知识应用工具的作用在于：将隐性知识编码化、显性化，将显性知识内化为员工的知识，从而加速组织知识的迁移过程，这是知识应用工具的功能之一，也是知识应用工具的功能所在。主要有以下几个方面的技术与工具。

（1）网上培训系统。

很多机构把员工的培训课程搬到形成庞大数据库的本地网上，使得新员工能在较短的时间内完成知识的迁移，只要登录就可以了。

（2）知识推送技术与系统。

组织的知识管理部门可以通过邮件、技术学报、线下培训、校企合作等渠道，及时向员工推送各种知识。例如，将汽车销量及市场调研报告推送给相关销售人员及研发人员。

（3）自学习技术与系统。

自学习技术与系统是一种将隐性知识自动转化为显性知识的智能化、自动化的技术与系统。该体系通过人的使用，不断地融合人的经验，让自学习技术与系统不断地得到提升。

6.2.4 知识创新

组织的研发能力以项目为载体，最终体现为产品和技术创新的能力。所以，当 PMO 实施项目知识管理时，知识创新就显得格外重要。

在项目实践和组织战略规划不断落地的过程中，将不断产生新的理念、新的产品、新的技术以及新的管理理念和方法，并通过知识的获取和分享，运用到各种实际场景中。PMO 作为"知识应用和创新的统筹人"，需要明确知识创新何时何地发生、应该怎样做，以保障组织在已有的各类经验和知识沉淀中，不断创新出高效的、能够应对市场环境的增长"飞轮"，并走得更快更稳。

6.2.4.1 知识创新的定义

1997 年，戴布拉·艾米顿在其专著《知识经济的创新战略：智慧的觉醒》中对知识创新做了如下定义："为了企业的成功、民族经济的发展和社会的进步，创造、演化、分配和应用新的思想，使其转变成市场化的商品和服务。"即以追求新发现、探索新规律、创立新学说、创造新方法、积累新知识为宗旨的知识创新，是适应未来竞争需要的知识创新。知识创新是技术创新的基础，是推动科技进步和经济增长的革命性力量，是新技术和新发明的源泉。

知识创新是知识领域与经济领域之间必要的桥梁，其本质就是通过知识使用和创新来实现知识与经济的有机结合。知识创新，简单地说，就是组织将知识进行经济化的过程。对于组织而言，知识创新的主要体现形式是产品创新和技术创新。

知识创新对组织的意义主要表现在以下几个方面。

（1）知识创新是组织改善市场环境的重要手段，是组织利用剩余产能的重要手段。

（2）知识创新能够促使组织加快应用新技术、新材料、新工艺，是降低产品成本的有效途径，它能提高生产效率，增强组织的竞争力。

（3）知识创新是全方位提高组织素质的有效途径之一。一方面，通过技术创新提高基本素质（包括要素素质和组织内部结构素质），改善发展条件，增强发展能力；另一方面，通过组织创新和管理创新（即组织系统内部要素对环境变化的适应能力和与外部因素相互作用的特性），对外部环境产生有效影响，提高外部适应能力，提高组织行为素质。

（4）知识创新对组织发展具有联动效应。例如，当某一新产品通过产品创新成功进入市场后,随着该产品销量的上升,该组织其他相关产品的销售额也会水涨船高。创新的联动效应是组织创新的重要原因之一。

6.2.4.2 知识创新工具

1. 创新思维

通过创意联想等方式对知识进行创新,能够产生新的知识价值,常见的创新思维有以下内容。

(1)组合法:结合不同元素、概念或理念,创造出新的创意或方案。

(2)移植法:从一个领域或环境中借用或迁移思想、概念或解决方案,应用到另一个领域或环境中。

(3)联想法:通过寻找不同事物之间的联系和相似之处来激发新的想法和创意。这包括近似性联想、类似性联想、对比性联想、因果性联想,诸如此类。

(4)设问法:又称奥斯本设问法,通过提出问题来激发思考和探索,以寻找新的解决方案或视角。

(5)列举法:逐一列举相关的事物、概念或解决方案,以发现新的可能性或解决方案。

(6)灵感法:通过灵感的激发和触发,创造出新的想法和点子。这种方法强调解决问题或创造新概念的不同角度、不同领域的灵感获取。

(7)综摄法:又称类比思考法,是将不同的观点、思想或解决方案综合起来,以产生更为全面、综合的创意或解决方案。

(8)和田十二法:又名和田创新十二法,是一种思想方法,它是借用其基本原理,在奥斯本检核表法的基础上创造出来的。具体来说,是指人们在观察、认识一个事物时,考虑是否可以进行以下操作。

- 加一加:加高、加厚、加多、组合等。
- 减一减:减轻、减少、省略不必要的部分。
- 扩一扩:放大、扩大、提高功效等。
- 变一变:变形状、颜色、气味、声音、次序等。
- 改一改:改进缺点、不便、不足之处。

- 缩一缩：压缩、缩小、微型化。
- 联一联：通过原因和结果把某些东西联系起来。
- 学一学：模仿形状、结构、方法等。
- 代一代：用别的材料、方法代替。
- 搬一搬：移作他用。
- 反一反：尝试颠倒一下。
- 定一定：定个界限、标准，提高效率。

2. 创新方法

以下几种实际工作中的方法是在上述创新思维的基础上衍生出来的。

（1）试错法：摸索带有暗箱性质的体系，通过不断测试，将错误消除，进而达成目标。

（2）头脑风暴法：集思广益，鼓励团队成员自由发表想法和提出建议，以产生大量的创意，并在后续讨论中加以筛选和改进。

（3）TRIZ 法：TRIZ 是发明问题解决理论。TRIZ 的缩写源于拉丁文 Teoriya Resheniya Izobreatelskikh Zadatch，英文全称为"Theory of the Solution of Inventive Problems"。该方法基于对全球发明专利的分析，总结出了一套解决问题的原则和模式，帮助人们打破传统思维定式，找到创新的解决方案。

（4）六顶思考帽法：英国学者爱德华·德·博诺开发的一种思维训练模式，通过将思考帽的不同形象比喻为不同颜色的帽子，引导人们从不同的角度思考问题，从而对问题进行更全面的分析和解决。

（5）六西格玛：1986 年由工程师比尔·史密斯提出的一种管理策略，这种策略强调制定极高的目标、收集数据以及分析结果，以此减少产品和服务的缺陷。

6.2.4.3 知识创新方法的应用

可以通过以下方式实现知识创新方法在项目上的应用。

（1）利用知识管理系统：组织可以建立一个日趋完善的知识管理系统，将项目相关的知识资源进行整合和共享，提高项目的效率和质量。

（2）项目中的创新思维与创新能力的运用：解决项目中遇到的问题与挑战，通过引入新的理念与方法，使项目的效率与效果得到提升。

（3）创新项目管理：组织可以采取创新的项目管理方法，如敏捷项目管理、DevOps等，以提高项目的响应速度和灵活性。同时，通过项目管理的创新，可以提高项目的效率和效果，并推动知识的创新和应用。

（4）创新流程管理：组织可以采用优化项目流程的创新流程管理方法，使项目的效率和质量得到提高。例如减少浪费、提高效率、优化流程等，都可以在精益管理中得到应用。

（5）创新技术和工具：组织可以引入新的技术和工具来推动知识创新在项目中的应用。例如采用人工智能、大数据等新技术来提高项目的智能化水平，提高项目的效率和效果。

（6）创建学习型组织：创建知识水平不断提高、创新能力不断增强、竞争能力不断增强的学习型组织，激励职工不断学习、不断成长。

总之，在项目中推进知识创新，需要组织具备一定的知识储备和创新意识，通过创建学习型组织等方式，积极运用知识管理系统、创新思维与创新能力、创新项目管理、创新流程管理、创新技术和工具等手段，提高项目的效率和效果。同时，需要组织不断探索和实践，不断完善和创新知识管理方式和方法，以适应市场的变化和技术的更新换代。

6.2.4.4 知识创新工具

1. 实践社团

实践社团是一个正式或非正式的团体，由一群专业人士组成。社团成员因为共同的兴趣或目标而聚集在一起，他们在某一领域的知识和专业技术通过不断发展而加深彼此的影响，他们有共同的关注点。PMO可以组织项目管理及相关主题的实践社团，交流相关知识，激发创意。

2. 创意软件

就现在的技术水平来说，简单的知识推理可以通过人工智能来实现，但知识创新的自动化还很难实现，或者只能做到知识创新的辅助性。例如，IWB创新软件为用户提供了一个友好的模块化、结构化的创新流程路径，引导用户在每个问题节点上进行创造性思维，并提供创新工具和解决问题的资源。

6.3　知识产权保护

PMO 在进行组织知识管理过程中，随着知识的持续积累，必然会涉及需要承担起知识产权保护的关键职责。对于组织而言，有效的知识产权保护具有重要的战略意义和现实价值：既有利于组织或组织创新的鼓励和推动、技术水平和产品质量的提高，又可以促进产业的进步和发展；也有利于促进组织或组织在市场上的品牌形象和竞争力的提升，减少恶性竞争和抄袭现象的发生，对正常的市场秩序起到促进作用。此外，PMO 可以通过推动知识产权运用和转化为组织带来经济收益，同时降低市场风险和业务风险，为组织的可持续发展奠定基础。

6.3.1　知识产权

知识产权是指在一段时期内，创作者基于智力成果而享有的专有权和独占权。知识产权保护旨在鼓励创新、保护知识资产，同时保护知识的创造者和拥有者的合法权益。

对于组织来说，知识产权主要有以下几种。

（1）组织名称：又称制造商名称，是组织标志，是与其他组织区分开的名称。

（2）专利：在我国，发明、实用新型和外观设计是受国家专利法保护的专利类型。

（3）著作权：通常也叫版权，是指文学、艺术或科学作品所享有的各项专有权利的总称，是自然人、法人或其他组织享有的。

（4）注册商标：由文字、图形、字母、三维标志和颜色和声音组合构成的，用于区别不同商品或服务的显著标志。通过《中华人民共和国反不正当竞争法》和《中华人民共和国著作权法》可以保护未注册商标，经申请并得到国家批准注册的商标被称为"注册商标"。

（5）商业秘密：根据《中华人民共和国反不正当竞争法》第九条的规定："本法所称的商业秘密，是指不为公众所知悉的、具有商业价值并经权利人采取相应保密措施的技术信息、经营信息等商业信息。"

6.3.2　知识产权的保护

PMO可以作为知识产权保护的推动者与维护者，即保护创新，创新是发展的关键动力。组织往往在研发创新的过程中投入大量的资源，包括人力、财力、物力，如果创新得不到保护，即没有知识产权的保护，竞争对手就可以通过不正当的手段（如复制、模仿、逆向工程等）来获得知识产权，以降低成本并开展不公平竞争。由于没有投入研发费用，导致创新组织的利益受损，竞争对手价格更低，创新组织丢失先发和成本优势。

对于组织而言，知识产权保护可以带来如下利益。

（1）保护创新成果：知识产权是对组织创新成果进行保护的一种法律手段，未经权利人许可，该知识产权不得被他人使用。知识产权相关法规为组织在相关市场提高专利产品占有率、帮助组织排除竞争对手仿制和抄袭行为提供了法律支持。

（2）防御：保护组织自身产品不受侵权，同时也防止对他人产品构成侵权。

（3）增强市场竞争力：知识产权为权利人提供一定时期的独占使用权，将建立更高的市场进入壁垒，提升权利人的市场竞争力。知识产权是组织重要的无形资产，可以成为竞争工具、谈判筹码、合作桥梁，可以通过专利交叉授权等方式实现商业目标，例如，可以通过跨许可协议实现技术交流和共享，降低研发成本。

（4）彰显科技实力：作为体现组织科技创新实力的创新成果载体，知识产权是国家高新技术组织认定的必备条件。

（5）增加组织无形资产：除了厂房、设备等看得见的有形资产，组织资产还包括无形资产，如专利、商标等，这些无形资产往往具有较高的价值。

对组织知识产权进行保护，PMO要从以下几个方面做起。

（1）以知识产权法为依据，及时获得相应权利。

一些如版权等知识产权的自动生成，制止了不正当竞争权；有些是需要申请的，比如按照申请在先的原则进行专利的申请，以商标权为原则进行注册确认，申请在先。为了有效保护机构自身知识产权不受侵犯，组织需及时提出申请，取得授权或登记备案。

（2）建立完善内部知识产权管理流程和制度的专门知识产权管理部门。

知识产权的保护是一项重要的、富有挑战的长期工作，关乎组织的发展乃至生存。由于知识产权的特点是涉及面广、专业性强，保护知识产权没有一劳永逸的办法，需要组织不断地投入，所以有必要成立专门的知识产权管理部门。

随着人员的流动，组织的知识产权（如技术秘密和商业秘密）极易泄露，这些信息一旦公开，极有可能给组织带来重大损失，甚至危及组织存亡。为此，建立健全知识产权管理流程和制度格外重要，如专利申报、专有技术申报制度，员工工作中产生的知识产权归属及激励办法，以及明确员工应承担保护组织知识产权的义务等。

（3）维护组织自身合法权益，对知识产权侵权行为予以坚决打击。

一旦发现侵犯了自己的知识产权，组织应当及时收集证据，并向有关部门反映。我国目前实行知识产权保护"双轨制"，既可以直接起诉到人民法院，也可以投诉到行政执法的知识产权部门。

（4）知识产权普法教育。

组织应通过普法教育，提高员工对知识产权的认识和重视。

（5）针对不同知识设置不同的保密级别。

由于组织内部会存在一些特殊的项目形式，根据项目的需求可以设置组织内部公开、项目内部公开、完全保密等不同的保密级别。

- 组织内部公开：任何组织成员都可以访问，主要包括组织的战略目标、组织及项目的经验教训等。
- 项目内部公开：针对项目组成员进行共享，可以帮助项目组成员更好地理解与项目相关的知识，提升单项目的协同效率，在项目结束后可以脱敏成为组织内部公开知识。
- 完全保密：针对相关方进行定向的分享。例如，一些知识产权在申请的过程中应完全保密，在取得相关专利后可以进行共享方式的调整。

§ 小贴士

知识管理面临的挑战

在实践中，PMO 在知识管理方面面临如下各种挑战。

缺乏合理的知识共享组织结构

知识具有时效性，不是一成不变的。在信息爆炸的当下，需要有专门角色对知识进行管理和更新，舍弃过期及无效信息，确保知识的及时性和准确性。

许多组织仍采用员工只在本职岗位上工作，不能发挥个人积极性、创造性和想象力的传统金字塔式组织结构；整个组织应变能力不足、灵活性不强，在原来的知识基础上进行创新很难做到。

隐性知识表达障碍

有物质载体的、可确知的显性知识可以通过语言或文字传播，而隐性知识则是隐含在员工头脑中或组织结构文化中的经验知识，很难准确地用语言或文字描述出来，也不容易被他人知道。但在组织中，隐性知识占了绝大多数（罗伯特·巴克曼曾表示，任何组织 90% 的知识其实都储存在员工头脑中，形式上是默然的），知识分享很难做到。

管理体系缺失

知识管理是需要专门建设知识管理系统的结构化、系统化管理。如果缺乏管理体系、知识管理制度、知识管理的资金、知识管理的技术支持等，只是点状管理，就难以发挥知识管理的作用。

此外，知识的形成和积累需要时间，但知识的使用寿命却相对较短。在组织中，员工有时会将他们拥有的知识，尤其是那些不容易被传递的隐性知识，视为一种谈判筹码，可能不愿意轻易共享。组织需要采取有效的激励措施来鼓励知识的主动共享，确保员工能够自愿分享知识，以促进集体智慧的发展。

组织缺乏积累意识

受人类行为、系统行为、需求模糊性等因素的影响,项目管理的流程、方法、模板、数据及经验等不会一成不变,而会随着时间的推移不断更新。组织除了需要关注各阶段的交付物带来的收益成果,还应在知识积累方面增强意识。

缺少知识积累渠道

项目管理知识包括各种角色的思考和反馈,单纯靠 PMO 主动收集可能会导致知识积累覆盖广度不足、深度不够。因此,组织需要有良好的知识交流沟通渠道,避免以偏概全。此外,知识积累也不可以闭门造车,而是需要时刻关注社会和业界的现状和趋势,及时更新并关注相关的图书、培训课程、会议论坛等,以实现知识的及时迭代。

缺乏统一的知识管理系统

知识积累需要有统一的管理系统,确保知识可公开、可查阅、可交流,也便于确认知识的来源及版本管理,从而确保信息的及时更新和迭代,否则信息将无法有效传播,出现自说自话的情况。

因此,组织可以从如下方面着手,改善上述情况。

建立自上而下的学习型组织观念:由高管带头,引导员工效仿,鼓励员工思考和畅所欲言,将组织的过程沉淀为有形知识,提升整体效率。常见的方式包括公司论坛、高管知识分享会、高管见面会等。

拓宽知识传播渠道,强化知识管理:建立可靠的知识传播渠道,如产业交流、校企共享等;明确专人负责信息网络系统的筛选沉淀或加大建设力度。

建立统一的知识管理系统,搭建组织知识共享平台:定制或购买相关软件,统一管理和维护知识。

建立健全的知识共享机制：既制定知识共享工作标准化流程，又要避免僵化。可参考以下内容。

- 明确需要和应该分享哪些知识。
- 了解谁参与了共享过程以及他们的角色是什么。
- 标准化知识共享和接收方式。
- 明确如何确认知识的成功接收。
- 记录知识未成功传播时的程序。

建立知识共享的组织文化：当共享知识成为组织文化并融入组织的 DNA 时，在组织内进行知识共享就会更加容易。

附录 6A

常见知识管理系统

语雀：语雀专业知识库管理工具，可以按团队进行知识管理，MarkDown 的语法支持多种文本在线协同编译，对于小、中、大型公司都非常适用。

钉钉文档：钉钉是阿里巴巴推出的一个组织级协作平台，具备日常通信、日程管理、审批流、任务分发等功能，有非常多的 Pass 应用程序进行适配，可以满足组织的多样化需求。

飞书文档：飞书提供全面的组织级协作能力，提供全面的组织级功能，支持多端协同办公，用户体验良好。

Teambition：Teambition 具备知识管理功能，但更多地被应用于任务过程管理，包括任务分配、进度跟踪、文件共享、时间线规划等。可与钉钉打通，通过日常任务生命周期管理进行知识沉淀。

Confluence：这是一款功能丰富的组织知识管理和协作软件，适用于团队成员共享讨论、跟踪、记录和管理工作内容，包括软件工程过程中的缺陷及任务管理。

Trello：这是一款灵活的项目协作工具。通过看板式的视图，展示团队成员间的共享任务、相关进度和文件信息。

印象笔记组织版：印象笔记组织版强调知识的整理和保存，它提供了笔记、清单、文件夹等功能，帮助组织实现知识归类、整理和检索。

禅道：这是一款专注于项目管理的软件，提供需求管理、软件支持、任务管理、缺陷管理、文档管理等功能，适用于更大规模的组织场景。

第 7 章　变革创新领域

20世纪20年代以来，组织不断引入新技术、新产品、新模式来推动生产力提升，从而覆盖更多的用户和更广阔的市场，以此实现持续的发展与壮大。如今，随着外部环境的不断变化，组织面临着前所未有的挑战与机遇。在这个日新月异、变革驱动的世界中，组织的中短期生存与长期价值创造的关键，在于其是否具备快速响应外部变化，并持续进行内部调整的能力，也就是变革创新能力。

在组织变革创新的过程中，项目作为组织变革创新的最小承载单元，发挥着至关重要的作用，是组织从当前状态向未来理想状态转变的桥梁。无论是拓展业务、提高盈利能力，还是确保可持续发展，都离不开对变革的预测、管理和推动。而这些变革的实施，又与项目的启动和成功完成紧密相关。为了更好地指导PMO系统地推进变革创新，本章对不同类型组织的PMO最佳实践进行了归纳和总结。在此基础上，我们提炼出了ABCDE变革创新框架，旨在为变革创新提供一套全面、科学、务实的指南。

7.1　概述

7.1.1　变革创新

组织的成长与发展由两大核心动力驱动：运营和变革（见图7-1）。运营为组织提供了稳定的收入来源和日常运作的基础，而变革则驱动组织不断创新、创造未来的价值。在不断变化的环境中，保持运营的稳定性和变革的灵活性是组织持续成长的关键。

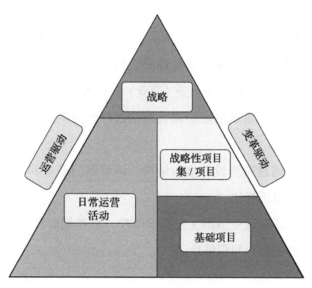

图 7-1　组织发展的驱动维度

从含义上来看，变革指的是组织对其核心业务、战略、文化、流程等方面进行全面而深刻的改变，这种改变通常是战略性的，目的是使组织适应市场变化、提高竞争力、实现长期发展。组织变革可能涉及组织结构的调整、流程优化、技术更新、文化转型等方面的重大改变。而创新，是指组织引入新的思想、方法、产品、服务或业务模式，以满足市场需求、提高效率、增加价值或创造竞争优势。创新可以是渐进的，也可以是突破性的，包括产品创新、流程创新、市场创新等多个领域。

组织变革必然涉及引入新的思想、方法或流程。组织变革的目的之一就是实现创新，以适应市场的新要求或改进现有业务。反之，创新又是组织变革的推动因素之一，变革与创新之间的关系复杂，使得人们难以准确定义和区分变革与创新的边界。

组织变革创新是包含多个维度和层面的复杂过程，变革的成功需要对外在的机遇、内在的变革勇气和实施策略有全面的认识和准确的把握。组织变革创新包括但不限于以下几个维度。

- 技术创新：通过引入新的技术和工具，改进产品和服务，提升竞争力和客户满意度。
- 流程创新：通过重新设计和优化工作流程，提高工作效率和质量，降低成本和风险。
- 业务模式创新（或称商业模式创新）：为了适应市场变化，充分发挥组织的优势资源，同时利用产业合理分工机制，突出组织核心竞争力，优化与客户的关系，获取组织业务（商业）的更大成功。
- 策略变革：通过重新制定和调整战略目标和方向，以适应市场竞争和技术发展的变化。
- 结构变革：通过重新设计组织结构，调整部门职责和关系，以适应新的业务需求和市场变化。
- 文化变革：通过改变组织文化和价值观，培养创新和变革的氛围和能力，激发员工的创造力和积极性。

7.1.2 PMO 与变革创新

PMO 在组织中扮演着至关重要的角色，承担着战略目标拆解和管理项目集健康度的职责。PMO 凭借其全局视角和整合管理的职责，能够从组织的整体战略出发，协调和优化项目管理过程，确保项目的成功交付。通过 PMO 的引领和统筹，组织能够更好地实现变革创新，提升项目管理水平，并实现可持续发展。

7.1.2.1 优势

PMO 在变革创新领域的优势主要体现在专业能力、客观视角和持续改进三个维度，如图 7-2 所示。

（1）**专业能力**：PMO 通过专业力、领导力、影响力来推动变革和创新。

PMO 具备专业力，包括在项目管理和变革管理方面的专业知识和技能。它了解项目管理的最佳实践，能够制定和执行项目计划，并有效地管理项目团队。

- PMO 重视和强调领导力，旨在激励和指导项目团队成员，确保项目目标的实现。

- PMO 的影响力，体现在能够以项目为维度，与各项目干系人进行有效的沟通和协调，以确保项目的成功。

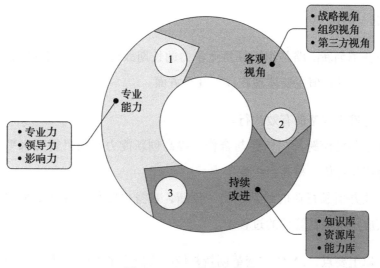

图 7-2　PMO 的角色优势

（2）**客观视角**：PMO 能够从战略视角、组织视角和第三方视角来看待变革和创新。

- 从战略视角来看，PMO 能够将变革和创新与组织的战略目标相对应，确保项目组合、项目集和项目（以下简称为"项目"）的目标与组织的整体战略一致。
- 从组织视角来看，PMO 能够了解组织的结构、文化和流程，从而更好地推动变革和创新。
- 另外，PMO 可以从项目端到端运作的整体视角，也就是第三方视角，客观地评估变革创新的可行性和风险，提供独立的意见和建议。

（3）**持续改进**：PMO 通过建立知识库、资源库和能力库来实现持续改进。

- 知识库：包括项目管理的最佳实践、经验教训和成功案例，为项目提供参考和指导。
- 资源库：包括人力资源、技术资源和财务资源，为变革和创新项目提供必要的支持。

- 能力库：包括项目管理和变革管理的能力和技能，为项目团队提供培训和发展机会，提高其绩效和能力。

7.1.2.2 价值

组织变革创新战略是组织保持竞争力的长期战略之一，PMO作为组织关键的角色之一，其价值主要体现在以下几个方面。

- 助力推进战略的有效执行。
- 联结与协调跨部门协作与合作，提高创新能力与项目管理水平，从而提升组织价值、提高组织竞争力。
- 关注并引领行业的最新趋势、创新，自身也要积极践行变革创新，并将其应用于项目管理的过程中。

基于以上要点，PMO在变革创新领域的价值主张可以概括为以下内容。

- 客户满意：关注客户需求，推动团队提供高质量的解决方案，赢得干系人的支持、信赖和满意。
- 创新驱动：致力于持续的技术和业务创新，为组织发展发掘新的机遇和增长动力，与团队合力推动创新。
- 卓越领导：通过优秀的管理团队和领导力，确保组织发展战略落地，组织并引领各级团队追求卓越。
- 高效执行：注重项目管理和运营中的责任和效率，通过优化过程和资源分配，保证项目交付价值。
- 合作共赢：积极建立协作文化，实现跨职能协力合作，以实现共同的目标和愿景。

表7-1是PMO在变革创新领域的价值贡献示例。

表7-1 PMO在变革创新领域的价值贡献

PMO价值主张	PMO价值贡献示例
客户满意	一家科技公司面临市场竞争加剧和技术进步的压力，决定转型成为一家以创新为导向的公司。为了实现这一转型，公司成立了PMO来推动创新项目和流程改进。PMO积极践行创新，引入精益创新方法和设计思维，促进快速原型开发和用户体验优化。通过PMO的努力，公司实现了较快的创新迭代，推出了一款具有差异化竞争优势的产品，赢得了更多的市场份额和客户的认可

(续)

PMO 价值主张	PMO 价值贡献示例
创新驱动	一家科技公司决定推出新产品，PMO 作为创新的践行者引入精益创新方法和设计思维，促进快速原型开发和用户体验优化。通过 PMO 的推动，公司成功推出了具有差异化竞争优势的新产品，提升了市场竞争力
卓越领导	一家金融机构决定推出数字化银行服务，PMO 作为助推者将制定的数字化战略转化为可操作的项目。PMO 通过有效的项目管理和资源协调，确保项目按时交付、符合预算，并提供项目风险管理和决策支持，从而推进数字化银行服务的成功实施
高效执行	一家大型制造组织决定进行供应链优化项目，PMO 作为连接者就需要与生产部门、物流部门、采购部门等进行密切合作。PMO 建立了有效的沟通渠道和协作机制，协调各部门的资源和工作进度，确保供应链优化项目的顺利实施
合作共赢	某组织做数字化转型，还会影响到该组织文化的变革。PMO 可以组织定期的会议和工作坊，让各方共同讨论并制定项目的目标、需求和交付要求。通过建立和维护线上、线下协同平台，PMO 帮助在部门和团队之间建立了更紧密的联系，促进了知识共享和协同创新，最终成功实现文化变革

7.1.2.3 职责

组织的变革创新能否取得成功，三个因素的影响至关重要——方向、合力和落地，即所有的变革和创新活动都需要有明确的战略指向、合纵连横的推动者、贯穿到底的落地方式，缺一不可。PMO 在变革创新领域的角色和职责（见图 7-3），围绕着"战略—PMO—项目"这条主线来展开。

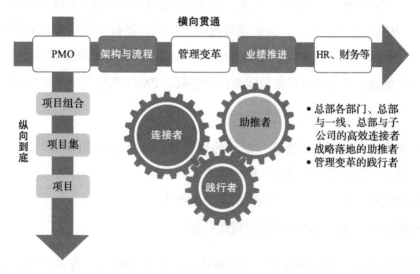

图 7-3　PMO 在变革创新领域的角色和职责

1. 以战略为方向，勇于求变，持续提升组织的竞争力

在当今瞬息万变的环境里，为推动变革和创新成功 PMO 必须采取主动态势预测未来、影响变化,而不仅是被动地对变化做出反应。组织在变化中不断调整战略,PMO 应适时地和战略保持一致,这样才能保持健康的发展活力,并将这种活力转变成惯性,获得且持续强化竞争优势,保障组织的成功。

以战略为方向:PMO 作为组织管理的重要组成部分,其职责不仅仅是协调各个部门的工作,更重要的是以战略为指向,为组织制定长远的发展规划。PMO 需要参与并了解组织的战略制定过程(战略洞察、战略制定、战略解码和战略执行),将其转化为具体的项目计划,并协调各个部门的工作,确保项目的顺利实施。

勇于求变:引入新的管理理念和方法,通过项目治理确保项目符合战略方向,并进一步通过项目组合、项目集、项目来推动组织的变革创新,提高组织的管理效率和质量。通过 PMO 的持续变革和创新,组织可以更好地适应市场的需求,提高市场竞争力。

持续提升组织的竞争力:PMO 通过持续的项目化运作,不断提高组织的经营管理水平和竞争力,推动组织的持续发展。

2. 以 PMO 为枢纽,横向贯通,联动形成变革创新的合力

以 PMO 为枢纽:战略实施离不开组织内各个部门的集体行动和协调。PMO 作为项目信息的枢纽,提供创意流通的渠道,使得沟通能够自上而下、自下而上、从纵向项目和横向职能上支持信息的流动,推动跨职能部门的合作。

横向贯通:通过横向对各职能部门的连接,PMO 成为变革创新领域的"连接者""助推者"和"践行者"。

- **连接者**:总部各职能部门之间的连接者、总部职能部门与项目一线的连接者、总部与子公司之间的连接者。
- **助推者**:公司整体战略执行的有力助推者。
- **践行者**:变革创新领域的积极践行者。

联动形成变革创新的合力:在组织内部,各种团体往往有其自身的目标和诉求,这些目标和诉求有时会在利益上产生冲突,导致组织内耗,对组织的战略管理过程产生正向或负向的影响。PMO 在战略实施过程中起着至关重要的作

用,它以实现组织战略目标为出发点,协调和优化项目之间的关系,合理调配有限的组织资源,确保组织业绩目标的顺利达成。

为了更加科学地进行项目选择,PMO 建立了一套项目准入标准,并根据评分模型对不同项目进行优先级排序。通过这样的方式,项目选择过程能够全面考虑不同项目干系人的诉求,避免项目干系人对项目选择的随意干预,以及个人决策对组织战略目标的偏离。

3. 以项目为维度,纵向到底,承接变革战略执行落地

通常,组织的战略分析和选择通过战略解码来完成。在这个过程中,PMO 借助项目及运营管理的工具和方法,通过一系列的步骤,如项目构思、评估和选择决策,将模糊的战略目标转化为具体、清晰的项目。这样做的目的是确保这些项目与组织的战略目标保持一致,并能够有效地实施。

以项目为维度:以项目化的方式承接组织变革战略是 PMO 实现变革战略目标的重要手段。

纵向到底:PMO 将项目管理贯穿于整个项目的生命周期中。在项目的规划、启动、执行、监控、收尾等各个阶段,都需要进行变革和创新,确保项目按时、按质、按量地完成,PMO 纵向项目管理如图 7-4 所示。

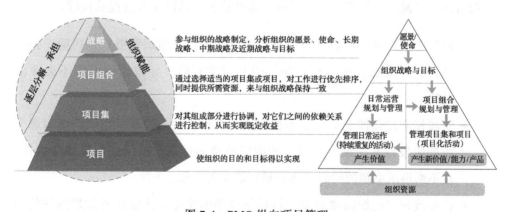

图 7-4 PMO 纵向项目管理

承接变革战略执行落地:以项目为维度,纵向到底的项目管理,能够承接组织战略执行落地。通过项目管理,PMO 将变革战略转化为具体的项目计划,并通过项目的实施来落地,从而实现组织变革战略的执行。

7.1.2.4 原则

PMO 在实现变革创新过程中需要遵循一些指导原则，以便提供行动的方向和决策的依据，指导 PMO 在项目管理和变革管理中的实践。

原则一：客户导向、机敏应变。

- 了解客户：组织需要通过多种渠道收集客户反馈和数据。
- 紧跟市场趋势：市场变化迅速，组织需要及时了解行业新闻、分析市场发展规律和趋势，并根据市场的变化，精准定位变革方向和目标，调整组织的策略和战术。
- 引入新技术和方法：借助新技术和方法来更好地满足客户需求。例如，人工智能、大数据等技术都可以用来更好地了解客户需求和市场趋势，以便更好地制定组织战略。

原则二：有利有节、精益求精。

"有利"指制定变革目标既要符合组织整体战略，也要考虑实现的可能性和可持续性，不做不切实际、无把握的变革。可以通过持续迭代和调整，逐步实现有利的变革目标。"有节"指在变革范围、程度和步骤及资源分配方面要有适当的限度，掌握好变革节奏，不冒进，稳打稳扎，确保变革过程的稳健。

- 风险控制：变革创新本身就具有一定的风险，组织需要识别风险、评估风险，并采取措施进行控制，避免过度冒险，导致组织面临不必要的风险。
- 阶段性和持续性变革：变革往往是一个阶段性的过程，组织需要考虑变革的阶段性和持续性，制定相应的战略和计划，以保证变革的持续性，在不断追求卓越的同时，达到最佳的业务效果。
- 持续改善：组织需要建立一种持续改善的文化，注重业务效果的评估和反馈，及时对业务进行调整和改进，以保持业务持续发展。

原则三：冲破束缚、勇于创新。

- 挑战传统观念：组织需要解放思想，挑战制约组织发展的传统观念和惯性思维，不断进行思维创新和技术创新，以推动组织发展。
- 破除约束和恐惧：组织中存在一些不利于创新的约束因素，包括体制机制、流程约束、思维固化等。为了创新，组织需要打破这些束缚，吸收新鲜血液，尝试新方法和工具，以提高效率和创造新价值。
- 全员参与创新：创新需要全员参与，每位员工都应该成为推动组织发展的力量。组织需要鼓励员工提出意见和建议，支持员工尝试新想法和新方法，鼓励他们的创新能力。
- 学习和探索：创新需要不断学习和探索，组织需要建立学习型的组织文化，鼓励员工不断学习新知识、新技能，并寻找新的商业机会和创新想法。

7.2 变革创新框架

在有效地推动和牵头组织变革与创新方面，PMO 有哪些工作内容及成功要素呢？针对这一问题，我们融合了多个经典理论和各行业的亲身实践，提出了一个全新的 PMO 变革创新框架——"五阶段（ABCDE）+十过程"（见图 7-5），以期能形成一套普适性的 PMO 变革实操工具，为 PMO 牵头带领组织变革和创新提供强有力的理论和实践支撑。

阶段一：唤醒重视（Awake）。

高层重视和全员关注是变革创新的原动力。我们既要充分洞察组织外部市场、环境、政策等要素，结合组织内部发展、组织协调、能力等进行全面分析，又要定义组织核心问题形成变革创新战略，完成战略蓝图描绘，并与组织变革战略汇合，形成战略意图的共鸣。Awake 阶段由两大关键过程形成支撑。

- 过程 1：洞察变革需求——结合组织变革战略，洞察内外部环境和竞争格局，定义组织发展面临的增长、成本、效率、体验、组织等核心问题，找到变革创新的必要性支点。
- 过程 2：确定变革目标——基于组织变革创新战略以及核心问题设定变革愿景、目标和路径以及关键要素，形成清晰的变革创新演进路线图，为变革指明发展方向。

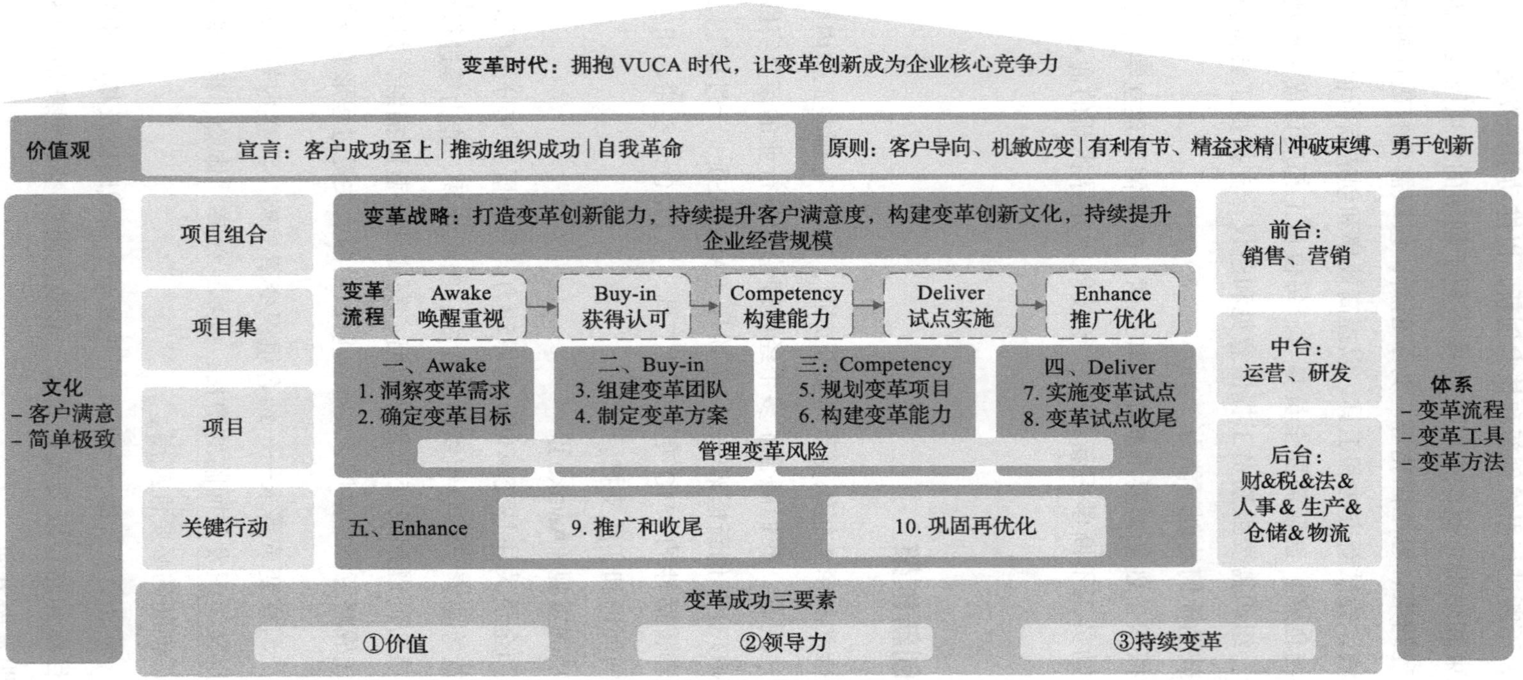

232 PMO知识体系指南

变革时代：拥抱VUCA时代，让变革创新成为企业核心竞争力

宣言：客户成功至上 | 推动组织成功 | 自我革命

原则：客户导向、机敏应变 | 有利有节、精益求精 | 冲破束缚、勇于创新

变革战略：打造变革创新能力，持续提升客户满意度，构建变革创新文化，持续提升企业经营规模

		变革流程			
	Awake 唤醒重视	Buy-in 获得认可	Competency 构建能力	Deliver 试点实施	Enhance 推广优化

项目组合
一、Awake
1. 洞察变革需求
2. 确定变革目标

项目集
二、Buy-in
3. 组建变革团队
4. 制定变革方案

三、Competency
5. 规划变革项目
6. 构建变革能力

项目
四、Deliver
7. 实施变革试点
8. 变革试点收尾

关键行动
五、Enhance
9. 推广和收尾
10. 巩固再优化

管理变革风险

体系
- 变革流程
- 变革工具
- 变革方法

前台：销售、营销
中台：运营、研发
后台：财&税&法 & 人事 & 生产 & 仓储 & 物流

价值观
文化
- 客户满意
- 简单极致

变革成功三要素：①价值　②领导力　③持续变革

图7-5　变革创新框架"五阶段（ABCDE）+十过程"

阶段二：获得认可（Buy-in）。

以组织发展关键问题作为原点，以变革战略目标作为终点，代表组织组建变革创新委员会，制定全面变革方案，获得决策层以及核心干系人认可和正式授权，最终形成组织战略。Buy-in 阶段由两大关键活动形成支撑。

- 过程 3：组建变革团队——基于组织战略安排和部署，设定变革战略负责人，获取正式授权后，启动并组建变革项目组。这能够确保变革项目得到合理的管理和实施，为实现变革目标获取关键组织保障。
- 过程 4：制定变革方案——基于洞察、目标与团队确定变革关键策略，通过市场调研、标杆对照，以及对业务痛点、组织能力和预算进行全面分析，确定变革创新核心路径、形成变革创新解决方案。

阶段三：构建能力（Competency）。

围绕变革创新方案拆解出关键项目清单，包含目标、路径与计划、资源、规则、主要指标等，着力打造变革创新关键要素（技术能力、组织能力、管理能力）。Competency 阶段由两大关键过程形成支撑。

- 过程 5：规划变革项目——整合战略背景、目标、组织等要素形成变革项目清单，定义愿景、目标、计划、资源、机制、风险等。
- 过程 6：构建变革能力——通过变革项目沉淀核心能力。包括：技术能力是否具备变革关键技术？组织能力是否具备变革环境、变革组织、变革文化？管理能力是否具备持续变革的创新机制、运营和管理能力？

阶段四：试点实施（Deliver）。

通过制定变革实施计划，结合变革领导力等方法，全面进行培训和推广，推动变革项目的实施落地，达成实施目标。

- 过程 7：实施变革试点——通过在有限的地区或领域内试验性地实践和示范项目，对变革方案进行评估，为变革推广提供可行的实施路径、模式和标杆。
- 过程 8：变革试点收尾——对变革试点项目执行收尾，测量其目标达成情况，总结经验教训并形成过程资产。对于成功验收的变革项目，应适时推广优化；那些未能达到目标的变革项目，则为组织的持续变革探明了隐患和阻碍。

阶段五：（推广优化）Enhance。

规模化扩大试点实施的战果，加速战略目标达成，打造组织变革文化、能力和经验，持续孵化更多变革项目。

- 过程 9：推广和收尾——建立变革经验组、能力库，打造变革共创平台，收集经验、能力和工具，形成体系化变革孵化平台。
- 过程 10：巩固再优化——通过变革经验和能力（组织、指标、能力、文化等），持续构建和打磨开放、包容、敏捷的变革文化，助力更多变革项目的成功。

7.2.1　阶段一：唤醒重视

梳理组织当前存在的问题和面临的危机，树立变革创新的紧迫感，让组织的高层及相关干系人充分认识到变革的必要性和重要性，引起相关干系人的关注和兴趣，为后续组建变革团队奠定基础。

7.2.1.1　过程 1：洞察变革需求

1. 过程简介

对组织面临的核心问题和挑战进行全面解析，对变革的起因进行必要性、紧迫性和重要性分析，锁定需要立刻解决的问题。

2. 过程动作

步骤一：变革需求获取。

变革需求来自战略执行数据的分析、关键成功因素的改变、业务痛点的改善、外部和内部环境因素的监控。结合组织的使命、愿景和战略规划，可从如下维度洞察变革需求，形成变革需求清单。

- 战略规划：变革创新需求一定是服务于组织战略目标的，因此，组织的战略规划是变革创新需求的重要输入。在洞察变革需求阶段，首先要从战略层面理解组织的中长期规划，由长期战略规划分解出短期战略目标，进而细化出对应的举措，在此过程中拆解出对应的变革创新需求。围绕的主题是组织中长期资源分配的方向和重点，围绕客户选择和价值定位、价值获取/利润模式、业务活动范围、战略控制、组织架构5个方面进行业务设计选择。

- 业务规划：一方面，剖析目前的产品矩阵是否可以实现组织的中长期愿景，结合内外部环境提出创新产品思路；另一方面，基于业务现状，洞察当前产品在商业化过程中遇到的问题和面临的危机，沉淀产品优化需求（这些需求也可能成为组织战略规划的输入）。通过专业工具、专业人员以及配套机制，将战略规划系统分解至业务计划，把战略规划一步一步转化为行动，并通过关键控制点（Key Control Point，KCP）审视，使风险问题暴露，中途及时纠偏，最终达成年度战略目标。
- 流程变革：组织流程从根本上影响着组织生产产品和服务的效率和效果。在洞察变革需求阶段，可以从识别问题、消除浪费、提升效率、降本增效等多个方面出发，剖析流程方面的变革需求，并将之输入到组织的战略规划中，从系统性角度促进组织生产效率的提升。
- 环境分析：内外部环境的变化往往对组织的成功产生重大影响。组织变革需求可能来自大型组织内部，也可能来自组织外部，在洞察需求阶段需要识别这些影响，包含但不限于商业环境、市场、资金、行业、政策监管、合规要求、文化多样性、数据安全等。这些环境变化也可能成为组织战略规划的输入。
- 竞争对手分析：通过开展竞对分析，从对手的实践中获取变革需求。

步骤二：变革需求分析。

对变革需求进行可行性、必要性、紧迫性分析和优先级排序。

- 可行性分析：以组织目标、愿景和战略规划为基础，根据组织的财务、资源分配、复杂性、技术和制约因素等情况，评估变革需求的可行性，该阶段的产出是制定变革目标的重要输入，同时也会发现初步的风险和问题。
- 必要性分析：结合组织、产品、市场所属阶段和环境，对需求进行必要性分析，剔除当前阶段非必要的需求，确保组织资源聚焦在关键的变革需求上，避免造成过多的资源浪费。
- 紧迫性分析：结合组织当前存在的问题和面临的危机，对变革需求进行紧迫性分析，确定需求优先级和初步的落地计划。
- 优先级排序：对于变革需求列表进行优先级排序，确定长期需求、中期需求和短期需求。

3. 过程产出

（1）《可行性分析报告》：对经济、技术、生产、供销直到社会环境、法律法规等各种因素进行具体调查、研究、分析，确定项目是否可行的报告。

（2）《需求跟踪矩阵》：包含需求描述、需求来源、需求提出人、提出背景、相关干系人、需求优先级、需求当前状态以及初步的风险分析。

（3）《风险登记册》：高层级的风险描述。

（4）《项目干系人登记册》：包含已识别干系人的信息，干系人的主要需求、期望，对变革需求落地的影响。

7.2.1.2 过程2：确定变革目标

1. 过程简介

设计组织变革创新的愿景、使命，明确变革创新将为组织带来的预期收益，确定符合组织战略的变革目标。

2. 过程动作

步骤一：审视当前状态。

从组织战略愿景和市场趋势两个维度审视当前状态。

- 审查组织的使命和愿景，确认它们是否需要进行更新或调整。使命和愿景是变革目标的基础，应该与组织的核心价值观和长期战略一致。
- 了解市场的趋势、竞争格局和未来的发展方向。通过对市场的分析，发现组织的优势和劣势，并且能够根据市场的变化来调整组织的业务模式和产品策略。

步骤二：设计变革愿景。

基于组织战略目标，描绘出变革创新的蓝图与变更创新预期达到的最终状态，以及将会给组织带来的收益。组织的变革愿景需要符合可想象、可达成、可衡量、聚焦等原则，通过具化的方式明确变革的整体方向。

- 可想象：能够传递出关于未来的清晰图景。
- 可达成：要具有可行性，让相关干系人觉得行得通。
- 可衡量：愿景目标要能够衡量，便于进行结果判定和组织内沟通。
- 聚焦：对哪些是必须要做的，哪些是可以先暂缓的有界定，避免泛泛而谈。

步骤三：沟通变革愿景。

组织的变革愿景需要得到关键干系人的理解和认同，只有当变革创新涉及的大多数人对愿景的目标和方向有共同的理解时，愿景的号召和引领作用才能充分发挥。在确定变革目标阶段，需要通过沟通变革愿景获得关键干系人的意见反馈，为变革愿景的制定提供必要的输入。在变革项目的实施过程中，需要通过多次沟通变革愿景，来唤醒组织对变革创新项目的重视。

步骤四：制定变革目标。

基于变革愿景确定变革创新的目标，包含变革范围、变革预期达成的收益、关键里程碑计划及关键绩效指标，同时评估达成变更目标所需的资源和可能存在的高层级风险。变革目标需要符合 SMART 原则。

步骤五：创建并批准项目章程。

项目目标获得关键干系人认可后，则开始准备项目章程。项目章程正式阐述了组织的愿景、使命和项目将产生的预期收益，同时指定并授权项目经理，定义项目的范围和目的。项目章程的关键要素包含范围、假设、制约因素、高层级风险、高层级收益、目的和目标、成功因素、里程碑计划、重要项目干系人等。

项目章程批准后，由项目经理发起项目启动会，在项目启动会上，由高层管理人员同步变革创新项目启动的背景和重要性，通过启动会唤醒更大范围项目干系人的重视。

步骤六：创建变革路线图。

变革路线图是一种用于指导组织未来进行变革的计划管理工具，通常包含变革的愿景、目标、关键里程碑、各个阶段要开展的变革活动，以及这些要素在时间刻度上的展示。变革路线图是组织对未来各变革活动进行管理的重要基础，确保了各变革活动的有序开展。

3. 过程产出

（1）《变革目标清单》：详尽列出变革目标说明、目标优先级、关键绩效指标、负责人、目标达成存在的高层级风险。

（2）变革路线图：变革的愿景、目标、关键里程碑、各个阶段要开展的变革活动，以及这些要素在时间刻度上的展示。

（3）《高层级范围说明书》：描述高层级的项目范围、主要可交付成果、假设条件和制约因素。

（4）《风险登记册》更新：记录在变革目标定义阶段识别的高层级风险，包含风险描述、风险严重程度、应对举措、风险提出人、提出时间等。

7.2.2 阶段二：获得认可

获得认可，是指组织内个人和团队对于某项变革与创新计划积极支持和承诺的程度。这个阶段PMO致力于让变革干系人由感兴趣转化为真正支持，认可变革的目标和方案，并积极参与和提供资源支撑。

为了使变革队伍不再单一，变革不再独自前行，PMO实施变革与创新时，获得关键干系人的支持至关重要（见图7-6）。因为它有助于克服变革的阻力，确保组织的一致性和良好的协作，充分利用多元化视角，提高动力和参与度，建立信任和提高可信度，并在长期内维持变革与创新的动力。通过获得认可，组织可以确保个人和团队对变革与创新的支持和承诺，从而提高成功实施和实现预期结果的可能性。

为了在变革与创新活动中获得认可，PMO应该优先进行有效的沟通，尽早向干系人清晰阐明变革带来的机遇与收益，将他们纳入变革过程中，为他们的意见和建议提供反馈，引导他们解决关键问题。这样做，PMO可以最大限度地提高成功实施变革计划和实现期望结果的机会。

图 7-6　PMO 获得组织认可的关键要素

7.2.2.1　过程 3：组建变革团队

1. 过程简介

组建变革团队是变革项目规划的关键步骤之一，它能够确保变革项目得到合理的管理和实施，获得各干系人的认可，有助于实现变革目标。

2. 过程动作

步骤一：确定变革团队的职责和角色。

确定变革团队的职责和角色，包括项目负责人、变革领导者、项目成员等。确保团队成员的技能和经验与变革目标相匹配。

步骤二：获得干系人认可。

获得高层的认可和支持对变革成功很关键。在组建变革团队时，可以重点强调变革管理委员会（由高层担任）的职责和任务，明确其对变革项目的参与程度和支持力度。

步骤三：确定变革团队。

根据变革目标和团队角色的要求，选择合适的团队成员，考虑他们的专业知识、技能、经验和团队合作能力。组建一个具备多样性和专业技能的团队，各成员能够提供不同的观点和能力，有助于创造创新和全面的解决方案。可能需要与人力资源部门合作，以便筛选和选拔合适的候选人。

步骤四：分配任务和责任。

根据 RACI 矩阵，建立变革团队成员与相关任务和职责的连接，确保每项任务都有清晰明确的责任人和执行人。

步骤五：建立有效的沟通机制。

组建团队时，确保沟通是高效且透明的。团队成员之间应该能够开放地交流想法、意见和关注点，并且能够有效地与其他项目干系人进行沟通。选择一致的沟通工具，制定沟通策略，建立有效的沟通渠道，使团队成员能够及时交流信息、分享进展和解决问题。定期组织会议、使用沟通平台和发布进度报告，确保团队成员的沟通保持顺畅。

步骤六：定期评估和持续改进。

- 定期监测和评估团队的进展和绩效：确保变革团队按照预定的目标和时间表工作，并及时调整策略和计划。
- 根据团队的经验和反馈，进行持续改进：借鉴过去的经验，调整变革团队的组成、工作方式和策略，以提高变革的效果和团队的绩效。
- 鼓励团队成员提出创新想法，并提供试验的机会：让团队成员有空间尝试新的方法和解决方案，以促进变革和创新的发展。

3. 过程产出

（1）RACI矩阵：明确团队成员角色和职责。

（2）团队章程：确定变革团队的工作模式、沟通策略、冲突解决方式等，获得团队一致认可。

（3）团队能力模型：该模型是一个用于评估和提升团队综合能力和表现的框架。它通常涵盖多个关键领域或维度，用于衡量团队在这些领域的能力水平。通过使用该模型，团队可以识别自身的优势和发展领域，并采取相应的措施来提升团队的整体能力和绩效。这种模型还可以用于制定培训计划、团队建设活动和绩效评估等。以下是一个常见的团队能力模型示例，包含五个主要维度，每个维度可以进一步细分为具体的能力要素或指标。

1）目标与愿景（Goal and Vision）。

- 共同理解和承诺团队目标和愿景。
- 能够将目标转化为具体的行动计划。
- 理解组织或项目的目标并与其保持一致。

2）沟通与合作（Communication and Collaboration）。

- 能够有效地沟通和交流，包括倾听和表达观点。

- 具备良好的团队合作和协作能力。
- 在团队中建立积极的工作关系和良好的沟通氛围。

3）决策与问题解决（Decision Making and Problem Solving）。

- 能够做出明智的决策，并考虑多个因素和干系人的意见。
- 具备解决问题的能力，包括识别问题、分析根本原因和找到解决方案。
- 运用创新和批判性思维来解决复杂问题。

4）灵活性与适应性（Flexibility and Adaptability）。

- 能够适应变化和不确定的环境。
- 具备快速学习和调整的能力。
- 能够灵活应对新的挑战和需求。

5）绩效与持续改进（Performance and Continuous Improvement）。

- 追求卓越的绩效和结果。
- 持续改进工作流程和方法。
- 能够评估和反思团队表现，并采取措施进行改进。

7.2.2.2　过程4：制定变革方案

1. 过程简介

制定变革方案的目的是引导组织或个人实现重大的转变或改进。这些转变或改进可以涉及战略、流程、结构、文化或其他方面。在不断变化的环境中实现持续的改进和适应，从而提高绩效和效率，促进创新，增强竞争力，并适应新的技术和趋势。

2. 过程动作

步骤一：明确目标和动机。

确定变革的目标和动机，可能涉及解决现有问题、追求机遇、适应变化或改善绩效等。明确目标和动机可以为方案制定提供明确的方向。

步骤二：制定战略。

根据目标制定变革的战略和策略。考虑不同的途径和方法，确定如何实现目标。这可能涉及调整战略方向、改进流程、调整组织结构、培养人才、引入新技术等。建立一个让相关干系人在制定战略活动中参与、沟通和协商的机制，确保他们理解变革的目的和重要性，并为他们提供参与和支持的机会。

步骤三：业务调研与分析。

通过采访、问卷调查等方法，收集和分析相关数据，深入了解需要变革的业务和市场情况。根据调研的数据对业务痛点进行深度诊断和分析，全面评估和分析组织的结构、流程、文化、资源、技术能力等方面，以及外部环境、市场趋势、竞争对手等的情况，以帮助识别问题、机遇和挑战，为变革方案提供基础数据和见解。

标杆对照是一种常用的方法，它可以帮助组织或个人了解自身在某个领域的表现，并借鉴其他组织或个人的最佳实践。以下是标杆对照的步骤。

- 选择标杆：首先，确定在特定领域内的标杆组织或个人。这些标杆可以是同行业的领先组织、竞争对手、成功的个人案例或行业中公认的领袖。要选择与自身目标和现状相匹配的标杆。
- 收集信息：对所选择的标杆进行深入研究，收集关于其战略、流程、文化、组织结构、技术应用等方面的信息。可以通过阅读研究报告、案例分析以及采访相关人员等方式进行。
- 进行对比：将自身的状况与所选择的标杆进行对比。识别出自身的差距和优势，并了解标杆组织或个人在特定领域内所取得的成功和创新点。这可以帮助明确需要进行的变革的重点和优先级。
- 提取经验教训：从所选择的标杆组织或个人中提取经验教训。识别他们所采用的最佳实践、成功策略和关键因素，并思考如何将其应用到自身的变革方案中。这可以提供宝贵的洞察和指导，帮助优化变革方案的设计和实施。
- 制定行动计划：基于对比和经验教训，制定具体的行动计划。确定需要采取的具体措施和步骤，以弥补差距、改进绩效，并实现与标杆组织或个人的竞争力。

- 跟踪和评估：在变革过程中，持续跟踪和评估自身的进展。将自身的绩效指标和关键结果与标杆组织或个人进行对照，确定是否达到预期目标，并及时调整和改进行动计划。

标杆对照并不意味着完全模仿或复制标杆组织或个人的做法。它提供了一个参考框架和启示，以帮助发展自身独特的变革方案，并根据自身的目标、资源和情境进行定制化和调整。

还可以通过提出假设和解决方案来改进和实现变革。图 7-7 是一些可能的假设和解决方案示例。

假设1：标杆组织在产品质量方面表现出色，而我们的产品质量存在问题
解决方案：假设是产品质量可能受到生产过程、供应链管理或质量控制方面的影响。解决方案可以包括优化生产流程，加强供应商管理，改进质量控制措施，引入新的质量检测技术等

假设2：标杆组织在市场推广方面具有更高的品牌知名度和市场份额
解决方案：假设是自身的市场推广策略和品牌建设需要改进。解决方案可以包括加强市场调研和分析，重新定位品牌形象，改进营销和推广策略，提升客户体验，增加市场份额的增长策略等

假设3：标杆组织在创新和技术应用方面处于领先地位，而我们的创新能力相对较弱
解决方案：假设是需要提升组织的创新文化和技术应用能力。解决方案可以包括建立创新团队或实验室，鼓励员工提出创新想法，加强与科研机构或合作伙伴的合作，开展研发项目，提升技术应用的能力等

假设4：标杆组织在员工发展和人才管理方面具有较好的实践，而我们的员工发展存在问题
解决方案：假设是需要加强员工发展和人才管理的策略和实践。解决方案可以包括制定员工培训和发展计划，提供晋升和职业发展机会，建立绩效评估和激励体系，加强员工参与和沟通等

图 7-7 可能的假设和解决方案示例

这些假设和解决方案只是示例，具体的假设和解决方案应该根据组织或个人的具体情况和需求进行定制。重要的是持续进行试验和评估，根据实际结果对假设和解决方案进行调整和优化，以实现持续的改进和变革。

3. 过程产出

（1）《商业论证报告》。

（2）《变革方案规划》。

7.2.3 阶段三：构建能力

构建变革能力是指建立一个富有变革能力的组织体系，通过有效的组织结

构、战略规划、文化价值观、资源保障和风险管理等，确保变革在组织内顺畅实施，增强组织的竞争力和适应能力。

构建变革能力的主要目的是为组织建立一套可持续且高效的变革流程和一系列能力，同时确保变革项目中的资源投放和资源保障，包括但不限于组织为了推进变革而制定的激励制度、奖励政策、绩效考核、资源优先排序等，以应对不断变化的市场和外部环境，并确保组织内部的人员具备实施变革所需的能力和技能。

在变革过程中，为了能完全落实变革计划和策略，必须确保所有参与到变革中的人员都具备完成任务所需的能力和技能。此外，构建变革能力还有助于促进组织文化的创新和发展，使变革成为一种在组织文化中根深蒂固的价值观念，进一步推动组织的可持续发展。

7.2.3.1 过程5：规划变革项目

1. 过程简介

规划变革项目是为了确保变革项目顺利实施，并达成预期的变革目标。结合变革愿景和变革目标，通过细化阶段目标、路径与计划、资源、规则、关键绩效指标等，合理分配资源和时间，为变革项目的实施提供更好的组织和管理。同时，规划变革项目可以帮助团队迅速响应变化，提高变革成功的概率，促进组织的创新和发展。该过程最主要的任务是制定变革项目计划。

2. 过程动作

步骤一：制定变革项目计划。

制定变革项目计划是推进组织变革管理的一项重要任务。它的意义包括以下5个方面。

- 指导变革管理过程：为变革管理者提供详细指导，让他们了解变革管理过程中的步骤和时间节点，有效组织和协调各项工作，保证变革过程按照计划顺利进行。
- 确定目标和时间表：帮助变革管理者和团队明确变革项目的目标，确定时间表和里程碑，把变革过程分解成可管理的部分，从而使得变革目标更加清晰、可量化和可达成。
- **分配任务和资源**：分配任务和资源，并合理地建立工作流程，协调变革管理团队的工作，落实团队成员的职责和责任，确保变革目标的顺利实现。
- **评估变革效果**：帮助变革管理者和团队在变革过程中时刻了解变革进展情况，及时评估变革效果，避免出现无法预料的变数，降低变革失败的风险。
- **提供必要的支持和保障**：为变革提供稳定的基础，如项目预算、资源管理等，保证变革管理过程的顺利进行。

步骤二：沟通变革计划。

变革创新项目相较于产品研发类项目更容易接收到来自组织内部的压力，只有当组织或任务所涉及的大多数人对项目规划有共同的理解时，才能够达到预期的收益。沟通变革计划有助于保证变革管理过程的透明性和可预见性，提高员工的支持和参与度，加强员工的培训和发展，为组织变革提供坚实的基础和支持，从而提高整个变革项目的成功率。

沟通变革计划有以下几个主要作用。

- **促进变革过程中信息的流通和共享**：让各方了解组织变革的目标、范围和影响，防止出现信息孤岛和误解，加强不同层级、不同部门或业务线之间的沟通渠道建设。同时，沟通变革计划也为员工提供了更多的机会，使员工了解变革的必要性、影响和机会，增强对变革的认同感。
- **加强员工的培训和自我发展**：通过沟通，可以针对不同员工的需求和特点，为员工提供相应的培训和自我发展机会，帮助他们适应变革带来的新环境和新角色，并促进其自我价值的实现。
- **提高变革成功的概率**：针对不同层次和部门的员工，制定沟通和培训计划，帮助他们了解变革的细节、目的和影响，提高他们对变革的支持和参与度，从而提高变革的成功概率。
- **增强变革管理的透明度和公开性**：通过沟通，变革管理者可以及时向各层级员工公开变革目标、进展和成果，增强管理的透明度和公开性，提升员工的动力和参与度。

3. 过程产出

规划变革项目的输出取决于项目需要和规模的大小，但以下是一些常见输出。

（1）《变革项目计划》：该计划是一份包括收益管理计划、项目干系人参与计划、治理计划、变革管理计划、沟通管理计划、财务管理计划、信息管理计划、采购管理计划、质量管理计划、资源管理计划、风险管理计划、进度管理计划、沟通管理计划、项目路线图等详细描述的计划。

（2）《项目范围说明书》：该说明书描述了变革项目的目标和范围，以帮助团队管理和交付变革项目的成果。

（3）《项目工作分解结构（WBS）》。

（4）《项目资源需求》。

（5）《项目信息管理工具和模板》。

（6）更新的《风险登记册》、变革路线图。

7.2.3.2 过程6：构建变革能力

1. 过程简介

构建变革能力涵盖了实施变革所需要的一切必要的能力建设和资源获取及保障。

打造变革能力时，需要从以下5个方面入手。

- 完善组织结构：为了应对变革，组织需要建立相应的管理机制、流程和组织结构。这也包括制定支持变革的激励措施和制度等。通过这些措施，团队将以更快、更协调的方式共同工作，以实现变革的目标。
- 培养创新文化：创新是变革的关键，而培养创新文化是打造变革能力的必要前提。建立开放的文化可以激发员工去探索并尝试新的方法来解决问题和实现目标。为此，领导应该成为变革的推动者和管理者，倡导变革文化。组织可以通过各种形式的培训、工作坊等，激发员工的想象力与创造力。
- 引入新技术：技术是社会经济发展的核心驱动力，我们需要通过变革和创新推动技术发展，新技术的引入反哺变革创新内核的升级，在这个过程中，涌现出更多的变革和创新项目，持续为组织和社会经济发展助力。
- 建立数据支撑：在变革管理过程中，数据提供了重要的支持。在变革之前，组织需要清楚了解目标和标准，并制定相应的计划以指导变革。在变革期间和变革之后，数据可以提供变革成果和过程的数据信息，以便评估变革成果和效果，并为后续变革提供反馈和改进基础。
- 学习和效果评估：变革是一个复杂的和长期的过程，学习和反馈是不可或缺的。组织需要定期评估变革的效果，并继续完善和调整变革流程。通过不断拓展和完善变革能力，组织可以借助变革的力量，不断提高自身的竞争力和创新力。

在构建能力阶段，组织需要不断采用新的方法和工具，特别是利用先进的技术手段，如人工智能（AI）、大数据和云计算等，来提升变革管理能力。这些技术可以帮助组织更好地应对变革过程中的挑战，提高变革的效率和成功率。

- AI 可应用于组织变革的多个方面，如数据分析和预测、自动化决策支持等。通过 AI 技术，组织可以更快速地处理大量数据，准确预测变革趋势和未来需求，并制定出更科学、更合理的战略规划。
- 大数据技术可以帮助组织收集、处理和分析海量数据，为组织提供全面的信息和洞察。利用大数据，组织可以更好地了解市场趋势、客户需求和竞争态势，从而制定出更加精准、有效的变革策略。
- 云计算技术可以为组织提供灵活、可扩展的计算和存储资源，帮助组织快速响应变革需求。通过云计算，组织可以实现信息共享、协同工作和流程自动化，提高变革管理的效率和效果。

通过采用这些先进的技术手段，组织可以不断提升变革管理能力，确保顺利实施变革计划，并推动组织的持续创新和发展。

2. 过程动作

步骤一：人员能力提升。

参与变革和受到变革影响的团队内部成员、外部干系人、重要决策高层都有必要进行能力提升。他们获取变革技能需要与领域知识、实践经验、培训和学习等有机结合。通过坚持不懈地学习和实践，不断反思和改进，以增加经验和提高能力。以下是 6 种常见的获取变革技能的方式。

- 学习：了解变革管理、项目管理、领导力等方面的基本概念和原理，可以利用书籍、在线课程、研讨会等进行学习。
- 培训或工作坊：参加与变革管理相关的培训或工作坊，学习更多团队管理技能、沟通技能、有效沟通方法，以及变革管理工具的使用等。
- 实践经验：通过参与实际的变革项目或工作，深入了解变革管理和项目管理的最佳实践，从而增加实践经验和提高操作熟练度。
- 教练或导师指导：寻找具有丰富经验和知识的教练或导师，以获得有用的建议和支持。
- 案例：查阅其他组织实施变革项目的成功案例或失败案例，分析其成功或失败的原因，从中获取经验和启示。
- 加入专业组织：加入变革管理或项目管理的专业组织，参加相关讲座、研究报告或研讨会，与其他行业专业人员交流学习，并借助网络资源进行学习和分享。

步骤二：组织能力强化。

组织能力可以从技术、资源、管理等方面获取，而持续改善变革策略依赖的组织管理和组织强化有以下几种常用方法。

- 资源管控：对资源进行规划和优化，确保在变革期间有足够的人力、物力、财力等资源，并通过完善的预算、合同和商务流程，确保变革管理的资金和资源得到合理的利用。
- 绩效考核：建立合理的绩效考核机制，使新业务或程序的推广和变革管理流程的成功落实得以准确体现，督促各部门在变革过程中发挥出更好的效益。
- 变革风险管控：提前引入风险管理概念，明确变革过程中各个环节的风险点和风险应对措施，协调好关键要素间的制约关系，降低变革过程中的不确定性和风险。
- 组织沟通：通过精心准备与落实，构建多元化的交流渠道和沟通途径，确保各部门、各层级间的沟通畅通无阻，消除不同部门间的疑虑、误解，让变革的方向和目标得到广泛的认同与支持。

步骤三：管理能力提升。

管理变革过程需要从运营、创新、机制、风险等多个角度考虑，加强变革风险预警和监测，确保变革项目的顺利实施。这样才能建立变革主体能力，固化变革成果，实现全面的变革效益。

- 运营方面：强化流程管理和执行力度，确保变革计划的顺利执行。其中，需要明确变革的流程，并提供流程工具和流程执行跟踪功能，同时加强变革管理的监控和执行力度，确保变革计划的有效实施。
- 创新方面：推进变革创新，鼓励创新思维，培养创新领导力。为了提升变革计划的实施效果，需要持续提升创新能力，在方案规划和变革设计、变革执行和效果评估等环节上积极创新，探索新的变革路径。
- 机制方面：建立全面的变革风险管理机制和监测管理。其中，需要建立全面的变革管控模式，结合变革项目的特点和规模，建立完善的变革管理机制；同时加强变革风险监测和管理，形成全员参与、全时段监控的机制模式，防止变革风险失控。
- 风险方面：对变革风险进行前瞻性的、全方位的分析和评估，制定变革风险缓解措施。在变革过程中，需要建立风险监管和潜在风险评估体系，对变革环节的风险进行全程追踪和分析，并提供风险缓释措施与策略，防止变革风险影响变革项目实施。

变革的管理需要从多个角度全面考虑，妥善规划变革过程。

3. 过程产出

（1）《组织内部变革流程》：为了确保变革领导者能够顺利地组织和推动变革，组织需要建立一套完整的变革流程，包括变革流程的设计、实施、监控和调整等环节。

（2）《变革管理策略》：基于组织内部的变革需求和实际情况，制定一套针对性强、适应性好的变革管理策略，以确保变革过程实现预期效果。

（3）《变革管理工具和模型》：针对变革管理过程中的各个环节和问题，建立一套适用的变革管理工具和模型，协助变革领导者对变革过程进行分析和跟踪等。

（4）《变革培训和教育资源》：针对组织内部员工的变革管理能力缺陷，组织需要建立一套变革培训和教育的资源，以确保员工能够跟上变革的步伐。

（5）《变革评估和反馈机制》：建立一套评估机制和反馈机制，以确保能够及时跟进变革过程并调整变革措施，保证变革过程的持续改进。

（6）《变革资源需求和保障计划》：梳理变革管理过程中需要的资源，通过资源日历的方式，建立资源保障计划。

（7）变革文化：在推动变革的过程中，组织需要塑造一种积极向上、鼓励创新和变革的"变革文化"。这不仅有利于变革持续推进，也有利于提高员工的变革意识和变革能力。

7.2.4 阶段四：试点实施

试点实施的目的是探索变革的实现路径和实现形式，为变革提供可复制可推广的经验和方法。通过在有限的地区或领域内进行试验性的实践和示范，来评估变革方案在实际操作中的可行性和效果，从而发现潜在的问题和风险，降低全面推广前的不确定性。同时，在实践中积累宝贵的经验和教训，完善变革模式，为后续的变革推广提供实践案例和标杆，为变革树立信心。此外，试点实施还可以让项目干系人在实践中逐渐适应新的工作方式和制度，提高他们的接受度和认可度，从而更有利于全面推广变革。

7.2.4.1 过程7：实施变革试点

1. 过程简介

小范围大成效的变革试点，能有效地引领参与变革的项目干系人积极投入变革的实施。在实施变革试点中，由于各项举措的风险可控、反馈及时，PMO得以在早期识别变革中可能碰到的内外部阻力，及时完成变革计划的调整和激励方法的优化。

2. 过程动作

步骤一：选择试点范围。

试点应该优先选择大小适中、价值高、容易实施且具有"典型性"便于复制的业务或项目，这样，在短期内能让大家看到变革的效果，就能得到更多人的支持，也便于后续的推广。

首先，需要对变革方案和试点的重要性具有较为清晰的认识。部分组织不重视试点，以为只要变革方案建设好了就可以通往成功，实际上，任何变革都会存在阻碍和约束。变革都需要有一定的适应性，需要资源匹配的逐渐深入。

其次，试点的步伐不能迈得太大，也不能迈得太小。如果变革的试点范围过大，那么思想导入、资源匹配、管理适应性都会面临巨大的阻力，甚至可能导致试点的失败。例如，某公司在进行流程变革时以全公司为试点，一下触及了太多人的利益，职能部门经理和项目经理在高层例会中集体"抱怨"变革，导致变革未能顺利推进。当然，试点的步伐也不能迈得太小，否则，变革的效果不明显，没有说服力，也会导致变革的失败。有效的做法是根据组织真实的战略愿景和目标进行适当且持续的变革。试点范围应该由小及大，让每次的变革目标设定得跳一跳就能够碰到，且有比较明显的提升效果。

再次，试点范围的选择非常重要。尽量不要选择主产品线，因为风险太大，一旦试点失败，可能会造成极大的甚至是不可弥补的损失。另外，也不能选择那些具有较大争议的业务线或项目进行试点，因为无论试点实施成功与否都会有反面的意见，对于树立标杆是不利的。建议选择有较大成功概率的业务或项目进行试点。

最后，项目干系人是试点实施成功的一个关键因素，用人不当可能直接导致试点的失败。试点关键项目干系人应该具有且不限于以下特质：忠诚、敬业，坚持原则，有挑战现状的意愿，有面对挫折的勇气，有灵活处理问题的能力。

项目负责人可准备试点清单，结合度量标准对试点进行筛选。

- 单标准优先排序模型（见图 7-8）：将不同项目（项目 1，项目 2……）进行成对比较，即使用单一的标准，将每个项目与其他项目进行比较。在此过程中，如果某项目判断为优胜者，则赋予其 1 分。累加各项目所得分数，合计最高的为最高优先级，可作为试点。

	项目1	项目2	项目3	项目4	项目5	项目6	分值
项目1		1	1	1	1	1	5
项目2	0		0	1	1	0	2
项目3	0	1		1	1	0	3
项目4	0	0	0		0	1	1
项目5	0	0	0	1		0	1
项目6	0	1	1	0	0		2

图 7-8　单标准优先排序模型

- 多标准加权排名（见图 7-9）：使用一组标准的关键变量，按照各个标准分别进行优先级排序，将所有标准的优先级排序相加，分值最低的项目优先级最高，可作为试点。

项目	标准1		标准2		标准3×成功率		标准4		优先级	
	度量	排序	重要等级	排序	结果	排序	成本度量	排序	分值	优先级
项目1	14.2	2	6	1	99万元（110万元×90%）	3	13万元	1	7	1
项目2	12.1	4	4	3	66.5万元（70万元×95%）	6	32万元	3	16	4
项目3	13.6	3	1	6	120万元（200万元×60%）	1	38万元	4	14	3
项目4	17.1	1	3	4	112.5万元（150万元×75%）	2	27万元	2	9	2
项目5	8.3	6	2	5	90万元（300万元×30%）	4	50万元	6	21	6
项目6	10.5	5	5	2	68万元（170万元×40%）	5	39万元	5	17	5

图 7-9　多标准加权排名

- 多标准评分模型（见图 7-10）：采用一系列评估标准，每个标准的权重用百分比表示（合计为 100%），以此确定各项标准的相对重要性。评价标准用来度量备选项目是否满足每一项标准，其级别都应有明确定义（如 0、5、10），以确保对每个备选项目进行一致评估。分数乘以权重为得分值，各个标准的得分值的总和就是各备选项目的总分（6.25）。在此模型中，总分最高的备选项目可作为试点。

步骤二：更新变革计划。

根据组织的战略和目标，分析变革内外部环境的变化，同时，评估试点项目的特有限制条件，分析难点、关联性、问题和风险，以对变革计划及其子计划（如收益管理计划、项目干系人争取计划、治理计划、变更管理计划、沟通管理计划、财务管理计划、信息管理计划、采购管理计划、质量管理计划、资源管理计划、风险管理计划、进度管理计划、范围管理计划、路线图等）进行更新。

标准清单	权重	评分标准			分数	得分值
		低	中	高		
标准 1	20%	0	5	10	10	2
标准 2	5%	0	5	10	5	0.25
标准 3	5%	0	5	10	10	0.5
标准 4	5%	0	5	10	5	0.25
标准 5	20%	0	5	10	0	0
标准 6	10%	0	5	10	10	1
标准 7	15%	0	5	10	5	0.75
标准 8	5%	0	5	10	5	0.25
标准 9	10%	0	5	10	10	1
标准 10	5%	0	5	10	5	0.25
合计	100%	总分				6.25

图 7-10 多标准评分模型

步骤三：实施变革试点。

（1）召开变革试点启动会议：良好的开端是成功的一半，变革启动会议是变革的开始，对于变革的顺利开展尤为重要。变革启动会议的目的是让项目干系人了解变革的整体情况（包括愿景、使命、目的和目标、计划、关键项目干系人），统一思想，为以后的协作做准备。同时获得发起人的授权，以及对资金和资源的承诺。

（2）执行变革试点计划：作为推动变革的核心环节，必须找到适当的执行方式，同时避免影响组织业务的正常运行。这需要三个方面的统筹协调，即流程建设、组织支持和信息化。

- 流程建设：需要围绕组织的战略目标，以组织的需求为焦点，实现端对端的跨部门流程贯穿。搭建分层结构化的架构并逐步深入。建议简化各层级的流程以降低冗余，有明确的描述、活动、输入和输出以便于实施绩效管理。

- 组织支持：变革治理委员会评估变革试点的绩效，并根据需要对资源分配、投资和优先级做出决策。
- 信息化：试点实施过程中需要与信息化精密结合，初期可以先以表格的方式执行，待流程相对成熟后，由 IT 人员实现流程的自动化、信息化。

（3）鼓励试点团队成员提供建议和意见，并适时参与决策过程：授权他人是变革成功的关键要素之一，它有助于变革的平稳进行。授权他人的活动包括但不限于以下内容。

- 让试点团队成员参与决策过程：此举可以通过在试点团队会议中讨论变革问题，征求成员的意见和建议来实现。
- 给试点团队成员更多的主动权：鼓励试点团队成员参与到变革的决策和行动中，并为他们提供额外的管理和技能培训。
- 在变革中鼓励提出建议和意见：创建一个反馈机制，用以接受、加工和响应试点团队成员提出的问题和疑惑。变革过程中不同的项目干系人对变革持有不同的看法是正常现象，应根据项目干系人的态度和反馈进行分析，不能盲目推行，以免造成负面影响。听取合适的建议和意见，调整变革试点计划，可促进变革计划的执行。
- 全力支持试点团队成员的尝试：鼓励团队成员在实践中尝试新颖的方式方法，并为试点团队成员提供必要的培训和资源。

（4）调整变革试点计划：变革的目的不在于研讨和执行，而在于能否真正地落地并起到切实的作用。如果没有结合变革自身情况和组织环境因素进行深入分析，也可能导致试点的失败。变革团队应该根据不同的行业、优先级以及组织的需求，对变革试点计划进行调整以适应具体情况。应识别变革试点计划的消极和积极影响并及时调整，以确保计划的顺利实施。

（5）监控变革过程：流程文件发布后，如果执行者无法将流程执行到位，那么流程设计者需要对流程的各环节进行合理性分析。如果存在不合理之处，则需要及时调整，以免执行者因流程本身问题而产生抵触情绪。需要持续地监控变革实施过程，以确保变革试点的顺利进行。变革试点中的监督和控制主要关注以下几个方面。

- 监控关键绩效指标：通过与变革目标相匹配的关键绩效指标，来评估试点实施的绩效偏差，根据偏差来调整变革计划。
- 监控财务预算：变革试点过程中需要人力、设备设施等资源的投入，需要及时地检查财务预算，发现和解决可能的成本问题。
- 监控进度：变革试点需要遵循一定的时间规划，需要监控实际进度与进度计划的偏差，并将进度状态透明化。
- 监控质量：变革试点中需要监控质量指标，以确保与质量计划相一致。
- 处理问题和风险：试点实施过程中出现问题和风险是不可避免的，我们需要及时识别、处理风险和解决问题。

（6）争取项目干系人：项目干系人对变革的态度和行为也对变革试点的成功与否有着至关重要的影响，我们需要持续争取项目干系人，识别新的项目干系人，以获取他们的支持。例如，收集各项目干系人的反馈，并对这些反馈进行分析和改进，以适应试点实施的需要。

3. 过程产出

（1）《变革管理计划》的更新：《变革管理计划》及其子计划可能需要根据变革试点过程中相关的原因进行更新，例如，预算、资金或资源的分配的更新。

（2）《变革报告》：在授权变革试点时，资金和资源池会发生变化，可能影响未来和当前的变革。因此，需提供变革报告，并与项目干系人进行沟通。

（3）变革过程资产的更新：变革过程资产包括工具和模板、正式和非正式的计划、策略、规程和指南。在执行变革试点之后，可能需要对变革过程资产进行更新。

7.2.4.2 过程8：变革试点收尾

1. 过程简介

变革试点收尾可确保变革试点完整地、高质量地实现变革试点目标，完成资产和资源的移交、经验总结和学习沉淀，为后续的推广奠定基础。

2. 过程动作

步骤一：复盘变革试点。

复盘是变革试点实施的一个闭环节点，不但有利于试点团队变革的不断完善，也为后续的变革推广积累了宝贵的经验和教训，使变革实施和推广少走弯路，也能有效地降低变革成本和提高收益。此外，在复盘会议中，各项目干系人均可充分反馈自己的真实想法和所期待的改进，有利于短期内统一思想，达成一致意见。

步骤二：变革试点的收尾和移交。

成功实施变革试点或由于内外部因素而结束变革试点，在得到变革指导委员会的批准后，移交成果、文档并释放资源。此步骤一般包括以下内容。

（1）判断变革试点是否成功：根据变革试点的实际成果、组织当前的目的和战略目标，来判断变革试点是否成功完成。变革试点失败可能是由于组织战略发生变更导致变革试点与之不再一致，或经评估发现变革试点无法实现预期的收益而提前终止。

（2）变革试点最终报告：可能需要一份变革试点最终报告，作为变革治理计划的一部分。该报告包含用于促进未来变革和试点成功的关键信息。

- 变革试点收尾原因。
- 客户确认并签署变革试点结束。
- 成功和失败。
- 财务及绩效评估。
- 识别需要改进的地方。
- 风险管理成果。
- 未预见的风险。
- 所有基准历史。
- 变革试点文档存档计划。
- 经验教训。

（3）提交变革试点的收尾申请：变革试点负责人提出移交或收尾的申请前，通常审查以下几点。

- 确认是否已经满足变革试点预期的收益，或终止变革试点。
- 确保对变革试点的收尾与关键项目干系人进行适当的沟通。
- 确保符合变革的质量控制计划。
- 评估组织或整个变革层面的经验教训，作为变革试点移交绩效的结果。

（4）变革试点审核：变革指导委员会对变革试点收尾的申请进行审查并做出决定。如果审核通过，变革指导委员会将正式批准收尾。

（5）变革试点移交：变革试点移交确保了变革试点阶段顺利转移到运营支持阶段，以实现持续的变革收益。移交请求需要变革指导委员会的批准。

- 变革试点文档移交：当变革管理团队评估变革试点绩效并与组织共享经验教训时，相关信息将转移给运营团队，变革试点最终报告也会进行更新。由变革试点产生的经验教训需方便任何现有和将来的变革获取，以促进持续学习，以及避免在其他变革中发生类似问题。通过向变革团队提供相关的文档、培训或材料来推广后续的变革。
- 变革试点资源移交：变革试点结束时，必须确保恰当地释放项目集资源。这可能包括重新分配或指定团队成员，将资源移交给后续的变革，或者将资源移交给某个需要类似技能组合的变革。
- 变革路线图的更新：这包括继续推进变革和不推进变革的决策，以及已批准的影响整个变革中主要阶段的变更请求。

步骤三：树立变革标杆。

变革需要树立一个标杆以供学习。变革负责人需确保及时反馈绩效和成果，建立成功的试点项目，以此作为变革的示范标杆，树立学习和追赶的目标。通过资料收集、比较分析、跟踪学习、重新设计并付诸实施等一系列规范化的过程，激励变革组织不断改进和创新。

变革的示范标杆具有以下几个特征。

（1）创造价值：组织变革是一个整体，如果仅仅局限于试点，短期会出现变革或组织战略目标的活动和策略不满足整体的情况。只有扩大视野考虑问题，才能确保组织的变革需求被识别，并最终实现价值。深入地分析领先的变革实践经验，将当前的变革活动和最佳实践相比较，可以更好地促进变革实施，进而创造价值。

（2）可借鉴性：虽然在变革过程中没有完美的实践可以直接拿来借鉴，但是可以对示范标杆的每个过程进行分析、分解和细化，使之成为符合组织变革的最佳实践，也可以发掘优秀"片断"，便于后续推广变革时进行借鉴。

（3）可持续性：示范标杆不是一成不变的。由于内部和外部环境的不断变化，示范标杆也需要做出相应的调整。变革负责人可以根据绩效评估来调整示范标杆。

3. 过程产出

（1）变革试点交付物：根据变革试点计划的要求，交付试点项目的成果，如软件系统、产品、文档等。

（2）试点项目验收报告：对试点项目交付物进行验收，确认其符合要求和客户期望，并记录验收结果。

（3）试点项目关闭文件：整理试点项目相关的文件和记录，包括合同、变更请求、会议纪要、沟通记录等，以备后续进行参考和审计。

（4）客户满意度调查：向客户发送满意度调查问卷，了解客户对项目的评价和建议，以改进服务质量和客户关系。

（5）变革试点收尾会议：召开试点项目收尾会议，复盘项目的整体情况，表彰团队成员的贡献，交流项目经验和教训。

（6）变革试点总结报告：总结试点项目的目标、范围、进展、成果等，评估项目的成功程度，并提出改进意见和建议。

（7）变革试点经验教训总结：总结项目中的成功经验和教训，为后续类似项目提供借鉴和改进的方向。

（8）试点团队解散计划：安排团队成员的离职或转岗，解散项目团队，并确保试点项目知识的传承和保留。

（9）试点项目档案归档：将试点项目相关的文件和记录进行整理和归档，以备将来查阅和参考。

7.2.5 阶段五：推广优化

在变革创新的推广优化阶段，组织需要将试点成功的案例和项目最佳实践应用到更广泛的范围中,并建立组织级变革创新机制和文化氛围。这一阶段的目标是确保变革创新成果能够长期、有效地得以推广和应用,从而加强变革创新成果的影响力和持续性。

PMO 在这一阶段扮演的角色至关重要,需持续监控和管理变革创新项目的执行过程,确保项目平稳运行,并达到预期的成果。需要关注以下关键任务。

(1)分析和评估试点情况与变革进度:对已经完成的试点项目进行全面分析和评估,了解项目的实施效果、存在的问题以及发掘改进的空间。通过收集和分析数据,对变革创新的成果进行科学的衡量和评价。

(2)更新规划与执行推广:根据试点项目的分析和评估结果,调整和优化变革创新的总体规划。制定详细的推广计划,明确推广的范围、时间安排、资源需求和责任分工等关键要素。

(3)监控过程与确保平稳运行:在推广过程中,持续监控项目的执行情况,确保变革创新项目按照既定计划顺利进行。及时发现和解决潜在的问题,确保项目平稳运行,达到预期的效果。

(4)建立组织级变革创新机制和文化氛围:推动建立一套适应组织需要的变革创新机制,包括流程、规范、政策和支持体系等。同时,倡导和培育一种鼓励创新、接受变革的组织文化,为变革创新提供良好的文化土壤。

总的来说,推广优化阶段是实现变革创新目标的关键阶段。只有通过有效的推广和持续的优化,才能确保变革创新的成果得以长期、稳定地应用,为组织带来可持续的发展和竞争优势。

7.2.5.1 过程9:推广和收尾

1. 过程简介

本过程的目标是确保变革项目的顺利结束,并为后续工作的进行提供相关的经验和资源支持。将试点成功的变革项目或变革创新结果在更大范围内推广应用,并持续跟踪和评估推广效果,对于变革项目的成功和变革创新的持续发展都起到关键的推动作用。

在推广过程中,要评估可行性和必要条件,更新推广计划,建立沟通和监测机制,并进行变革培训等工作。在收尾工作中,需要变革项目的成果和效益,总结经验教训和最佳实践,评估变革项目的组织影响和持续性,并完成制定收尾报告和规划知识传承等工作。

2. 过程动作

步骤一:推广展开变革。

PMO 需要根据变革创新规划、推广计划,将试点成功的变革创新在更大范围内推广应用,持续跟踪和评估变革策略的执行效果,及时发现并解决推广过程中出现的问题。推广实施的主要任务包括但不限于以下方面。

(1) 试点评估:收集所有试点项目的各项数据、信息和报告,包括项目目标、实施过程、成本和效益等方面;综合分析和评估所有试点的项目,包括变革措施的成效、干系人对变革与变革措施的反馈、变革收益等方面。可以使用量化指标和定性分析,评估与预期目标的符合程度,分析试点中发现的问题、与目标存在的差距、原因,并提出改善变革的建议。最后总结成完整的试点报告,或者更新之前的试点报告。

(2) 推广准备。

- 评估推广可行性和必要条件:在评估试点项目的基础上,分析试点项目推广到更大领域的可行性,包括对项目在规模扩大后的操作和实施难度、资源需求、对组织的影响、市场接受度等方面的考虑。
- 更新推广计划:根据变革创新规划和已有的试点经验,更新推广计划。该计划应包括时间表、责任分工、资源调配、沟通和培训策略等。相应地,按需要调整组织结构、流程、措施。
- 识别推广过程可能面临的风险:为减少潜在障碍并确保推广工作的成功实施,针对可能面临的风险制定相应的应对策略。
- 建立沟通、监测与评估机制:建立推广过程的沟通监测与评估机制,以便跟踪推广进展、收集反馈,并评估推广效果,必要时进行调整和改进,以确保推广工作的顺利进行。在此,可利用管理信息系统提高工作效率。
- 编制推广实施手册:为确保推广过程能高效沟通、依规运作,应汇总以上工作成果,制定推广实施手册,主要有以下内容。

- 变革规范：确定推广目标、范围、团队职责和角色、时间表和里程碑、预算和资源分配等要素。
- 变革工作流程：描述推广策略、目标受众、执行步骤和时间轴，列出所需资源和合作伙伴，并定义推广活动的评估和反馈机制。
- 变革措施：制定具体执行规范，包括宣传品的设计要求、沟通和协调流程，以及推广活动的监测和报告标准。
- 此外，推广实施手册还可以附上变革试点的潜在风险、最佳实践、经验教训等，供推广实施者参考借鉴。

（3）推广实施。

- 工作分派：PMO 按变革推广计划将变革工作分派给相关部门，要确保变革推广按计划进行，并达到预期的目标和效果。
- 组建团队：PMO 协助相关部门在各自的领域组建变革团队，推荐具有相关专业知识和经验的人员。团队成员应具备在本领域实施变革所需的技能和素质，并能够协同合作以推动变革工作。
- 工作交接：PMO 将变革推广的工作交付给对应的变革推广团队，由其在所辖领域内负责实施变革创新。可安排一次正式的交接会议，由 PMO 向各个变革推广团队介绍整个变革计划的背景、目标、范围和已经完成的工作，以及提供变革推广手册等相关文件和资料，这些文件将作为推广团队日常工作的参考资料。明确变革推广团队的责任和角色，确保团队成员了解自身的职责范围和期望，以便他们能够有效协调和执行推广活动。
- 实施变革：变革推广团队应以完成本领域变革为目标，建立专项项目，按项目管理方法实施变革。
- 变革培训：PMO 为相关部门的推广团队、干系人的核心成员提供培训，确保相关人员理解变革的目标和意义，并能够顺利地实施和应用变革。
- 监督过程：PMO 要负责监督、评估和反馈变革措施及推广过程的绩效，及时发现并解决推广过程中出现的问题。
- 总结汇报：PMO 定期向公司领导层和干系人报告变革推广的进度，及时反馈执行效果和前景，确保变革创新能够得到足够的支持并符合整体战略方向。同时，协助推广团队获得经费、资源和领导层的支持。

步骤二：总结变革经验。

总结变革经验是变革管理项目的重要环节，可以为组织后续乃至未来的变革创新提供宝贵的借鉴。这是一个循序渐进的、贯穿在变革项目过程始终的工作，需要组织持续的支持和推动，以及团队成员的积极参与和贡献。通常的做法包括但不限于以下几个方面。

- 建设变革创新案例库：收集、整理和总结变革项目或项目过程中的经验与教训、最佳实践案例，并向其他变革团队宣传、推荐和建议，逐渐形成变革创新经验的堡垒，不断推动变革管理能力的提升。此项工作可设置兼职或专职岗位，交由专业的变革管理人员、项目经理和相关领域的专家组成的团队进行建设和维护。
- 建设变革创新能力库：用来记录变革项目中涉及的各种能力和技能、模式、工具或方法，同时涵盖组织变革、项目管理、变革领导力、沟通与协调等方面的能力要求和培训资源。
- 打造变革创新共创平台：除了分享相关经验教训，该平台还可以发布或分享变革创新的意见、点子、建议和评论等。可以在组织现有的内部网络、在线协作工具或项目管理软件等的基础上增加这项功能，让团队成员能够互相学习、交流和讨论。
- 持续孵化更多成功变革关键要素：通过对变革项目的总结和分析，找出其中的成功因素和关键要素，将这些因素和要素进行归纳和总结，并将总结归纳的成功因素和关键要素纳入变革管理的方法论和指导原则中，为未来的变革项目提供参考和指导。这方面的总结可以纳入变革创新共创平台中进行管理。

步骤三：变革项目收尾。

针对局部已经完成的变革子项目，PMO要组织对应阶段的评审，确认已获得变革项目的成果，撰写结案报告，总结、反思、提取该变革项目的经验，使其成为组织的宝贵财富（即"组织过程资产"），为后续和未来的变革项目提供参考和借鉴。

整体变革项目收尾的主要工作内容可以包括以下方面。

- 评估整体变革项目的完成情况：通过对整个变革项目的目标、里程碑和成果的评估，确认变革项目是否已经达到预期的目标和效果。
- 收集和分析反馈信息：与各部门、员工进行开放式对话，收集他们对变革项目的感受、期望和建议。通过收集的反馈信息，进一步了解变革项目的成功因素和存在的问题，并进行总体评估。
- 撰写结案报告：撰写结案报告，对变革项目的实施过程、成果和价值进行详尽的总结和评估。报告中要清楚阐明变革项目的目标、范围、执行计划和关键成果，以及变革项目对组织的改善和成效。
- 提取变革项目的经验成果：从整体变革项目中提取经验成果，包括变革项目中涉及的模式、技术、创新思维等。更新变革经验库，为未来的变革创新工作提供积极的推动和借鉴经验。
- 移交变革项目的相关成果、项目文档、案例、经验教训等给相关部门。
- 释放资源，关闭项目。

在完成变革项目收尾工作之后，变革项目的生命周期宣告结束。公司领导层应通过变革项目的结案报告，加深对变革创新的认识，并做出总结性结论。如有必要，可通过后续流程调整变革创新的策略、措施、计划，以更好地推动组织的变革创新工作。

3. 过程产出

（1）试点项目数据和信息收集报告：包括项目目标、实施过程、成本和效益等方面的数据。

（2）综合分析和评估报告：包括变革措施的成效、干系人反馈、变革收益等，评估与预期目标的符合程度，分析问题和差距，并提出改进建议。

（3）《可行性分析报告》：评估推广可行性和必要条件，包括资源需求、操作难度、影响等方面。

（4）更新的推广计划：包括对时间表、责任分工、资源调配、沟通和培训策略等的更新。

（5）《推广实施手册》：汇总推广变革的工作任务、工作流程、规范、标准操作措施，可以参照实施的手册文件。

（6）推广团队成立和协作：建立各个领域的变革团队，确保成员具备相关技能和素质。

（7）变革推广活动实施：实施推广计划中规划的各项活动，包括宣传、沟通、协调等。

（8）变革培训材料和课程：准备培训资料，培训推广团队和干系人的核心成员。

（9）变革创新案例库：收集、总结变革项目经验与教训、最佳实践案例，供其他项目参考。

（10）变革创新能力库：记录变革项目中涉及的各种能力、技能、模式、工具等。

（11）变革创新共创平台：促进团队成员交流、学习和分享变革经验、意见和建议。

（12）结案报告：对变革项目实施过程、成果和价值进行总结和评估。

（13）变革项目经验总结：提取成功因素和关键要素，为未来的变革项目提供参考。

7.2.5.2 过程10：巩固再优化

1. 过程简介

本过程旨在使变革项目成果能够长期有效地得到推广和应用，并通过持续改进来提升项目的绩效和效益。在项目实施完成后，应对项目所取得的成果进行审查和评估，并采取必要的措施来加强和优化这些成果的应用。这可能包括建立或更新相关制度、流程和控制计划，并持续跟踪和评估项目成果。同时，收集和分析用户反馈意见，寻找项目成果的潜在问题和改进空间，并采取相应的措施来进一步提高项目成果的效能和价值。并且，在这一过程中，通过反复迭代和持续改进，逐步建立组织的变革文化，使持续改进成为常态，并确保项目成果的长期有效应用，为组织的持续发展提供支持和保障。

2. 过程动作

巩固再优化阶段是变革管理中非常重要的一环，不能忽视。在推广和应用变革成果的过程中，PMO 需要不断跟踪和改进，以确保变革成果能够被长期有效地推广和应用，同时汲取新的变革类项目管理方法论或项目管理工具，为组织建立变革创新机制和文化氛围。由于变革是不断推行、持续优化的长期过程，建立组织的变革创新机制和文化氛围是非常重要的，PMO 在整个变革创新的过程中要避免"空中楼阁""自嗨式"的变革，特别注意要发动员工积极参与变革创新工作，发挥团队创造力和推动力，为组织的不断发展提供支持。

步骤一：巩固变革。

巩固变革的目的是构建或者进一步完善变革的运营机制和管理体系，促进变革项目的长期稳定运行，为变革创新成果得到广泛推广和应用奠定基础。PMO 在巩固变革时的关键点有以下几个方面。

- 协助、支持各职能部门制定各级流程标准和控制计划。依据变革推广实施手册，参考制定相应的标准化流程和控制计划，甚至建立或更新相关制度，以确保变革成果的稳定实施、有效维持。同时，持续对已完成的成果进行全面的评估和跟踪，以确保它们能够长期有效地得到应用和推广。
- 如果发现存在问题，需要迅速采取措施加以改进，以确保成果能够稳定运行。可以参考先前试点或其他领域、层次变革成功的模式。
- 确保管理层的持续关注。确保管理层对变革落实和维持保持一定的压力，为巩固变革提供足够的资源和支持。另外，管理层应保持稳定性，在变革还没有达到稳定状态之前，如果频繁地变更管理层或转移关注的重心，就可能导致前期的努力中断，影响变革的成功。

步骤二：持续改进。

变革很难一蹴而就，在巩固变革的同时，PMO 可以根据"有利有节"的原则，在可控的范围内一步一个脚印、分期分批实施变革、适度推广、逐步完善，实现变革和推广的有效性和可持续性，在风险可控的基础上，真正实现组织的转型升级和多方受益。在这个过程中，PMO 的工作主要包括以下内容。

- 建立一支有效的变革团队：该团队应由不同职能部门的专家组成，例如市场、销售、生产等部门。这些专家可以是兼职或专职，在专业领域内为团队提供深入的见解和经验，从而帮助团队优化组织的发展战略。同时，组织也要为该团队提供充足的资源和充分的培训，以确保他们对变革的了解并掌握相关操作技巧。

- 建立相应的组织机制：变革团队也要建立相应的变革管理流程，以收集用户和项目干系人的反馈意见和建议，并及时做出反馈和改进。要整合信息，将实际反馈整合到更大的变革计划中，对计划或子计划进行必要的修改和完善，确保变革和推广的有效性和持续性。
- 建立有效的沟通、协作和反馈机制：在变革团队与其他部门密切合作的过程中，确保变革和推广计划的顺利推进。例如，定期的报告和会议，使团队可以向高层管理者汇报进展，并及时解决相关问题。
- 特别提醒的是，在实施变革和推广时 PMO 需要保持"有利有节"的原则，以管理变革策略和规划。在推进变革的同时，PMO 需要保证变革范围可控，能见成效，能适度推广，以保障后续发展的可持续性。找到能够为员工和客户带来实实在在收益的主要改变，这样可以最大限度地提高他们的认可和支持。另外，推广实施很可能是中长期的活动，可以参照计划、执行、检查、调整的 PDCA 循环模式进行，并在 PDCA 循环模式中嵌套或递进式地推行。

步骤三：建立变革文化。

建立变革文化的目的是促进组织变革创新的成功，提升变革创新的速度和效率。这需要建设一个有益的文化氛围，鼓励员工接受变革，将变革视为一个创新和进步的机会。为了建立变革文化，PMO 可以带动和推动相关团队完成以下具体活动任务。

- 传达变革创新的意义和建立变革氛围：积极宣传变革创新意义以及变革对组织发展的重要性和贡献。这可以通过宣传、宣讲、培训等方式来实现。
- 推动变革行动的实施、宣讲和培训：塑造员工的感知和思想，使员工更易于接受和支持未来的变革。此外，PMO 可以联合职能部门制定相关政策和流程，将变革创新的目标和绩效目标纳入各级管理层的考核制度，以鼓励和推动变革创新。
- 创造变革和创新的氛围：鼓励员工提出新想法和见解，支持他们尝试新的、不同的方法，并鼓励从失败中汲取经验教训。这需要领导者发挥支持和倡导的作用，并作为倡导和引导的榜样。员工也应该被鼓励在组织中分享意见和反馈，以便让组织能够不断进步和成长。
- 投入资源：特别是人力资源和财力资源的投入，以支持变革文化的建立和推行。PMO要注意识别变革对资源多样多层的需求，与人力资源部门等相关团队一起培养变革创新人才，包括管理变革的专家、教练、项目管理专家及行业专家等，逐渐成为所在领域或区域的变革掌舵人。

3. 过程产出

（1）标准化流程和控制计划：根据推广实施手册，制定各级流程标准和控制计划，确保变革成果的稳定实施和维持。

（2）反馈和问题解决记录：记录用户和项目干系人的反馈意见和建议，及时做出反馈和改进，确保变革的持续有效性。

（3）管理层支持保障措施：确保管理层对变革的持续关注和支持，提供足够的资源和压力，以推动变革的稳定进行。

（4）变革团队建设成果：建立有效的跨部门变革团队，确保其具备相关技能和素质。

（5）组织机制建立成果：建立沟通、协作和反馈机制，以确保变革和推广计划的顺利推进。

（6）持续改进计划：根据实际反馈和变革的运行情况，制定持续改进计划，以提升变革的效果和可持续性。

（7）变革文化宣传材料：宣传变革创新的意义和重要性，促进员工对变革的理解和支持。

（8）变革文化培训资料：准备培训资料，帮助员工理解变革的意义和价值，以及如何参与和推动变革。

（9）变革文化推广计划：制定计划，促进员工参与变革活动，鼓励创新和持续改进。

7.3 关键成功因素

变革创新举措能否取得成功,价值、领导力和持续变革这三个要素(见图 7-11)至关重要,对于 PMO 来说缺一不可。

- 价值:变革创新成功的基础,只有能够为客户或组织真正创造价值的变革创新才能获得认可和支持。
- 领导力:实现变革的关键因素,变革领导者需要具备清晰的战略眼光和坚定的决心,能够带领团队克服困难,实现变革目标。
- 持续变革:变革创新并非一蹴而就,只有坚持不懈地持续变革才能最终立于不败之地。

图 7-11 变革创新成功三要素

7.3.1 要素一:价值

关于如何衡量或评估一个变革创新类项目,可能存在多种标准或要求,但是否真正体现出了价值,却是其中最关键的一点,也是所有变革创新的确定方向。PMO 要想获得变革创新项目的成功,以下价值点必须重点关注。

客户价值:通过创新和变革,组织是否更深刻理解客户需求,并提供更具创意和差异化的解决方案,从而提高客户满意度?

市场价值:通过创新和变革,组织是否开发新的产品或服务,提高产品品质、效率和用户体验,从而在市场上获得竞争优势?

品牌价值:通过创新和变革,组织是否建立良好的信任和忠诚度,打造独特的品牌形象，树立领先者的地位，从而提高产品或服务的定价能力和品牌价值？

创新价值：通过创新和变革，组织是否创造新的市场机会，持续渗透新的客户群体，拓展业务范围和市场空间，从而实现业务增长和利润率提升？

财务价值：通过创新和变革，组织是否改进内部业务流程和运作方式，提高运营效率，降低运营成本，从而带来组织盈利能力的提升？

价值驱动客户和商业双边增长如图 7-12 所示。

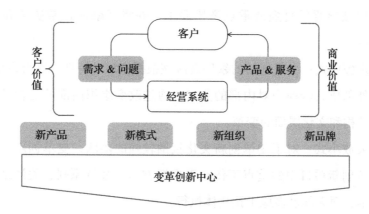

图 7-12　价值驱动客户和商业双边增长

7.3.2　要素二：领导力

大海航行靠舵手，有了"价值"这盏航行灯塔做指引，"领导力"就是变革创新这艘船的"舵手"，负责掌握变革方向，从而帮助组织和变革项目尽量少走弯路。领导者需要坚定地采取外向的态度，着眼于组织的外部状况，独立进行思考和行动，分析外部状况的变化和组织自身竞争力的变化，引入外部人士客观的见解，努力探索正确的发展方向，从而预测组织的未来。除了需具备敏锐的观察力和判断力，领导者需要在紧急情况下迅速做出正确决策、采取适当的行动以应对危机。例如，在一个逐渐衰退的行业中，变革创新的领导者应该探索新的方向，选择新的行业或开辟新的赛道；而在一个欣欣向荣的行业中，变革创新的领导者需要强化组织的体格，以增强组织的竞争力。

针对不同的情境，领导者所选用的领导力模式也不尽相同。

- **以身作则式**：当需要开辟新市场时，变革创新的领导者应该以身作则，小范围开展变革创新项目，快速取得成就，通过展示成就消除疑虑，并让相关人士鼓起勇气参与变革推广，从而快速扩大变革的影响范围以取得更大的成就。
- **文化植入式**：假设组织需要推行某个重点举措，变革创新的领导者就要从组织的价值传递入手，重点关注对价值产生影响的各个环节，时刻将重点举措的方针贯彻到组织的每一个角落。同时，在组织大型会议中，高层领导要反复强调重点举措要求，并将其融入日常决策和行动模式之中。
- **合理施压式**：变革创新的领导者应该根据组织的特性，在合理的范围内，将外部压力转换为对内部的要求，通过改变组织内部的运营环境推动组织结构和文化层面的变革。
- **抓大放小式**：对于变革创新文化氛围较强的团队，变革创新的领导者在变革创新项目中的重点工作在于把握方向、坚持原则、关注结果、控制成本，而无须过多地干预具体执行。

凡此种种，都是变革领导力在变革创新中的集中体现。PMO 应当考虑组织成长所处的阶段、内外部环境的相互影响，选择当下最有效的领导力展现方式。

7.3.3 要素三：持续变革

对于组织来说，一个主要的风险就是组织内职能单元或事业部单元的独断专行。PMO 和变革创新委员会应当考虑使用何种组织结构促进变革及其推广，并在取得成就后调整组织结构，引入"健全的对立"，以应对"山头文化"。例如，当需要强有力的市场导向时，将研发部门调整为事业部管辖；而当需要获得成本优势时，则让研发部门与事业部处于同等地位。

组织的变革创新不外乎两种类型（见图 7-13）：运营驱动型和变革驱动型。

- **运营驱动型**：不改变竞争对手和战场，通过持续的变革创新增强自身能力，从而超越对手。这种变革未对组织进行根本性的改变。
- **变革驱动型**：当组织在行业竞争中存在决定性弱点，或者组织所在的行业存在结构性的问题,无论组织如何强化自身能力对于组织的生存和成长都毫无意义时,组织就要持续探索新的方向,启动全新的生命周期。

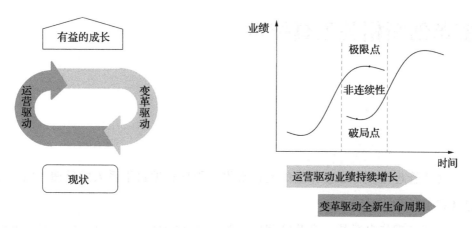

图 7-13 两种变革形态的关系

对于组织来说,无论采用哪种类型,都需要把握好时机(见图 7-14):对于运营驱动型变革创新来说,时机太早或太晚都会导致变革缺乏广泛的支持,使得变革成果难以推广。对于变革驱动型变革创新来说,时机抓得太早,组织会成为竞争中的"先烈",时机抓得太晚则会让幸存的机会溜走。

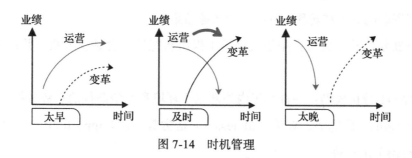

图 7-14 时机管理

对于参与变革创新的组织个体来说,运营驱动关注短期目标,变革驱动关注中长期目标,PMO 应对短期目标和中长期目标采用具有差异的绩效评价体系。在变革创新领域中,更应引进可能实现中长期导向的绩效评价体系,只有评价体系与变革创新 ABCDE 框架中的不同阶段相匹配,才能有效激活组织中的个体参与整个变革创新的过程。

总之,在"价值"灯塔的指引下,在"领导力"舵手的掌控中,变革创新这艘船要想不断乘风破浪,最终抵达胜利的彼岸,"持续变革"就是其所有的原动力。

附录7A

变革创新相关工具技术

变革管理流程：建立相应的流程来收集用户和项目干系人的反馈，用于改进和完善变革计划。

变革管理信息系统：变革管理信息系统是执行授权变革过程的工具。对授权的变革试点所做的所有变更和更新，都通过更新的变革管理信息系统和其他沟通方式进行有效传达。

变革团队建设方法：用于建立一个由不同领域专家组成的变革团队，促进组织发展战略的优化。

变革项目授权技术：通过授权工具和技术确定了正式授权变革试点的活动，以实现资金的分配和转移，并报告和沟通结果。

创新氛围建设方法：用于鼓励员工提出新想法、尝试新方法，并从失败中学习。

SWOT分析模型：一种基于内外部竞争环境和竞争条件的态势分析，其中，S（strengths）是优势，W（weaknesses）是劣势，O（opportunities）是机会，T（threats）是威胁。

4Ps模型：创新空间的4个维度——产品创新（Product innovation）、流程创新（Process innovation）、定位创新（Position innovation）、模式创新（Paradigm innovation）。

GAP（差距）分析：一种比较实际状态和期望状态的方法，帮助组织了解项目的需求、目标和当前状态之间的差距，以便确定改进方案。

KANO模型：基于需求实现与用户满意度之间的关系，将需求分为五类——基本型需求、期望型需求、魅力型需求、无差异型需求、反向型需求。KANO

模型优先级顺序为：基本型需求＞期望型需求＞魅力型需求＞无差异型需求。

PESTEL 分析：一种用于获取行业环境宏观情况的工具。PESTEL 代表政治、经济、社会、技术、环境和法律因素。

波士顿矩阵：基于用户价值维度和公司价值维度，将需求分为四类——明星类需求、问题类需求、现金牛类需求、瘦狗类需求。

根本原因分析（RCA）：一项用于确定导致偏差、缺陷或风险的根本原因的分析技术。当应用到商业领域时，根本原因分析用于发现问题的潜在原因，从而设计出变革方案，以减少或消除相关问题。

决策树分析：在不确定情况下，决策树分析评估不同选项的可能后果，支持决策者做出明智的决策。

问题树分析：这是麦肯锡公司常用的一种分析问题的方法，它的原理是将问题的所有子问题分层罗列，从最高层开始逐步向下扩展。问题树能将工作细分为一些利于操作的部分，确定各部分的优先顺序，并明确地把责任落实到个人，从而保证解决问题过程的完整性。

五问法：针对问题的原因进行五次提问，以达到真正理解的目的。五问法从一个具体问题开始（问为什么会发生），直到根本原因变得清晰。

鱼骨图：鱼骨图又名因果图、石川图，它是一种发现问题"根本原因"的分析方法。它看上去有些像鱼骨，将问题或缺陷（即后果）标在"鱼头"处；在鱼骨上长出"鱼刺"，在上面按出现机会的多寡列出产生问题的各种原因，有助于说明各种原因与后果之间的关联。

表 7A-1 列出了 ABCDE 框架与相关模型的映射关系。

表 7A-1　ABCDE 框架与相关模型映射

模型	Awake 唤醒重视	Buy-in 获得认可	Competency 构建能力	Deliver 试点实施	Enhance 推广优化
SWOT 分析模型	×	×	×		×
4Ps 模型	×				
GAP（差距）分析	×		×		
KANO 模型	×				
PDCA 循环		×	×	×	×
PESTEL 分析	×		×		
RACI 矩阵		×			

（续）

模型	Awake 唤醒重视	Buy-in 获得认可	Competency 构建能力	Deliver 试点实施	Enhance 推广优化
SMART 原则	×		×	×	×
波士顿矩阵	×				
根本原因分析（RCA）		×			
决策树分析					×
问题树分析	×				
五问法		×			
鱼骨图		×			

注：表中打 × 表示有映射关系。

表 7A-2 列出了 ABCDE 框架中不同阶段与可能使用的相关工具之间的映射关系。

表 7A-2　ABCDE 框架与相关工具映射

工具	Awake 唤醒重视	Buy-in 获得认可	Competency 构建能力	Deliver 试点实施	Enhance 推广优化
备选方案分析					×
变革管理流程					×
变革管理信息系统				×	
变革团队建设方法					×
变革项目授权技术				×	
标杆对照					×
参考案例			×		
成本效益分析			×		
成果评估和跟踪工具					×
创新氛围建设方法					×
反馈和评估		×			
访谈法	×				
干系人分析					×
工作坊和讲座			×		
关键绩效指标（KPI）	×				
规划与启动会议					×
过程分析					×
核查表					×
加入专业组织			×		

(续)

工具	Awake 唤醒重视	Buy-in 获得认可	Competency 构建能力	Deliver 试点实施	Enhance 推广优化
假设和制约因素分析					×
价值链分析	×				
奖励措施					×
教练和顾问			×		
经验交流			×		
竞争对手分析	×				
可行性研究	×				
流程标准和控制计划					×
敏感性分析					×
试点项目管理软件				×	
收尾与验收会议					×
文件分析	×				
宣传					×
学习与培训			×		
预测					×
召开风险会议					×
政策和流程制定					×
资源投入计划					×

注：表中打×表示有映射关系。

第 8 章 数字化管理领域

人类社会经济发展正逐步由信息经济迈向数字化经济新阶段,数据作为一种新的生产要素,重构了生产关系,推动了生产力提升。针对数字化管理这个新领域,全球主要国家相继制定了数字化战略和法规,特别关注数据生产、使用和治理,以谋求国家更强的核心竞争力。本章从数字化转型项目管理和数字化项目管理两个角度,阐述了 PMO 的职责、目标、流程及相应的工具、技术和方法等,旨在为读者提供在数字化管理领域的相关知识,提升组织数字化管理能力和水平。

8.1 PMO 的角色与职责

产业、组织和组织的数字化管理,朝着数字化方向转型和发展是当前要点,既符合国家战略发展方向,又顺应了当前 VUCA 时代的发展需求。数字化转型带来机遇与挑战,涉及价值与运营模式、运营流程、组织和文化重构等多方面,需要组织内外高层支持、全员参与,构建富有活力的数字化新商业。在组织的数字化管理领域中,PMO 通常支持以下两个层面的工作(见图 8-1)。

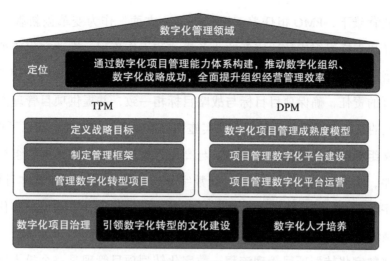

图 8-1　PMO 与数字化管理

数字化转型项目管理（Transformation Project Management，TPM）：作为组织数字化转型过程中的项目管理教练，通过规划、执行和监控一系列数字化转型项目，以实现组织结构、流程和文化的全面变革，确保项目能够有效地推动组织数字化转型，实现数字化战略成功，并最大限度地降低过程风险。

数字化项目管理（Digital Project Management，DPM）：作为数字化项目总指挥，利用数字技术和工具来规划、执行和监控项目，提高团队协作、信息共享和决策效率，实现数字化项目目标。

8.1.1　数字化转型项目管理

为了应对复杂多变的市场环境和竞争形势，数字化已成为组织的关键特征，也是组织持续发展、保持竞争力的决定性因素。项目管理及 PMO 在推动数字化转型和引领创新方面的必要性和重要性，已经得到了全球各行各业的普遍认可和高度重视。

对于组织的数字化转型和创新，PMO 需要不断优化项目运作的效率和质量，使组织具备持续满足市场需求、保持竞争优势的能力。PMO 需要在组织的数字化创新中不断探索新的项目化运作的可能性，并为组织的持续数字化升级构建基础能力平台，以提高组织成功进行数字化转型的概率，降低数字化转型带来的风险，这也是 PMO 在数字化管理领域的核心任务。

在此背景下，PMO 担任着双重角色：一方面，作为变革创新教练，PMO 负责引导和支持组织成员适应新的业务模式和工作流程，推动文化变革和创新思维的培养；另一方面，作为项目管理专家，PMO 承担着规划和管理组织转型项目组合的责任，确保项目目标与战略目标相一致，并提供项目管理方法论和最佳实践的指导，以确保项目的成功实施和价值实现。这主要包括以下内容。

定义组织数字化转型战略目标：与高层管理层紧密合作，围绕组织数字化转型战略，引入变革工具，指导组织数字化转型的战略方向和具体目标制定，确定数字化项目实施优先级和顺序，进行目标拆解和整合，确保数字化转型与组织的整体战略目标一致。

优化数字化转型项目管理流程：数字化转型项目管理是一个投入巨大、利益复杂、生产周期长的项目组合，需要引入变革相关的技术、工具和方法来指导并支持项目管理，让项目协作更顺、过程更可控、目标更可达。

管理并落地数字化转型项目：数字化转型通常涉及多部门、多项目、多流程的合作和协同，PMO 应负责整体沟通和协调，对数字化转型项目进行规划，对实施过程进行监控和风险管理，确保项目之间资源的配置最优、协作更顺畅，保障数字化转型项目的收益最大，最终达成组织经营目标。

引领数字化转型的文化变革：数字化转型过程中涉及组织文化的改变，要实现成功的数字化转型需要构建鼓励数字化创新、支持数字化转型和快速学习的文化。PMO 通过帮助组织制定数字化文化愿景和目标，建立员工数字化培训计划，提升员工的数字化能力并促进跨部门合作和知识共享，以推动数字化创新和变革。

8.1.2　PMO 的新角色和挑战

为了提高项目管理的效率、透明度和质量，PMO 也要对项目管理进行数字化转型，即承担数字化项目管理的角色，负责项目管理自身的数字化转型的能力建设、能力提升和组织转型的数字化转型，通过数字化项目管理能力的打造和应用，提高项目管理效率和质量，进而实现组织级的数字化项目管理能力的升级。这主要包括以下内容。

项目管理的数字化能力建设：传统的项目管理通常以纸质文档和手工操作为主，效率较低。PMO可以推进项目管理的数字化升级，构建数字化的项目管理能力，提高项目管理的效率和便捷性。

数字化项目管理预警、决策和管理：PMO可利用数据分析、大模型算法、项目管理数字化平台，实现项目问题的实时收集和自动化处理、风险预警和应对、绩效数据采集和校准。通过过程数字化，全面做到项目管理可视、可控、可管、可决策，大大提升项目成功率。

基于客观数据指标进行项目治理：充分利用数据指标和关键绩效指标对组织级项目管理能力进行测量和诊断，以有效地监督和管理项目。通过数据指标的下钻分析和多维度对比，及时调整项目治理方向和行动，从而推动组织管理成熟度不断提升。

8.2 数字化转型项目管理框架和实施方法

作为变革创新教练，PMO通过创新技术、工具、方法引入组织数字化转型，联动组织数字化转型委员会，定义数字化转型战略目标，制定数字化转型战略管理框架，主导数字化转型项目/项目组合/项目集管理，践行跨组织和部门的沟通和协调，监督和管理实施过程，来推动组织数字化整体转型，确保数字化转型项目的成功。

数字化转型项目管理（TPM）主要分为三大阶段：定义战略目标，制定管理框架，及管理数字化转型项目。

8.2.1 定义战略目标

为了更好地了解当前组织和组织面临的数字化挑战、机遇，制定符合组织发展的数字化转型项目战略，PMO需要积极地学习数字化相关的基础知识，了解数字化发展的不同阶段，了解在不同组织和行业中数字化场景的不同侧重等。

8.2.1.1 组织数字化能力成熟度

组织所处的行业、自身规模、数字化的基础不同，组织数字化能力成熟度的框架也不太相同，组织需要充分识别自身的数字化能力水平，可以采用一些成熟、稳定且通用的数字化能力成熟度标准，或采用具有行业代表性的成熟度框架，例如以下几个模型。

埃森哲的中国企业数字化转型指数模型与数字企业进化图：数字化转型围绕并行不悖且相辅相成的三大价值维度进行——智能运营让组织在核心业务上的优势愈加巩固，核心绩效提升为组织探索新市场、新业务提供强大的财务投资能力，新兴业务的概念验证与规模化和核心业务形成协同效应。

华为的开放数字化成熟度模型（ODMM）：将组织数字化能力划分为战略动力、以客户为中心、数字文化、人才和技能、创新与精益交付、大数据与人工智能以及技术领先等6大评估维度，每个评估维度都包含3个子维度，一共18个子维度。

企业IT数字化能力和运营效果成熟度模型（IOMM）标准体系：该模型以六大能力和六大价值为评判依据。其中，I代表数字基础设施，是标准体系的第一部分；O代表组织整体经营，是标准体系的第二部分。

8.2.1.2 数字化能力现状评估

PMO应对组织数字化现状进行评估，了解数字化的成熟度、潜力、瓶颈和障碍因素。可以从以下几个方面入手。

组织的数字化战略愿景：组织是否有明确的数字化转型战略和规划，数字化转型的目标和路线是否与组织发展战略保持一致。

组织的数字化设施：组织是否有完善的数字化基础设施，包括硬件、软件、网络等，现有设施的性能、安全性和可靠性是否能满足组织数字化的要求。

组织的数字化应用：组织是否已经实施了数字化应用，如即时通信（IM）工具、办公自动化系统（OA）、企业资源计划（ERP）系统等，这些应用是否有助于提高业务效率和盈利能力。

人员储备和能力：评估组织的人员素质，包括数字化技能、创新意识和团队协作等，了解人员在数字化转型中的角色和能力。

技术能力：组织是否具备数字化转型需要的先进的技术能力，包括云计算、大数据、人工智能等技术的应用和管理。

数字化风险：数字化转型可能会增加组织的网络安全风险，因为组织需要将大量的数据存储在云端或其他数字化平台上。因此，需要评估组织是否具有有效的安全措施，以保护其数据和网络安全。

行业的数字化程度：组织所处的行业数字化程度如何，与同行业组织相比，数字化水平在哪个层次。

在综合考量了上述几个方面后，就可以对组织的数字化现状和潜力进行评估，并提出相应的建议和改进方案。

8.2.2 制定管理框架

传统的项目管理流程和框架无法满足数字化转型的需要。主要表现在以下几个方面。

- 战略目标过于模糊，无法帮助项目团队聚焦短期目标工作。
- 战略目标落实到部门或项目上时没有清晰的路径。
- 项目流程冗长，职能部门间的工作协同差。
- 项目交付时间过长，无法满足市场变化的需求。

TPM 旨在通过数字技术的应用，提升组织的效率、创新能力和竞争力。在数字化转型过程中，优化目标管理、流程管理和项目管理方法非常重要。PMO 负责选择适合组织的项目管理方法和工具，确保项目在执行过程中能够高效、有序进行。这些方法和工具可以帮助组织明确目标，识别和运用最有效的数字化转型杠杆，从而更加灵活地应对变化，提高项目交付效率，减少资源浪费。不同项目管理方法在数字化转型中的对比如表 8-1 所示。

表 8-1 不同项目管理方法在数字化转型中的对比

维度	传统	精益	敏捷
范围	固定的	循序渐进地变化	MVP 模式
时间	计划的时间	减少等待	固定周期迭代
成本	难预测	资源相对固定	固定团队提高效率
价值	反馈慢	反馈中评估	价值导向优先级
关注点	契约式交付	减少浪费、改进优化	快速交付、团队生产力提高

推荐从以下三个方面进行项目管理流程、方法和工具的优化。

- 用 OKR 优化目标数字化管理。
- 用精益优化流程数字化管理。
- 用敏捷优化项目数字化管理。

8.2.2.1 用 OKR 优化目标数字化管理

管理好战略需要做好对目标的管理。目标数字化是将组织的战略目标和运营目标转化为可量化、可衡量的数字化目标,以便更好地跟踪、评估和实现。

传统上,战略存在于董事会、高层之间的经营计划之中,但战略承接的腰部力量及战略执行的腿部力量对于战略的感知不强,影响了战略推进的资源、组织保障。使用目标管理工具 OKR（Objectives and Key Results）进行目标的数字化过程管理,有助于组织上下战略目标完整、清晰、透明,做到一站式传递,从而实现真正的上下同欲、手脚同心。

OKR 是一个目标管理框架,目的是帮助组织建立明确、统一的目标,并确保整个组织的行动与战略保持一致。通过 OKR,组织可以实现过程透明、实时跟踪和灵活调整,营造高效且参与度高的工作氛围,从而推动业务成果的达成。OKR 的核心思想是将焦点从日常工作的输出转移到工作的结果,这种思维模式的转变使团队成员能够更加清晰地了解自己的工作与组织战略之间的联系,并激励他们为实现共同目标做出积极贡献。

OKR 由以下两部分组成。

目标（O）：目标是指团队要达成的目标,从经营目标→战略目标→团队目标→个人目标。目标拆解和支撑的数字化过程,让整个目标可以完整清晰地呈现。借助数字化工具,可以实现目标与行动、目标与进度的综合管理,从而让整个目标管理过程高效且透明。

关键结果（KR）：关键结果是指达成目标的关键行动项及其完成后带来的成果。通过目标→行动项,实现了目标与计划的匹配,从行动项→成果,实现了目标→行动→预期结果的三边验证,从而能够在操作层面验证战略的落地性。

基于 OKR 的数字化目标管理主要包括四个步骤。

- 目标设定：基于公司中长期经营目标开发公司战略地图，形成对齐、可拆解且透明的组织战略 OKR，完成目标基线的数字化。
- 目标拆解：围绕目标进行战略→团队→个人的拆解和整合，明确每个目标的关键结果，完成个人级目标的数字化。
- 目标跟踪：通过 OKR 来建立目标的跟踪和评价体系，通过 KR 进行过程跟踪，通过 O 进行阶段性目标验收，以此形成目标健康度，完成目标关键过程的数字化。
- 目标评价：基于目标周期定期进行回顾和目标评价，将目标实际数据、关键过程数据、内外评价等作为目标评价结果数据，完成完整目标结果的数字化。

8.2.2.2　用精益六西格玛方法管理流程数字化

精益六西格玛是一种以流程优化为核心的强大业务改进方法论，旨在显著提升流程的效率和质量。它通过精细梳理流程、识别并消除断点和堵点，从而稳定流程、提高质量和运转速度。

精益六西格玛项目管理的生命周期包含五个阶段：定义（Define）、测量（Measure）、分析（Analyze）、改进（Improve）、控制（Control），形成一个循环往复的机制，以推动业务的持续改进。在数字化转型过程中，它还能为流程数字化管理提供系统性框架，助力企业应对转型过程中的挑战。数字化精益六西格玛管理体系如图 8-2 所示。

图 8-2　数字化精益六西格玛管理体系

在这个过程中，有以下三个关键思维贯穿始终。

（1）流程思维：全面审视业务流程，识别并消除瓶颈、非增值活动。

在数字化转型过程中，首先要将业务流程视为一个整体，识别并消除流程中的瓶颈和浪费。例如，可以使用价值流程图分析法，识别非增值活动，并通过流程再造实现流程优化。

（2）数据驱动：确保决策基于准确的数据，而非主观判断。

这意味着需要建立健全的数据收集和分析机制，如使用过程控制与目视化工具监控关键业务指标，及时发现异常并采取行动。同时，需要建立数字化指标体系，并利用数据分析工具，如统计过程控制（SPC）、数据挖掘等，对流程进行监控和分析，为决策提供依据。

（3）激进目标：根据流程本身的理论能力，设定具有挑战性的 KPI，并将这些目标拆解到流程的各个环节，同时制定具体的行动计划以确保目标的实现。

实施精益六西格玛方法时，可以利用多种工具来支持数字化转型，包括但不限于：

- 流程图：用于可视化流程的步骤和顺序。
- SIPOC 图：用于识别流程某个步骤或节点的上游（供方）、输入、流程操作、输出和下游（需方），并分析信息在流程中的流动情况，从而识别信息孤岛和断点。
- 看板：用于可视化工作流程和进度。
- 因果图 /5Why 分析：用于深入挖掘问题背后的根因。
- 控制图：用于监控关键指标的变化趋势，及时发现异常，并采取措施进行调整，确保改进效果的持续性。

这些工具不仅有助于更好地理解和优化业务流程，还能在数字化转型的各个阶段提供有力支持，从而确保项目的成功实施。

采用精益六西格玛方法进行流程数字化管理具有以下显著优势。

- 提供结构化框架，确保项目聚焦于价值创造和持续改进。
- 通过数据驱动决策，减少主观判断带来的风险。
- 全员参与的理念有助于克服数字化转型中的组织阻力。

- 注重客户价值，确保数字化转型的成果能够真正满足客户期望。

这种方法可以为企业带来多方面的收益，包括提高效率、降低成本、提升质量、加速创新、提高客户满意度和增强竞争力。

以一家制造企业实施 ERP 系统的案例来说明精益六西格玛方法在流程数字化管理中的应用。

（1）定义（Define）阶段：设定明确目标，例如，提高订单处理效率 30%（以订单处理时间、订单处理错误率等指标来衡量），减少库存成本 20%（以库存周转率、库存持有成本等指标来衡量）。

（2）测量（Measure）阶段：收集基准数据、校验衡量方法，例如，平均订单处理时间、订单处理错误率、库存周转率、库存持有成本等。

（3）分析（Analyze）阶段：通过流程图和价值流图来识别关键问题，例如，根据流程图识别订单处理、生产计划和库存管理等流程中的冗余步骤和瓶颈。使用因果图和 5Why 分析，并结合数据分析、问卷调查、访谈等方式收集信息，发现信息孤岛是问题的主要根源。

（4）改进（Improve）阶段：使用 SIPOC 图（高端流程图）和详细的流程图，展示订单处理、生产计划和库存管理之间的关联和信息流动。识别关键集成点，为 ERP 系统的设计提供输入。实施集成的 ERP 系统，包括销售订单管理、生产计划、库存管理和采购等模块，要特别注重模块间的数据流通，以解决信息孤岛问题。

（5）控制（Control）阶段：使用控制图持续监控关键指标，例如订单处理时间、订单处理错误率、库存周转率、库存持有成本等，确保改进的持续性。建立定期的流程审查会议制度，由流程负责人汇报流程运行情况，识别新的改进机会，并制定改进计划。

将精益六西格玛方法应用于流程数字化管理，可帮助企业更有效地实现转型目标。通过系统性应用 DMAIC 流程、关键思维和各种工具，企业能在数字化转型中走得更稳、更远。重要的是，精益六西格玛方法强调持续改进，这与数字化转型的长期性质相契合，能够支持企业在不断变化的环境中持续优化和创新。

需要注意的是，实施精益六西格玛方法也可能面临挑战，例如员工的抵触情绪、数据质量问题等。企业可以通过培训、沟通、激励等方式，帮助员工理解数字化转型的意义，并积极参与到转型的过程中。同时，需要建立数据治理机制，从数据源头开始确保数据的准确性、完整性和一致性。

8.2.2.3 用敏捷优化项目数字化管理

敏捷项目管理是一种以人为核心，迭代、循序渐进的项目管理方法，在数字化转型中扮演着重要角色。敏捷团队能够更快地适应变化、修正计划并迅速做出反应，这对于数字化转型时不断变化的市场和技术环境非常重要。

敏捷项目管理强调通过迭代交付的方式，让团队更快速、准确地交付价值，这种迭代特性意味着，它是一种低风险的执行变革性项目的方式。敏捷要求我们通过小步子的方式持续交付可用的产品增量、快速接收反馈并进行改进，这意味着，我们能够规避一次性大规模变更而带来财务和人力资源浪费的高风险。

Scrum 是最常见的敏捷项目管理框架，项目组应用 Scrum 可以实现项目研发过程中的快速反馈和适应性调整，高效并有创造性地交付高价值的产品。图 8-3 展示了 Scrum 关键要素。

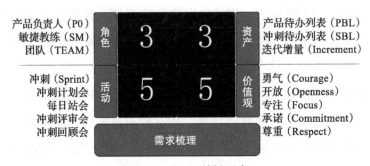

图 8-3　Scrum 关键要素

Scrum 主要有以下优势。

- 高适应性：敏捷开发具有高适应性，能够快速响应市场变化。
- 以人为本：敏捷开发强调以人为本，能更加灵活地利用每个开发者的优势，调动每个人的工作热情。
- 客户满意度：敏捷开发注重市场快速反应能力，客户前期满意度高。

Scrum 主要有以下劣势。

- 文档不足：敏捷开发更加注重人员的沟通而弱化文档的使用，若项目人员流动大，会增加维护的难度；如果项目中有比较多的新手，老员工就会比较累。
- 对经验的依赖：Scrum 团队需要具有较丰富经验的成员，否则在大项目中容易遇到瓶颈。

8.2.3 管理数字化转型项目

PMO 以项目管理为抓手，为组织数字化转型服务。PMO 可以从以下几个方面管理数字化转型项目。

战略目标数字化：将组织的数字化战略拆分为具体项目，确保每个项目都与战略目标保持一致，避免资源的浪费和方向的偏离。例如，PMO 可以根据组织的数字化愿景和目标，识别出关键的业务流程和功能领域，然后将其转化为可执行的项目，如数字化营销、数字化供应链、数字化客户体验等，并为每个项目设定明确的数字化目标、指标和里程碑。

优化项目组合：对组织的数字化项目组合进行分析和评估，根据项目的价值、风险、紧急程度等因素进行优先级划分、资源分配和进度控制，提高项目组合的整体效益。例如，PMO 可以使用项目组合管理（PPM）工具，围绕重要性、紧急性以及价值度对项目进行分类、排序和筛选，以便确定数字化价值，并根据项目的复杂程度、成本和收益，合理地分配人力、物力和财力等资源，并定期监测和调整项目的进展和状态。

规范项目管理流程：建立和维护组织的项目管理体系，制定和执行项目管理的标准和流程，包括项目申请、审批、启动、执行、监控、收尾等环节，提高项目管理的质量和效率。

提升项目管理能力：为组织提供项目管理的培训和指导，提升项目团队成员的专业技能和知识水平。同时，还可以通过知识管理工具，沉淀和共享项目管理的经验和方法，促进组织的学习和创新。

8.3 数字化项目管理

数字化项目管理建设是指利用信息技术和数字化工具来支持项目管理实现全面的数字化转型。

项目管理学科的每一次升华，背后都有技术升级的驱动，尤其是经过信息化的改造升级，全球诞生了一批又一批影响深远的巨型项目。随着人工智能、物联网、区块链、云计算等新兴技术的不断涌现和应用，项目管理将迎来更加广阔的发展空间，数字化与智能化转型也将成为趋势。组织需要及时了解最新的数字化技术，不断优化和改进项目管理方法，以提高项目管理的效率和质量，更好地适应市场竞争和变化。

8.3.1 数字化项目管理成熟度模型

从数字空间构建的角度分析，信息化和数字化一脉相承，都可以解释成将物理世界的"物理对象或活动"向数字世界映射或迁移的过程。考虑到技术差异性及数字化技术应用的不同，组织数字化可分为三个阶段。

第一阶段：信息化——信息记录分析。信息技术被用于实现信息和流程从线下到线上的转移，但实际项目活动还在线下。项目活动使用 Excel、Project、Sharepoint 等信息化工具收集、保存和展示项目管理信息，建立统一的项目管理平台，将项目的数据信息化、流程标准化。利用信息化平台进行项目任务、流程的管理，如 Jira、禅道等，通过信息化项目管理工具/系统来规范项目管理流程。

第二阶段：数字化——项目活动迁移。随着信息化进程的爆发式演进，大量的项目流程涌入了数字空间，越来越多地由数字空间承载物理世界的"项目活动"，尤其是人与人、数据与人的交互活动。在这个阶段，大数据、DevOps、云计算等得到广泛应用，组织级数据中台、运营中台等工具链提供开发和运维的全自动化管理，项目与资源、人、数据之间的壁垒被打破，结合大数据技术，实现项目信息和数据的透明化、实时展现，项目生命周期可视化成为可能。

第三阶段：智能化——管理逻辑重塑。在第二个阶段中，虽然"项目活动"逐渐向数字世界迁移，但是由于物理世界思维的惯性，大家还是按照物理世界的规则来构建数字世界,导致项目管理仅实现了线上化,但业务本身并没有发生根本上的变化(如项目计划、风险拦截和预警、自主决策等)。在 AI 深度学习、物联网等技术的帮助下,管理活动与生产活动快速融合,项目管理技能被大模型消化后,以 Copilot 的形式在项目生产活动过程中为项目成员提供服务,人们开始用数字世界的方式重新思考项目管理本身,结合数据与智能模型各自的特点和优势,提出对于项目管理的项目规划、执行、监控等更智能的管理办法。

信息化、数字化及智能化技术推动了项目管理能力的不断提升。通过数字化项目管理升级,组织的管理成熟度得以持续提升,数字化项目管理成熟度模型(Digital Project Management Maturity Model,DPM3)应运而生,如表 8-2 所示。

表 8-2 数字化项目管理成熟度模型

评估项	阶段级别	信息化	数字化	智能化
业务覆盖	初始级	需求、任务生命周期生产数据填报,管理数据自动化采集	项目管理、需求管理、任务管理生命周期	项目管理、需求管理、任务管理生命周期
组织渗透		管理员、生产成员	项目成员、生产成员	项目成员、生产成员
数据价值		高效完成	高效高质量完成	高效高质量完成
业务覆盖	标准级	项目标准化、任务标准化生命周期	项目标准数字化、需求标准数字化、任务标准数字化生命周期	项目标准数字化、需求标准数字化、任务标准数字化生命周期
组织渗透		项目成员	项目成员	项目成员
数据价值		标准高效完成	高标准高效完成	高标准高效完成
业务覆盖	主动级	项目集生命周期生产数据填报,项目集管理数据系统自动化采集	项目集生命周期	项目集生命周期
组织渗透		项目集、项目成员	项目集、项目成员	项目集、项目成员、生产成员
数据价值		目标高效达成	目标高效高质量低成本达成	目标高效高质量低成本达成
业务覆盖	治理级	项目组合生命周期数据填报,项目组合管理数据系统自动化采集	项目组合生命周期	项目组合生命周期
组织渗透		管理成员、项目成员、生产成员	管理成员、项目成员、生产成员	决策成员、管理成员、项目成员、生产成员
数据价值		收益质量达成	客户满意的高收益达成	客户满意的高收益达成

(续)

评估项	阶段级别	信息化	数字化	智能化
业务覆盖	优化级	管理生命周期数据填报，管理数据系统自动化采集	管理生命周期	经营、管理、生产生命周期
组织渗透		决策层、管理层、执行层	决策成员、管理成员、项目成员、生产成员	决策成员、管理成员、项目成员、生产成员
数据价值		数据驱动，效率为先	数字驱动，客户为先	自我驱动，生态共赢

8.3.1.1 信息化

随着数字化项目管理成熟度的不断提升，项目管理信息化建设也在逐步演进，从初始级、标准级、主动级、治理级到优化级，为项目管理提供了更全面、高效和智能化的支持。

（1）**初始级：使用基本的信息化工具来收集和存储项目相关的信息，如文档、表格等。**

在初始级的信息化中，项目管理信息化建设关注于建立基础的信息收集和存储系统。可以建立电子文档库用于存储项目文件、合同、报告等，可以使用电子表格来记录和跟踪项目进展、资源分配和任务列表等。这些工具可以提供更便捷的数据访问和共享，有助于减少纸质文档的使用和存储成本。

例如，某初创公司正开展新品研发项目，根据数字化项目管理成熟度模型进行诊断，目前处于初始级，在信息化建设中，它们开始使用电子文档和电子表格来收集和存储项目相关的信息，项目团队成员通过共享文件夹或在线协作平台上传和更新文档，如需求规格说明、设计文档和进度报告等。这样，团队成员可以随时访问所需的信息，并进行协作评论和反馈。

（2）**标准级：使用完整的信息化工具来处理和传输项目相关的信息，如数据库、图形等。**

在标准级的信息化中，项目管理信息化建设使用更完整的信息处理和传输工具。这可能包括：使用数据库组织和管理项目数据，以实现更高效的数据检索和查询功能；使用图形工具可视化项目数据，如绘制流程图、甘特图和故障树等。这些工具提供了更直观和易于理解的方式来分析和传达项目相关信息。

例如，（接上述案例）随着业务持续发展，这家公司已逐渐形成了自有的项目管理体系雏形，在进行项目管理的过程中，采用可重复级的信息化工具来处理项目数据,且使用图形工具创建甘特图以及资源分配图,以便更好地跟踪项目进展和资源利用情况。此外,该公司还引入专门的项目管理信息系统(Project Management Information System,PMIS),将所有在研及历史项目数据录入数据库进行统一管理。

(3)主动级:使用高效的信息化工具来展示和报告项目相关的信息,如仪表盘、指标等。

在主动级的信息化中,项目管理信息化建设关注于提供高效的信息展示和报告功能。这可能包括创建仪表盘和指标报告,以汇总和展示项目的重要指标和关键数据。通过可视化和摘要的方式,项目团队和项目干系人可以更轻松地了解项目的状态、趋势和绩效。这些信息化工具有助于迅速识别项目中的潜在问题和机会,并支持决策制定过程。

例如,(接上述案例)该公司逐渐成长为一家中等规模的公司,在主动级的信息化建设中,除了日渐成熟的项目管理机制,PMIS 的引入也逐渐丰富了项目库数据。衡量项目绩效需要越来越多的项目指标,因此,公司在 PMIS 系统的基础上研发了一套高效的可视化仪表盘和指标报告系统,PMO、项目集经理及项目经理可以根据不同权限,实时查看项目关键指标,如项目进度、成本和质量等,并根据这些指标及报告进行项目成果汇报输出。这些工具使得项目团队能够及时发现问题,做出决策,并快速执行相应措施,提高了整体项目管理效率。

(4)治理级:使用灵活的信息化工具来调整和变更项目相关的信息,如分析、预测等。

在治理级的信息化中,项目管理信息化建设注重使用灵活的信息化工具进行项目信息的调整和变更。这可能包括使用数据分析工具来深入研究项目数据,发现潜在的趋势和模式,并进行预测和模拟分析。通过这些工具,项目团队能够更好地理解项目的风险和机遇,并做出相应的调整和决策。

例如,(接上述案例)该公司的战略管理部、市场营销部及项目管理部,正合力开展一项基于战略目标的市场调研项目,三方在数据日益丰富的项目信息化平台中,采用数据分析工具来处理项目相关信息,对大量业务数据及项目数据进行定性及定量分析。基于合理的历史经验,它们能够更好地理解市场趋势和客户需求，从而调整项目策略，使得公司业务增长，并达成盈利的目标。

（5）优化级：使用先进的信息化工具来创新和指引项目相关的信息，如可视化、交互等。

在优化级的信息化中，项目管理信息化建设追求创新和引导项目相关信息，这可能包括使用先进的可视化工具来呈现项目数据，并实现与项目数据的交互，帮助项目团队更好地理解和应对复杂的项目环境。

例如，（接上述案例）由于新品在市场获得成功，该公司将一定比例的净利润作为专项资金继续投入新品研发项目。通过项目管理信息化的可视化大屏，以更沉浸式的交互方式呈现产研项目的盈利情况，帮助团队更好地评估市场反馈，优化现有的产品设计。

综上所述，项目管理信息化建设从初始级到优化级，逐渐完善了收集、处理、展示和分析项目信息的能力。不同级别的信息化工具可以支持项目管理过程中的决策制定、沟通协作和问题解决，提高项目管理的效率和成功率。

8.3.1.2 数字化

项目管理数字化侧重于对整个项目生命周期的数字化改造，包括对数字化工具、流程和方法的应用，使用数字技术和平台来实现跨部门、跨地域的协作，优化资源配置，提高沟通效能，并通过数据分析和智能化工具来支持决策和风险管理，最终形成项目管理数字化平台（Project Management Digital Platform，PMDP）。

（1）初始级：使用基本的数字化工具来实施简单和重复的任务数字化。

在初始级的数字化中，项目团队可以使用一些基本的数字化工具，对简单且重复的生产过程进行数字化和自动化处理。例如，可以利用自动化软件来替代手动处理的步骤，使用自动化测试工具来执行测试用例，从而提高测试效率并减少人为错误。此外，机器人技术也可以应用于生产线上，通过自动化完成产品组装等重复性的操作。

例如，一家初创公司正在建立一个基本的项目管理数字化平台，以帮助他们更有效地收集和存储项目相关的信息。该公司选择了一个简单易用的在线项目管理工具，用于跟踪项目进展、分配任务和共享文档。该项目管理数字化平台使得团队成员能够方便地查看和更新项目数据,并提高了沟通和协作的效率。

(2)标准级:**使用完整的数字化工具来实施复杂和多样的过程数字化。**

在标准级的数字化中,项目团队使用更完整的数字化工具来处理复杂和多样的项目任务。例如,通过传感器和控制器来监测和调节项目中的物理变量,如温度、压力和流量等。这些自动化设备可以实时获取数据,并根据预设条件执行相应的操作,提高生产效率,加强品质控制。

(3)主动级:**使用高效的数字化工具来实施优化和改进的项目数字化。**

在主动级的数字化中,项目团队使用高效的数字化工具来实施优化和改进的项目任务。例如,可以利用算法和模型来分析大量数据,以发现潜在的趋势和模式,从而做出更有针对性的决策。此外,采用自动化的流程和工作流管理工具可以帮助团队改善流程、减少浪费和提高效率。

(4)治理级:**使用灵活的数字化工具来实施变革和创新的管理任务。**

在治理级的数字化中,项目团队使用灵活的数字化工具来实施变革和创新的项目任务。例如,人工智能和机器学习技术可以应用于数据分析和预测,从而为项目团队提供更深入的洞察和决策支持。这些工具可以通过学习和适应不断改变的环境,帮助项目团队做出更明智的决策和规划。

(5)优化级:**使用先进的数字化工具来实施项目管理的过程自动化。**

在优化级的数字化中,项目团队使用更加先进的数字化工具来实施多样化的项目任务。例如,使用区块链技术可以为项目团队提供安全、去中心化的数据存储和交互方式,促进项目团队之间的信任和合作。此外,云计算技术可以为项目团队提供弹性和可扩展的计算资源,支持项目的灵活需求。

综上所述,随着相关技术的发展,从简单任务的数字化到复杂任务的优化和创新,不同级别的数字化工具在项目管理中发挥了重要作用。通过合理应用数字化工具,可以提高项目管理的效率、质量和创新能力,推动项目向更高水平迈进。

8.3.1.3 智能化

基于项目管理数字化平台,可以考虑启动全面智能化的转型过程,升级进入到项目管理智能化系统(Project Management Mathematical intelligence System,

PMMIS）建设。

初始级：在初始级的智能化中，项目团队通过使用基本的智能化工具，如数据挖掘、统计分析等，来分析和理解项目数据，了解资源的使用情况和项目计划的执行情况。这有助于团队更深入地理解项目历史、识别潜在的问题和机遇。

标准级：在标准级的智能化中，项目团队通过使用完整的智能化工具，如数据仓库、决策支持系统等，收集和整合项目数据，以预测和评估项目相关的结果。这可以帮助团队提前做好资源调配和计划调整，从而更好地控制项目进度和成本等。

主动级：在主动级的智能化中，项目团队通过使用高效的智能化工具，如数据集成、业务智能等，优化和改进项目相关的流程，并将项目库与其他系统进行整合，实现信息的共享和自动化流程。这可以为项目团队提供更准确和实时的数据，帮助团队优化资源管理和项目计划，提高项目执行的效率和质量。

治理级：在治理级的智能化中，项目团队使用灵活的智能化工具，如数据挖掘、机器学习等，对项目数据进行深入分析，以学习和适应项目的相关变化，发现隐藏的模式和趋势，并预测未来的资源需求和计划结果。这可以帮助团队更好地应对不断变化的项目环境，做出及时的决策和调整。

优化级：在优化级的智能化中，项目团队通过使用先进的智能化工具，如深度学习、神经网络等，构建智能化的项目库管理系统，以创新和引领项目相关的领域，实现更精准和自动化的资源分配和计划优化。这可以在项目管理中实现领先和创新，提高项目管理的效率和成功率。

综上所述，项目管理智能化通过对不同级别的智能化工具的应用，帮助团队更好地理解和掌握项目资源和计划的情况，提高项目管理的准确性和效率。随着技术的发展，智能化的项目库管理将继续演进，为项目管理带来更多的价值和创新。

8.3.2 项目管理数字化平台建设

项目管理数字化平台（PMDP）是包含标准、流程、资源、采购、合同、决策等核心能力的项目管理活动数字化承载平台，承载了项目生命周期的关键活动和数据要素。项目管理数字化平台建设涉及识别项目数字化平台的需求、规划系统架构、选择合适的技术平台、开发与测试、部署与运维等一系列关键活动，需要进行充分的现状评估、目标制定、功能规划、实施方式和实施步骤 5 个核心环节，以确保项目管理数字化的成功实施和可持续发展。

8.3.2.1 现状评估

项目管理数字化平台建设受到组织管理机制、组织管理文化、业务模式、组织架构以及能力构成等因素的影响，因此，在平台建设启动之前，需要对组织数字化项目管理转型项目进行充分评估、规划、实施和运营，这个过程有助于确定项目管理数字化平台的发展方向、建设规模和投入成本，为成功落地提供全方位指导。

在评估组织的数字化项目管理现状及需求时，需关注以下几个方面。

组织发展阶段：组织所处的不同阶段决定了其对信息化和数字化导入诉求的强弱。例如，发展重心在经营健康业务模式的阶段，重心在于探索，并取得客户的认可；处于成长阶段的，重心在于取得业务规模的扩展，并取得资本的认可；处于成熟阶段的，重心在于取得稳健的经营效益，并取得行业的认可；处于衰退阶段的，重心在于经营利润的最大化，为第二曲线带来发展资源。通常，在成长或成熟阶段引入信息化和数字化，有助于降低组织的经营成本。

组织管理方式：组织结构是扁平化还是垂直化，决定了数字化转型阻力的强弱。在垂直化组织中，管理变革推进上传下达，链路长、周期长、反馈长；在扁平化组织中，管理变革相对更容易被接受，推进初期覆盖面广、效果好，但需要做好预期和标杆的引导和运营。

数字化成熟度：组织数字化能力和所需的项目管理功能息息相关。一般而言，数字化项目管理不能独立存在，而是与组织自身的业务系统及数字化转型生态系统相结合的。只有在组织数字化水平达到一定程度时，数字化项目管理需求才会逐步出现。可结合 8.3.1 节 "数字化项目管理成熟度模型" 确定组织当前阶段及数字化项目管理的基础和需求。

战略优先级：战略优先级反映了组织资源投入的优先级和决心。高优先级意味着更多的资源投入和更快的风险处理时效。因此，要引导、确保数字化战略处于战略优先级。

8.3.2.2 目标制定

在制定项目管理数字化平台建设的目标时，需关注以下内容。

制定数字化项目管理目标：基于对项目管理成熟度和数字化程度的评估，可制定相应的平台愿景和战略目标。这些愿景和目标应与组织或组织的整体战略和价值观相一致，并具有可实现性和可衡量性。例如，某汽车制造工厂的愿景可定位为建立一个全球化的、基于汽车制造行业领域的全面项目管理数字化平台，旨在实现项目信息的集中存储、协作和共享，而对应的战略目标可设置为提升汽车制造工艺效率、提高汽车制造项目交付效率及优化供应链中各项资源的利用率等。随着技术的不断进步和业务需求的不断变化，项目管理数字化平台需要不断演进和升级。因此，在制定愿景和目标时，应注重其灵活性和可扩展性，以满足日益复杂和多样化的项目管理需求。

评审数字化项目管理目标：在完成数字化项目管理目标制定后，发起高层评审和决策，形成"上下同欲"的战略目标，数字化的进程将围绕目标的达成全面推进。

数字化平台承接数字化目标：PMDP 的基本结构如图 8-4 所示。

8.3.2.3 功能规划

在选择合适的平台功能时，需要综合考虑组织或组织的特定需求和现有资源。这意味着平台功能应该能够适应并支持现有的项目管理流程和方法，并提供增值的功能以优化和改进项目管理。例如，如果组织注重风险管理，那么项目管理数字化平台应该具备风险评估和预警的功能；如果组织追求高效的协作和沟通，那么项目管理数字化平台应该提供实时交流和文档共享的功能。通用平台功能的系统架构及功能清单见下文描述。

表 8-3 为通用的平台功能模块，组织可以根据行业特性和自身特定需求，综合考虑组织和/或项目管理流程及目标，并与项目干系人紧密协商，以确保功能模块能够满足他们的需求。

第 8 章　数字化管理领域　297

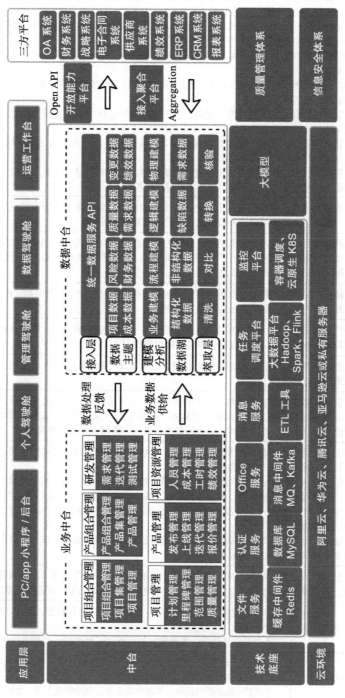

图 8-4　项目管理数字化平台（PMDP）

表 8-3 项目管理数字化平台功能模块

模块	说明
基础管理	①基础信息：项目（含项目组合、项目集、项目）生命周期基础信息管理，如项目级别、规模、角色、进度、报告等 ②进度管理：项目里程碑、任务清单、进度表管理，通过项目进度计划可视化，确保项目符合工期要求 ③资源管理：项目任务和资源分配、挑战和优化、跟踪和回收，确保资源投入符合项目要求 ④范围管理：项目需求、任务、问题等，与项目进行关联管理，确保项目范围可记录、可跟踪、可解决 ⑤变更管理：对项目基准、计划、资源、范围等过程中的变更进行创建、审批、实施和跟踪，确保项目基线可控 ⑥工时管理：工时记录统计，通过记录项目组成员的个人项目工时，结合项目工时，为实际项目成本提供参考指标 ⑦风险管理：对不同类型项目进行风险识别、评估和记录，设置风险等级及风险应对策略，监控和控制项目风险，作为项目健康度的输入
流程管理	通过对流程、字段、规则进行定义、配置和维护，确保项目过程中的立项、评审、决策、变更、收尾等关键流程的创建、审批、预警和数据支撑
协同管理	通过项目与周边人力资源平台、组织沟通平台、DevOps 平台、通知中心等的联动，保证项目管理推进过程中的生产活动、管理活动、决策活动实时互动，提升信息的透明性和沟通的实时性，让团队无缝协同
产品管理	涵盖产品规划、启动、交付、实施、运营、维护阶段的整个生命周期过程的数据管理，以及产品需求的生命周期过程的数据管理
知识库管理	负责存储和维护与项目相关的文件、报告、合同、变更请求等文档，同时管理版本控制和文档审批流程，提供文档搜索和访问权限控制
交付管理	创建项目验收报告，记录并管理按照客户要求交付验收的项目相关文档，获取客户的反馈并进行改进
成本管理	包括预算规划、成本控制、人力资源分配、物资采购等功能，以确保项目在预算和资源范围内完成。通过项目成员人工成本、项目工时、采购耗材、储备成本等相关信息，形成单项目的项目成本核算。如为跨国项目采用，需留意设计币种及语言
合同管理	①合同创建与管理：涉及合同的起草、审核和签署等流程，能够对合同进行版本控制和归档，确保合同的准确性和完整性 ②合同执行监控：通过对合同条款和条件的监测和跟踪，确保按合同履约。监控合同约定的里程碑和截止日期，提醒项目干系人采取必要行动以避免违约或逾期 ③合同变更管理：记录和管理合同变更请求，评估变更影响，协商变更条款并确保变更的正确执行 ④合规性与法律事务：确保项目能够符合适用法律和法规的要求，并提供对法律事务的支持，如纠纷解决、索赔处理等
绩效管理	包括绩效设置、指标设置、绩效报表、绩效报告等。结合项目工时数据等相关项目指标，评估项目整体绩效及个别成员绩效，最终形成项目评估报告以及项目最终人工成本
数字驾驶舱	个人驾驶舱：①项目成员的聚合工作台，展示相关的项目数据、任务、缺陷、待办、风险等信息 ②个人项目助手，实现数据的可查询，可更新，可催办，可协同 数据驾驶舱：①指标管理包括指标定义（如项目成功率、项目准时交付率）、指标获取、指标展示（如项目北极星指标）等 ②项目生命周期数据包括资源数据大盘、风险数据大盘、交付物数据大盘等

(续)

数字驾驶舱	管理驾驶舱	①项目健康度：涉及目标、进度、成本等健康度状态 ②资源饱和度：分析组织级资源投入情况，围绕不同饱和度对应的资源管理建议和行动计划 ③风险预警：针对目标实现全量风险的识别，制定预警和解决计划 ④项目智能助手：通过项目经验库与大模型形成项目智能助手，服务于项目生命周期各个阶段和项目成员

8.3.2.4 实施方式

建设项目管理数字化平台有三种方式：自研、采购或外包，这取决于组织的预算、技术能力和时间要求。

自研：如果组织拥有充足的预算和技术资源且时间相对宽裕，自研平台是个可行的选项，这将允许组织按照自身需求进行定制开发，以满足特定的功能和集成要求。

采购：如果组织预算有限或技术能力不足且时间相对紧迫，可以选择直接采购现有成熟的 SaaS 模式平台解决方案，降低开发和维护成本的同时，也便于快速部署和使用。

外包：如果组织对自研平台有需求，但又没有足够的内部研发资源支持，可以通过招标等形式将平台开发任务外包，进行定制化开发。这样既可以确保平台的质量、功能和交付时间，又可以针对组织自身的行业特点及业务特性定制。需要注意的是，在商务洽谈及项目实施的全流程中，应通过签订技术委托合同、内网机制及供应商管理等方式，获得系统源码及相关产品、需求或数据等信息，以确保核心商业机密不外泄，并保有公司自主知识产权。

无论采用哪种方式，都应考虑平台能否满足未来的发展需求，确保其未来的稳定性、可扩展性、可维护性和灵活性。

8.3.2.5 实施步骤

项目管理数字化平台建设主要包括以下七个实施步骤。

（1）需求分析：与项目干系人（包含最终用户）进行深入沟通和讨论，明确平台的功能需求和使用场景，深度挖掘产品功能，以终为始地提升用户满意度。

（2）项目规划：基于市场调研、需求分析形成需求包，围绕自研、采购或外包形成预算评估，在获取高层审批后制定解决方案，包括平台选型、数据治理策略、预算计划、实施计划等。

（3）架构设计：制定项目数字化平台的技术架构方案，包括硬件环境、软件框架、数据库设计等。

（4）功能开发：按照需求和设计方案，进行功能模块的开发，确保平台能够满足用户的需求。

（5）测试验收：对开发完成的功能模块进行测试和验证，确保平台的质量和稳定性。

（6）系统部署：安装和配置数字化平台软件，确保系统能够正常运行，并与其他系统集成。另外，系统建成上线后，需要安排 PMO 或组织内部负责项目管理的相关人员，将现有项目数据整理并迁移到数字化平台中，确保数据的准确性和完整性。

（7）培训推广：为项目干系人增强平台的使用意识提供产品培训，使其熟悉数字化平台的使用方法和功能。

项目管理数字化平台的实施不是一蹴而就的过程，需要持续投入和积极管理才能取得最佳效果。要根据系统的实际使用情况和反馈，持续改进和优化，以满足日益变化的需求。

案例

某科技公司近年来业务范围拓展，项目数量增多，原有的项目管理部手工操作已经无法满足需求，因此，项目管理部利用自有资金，安排研发团队开发内部使用的项目管理信息系统（PMIS），以替代烦琐的手工操作，处理项目管理事务性工作，提升项目管理水平。该系统的数据库可完整记录全量的组织项目信息，并能快捷、方便地获得各种统计分析报告，为组织管理与决策提供准确、全面、及时的项目管理状态信息支持，以实现数字化项目管理战略转型的最终目标。

1. 项目总体目标

- 提高组织内外部项目管理信息化意识并代替手工操作。

- 明确项目的成功实施是双方的共同利益和责任，因此项目实施需要双方的全力配合。
- 双方成立项目领导小组，明确各成员职责分工，并建议采取问责制。
- 制定详细项目实施计划，把握实施重点及难点。
- 严格控制实施范围，定期检查项目进展与阶段目标及阶段成果。
- 在实施阶段建立完善的沟通机制，及时处理存在的问题及风险。
- 每个实施阶段都需对应完整的实施文档，必要时双方签字确认。
- 双方重视系统操作培训，受训人需尽快熟悉系统操作，提高实操能力。

2. 项目实施流程

（1）项目前期筹备。

成立项目小组：明确双方成员和项目职责。

项目启动会：准备项目启动会所需资料，召开项目启动会。会议议程包括项目实施目标及范围、项目实施策略及重点、项目实施流程、项目实施计划、项目组成员及其职责、沟通与协调机制、项目风险及把控。

（2）需求调研。

各相关业务部门派专人负责配合研发团队开展详细调研工作，由研发团队制订详细方案并拟定《需求调研及解决方案》和《项目实施计划》，双方共同进行签字确认。

在后续具体实施中，如《需求调研及解决方案》和《项目实施计划》内容有变更，应经双方同意并以书面形式进行确认。如项目需求和计划的变更影响了项目进度，双方项目工作组负责人需在变更申请单上签字确认，并重新核定项目完成周期。

（3）系统研发。

遵从"由浅入深，由易入难"的原则，研发团队以《需求调研及解决方案》为纲，以《项目实施计划》为领，逐模块实施。每个模块实施完成后，双方签订《模块实施完成确认单》。

（4）用户培训。

为使系统顺利上线、正常运行，研发团队专门成立培训工作组，负责对关键项目干系人进行培训，使关键项目干系人具有解决工作岗位相关问题的能力，及对本部门其他人员的操作问题进行指导的能力。

培训方式包括课堂培训、现场培训和运行期间的远程指导等，对培训全程进行视频录制，并提供《用户操作手册》《系统维护手册》等有关资料。

研发团队在培训前制定详细的《用户培训计划》，培训结束后，甲方对《系统培训确认单》进行签字确认，并提交《培训签到表》。

（5）试运行。

系统符合上线条件后，将组织全面上线试运行，由研发团队提供《项目阶段报告》和《系统上线报告》。如遇问题，试运行相关人员应填写《项目风险与问题跟踪记录》并提交给研发团队，研发团队收到问题后及时做出响应并按期处理。

（6）项目验收。

系统运行稳定后，研发团队提出项目验收申请，并撰写《项目验收报告》，双方签字确认。

项目管理部在其核心职责范围内设立了一个专门的运营支持小组，负责处理用户的问题和反馈，并及时发布更新和修复程序。此外，通过不定期的用户满意度调查和数据分析，深入了解一线用户的需求，并持续优化系统的功能和体验。

（7）监测与评估。

建立监测机制及关键绩效指标（KPI）以监测项目的进展和效果，及时发现问题并采取相应措施。定期评估项目的整体表现，从中总结经验教训，并提出改进建议。通过不断优化和调整，确保项目数字化推广取得最佳效果。

3. 实施成果评价

项目管理部针对本项目的实施成果进行评价工作，主要包括以下方面。

系统功能评价：在 PMIS 实施后，对 PMIS 的功能进行评价，验证其是否满足预期的功能需求和业务流程。例如，在 PMIS 实施前，项目管理团队面临缺乏集中化的项目计划、进度跟踪和资源管理工具等挑战；而在 PMIS 实施后，需评价 PMIS 的功能是否能够满足项目管理团队的需求，如项目计划的创建和更新、任务分配和跟踪、资源调度和冲突解决等。

用户反馈和满意度调查：收集用户的反馈和意见，了解用户对新系统的接受程度、易用性和带来的效益。这可以通过定期的用户满意度调查、用户反馈会议或者个别访谈来完成。例如，用户可能提供关于系统界面的友好性、数据输入的便捷性、报告和分析功能的有用性等方面的反馈。这样的反馈可以帮助识别系统的优点和改进空间，以进一步提升用户满意度和系统使用体验。

项目绩效改善评估：比较 PMIS 实施前后的项目管理绩效，如项目交付时间、质量、成本控制等方面的改进情况。例如，在 PMIS 实施前，项目面临进度滞后、成本超支和质量问题等挑战，而在 PMIS 实施后，项目交付时间缩短了，成本控制水平提高了，质量问题减少了。

经济效益评估：在 PMIS 实施后对组织的经济效益进行评估，如在成本、效率和资源利用率等方面的改善。

- 从财务角度看：PMIS 更便于财务部门对项目进行专项费用统计和研发费用归集，并按照成本划分各项目，使得 CEO、技术总监、销售总监和研发项目总监能够清晰了解各项目的成本和收益情况，这有助于市场销售渠道的划分和对产研方向针对性决策的制定。

- 从人力资源角度看：PMIS 为人力资源管理提供了清晰的数据支持，使得人力资源效能、工作效率和项目工时情况更加明确，有助于在研发人员薪资发放、职能晋升和职称评价过程中根据人力资源量化指标做出准确判断，进而使员工满意度得到提升，公司文化氛围更加融洽。

- 从项目管理角度看：PMIS 促进了项目管理过程的规范化和标准化，在积累有价值、可复用的项目资产的同时，使组织整体项目管理成熟度更高，项目风险更可控，项目冗余更低。

- 从销售角度看：PMIS 实时提供了更准确的、基于项目维度的销售数据分析和报告功能，使销售团队能够及时了解销售业绩、客户需求和市场趋势等信息，这有助于优化销售策略、制订销售计划并提高销售效率和业绩。同时，PMIS 与客户关系管理系统（CRM）打通，通过标准化项目管理过程提升项目交付质量，帮助销售团队更好地管理客户关系、跟进销售机会、提供个性化的客户服务，从而提升客户满意度和忠诚度，创造更多客户购买机会。

- 从生产部门角度看：通过 PMIS，生产部门能够更好地进行生产计划、调度和资源管理，结合制造执行系统（MES）实时监控生产过程、优化物料采购和库存管理，从而有效提高了生产部门的运作效率和资源利用率。此外，PMIS 还提供了质量管理和品控功能，帮助生产部门实施严格的品质检查和监控，提高产品质量和减少不良品数量，从而降低售后服务成本和提升客户满意度。
- 从运营角度看：PMIS 实时反馈项目进展和资源利用情况，使运营团队能够更好地进行生产计划、资源调配和生产线优化，从而降低运营成本，提升整体运营效率和灵活性。
- 从运维角度看：PMIS 能够帮助运维部门实时监测设备状态、计划维修和保养工作，并提供自动化的维护提醒和工单跟踪功能，这有助于缩短设备故障时间，提升生产设备的可靠性和稳定性，降低维护成本，同时提升运维团队的工作效率。

8.3.3 项目管理数字化平台运营

基于项目管理数字化平台，结合组织数字化项目落地过程中形成的数字化项目经验，推进组织项目管理成熟度和数字化项目治理水平持续提升，PMO 在数字化管理领域形成了以项目管理数据驱动项目成功的指导思想。在这一指导思想的牵引下，项目管理数字化平台运营包含数字化项目管理指标、数字化项目管理决策和数字化项目管理优化。

8.3.3.1 数字化项目管理指标

管理学大师彼得·德鲁克（Peter F. Drucker）曾经说过："一个事物，你如果无法度量它，就无法管理它。"在数字化项目管理指标搭建完成后，需要基于组织当前项目的管理发展阶段，围绕数字化项目管理成熟度（DPM3）定义数字化项目管理指标，通过这些指标的正向牵引，不断驱动并引领组织数字化项目管理成熟度提升。主要包括以下三个步骤。

步骤 1：指标定义和建模。

基于组织项目管理环境因素进行模型构建，围绕目标生命周期、产品生命周期、用户生命周期设定结果指标和观测指标。

好的指标应具备三个特征：与组织期望和目标一致，符合 SMART 原则，具挑战性。

步骤 2：指标选择和采集。

围绕组织战略方向以及年度和季度目标，选取关键性指标。例如，组织目前在项目管理方面的核心痛点是项目无序且履约超时，就可以将项目准时交付率定为指标。

选定指标后，定义指标相关核心要素（如类型、度量目的、牵引方向、评估维度、指标定义、评分标准、数据来源、时间周期等），并通过多维度进行数字化聚合和自动化生产。

步骤 3：指标展示和调优。

参考精益看板，围绕生产活动设定指标看板和大盘，确保项目健康度、进度、饱和度等核心指标可视化、可追溯、可决策。

此外，还需要持续进行指标调优，通过不断探索和分析，确定最能引领企业发展的关键性指标——北极星指标。

8.3.3.2 数字化项目管理决策

沉淀组织级项目管理生命周期数字化资产，通过科学的数字化项目管理方法、手段对项目进行全方位的风险分析和预测，支持高效、高质量的项目管理决策，将复杂问题简单化、离散信息结构化、潜在风险透明化，从而将项目管理的不确定性转化为可预测、可追溯、可解决的智能化决策能力。

数字化项目管理决策主要分为以下三种。

过程风险决策数字化：基于项目范围、进度、成本、质量、资源、沟通、采购、干系人等数字化指标将度量指标与基线对比，对项目过程风险进行识别和评估。中低风险事项可基于风险知识图谱工具进行自主决策，高风险决策则升级至相关干系人层面——这是项目决策的智能化管理方式。

目标风险决策数字化：结合战略，对项目目标和收益进行数字化监控和多维度风险识别与评估，并结合历史经验数据库、组织知识图谱、财务、法务、人事以及商业智能（BI）等相关信息，进行自主决策和升级。

组织风险决策数字化：对市场环境、竞争对手的发展态势及组织效能等相关因素进行智能化风险评估，形成整体的组织风险评估报告，从而指导并引领项目组合或者项目集的数字化决策。

8.3.3.3 数字化项目管理优化

不关注市场、组织、业务，一味地追求数字化程度是不可取的。在数字化过程中，既要有敏锐的洞察力，也要有坚强的执行力及对终局的认知力，找到数字化痛点，不断校准前行的方向。数字化项目管理优化分为 5 个方面。

目标优化：持续不断地进行指标校准（通常一个季度进行一次），对不合理的指标进行升级。

策略优化：基于目标反馈和用户反馈，对策略进行审查，正确的策略坚决推进，错误的策略及时修正。

能力优化：通过实践、培训、帮扶等多重机制，持续保障组织的项目管理能力大于组织期望，增强组织竞争力。

认知优化：不断强化上下游干系人对数字化管理的认知，以维持数字化项目管理的水准和效率，并引导和提升数字化管理质量。

组织优化：持续提升组织数字化项目管理竞争力、交付效率及质量，不断强化组织管理和变革管理能力。

8.4 数字化项目治理

站在数字化时代的风口，我们迎来了前所未有的机遇和挑战。数字化项目治理将推动组织赢得竞争优势，实现持续创新和变革，其关键在于关注两个方面：一是要关注组织的数字化文化建设，二是要关注对数字化人才的培养。

8.4.1 文化建设

组织文化是组织在长期生产、经营、建设、发展过程中所形成的管理思想、管理方式、管理理论、群体意识以及与之相适应的思维方式和行为规范的总和。数字化转型是组织改变生产方式，实现组织变革的重要手段。组织文化强调的是长期形成，文化建设也任重道远。

随着科技的迅猛发展，数字化文化已经深刻影响着各行各业。组织需要适应这种变革，将数字化文化融入项目管理的方方面面，这意味着要重新审视和调整组织的战略、流程和价值观，以适应数字化时代的要求。数字化文化建设是实现有效项目管理的关键，它将促使组织打破传统的束缚，借助新技术和方法，实现更高效、更灵活的项目管理。

要推动组织数字化转型，文化建设必须坚持战略驱动、重视宣传、促进交互三大原则，坚持逐步深入和长期主义战略。

1. 战略驱动

组织的数字化文化建设要与组织的数字化转型战略保持一致。在数字化转型过程中，组织文化建设是土壤，土壤的肥沃程度决定了数字化转型的周期及成功的概率，因此，在制定数字化转型战略的同时，必须明确组织文化建设的战略。

案例

萨提亚·纳德拉（Satya Nadella）引领微软数字化转型变革，提出并确定了"协作"和"同理心"是微软文化转型的方向，还将高层领导组成一个"文化内阁"。

宝洁曾宣称："我们要让宝洁成为全世界数字化程度最高的组织。"

三一的数字化愿景是要在五年内实现"3 000亿元销售收入、3 000名工人、30 000名工程技术人员"，要彻底从劳动密集型组织转型为知识密集型组织。

在2012年之前，美的集团内部高度分权、离散化，业务体系间数据系统极度孤岛化。为了打破这一局面，美的拉开数字化转型的序幕，定下"一个美的、一个系统、一个标准"的变革目标，使得组织上下快速凝聚共识，共同认可数字化转型价值。

---

2. 重视宣传

要在全组织范围内，大力宣传数字化转型战略、愿景、目标，解读数字化转型的原因和意义，让数字化理念真正深入组织，提升组织成员对数字化转型的认识。通过宣传，让员工认同数字化价值，促使员工学习数字化技能。

与员工深入沟通，在组织层面适当营造行业数字化转型的紧迫氛围，让员工从意识层面了解数字化转型关乎他们的切身利益。

以敏捷体系文化建设为例，可以采取以下活动。

- 看板应用和推广：在项目中推广应用敏捷和精益看板。
- 敏捷文化宣传：通过展板等方式向中心员工宣传敏捷和精益文化。
- 管理层和个人文化宣贯：向个人和管理层宣传敏捷和精益文化。
- 敏捷／看板竞赛、敏捷能力考试：在组织各部门内定期举办敏捷／看板项目管理竞赛与敏捷能力考试。
- 技术沙龙：定期开展内外部特色的技术沙龙系列活动。
- 敏捷分享和推广：敏捷文化角，每季度组织团队分享。
- 权威宣讲：邀请外部专家及同业专家进行权威宣讲及沙龙活动。
- 训练营：黑客马拉松，技术训练营。
- 敏捷学习、认证及培训：Scrum 敏捷教练认证，EXIN DevOps Master 认证。
- 敏捷分享和推广：对外分享组织内 DevOps 实施理念与实践精益看板。

3. 促进交互

数字化转型的重要特征包括"流程打通""数据共享""技术融合"，因此，在数字化文化建设中要以促进交互为目的，让数字化转型发展得更快、更多、更广。

首先，要促进数字化场景文化。以业务场景为导向，聚焦业务价值的实现，挖掘业务数字化场景建设的潜力，大力宣传优秀的数字化场景，建立组织数字化转型亮点场景，引领其他洼地突破。

其次，打破隔阂，让交互更频繁。通过建立优秀数字化案例共享平台，让所有员工参与学习、评论、点赞，形成开放共享的文化氛围。

最后，建立数字化激励和容错机制。通过建立数字化转型激励金，鼓励在促进数字化文化建设和共享中表现优异的部门和员工，从而推动组织内部文化共享共建。

项目运营体系和文化建设双轮驱动着组织数字化项目价值持续提升：通过数字化项目运营体系持续提升生产力，通过数字化项目文化建设持续释放组织活力。

8.4.2 人才培养

数字化项目治理要求组织在人才培养方面进行全面布局，培养具备数字化思维、技能和创新能力的人才。数字化人才需要不断学习和适应新的技术趋势，将其应用于实践中，为组织的数字化项目管理贡献智慧和价值。同时，数字化人才还要具备跨学科合作和团队合作的能力。此外，组织还要重视对数字化人才梯队的培养。

1. 对组织管理层、团队相关角色开展具有针对性的宣贯和培训

（1）管理层的数字化认知和共识：对管理层进行包含高层教练引导、数字化项目管理相关基础知识的培训和宣贯，对组织数字化项目管理体系整体规划进行宣讲。

（2）组织精益/敏捷教练培训：有针对性地对组织内敏捷教练、精益教练和工程教练进行精益敏捷知识及实践和 DevOps 及工具培训，提升重点人员的技术水平和管理能力。

（3）精益/敏捷基础培训：对项目团队人员进行敏捷基础导入以及敏捷活动引导培训，帮助项目团队人员理解实施目标、流程和重要产出物等。培训内容应包含但不限于开发运维一体化和敏捷的基础知识培训、相关工具培训、岗位职责辅导、故事点估算、代码走查等工程实践和管理实践的培训等。

2. 建立数字化项目管理关键角色的培养机制和评价晋升体系

以 OKR 为基础，逐步总结并建立对敏捷项目负责人、敏捷教练、精益教练、工程教练等关键角色的培养、考核、晋升机制和度量体系。

第 9 章 效益管理领域

效益管理是 PMO 知识体系中的一个重要领域,它致力于确保战略、项目或日常运营活动的效率和效果,以精细化驱动组织战略目标和长期规划的实现。效益管理的目的和价值在于引领组织明晰其核心使命、愿景及目标,助力制定出既合理又具战略眼光的项目落地计划。它优化资源配置,提升流程效率,确保项目成果的可持续性和深远影响。最终,效益管理助力组织实现持续繁荣与卓越。

本章重点介绍 PMO 在效益管理领域中的运作方式、价值体现及具体举措。未来,PMO 需要更加重视并结合效益管理的底层逻辑,拓展自身职能、体现自身价值,为组织创造效益。

9.1 概述

9.1.1 效益与效益管理

效益,通常被理解为投入转换后产生的有用成果、预期目标的实现及其产生的深远影响。在投入与产出的对比中,效益更注重效率和成果的质量。它强调资源是否被充分利用并发挥出最大的价值，同时实现目标或任务的既定效果。效益不仅仅局限于客观的财务和经济指标，还涵盖了社会成果和影响力等广泛领域。作为一个相对主观的概念，不同的人或组织对效益的评价存在一定的差异。

面对日益复杂和快速变化的环境，组织、个人都在积极地建立自己的竞争壁垒，任何一种有目的的活动，可能都存在着效益问题，它是组织活动的一个综合体现。影响组织效益的因素是多方面的，如科学技术水平、管理水平、资源消耗和占用的合理性等（参见本章附录"各行业效益管理重点"）。

9.1.1.1 效益管理的重要性

在项目管理中，效益是衡量项目成功与否的重要标准之一，能够全面地反映项目的整体效果、质量以及交付价值的能力。通过关注效益，组织可以更好地了解战略、项目、运营的实施情况和效果，从而更好地调整和优化，提高战略的达成率、项目的成功率及价值。此外，效益管理还能够促进组织内部的协作和沟通，提高整体绩效和竞争力。因此，在 PMO 知识体系指南中，效益管理是一个重要的、关键的领域，它为组织提供了全面、有效的方法论和工具，同时效益是管理追求的根本目的，是受益人或组织实现的收获；效益管理就是不断地追求、达成和维持效益，持续地构建核心竞争壁垒，其重要性如表 9-1 所示。

表 9-1 效益管理的重要性

序号	目的	说明
1	提高项目成功率	PMO 通过对项目活动的全面评估和管理，可以使组织及时发现问题并采取相应措施，避免或降低项目失败的可能性。有效的效益管理有助于降低项目风险，提高项目成功率
2	提高组织效率	在组织效率方面，PMO 通过全局效益管理不断优化工作流程、减少浪费和提高工作效率，可以使组织降低成本，提高资源利用效率，并创造更大的价值
3	促进创新与变革	效益管理鼓励项目团队成员思考新的方法和技术，以实现项目目标和效益的最大化。它有助于激发团队的创新精神，推动组织的变革与发展
4	构建竞争壁垒	有效的效益管理使组织能够以更低的成本、更高的效率完成项目，取得效益，从而在竞争中获得更大的优势。它有助于组织赢得更多的商业机会，促进组织的长期发展
5	实现战略目标	效益管理与组织的战略目标紧密相连。PMO 通过将组织的战略目标分解为具体的效益目标，并采取相应的措施进行承载并加以实现，可以串联各个项目和业务行动，将它们与组织的战略目标相结合

(续)

序号	目的	说明
6	支持经营决策	效益管理可以为组织决策者提供有关项目经济效益和其他效益的信息。这些信息有助于决策者做出更加科学合理的决策，并为组织的长期发展提供支持。强调基于数据的分析和决策，通过数据挖掘和分析，了解组织的业务活动和效益之间的关系，为决策提供科学依据
7	提高客户满意度	在效益管理中，PMO 可以更好地理解客户的需求和期望，以改进服务与产品，提高客户满意度；也可以更好地理解市场趋势、客户行为，提供更好的产品和服务，提高品牌知名度并加强持续性的客户互动

总之，效益管理是组织在各类业务活动中实现效益最大化的关键手段。借助科学、合理的效益管理策略，组织能优化资源配置、提升工作效率、降低运营成本，进而增强市场竞争力。长远来看，效益管理是确保组织实现可持续发展与长期成功的基石。

9.1.1.2 效益管理框架

PMO 需要建立以组织效益为导向的效益管理框架（见图 9-1）。这一框架应紧密结合效益管理关键原则及核心要素，在此基础上，通过系统地开展目标设定、效益分析、效益计划、实施监控以及评估反馈这几项活动，将效益管理融入组织的管理框架与项目体系框架，从而显著提升组织的效益和价值。为确保效益管理的有效推进和实施，还应建立专门的效益管理组织以及管理制度。

效益管理框架包含八大部分：

（1）效益管理关键原则：包括以目标为导向、以效益最大化为中心、以数据为基础及以持续改进为动力四大原则。

（2）效益管理核心要素：坚持以目标、成果、影响为指向。

（3）效益管理制度：结合组织特性，制定合适的效益管理制度。

（4）效益管理流程：搭建包含目标设定、效益分析、效益计划、实施监控、评估反馈的持续改进流程框架。

（5）指标体系：包括指标分类、指标定义、计算方式等。

（6）绩效体系：包括绩效定义、绩效分类、绩效步骤等。

（7）效益管理全生命周期：效益管理可结合组织管理文化在不同维度（如愿景、使命、战略、项目及长期运营）进行效益管理建设。

（8）效益管理组织：包括组织级、部门级、团队级、个人级四个级别。

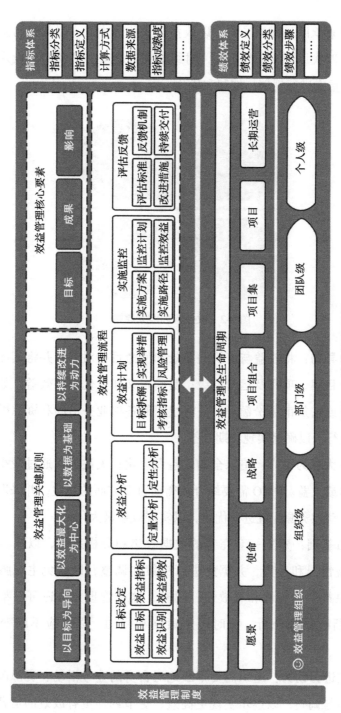

图 9-1　效益管理框架

9.1.2 效益管理的关键原则

效益管理秉承以目标为导向、以效益最大化为中心、以数据为基础、以持续改进为动力四大原则（见图 9-2），对组织在开展业务活动时的投入和产出的比例关系及侧重点进行规划、控制和优化。

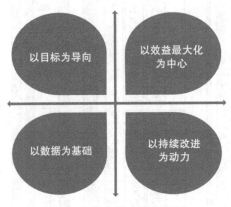

图 9-2 效益管理四大原则

以目标为导向：将效益与组织的愿景和使命目标对齐，并将其逐级分解到项目组合、项目集、项目及运营层级；明确定义和量化预期效益，如提高利润率、降低成本或增加市场份额等，并将组织的各项业务活动和资源配置都围绕这些目标来进行，以确保实现预期效益。

以效益最大化为中心：追求全局效益最大化；关注如何通过最小的投入实现最大的产出或效益。PMO 需要综合权衡项目多方面的利益，并采取一系列措施，对业务活动和资源配置进行优化，以实现效益最大化。

以数据为基础：建立一套完善的数据收集和分析系统，以便实时掌握业务活动的效益情况和趋势，并据此进行决策和调整，以避免主观臆断和盲目决策，提高决策的准确性和有效性。同时，这种管理方法还可以帮助组织通过数据的不断收集和分析，实时调整策略和行动，以适应不断变化的市场环境。

以持续改进为动力：组织需要不断地对自身的业务活动、资源配置和效益状况进行评估与调整，以逐步实现更高效、更节约、更有成效的运营模式，从而不断提高效益水平。

9.1.3 效益管理的核心要素

目标、成果和影响共同构成了效益管理的基础（见图 9-3）：明确的目标制定有助于评估和分析取得的成果，并对产生的影响进行综合评定。基于此，PMO 在进行效益管理的时候，可以更好地了解组织业务活动的效能和效果，并采取必要的措施来改进和优化其运营和管理。同时，这三个要素也指导着效益管理流程的制定。

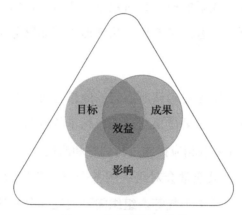

图 9-3　效益管理三要素

目标：目标是希望达到的具体、可衡量、可实现、相关和有时限的效益结果。制定目标时需要考虑：

- **具体性**：应清晰地定义组织想要实现的效益是什么，如降低成本、增加收入、提高市场份额等。具体的目标可以避免混淆和误解，并使所有员工都能明确自己的任务和职责。
- **可衡量性**：有助于组织评估自己是否实现了预期的效益。如果目标无法衡量，那么组织就难以了解自己的进展情况，也无法判断是否需要进行调整和改进。
- **可实现性**：目标应该具有挑战性，同时又可实现。否则，组织可能无法从中获得足够的挑战和成长，甚至失去信心和动力。
- **与组织战略相关性**：目标应该支持组织的整体战略，并与组织的长期目标保持协调。这样可以确保组织的各项活动和计划都符合整体战略方向。
- **具有时限性**：目标应根据效益的大小具有短、中、长的周期性，同时需要兼顾时间周期框架的合理性并适时给予反馈。具有时限性的目标设定不仅可以提高效益完成的效率，还可增强团队的动力，提高参与度，从而提升整个效益目标达成的可能性。

成果：效益给干系人或环境带来的直接或间接的成果，代表了组织实现效益的具体表现。组织需要通过成果的衡量、确认、分析和改进，确保其效益目标的实现和长期可持续发展。成果应是可衡量的，这样组织才能了解是否达到了预期的效益目标。成果的衡量是对数量和质量的评估，可以是销售额、成本等财务指标，也可以是客户满意度、品牌形象等非财务指标。成果管理需要考虑：

- 成果的确认：组织需要确认所取得的成果是否符合预期目标，是否符合组织的战略方向。如果成果与预期目标不符或与组织战略不匹配，组织需要分析原因并采取相应措施进行调整和改进。
- 成果的影响：成果通常会对组织的各个方面产生影响，包括财务状况、市场竞争地位、员工士气等。组织需要关注和分析这些影响，以便更好地了解效益的本质和实现效益更广泛和长期的效果。
- 成果的持续性：组织需要评估所取得的成果是否具有可持续性，即是否具有长期的效果和价值。如果成果只是短期的或不可持续的，组织需要分析原因并采取措施来确保效益的长期性和稳定性。

影响：影响是效益使组织、社会、经济或环境产生的长期或短期、有形或无形的变化，如组织内部的运营改进，组织外部的市场地位提升、社会形象改善等，代表了组织实现效益的更广泛和长期的效果。组织需要通过对影响的管理和控制，确保效益目标的实现和长期可持续发展。影响的控制需要考虑：

- 影响的过程：影响的实现通常需要一个过程，这个过程可能包括对策略或计划的实施、对效益指标的监测和评估、对组织内外部环境的调整和适应等。通常这个过程进行一段时间之后，影响才能完全显现出来。
- 影响的方向：影响可能是正面的，也可能是负面的。正面的影响通常包括提高组织的财务绩效、增强组织的竞争力、提高客户满意度等，而负面的影响则可能包括财务亏损、市场份额下降、品牌形象受损等。
- 影响的管理：组织需要关注和管理影响，以确保实现效益目标的长期性和稳定性。这可能包括对影响进行监测和评估、对影响的方向进行引导和调整、对影响的原因进行分析和解决等。

9.2 效益管理的内容

有效的效益管理依赖于一套完整且连贯的活动，包括目标设定、效益分析、效益计划、实施监控、评估反馈，以及绩效体系和指标体系的构建。通过灵活运用效益管理全生命周期（涵盖愿景、使命、战略、项目组合、项目集、项目及长期运营等各阶段），确保预期效益的实现并追求效益最大化。

9.2.1 PMO 与效益管理

随着组织向越来越务实的方向发展，效益管理成了组织的核心追求，相应地，作为组织中枢的 PMO，这一能力也必然是对它的核心能力要求。PMO 需要通过效益管理对战略、运营、项目效益进行全面管理和优化。

PMO 要跟踪和管理战略及项目预期效益的实现，确保达到预期目标和使客户从中获取到价值。实现此目标的方法包括确定预期的效益，制定实现效益的计划以及不断监测项目的进展，识别和解决可能产生的问题。项目效益管理通常包括但不限于以下内容。

1. 项目干系人管理

项目效益管理是一个持久且颇具挑战性的任务，但是却能够显著提高战略及项目的成功率。PMO 应时刻关注干系人的需求和期望的变化，确保与战略保持一致。针对各类干系人及其需求的变化配套相应的管理措施，以确保项目的成功实施。通过这种方式，项目能够实现效益最大化。这包括：

（1）意识到干系人：在进行效益识别前，应确定所有可能的干系人，包括股东、管理层、项目组成员、客户、政府部门、民间组织等。

（2）评估干系人：为了更好地管理项目效益，需要对干系人进行分类、识别和评估。这个过程需要考虑干系人的权利、利益和对项目的影响程度，及其在战略及项目实施过程中所传达的信息和需求。

（3）评估干系人的影响和贡献：评估或组织评估干系人对战略及项目的影响与贡献。

（4）制定效益管理计划：制定清晰的效益管理计划，以确保项目可以满足所有干系人的期望和需求。该计划应包括为不同干系人提供各种不同的支持方式，以及如何确保开放传递、接收和反馈信息等的具体安排。

（5）变更管理：随时跟踪不同干系人的需求和反馈及对战略与项目的影响，并及时采取必要的管理措施，确保项目效益最大化。

（6）监测和报告效益管理进度：将效益管理做成计划，并在战略及项目执行中持续监测和报告进度。可以借助各种工具和技术，包括干系人登记、调查和问卷、效益矩阵表等。

2. 成本和资源管理

在确保战略实现及项目按时完成的同时，实现财务预算和预期效益是效益管理的核心目标。为实现这一目标，需要精心制定并审核项目预算和时间表。这要求对所有可用资源进行恰当配置，从而精确掌握预算执行情况，并及时提出调整措施以达到项目目标。

在效益管理中，成本管理指 PMO 围绕需要达成的效益目标进行的成本规划、控制和减少成本的实践。这主要包括：

（1）成本估算：PMO 需要准确地估算各项成本，包括直接成本和间接成本、变动成本和固定成本、可控成本和不可控成本等。基于精确的成本估算，才可以制定有效的成本计划和控制措施。

（2）成本规划：PMO 在战略解码层面、项目承载层面制定可行的成本管理计划，包括实现效益所需的各种成本、预期花费和各项成本调整。实施成本规划需要制定成本项，确定时间表，并分配负责人等。

（3）成本控制：通过对成本进行分类整理、实时监测和分析，从而预测风险并采取适当的应对措施，确保实际成本不超过预算，或者说确保实际成本更具有效益。

（4）成本分析：采用成本效益分析、收益成本比较、成本利润点等方法对成本进行分析，以了解成本结构，找到成本控制和规划的缺陷，从而调整成本规划。

（5）成本节约：节约是提高成本管理水平的重要措施之一。可以通过采用成本管理软件、优化消费结构、优选供应商、激励员工减少浪费等方式，达到降低成本的目的。

资源管理则是指 PMO 为有效、高效地实现效益目标而使用和管理各种资源（包括时间、人力、财务、物质等）的实践。这主要包括：

（1）资源规划：评估效益的资源需求，从而采取必要的措施，以实现资源的合理规划和分配，确保资源的最优利用。

（2）资源分配：将资源分配到不同的战略和项目中，赋予适当的优先级和权重，使资源达到最大利用的效果。

（3）资源调整：根据不同的情况和需求，对系统资源进行调整，以达到最佳效果。

成本和资源管理在效益管理中起着至关重要的作用。通过合理的规划、控制、成本和资源的分配，可以提高组织的效益和竞争力，增加组织的发展潜力，同时也能提升员工的自信和专业素质。

3. 风险管理

PMO 需要以全局视角对效益实现过程中的风险进行管理，减少对效益预期的负面影响，并增加可能发生的正面影响。这主要包括：

（1）识别风险：通过对项目或活动效益的全面了解和分析，确定所有可能产生的风险。这需要对效益管理中诸如政策、资源、经济等多种因素进行全面评估。

（2）评估和分析风险：对识别出来的风险进行定量或定性分析，并分析其潜在的影响程度和可能发生的概率。这需要制定风险分析表和利用风险评估模型。

（3）制定风险管理计划：根据评估的风险等级和潜在影响程度，制定相应的效益风险管理方案和计划，包括风险预防、减轻风险影响程度的对策、紧急情况下的应对方法、风险接受和转移等措施。

（4）实施风险管理计划：执行风险管理计划，确保风险控制措施的有效性和质量，并监督风险管理计划的执行情况。

（5）监测和评估风险管理：通过定期审核和评估风险管理计划的执行情况，不断改进风险管理方案，提高活动或项目的稳健性和可持续性。

4. 交付和质量管理

交付和质量管理都是为了提供更优质的产品和服务，满足客户的需求，并在竞争激烈的市场中获得竞争优势。PMO 需要根据不同的工作需求和客户要求设置合理的质量目标和标准，并确定跟踪和监测方式，依靠有效的检查和评估机制来确保整个过程的稳定性、可持续性和持续改进。这些措施对于项目成功和市场竞争具有重要意义。

交付管理主要包括：

（1）确定交付要求：确定交付的时间表、目标和质量标准，并建立清晰的交付要求，以确保项目交付能够达到员工的工作效率要求和满足客户的需求。

（2）制定交付计划：在完成项目的过程中，需要制定合理的交付计划，设法保证项目的质量、时间和预算得到控制和管理。

（3）实施交付计划：按照制定的交付计划进行工作，确保各种活动和任务能够及时完成，按时交付。

（4）监控和评估交付结果：监控交付质量和效果，并对交付结果进行评估，以便调整和改进交付流程和方法。

质量管理主要包括：

（1）建立体系：PMO 需要结合自身的实际情况，将质量体系（如 ISO9001 等）作为确保所有生产或服务过程符合相关质量标准的有力保障。

（2）确定质量标准：确定项目或产品的质量标准，并对项目或产品的各个阶段设置适当的质量标准和指标。

（3）制定质量计划：制定质量计划，以保证项目的质量目标得以实现，并建立有效的控制措施以保证项目质量。质量计划需要考虑各种因素，如法规要求、行业标准、客户需求等。

（4）实施质量计划：执行质量计划，以确保项目实施过程中遵循制定的质量标准和程序，并采取必要的纠正措施以纠正问题和防止类似问题再次出现。

（5）监测和评估质量进展：对项目质量进行监测、跟踪和评估，以确保项目质量的稳定性，为客户提供高品质的产品或服务。

（6）质量改进：通过各种质量管理技术和工具，如质量环境评估、内部素质管理等，识别和调整当前的质量管理过程，以提高生产效率，提高客户满意度和组织信誉；建立持续改进机制，包括收集和分析客户反馈的信息、识别质量问题并加以解决等。

5. 法规和合规管理

法规和合规管理是日常经营工作必不可少的重要组成部分。它可以在保护组织、员工、客户和股东利益的同时，保证项目运作合法合规，确保组织在履行社会责任和遵守法律规定方面保持高度透明和可信赖。PMO必须具备强烈的合规意识，并确保制定并实施合适的流程和机制，以保证内外各种相关规定的合规性，并及时发现和解决潜在的政策或法律方面的问题。这主要包括：

（1）遵守法律法规：必须遵守所在国家和地区的法律与规定，包括商业、劳动、税收、环保等多个方面，以确保项目的合法性和可持续性。

（2）制定和实施内部管理规定与流程：制定和实施内部管理规定与流程，以确保员工的行为符合法律法规和达到合规标准。

（3）实施风险评估和管理：对可能出现的合规问题和风险问题进行全面评估，并建立控制和管理措施，以确保组织的规范运作以及透明度和可信赖性。此外，还需要制定处罚机制，以防止不规范行为的发生。

（4）建立监控机制和报告流程：建立实时监控机制，保证与合法合规有关的信息及时更新，并通过详解的报告流程（内部或外部）及时通报相关信息，降低违反法规和合规性的风险。

（5）开展必要的培训和沟通：开展合规培训，以便管理人员和员工了解有关信息，提高对违规行为的警惕性，从而在日常工作中保持遵守法律法规的行为习惯。

6. 营销管理

营销管理是基于市场分析，制定和实施营销策略与计划，以提高市场份额、改善市场前景、增加营销收入、确保客户满意度和提高利润的管理过程。这主要包括：

（1）市场分析：根据不同市场的行业标准、客户需求、地区特点和市场趋势进行市场分析，掌握所需数据和信息，以制定合适的营销策略和计划，包括市场容量、市场份额、竞争对手、产品价格、营销渠道等信息。

（2）制定营销策略：基于市场分析制定合适的营销策略，包括目标市场的选择、定位、差异化策略、定价策略、产品组合、促销策略和营销渠道等。

（3）制定与实施营销计划：根据营销策略制定营销计划，明确制定各项营销活动的目标、资源和预算，并确保按计划执行，不断进行有效评估。

（4）客户关系管理：客户是销售收入的重要来源，要通过各种手段建立好的客户关系管理机制，包括客户服务、售后服务、定制服务、客户意见反馈机制等，提高客户的忠诚度和满意度。

（5）效果评估：通过对客户反馈、销售业绩和市场份额的跟踪分析，评估营销策略和计划，并根据实际效果不断调整与改进营销策略和计划。

7. 人才管理

PMO 需要科学、实用、可操作的资源赋能与管理的方法和措施，培养优秀人才和管理核心岗位的专业人员，以促进稳定发展和效率提高，进而提高效益。这主要包括：

（1）人才开发：确定或统筹项目人才需求，协同 HR 部门进行人才筛选和选拔，建立和更新项目人才管道，做好人才储备，保证项目的关键资源——"人才"的及时供应及按需匹配。

（2）人才培养：通过系统性的培训、学习和实践活动，帮助项目人才获取必要的知识、技能和经验，提高其专业能力和业务水平，进而更好地服务业务，为战略的落地保驾护航。

（3）人才任用：基于不同项目画像及人才画像，结合人才库筛选，合理现实地进行人岗匹配，做到知人善用、人尽其才。在项目人才任用过程中，要始终坚持三个原则：因事择人、量才使用，德才兼备，扬长避短、发挥优势。确保工作用人得力、效能提高、结果有保证。

（4）人才评价：通过建立综合的人才评价体系，对人才进行全面评估，以充分了解人才的能力、技能和表现，为人才的任用、培养、激励和发展等人才赋能工作提供指导，进而确保项目成功和组织与人才发展方面的质量。

（5）人才激励：根据组织特点和项目资源结构，设计符合组织发展的激励策略。在进行项目人才激励时，应遵循激励相容原则，平衡个人利益与集体利益，以确保人才激励的方式和结果符合集体价值最大化的目标。

（6）人才职业发展：帮助项目人才制定职业发展计划、疏通上升通路，能有效激发个人内驱力，从而为组织业务发展提供有效保障。

9.2.2 效益管理组织搭建

效益管理组织是 PMO 进行效益管理的重要基础之一。通过建立组织结构，配置人力资源、物力资源和财力资源，利用外部资源以及建立知识管理框架等措施（见图 9-4），PMO 可以帮助组织更好地实施效益管理，提高组织的效益和质量。

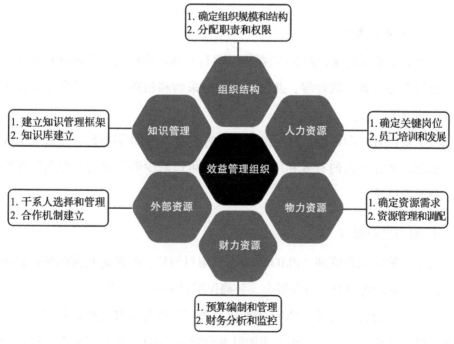

图 9-4 效益管理组织

搭建效益管理组织的主要步骤包括以下几个。

1. 建立组织结构

（1）确定组织规模和结构：为了有效地实施效益管理框架，PMO首先需要确定组织的规模和结构。可以根据组织的实际情况进行调整，如设立效益部门、项目团队等。

（2）分配职责和权限：基于组织结构，PMO需要明确各级人员的职责和权限，确保每个成员都了解自己的角色和任务。同时，PMO还需要确定岗位描述和职责说明，以便评估员工的工作表现和绩效。

2. 人力资源配置

（1）确定关键岗位：某些关键岗位，包括项目管理、技术管理等，对效益管理框架的实施至关重要，因此需要具备特定技能和经验的人员担任。PMO需要协助制定相应的招聘和选拔计划。

（2）员工培训和发展：针对组织需要的人才和技能，PMO需要制定并实施相应的员工培训和发展计划。这可以提高员工的能力和素质，促进组织的长期发展。

3. 物力资源配置

（1）确定资源需求：PMO需要确定项目实施过程中所需的物资和设备等资源，包括办公设备、软件等，并制定相应的采购和租赁计划，以满足项目实施过程中的资源需求。

（2）资源管理和调配：对于组织内部的资源，PMO需要建立完善的管理和调配机制，确保资源的有效利用和共享。这可以减少资源浪费和提高资源利用率，降低项目成本。

4. 财力资源配置

（1）预算编制和管理：PMO需要编制项目预算，并制定相应的预算管理制度。这可以帮助组织合理分配资金，并确保项目的正常运转。

（2）财务分析和监控：PMO需要定期进行财务分析和监控，及时掌握项目资金的流入和流出情况。对于出现的财务问题，PMO需要及时采取措施进行调整，以避免财务风险。

5. 外部资源利用

（1）干系人选择和管理：PMO 需要选择和管理干系人，来共同推进项目的实施。这可以帮助组织利用外部资源，提高项目的效益和质量。

（2）合作机制建立：为了确保与干系人关系的稳定和长期发展，PMO 需要建立完善的合作机制，包括合同签订、合作流程、沟通渠道等，以确保双方能够顺畅地合作并实现共赢。

6. 知识管理

（1）建立知识管理框架：PMO 需要建立知识管理框架，以便将项目实施过程中的经验和知识进行总结与共享。这可以帮助组织避免重复犯错，提高项目的效益和质量。

（2）知识库建设：PMO 需要建立知识库，将组织的知识进行分类和管理。这可以帮助组织成员快速获取所需的知识和信息，提高工作效率和质量。

9.2.3 效益管理制度制定

PMO 需要与组织决策层和管理层密切合作，明确效益管理制度里的标准和程序。这些标准可以涵盖效益目标的定义、效益管理的流程等。同时，在构建效益管理制度时，其合理性与组织发展的财务经营管理相结合至关重要，以确保该框架与战略、效益管理框架的一致性。

1. 效益管理制度的制定应遵循的原则

（1）符合组织的效益管理框架。

建立效益管理制度的组织需要确保效益管理框架的合理性，必须结合针对组织发展所制定的财务经营管理制度、原则和方法等，以确保效益管理制度和战略、效益管理框架保持一致。效益管理制度应该遵循以下几点：

- 根据工作效率、业务效益、财务指标，制定效益管理框架的分析、实施、运作、监督等机制，促使效益管理更为规范。
- 结合实际情况，制定以财务指标、业务指标为导向的效益管理制度，全面分析项目效益是否实现。

- 完善效益分析的结构和指标，促使业务进一步发展，同时促进员工积极、团结以推动发展战略目标的实现。

（2）开展差异化业务效益分析和管理。

在效益管理制度中，对不同业务的项目应该实行差异化管理机制，在相对"公平竞争"的背景下实现项目效益最大化，并不断挖掘项目完成之后业务整体效益的增值潜力。这需要科学地衡量该业务现阶段的价值和未来的价值，将其战略价值、品牌价值及为其他业务创造的价值进行量化，给出针对性的效益管理分析，促进业务良性发展。

（3）实施以愿景、战略为导向的效益管理措施。

在建设效益管理制度时，需要全面考虑愿景、发展战略，并构建合理的效益管理框架。这需要：

- 鼓励各业务对效益管理指标和分析有自己的业务判断，根据实际业务发展方向和业务绩效完成情况进行多方位探索。
- 定期组织借鉴行业标杆的做法等专项培训，以帮助业务少走弯路、拓展思路。
- 了解业务市场竞争情况和社会发展新动向，根据业务发展情况构建合理的业务人才团队，通过内部激励等方式促进业务发展。

（4）加强对效益管理制度运作的监控。

效益管理制度中应包含一套效益分析跟踪机制。例如，每个季度对经营业绩及利润进行综合性分析、评价，以确保效益管理制度合理、可控。此外，还可根据具体的战略发展目标，制定具有针对性的效益管理预警机制，以及时发现并纠正效益管理制度中的偏差，推动其持续改进与完善。通过这种方式，效益管理制度得以健康运作，为组织的良好发展提供有力支撑。

2. 效益管理制度的制定步骤

（1）明确目标：明确效益管理的目标，包括提高组织的效益水平、实现可持续发展等。

（2）确定适用范围：明确效益管理制度的适用范围，包括适用的部门、项目组和员工等，同时也要考虑组织内部的组织结构和职责分工。

（3）定义效益：明确要管理哪些效益，包括经济效益、社会效益、环境效益等，需要注重各种效益的平衡和协调。

（4）建立效益管理流程：建立明确的效益管理流程是搭建效益管理框架的关键环节，包括效益目标设定、效益分析、制定效益计划、实施效益监控与评估等环节。通过明确各环节的职责、时间和输出，确保效益管理的有效实施。

（5）制定效益指标：根据组织的实际情况和目标，制定相应的效益指标，包括财务指标和非财务指标。同时，需要明确各项指标的考核周期和评价标准。

（6）确定考核方式：制定效益考核的具体方式，包括考核的方法、流程和工具，以及考核人员的选择和资质要求等。

（7）建立奖惩机制：根据考核结果，建立相应的奖惩机制，包括奖励和惩罚的标准与方式，以及奖励资金的来源等。

（8）明确职责分工：明确各级组织和人员在效益管理中的职责和分工，以便在实施过程中更好地协同和配合。

（9）规定报告和记录要求：制定相应的报告和记录要求，包括效益管理报告的内容、格式和提交周期等，以及记录的保存和归档要求。

（10）审核与调整：在实施效益管理制度的过程中，需要根据实际情况进行审核和调整，以确保制度的有效性和适应性。

以上是制定效益管理制度的一般步骤，可以根据组织的具体情况进行调整和完善。同时，需要注重制度的可操作性和实施效果，不断优化和完善制度，以实现更好的效益管理。

9.3 效益管理流程

效益管理是一个从目标设定到评估反馈的持续改进和循环的过程，涵盖了多个关键阶段（见图9-5）：**目标设定**明确了组织的发展方向和预期效益，**效益分析**对项目的潜在效益和实现路径进行全面评估，**效益计划**确定实现效益目标的具体方案和措施，**实施监控**确保项目按照既定的计划和目标进行，**评估反馈**帮助组织了解效益管理的实际表现。

图 9-5 效益管理流程

9.3.1 目标设定

9.3.1.1 目标识别

对组织级效益目标进行全面识别，是任何个人或部门都无法承担的工作，而作为组织的中枢机构，PMO 最适合担此重任。可以通过对以下三种策略的组合使用，进行效益目标的识别：

- 拉齐原则：PMO 要确保效益目标与战略、项目或活动保持匹配，比如组织今年的重点是拓展市场、提高品牌影响力还是降本增效，对于人才的管理是长期培养更重要还是引入高成长性的人才更重要等。
- 商讨共建：PMO 要召集不同相关方识别相关性、可行性及风险性。在拉齐原则的基础上通过商讨共建，更容易识别出有效合理的目标。
- 平衡干系人利益：组织中的部门、个人有不同的动机、利益，很容易造成"为了完成而完成"的现象，PMO 需要作为效益管理的核心来平衡干系人利益。此外，还需要得到组织对物质、价值的支持。

效益目标识别的一般做法如下：

- 通过各类会议获取效益目标，如年度预算会、战略规划会、组织级目标对齐会等。
- 召开组织效益识别共识会。
- 判断某些项目能否实现组织战略所希望实现的目标。
- 了解能实现某个目标的各种可能性的推演方案。
- 获取关于相关需求、问题的足够多的信息。
- 在进行财务分析时，除了定量的财务数据外，也应考虑定性的非财务指标。由于定性指标通常不包括在正式的定量分析中，我们需要明确它们在决策过程中的相对重要性或权重。这将帮助我们确定各个项目或方案的优先级排序。

PMO需要通过年度预算会、战略规划会、组织级目标对齐会等一切可以获取效益信息的途径，将不同层级、维度的效益信息，通过汇总的方式统一收集到效益池（Benefit Pool）中，如表9-2所示。

表9-2　效益池示例

关键目标	关键问题	关键效益	效益说明	负责人	效益类别							指标	备注
					长期	短期	直接	间接	有形	无形	财务	非财务	……		

作为项目范围的依据或基线，主动或被动产生的**需求**是**效益目标的源头**。然而，组织效益目标并非为单一需求而设定，所以在识别复杂效益目标的时候，PMO需要组织进行关键效益推演，表9-3为关键效益推演画布（Benefit Critical Deduce Canvas，BCDC）示例。

表9-3　关键效益推演画布示例

效益目的	效益目标	关键策略	衡量指标	验证方法	验证结论
定性：做什么	定量：做什么	定性：怎么做	定量：怎么做	定性或定量	定性或定量

要识别有效合理的效益目标，就要识别其所关联的条件，如目的、目标、策略、指标、方法及结论。如果最优解成立，效益基本成立；如果最优解不成立，又在未推演的前提下执行，则会发生很多风险。

9.3.1.2 目标制定

根据组织的目标和战略,PMO 组织制定相应的效益目标。这些目标应当切实可行且明确,能够体现组织的价值和竞争优势。确定效益目标对项目的成功十分关键,它能确保项目的最终成果拥有最大化的商业价值,在严格的项目环境下实现高有效、高质量的交付。下面是确定效益目标的几个具体的方法。

(1) SMART 原则:SMART 是指具体的、可衡量的、可实现的、相关的和具有时限性的。使用 SMART 原则,可以帮助团队制定具体、清晰而明确的效益目标。

(2) 审查现有的战略目标:在确定效益目标时应该考虑现有的战略目标。PMO 需要将项目的效益目标与组织的战略目标相匹配,尽可能取得最大的效益,为组织创造更大的经济价值并提升组织的竞争力。

(3) 效益沟通会议:确定效益目标时,召开会议并进行沟通是很必要和有效的。可以邀请干系人参加,就项目的效益目标进行广泛交流和讨论,达成共识,制定出可行且实际的效益目标,这样可以使团队与组织汇集精力。

(4) SWOT 分析法:可以采用 SWOT 分析法确定项目的效益目标。通过分析项目的优势、劣势、机遇和威胁等因素,形成预期的效益目标和结果。SWOT 分析将会是一次全面的审视,从而使各干系人在修正目标过程中直击问题而不是迂回。

(5) 与干系人沟通:在确定效益目标时,PMO 还需要与干系人接触,包括客户、股东、员工、合作伙伴等,对其进行有效的沟通管理。

9.3.1.3 指标和度量方法

PMO 需要深入了解其所处行业的特性、组织的文化以及项目管理体系的特点,从而对效益进行有效评估和度量。通过制定明确的指标和可操作的度量标准,效益目标将更加明确,为组织提供更具体的方向。这种有针对性的指标和度量方法有助于 PMO 更全面地了解当前业务流程和绩效,通过这些数据,PMO 可以更精准地发现问题,并制定出更具针对性的优化方案。这样的数据驱动决策有助于组织持续改进,提升整体效益。

效益指标主要包括四种类型：

- 效率指标：用于衡量业务流程的速度和质量。这类指标可以帮助 PMO 评估业务的速度、质量以及资源利用率等，找到并处理潜在的问题，进而支持实现业务流程优化和改进。
- 质量指标：用于衡量产品或服务的质量，如产品或服务的准确性、一致性、完整性和客户满意度等。这类指标可以帮助 PMO 发现现有和潜在的质量问题。
- 成本指标：用于衡量业务流程的成本和费用。通过该类指标，PMO 可以更好地控制成本、衡量绩效。
- 创新指标：用于衡量业务创新和发展的绩效，如技术创新、流程创新和产品创新等。这类指标可以支持发现新的商机和市场，提升创新能力。

为确保指标和度量方法在实际运用中的可实操性，PMO 在组织设计指标和度量方法的时候需要坚持"四个必须"，如图 9-6 所示。

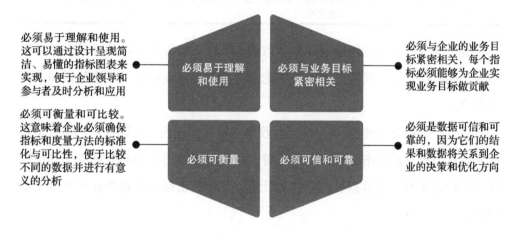

图 9-6　指标和度量方法应用中的"四个必须"

9.3.1.4　效益管理绩效

效益管理是对项目或活动的资源、过程和结果进行规划、执行、监控和改进的综合性活动，其目标是实现项目或活动的高效、高质和可持续发展。效益管理的成功既体现在业务流程的优化上，也需要 PMO 从效益管理绩效的角度去衡量。

效益管理通常分为四类，如表9-4所示。不同类型适用于不同组织和不同发展阶段。对于PMO来说，应该根据项目或活动的特点和实际情况选择适当的类型，制定合适的效益管理绩效指标体系，以有效地评估和提高组织的效益和竞争力。

表9-4 效益管理的常见分类

序号	划分角度	分类
1	绩效的性质	• 效率性：投入与产出之间的比例，关注的是资源的利用情况，如吞吐量、周转率、时间成本和合格率等 • 效果性：实现的目标或结果，关注的是产出对组织目标的贡献，如销售额、市场份额等
2	绩效的衡量标准	• 绝对绩效：某一特定时期内的绝对业绩水平，如年度销售额、利润等 • 相对绩效：相对于竞争对手或自身的业绩水平，如市场占有率、同比增长率等
3	绩效的评估方式	• 主观绩效：主观评价主体对绩效进行评价的结果，如客户满意度等 • 客观绩效：根据客观数据或事实进行评价的结果，如销售额、利润率等
4	绩效的关注领域	• 财务绩效：财务数据上的绩效表现，如销售额、利润率、每股收益等 • 非财务绩效：非财务数据上的绩效表现，如客户满意度、市场份额、员工满意度等

通过有效的效益管理绩效评估和改进，可以不断提高战略和项目效益目标的达成率，提高业务绩效，增强市场竞争力和赢得商业机会。具体包括如下操作步骤。

（1）收集和分析数据：PMO需要收集与效益管理相关的数据，包括效率指标、质量指标、成本指标和创新指标等，以便可以使用各种商业智能工具或统计分析软件来对这些数据进行分析和计算，从中找出影响效益管理绩效的主要因素。

（2）审查和评估流程：对组织的流程、实践进行审查和评估，找出影响效益管理绩效的瓶颈和障碍，以便制定出改进和优化计划。

（3）与业界比较和对照：与其他类似行业进行比较和对照，以了解自身的实践是否达到了业界标准。这有助于了解自身在比较标准下的表现如何，以及是否实现了效益管理规划所期望的目标。

（4）评估效益管理绩效：对实施效益管理规划后的业务流程和实践进行评

估,并根据效益目标、业务目标、规划目标和行业标准来判断执行效益管理规划成功与否。评估结果可以分为正面和负面两种,如有负面结果,应该及时调整流程和计划,以达到效益管理规划制定的期望目标。

(5)制定改进和优化计划:在评估过后,PMO 根据评估结果,制定有效的改进和优化计划。该计划应包括明确的行动方案、任务分配、时间表、资源和责任分配等。应密切关注这些改进和优化计划的执行情况,并在必要时及时调整。

9.3.2 效益分析

在效益分析阶段,PMO 需要组织相关项目组或部门对项目的潜在效益和实现路径进行评估,包括经济效益、社会效益、环境效益等,以及进行全面的市场调研、技术评估和资源分析,为后续的效益计划制定提供依据。

在进行效益分析时,需要综合考虑定量和定性两个方面的因素,以便全面评估项目的效益情况。同时,还需要结合组织的具体情况和市场环境,校正相应的效益目标和实施方案。

1. 定量效益分析

(1)财务效益分析:主要从财务角度出发,对项目的投资回报、成本、利润等方面进行分析。具体来说,要对项目的投资成本、税收、利润、资金流动情况等方面进行详细的计算和评估,以确定项目的经济效益。

(2)市场效益分析:主要从市场需求和竞争角度出发,对项目的市场定位、销售情况、市场份额等方面进行分析。通过市场调研和分析,掌握市场需求和竞争格局,为项目的效益评估提供基础数据。

(3)技术效益分析:主要从技术角度出发,对项目的工艺技术、设备投资、技术风险等方面进行分析。通过技术评估和实验,确定项目的工艺技术和设备的可行性与经济性,以实现项目的技术效益最大化。

2. 定性效益分析

(1)社会效益分析:主要从社会角度出发,对项目的社会影响、社会贡献等方面进行分析。具体来说，要对项目的社会影响和社会效益进行评估，以确定项目对社会发展的贡献。

（2）环境效益分析：主要从环境保护角度出发，对项目的环境影响、环保措施等方面进行分析。通过环境影响评估和环保措施的实施，确保项目对环境的负面影响最小化，实现项目的可持续发展。

9.3.3 效益计划

在制定效益计划阶段，PMO 需要根据效益分析的结果，制定具体的效益实现方案和措施。这包括确定具体的任务、责任人、工作计划、资源调配方案等，以确保项目效益目标的实现。制定效益计划一般包括如下步骤。

（1）确定效益目标：根据效益分析的结果，确定具体、可衡量和可实现的效益目标，包括经济效益、社会效益、环境效益等。

（2）分析实现路径：根据效益目标，分析实现这些目标的具体路径和手段，包括所需的资源、时间、人力等。

（3）制定实施方案：根据分析的结果，制定具体的实施方案，包括具体的任务、责任人、工作计划、资源调配方案等。

（4）确定考核指标：制定具体的考核指标，包括考核标准、考核周期、考核方式等，以便对实施方案的效果进行评估和监控。

（5）制定风险应对措施：针对可能出现的风险和问题，制定相应的应对措施，包括风险预警、风险控制、风险应对等。

（6）建立监控机制：建立实施过程中的监控机制，包括定期汇报、信息反馈、调整方案等，以确保实施方案的有效性和可行性。

效益目标的设定和效益分析是效益管理的关键步骤。通过效益解码，我们可以将效益目标转化为具体的效益计划，这是效益管理的重要组成部分。效益计划不仅体现了效益目的的定性识别，也展示了量化的结果。PMO 负责对效益目标进行效益解码，并确保这些目标能够具体落实到项目中，以确保效益的实现，如图 9-7 所示。PMO 需要对效益目标进行效益解码，最终由项目承载，确保效益目标的达成。

效益目的	效益目标	效益目标级别	效益描述	负责人	项目集群	项目成果	定级
提高用户产品使用体验价值	有效用户线索率提升30%	S			项目A-1		S
					项目C-1		
	预付定金或成交率提升30%	A			项目B-1		A
	……	S			项目B-2		S
提高员工满意度	实际挑战目标达成率与计划挑战目标达成率的偏差降低10%	A			项目A-2		A
					项目C-2		
	……	S			项目A-3		S
	……	A			项目B-3		A

图 9-7　效益计划示例

9.3.4　实施监控

实施监控的目的是及时获取效益执行的实时信息，以便管理者快速做出决策或采取相应的措施。实施监控可以帮助管理者及时发现潜在问题，确保效益管理的稳定运行和高效运作；同时，也可以帮助管理者了解当前的瓶颈和优化方向，以进一步提高效益管理流程的可落地性。

实时监控项目的进展情况并收集相关数据，PMO 据此进行数据分析和对比，了解项目的实际效益情况，并及时发现和解决问题，以确保项目效益目标的顺利实现。通常，实施监控有如下内容。

（1）监控目标：在效益管理流程中，实施监控的目的是确保项目或活动的效益能够达到预期的目标。这些目标可能包括生产效率、产品质量、客户满意度等。

（2）监控指标：为了衡量项目或活动的效益情况，需要确定具体的监控指标。这些指标应该是可量化的，并且能够客观地反映项目或活动的实际效益情况。例如，在生产效率方面，可以使用生产时间、生产成本等指标来进行监控。

（3）监控周期：根据项目或活动的具体情况，确定合适的监控周期。监控周期可以是日、周、月或季度等，具体取决于项目或活动的性质和需求。

（4）数据收集与分析：通过收集和分析相关的数据，了解项目或活动的效益情况，并与其他部门或项目进行比较。这些数据可能包括内部的生产数据、销售数据、员工满意度数据等，以及外部的市场研究数据、竞争对手的相关分析数据等。

（5）调整措施：根据监控结果，如果发现项目或活动的效益未达到预期目标，需要寻找原因并采取相应的调整措施。这些措施可能包括改进生产工艺、优化产品设计、加强营销推广等。

（6）持续改进：为了持续提升项目或活动的效益，需要在实施监控的过程中不断积累经验，并根据实际情况进行持续改进。

9.3.5 评估反馈

PMO 对项目的实际效益进行全面的评估，并将评估结果反馈给相关的部门和人员。根据评估结果，组织可以了解项目效益的实际情况，评估结果也为今后的项目规划和实施提供了有益的参考。效益评估反馈主要包括如下步骤。

（1）确定评估标准：在进行评估反馈之前，需要确定具体的评估标准。这些标准应该与项目的目标相匹配，并且是可量化和可衡量的。例如，在生产效率方面，可以使用生产时间、生产成本等指标来进行评估。

（2）数据收集与分析：通过收集和分析相关的数据，了解项目或活动的实际效益情况，并将这些数据与评估标准进行比较。这些数据可能包括内部的生产数据、项目数据、销售数据、员工满意度数据等，以及外部的市场研究数据、竞争对手的相关分析数据等。

（3）效益评估：根据收集的数据和确定的评估标准，对项目或活动的效益进行评估。评估结果可能包括效益是否达到预期目标，哪些方面做得好，哪些方面需要改进等。

（4）反馈与调整：根据评估结果，将相关信息反馈给相关的部门和人员，以便及时采取相应的调整措施。这些措施可能包括改进生产工艺、优化产品设计、加强营销推广等。

（5）持续改进：为了持续提升项目或活动的效益，需要在评估反馈的过程中不断积累经验，并根据实际情况进行持续改进。同时，还需要关注行业动态和技术发展趋势，以便及时引入新的技术和方法来提高效益评估反馈水平。

效益评估基准需要根据目标制定环节中的指标及管理绩效标准制定，并用项目成果数据逐步验证，以便于及时调整、评估，如图 9-8 所示。

效益目的	综合达成率	效益目标级别	效益目标综合达成率		效益进展描述	负责人	项目集群	项目成果	定级
提高用户产品使用体验价值	80%	S	有效用户线索率提升 30%	90%			项目 A-1		S
							项目 C-1		B
		A	预付定金或成交率提升 30%	100%			项目 B-1		A
		S	……				项目 B-2		A
提高员工满意度	80%	A	实际挑战目标达成率与计划挑战目标达成率的偏差降低 10%	80%			项目 A-2		S
							项目 C-2		S
		S	……				项目 A-3		S
		A	……				项目 B-3		A

图 9-8　效益评估示例

评估反馈是一个持续的过程，需要不断地进行数据收集和分析，并根据实际情况进行调整和改进。通过评估反馈，组织可以更好地了解项目或活动的实际效益情况，并且评估反馈能够为改进和优化提供依据，从而实现组织的长期发展目标。

PMO 在效益管理中需要注意显性效益和隐性效益的不同。

对于 PMO 来说，显性效益管理是针对单个项目或项目集的标准化管理过程，以确保项目产出的效益得到充分的管理和评估。其重点是标准化管理，以提高效率和效果。在这个过程中，需要明确项目负责人的效益职责，以便识别效益、任务分工和分配资源。在效益分析阶段，需要使用效益管理工具和方法，如统计分析、预测分析等，对项目效益进行深入的分析和评估。此外，还需要定期对评估结果进行监控和评估，以便及时识别和处理问题。需要注意的是，效益应该纳入项目绩效评估，以更准确地反映项目价值和收益，使组织能够更好地评估和识别项目价值，提高 PMO 各个层级的管理效率和决策质量。

隐性效益往往不能直接量化和测量，它通过影响其他因素来提高组织效能和价值。当涉及增加隐性效益时，PMO 需要根据组织的战略目标和经营策略，制定切实可行的隐性效益管理计划。PMO 应通过合适的管理机制，更好地理解组织内部和外部的需求，最大限度地利用和发展各方面的资源和潜力，为组织创造更多的价值。

对于组织内部：

- 组织需要全面了解内部的各项运作和业务流程，并理解它们的相互关系。
- 建立学习型组织文化，通过不断学习和反思，持续提升组织的效率和绩效。
- 注重跨部门和跨职能的协作以及组织内部的沟通和共享，从而提高组织的效率和协同。
- 注重组织资产积累，提升团队整体技能，沉淀项目知识经验，形成组织专利，只有这样，才能更好地利用、结合和创新组织内部的资源与能力。

对于组织外部：

- 隐性效益能够提高组织的社会影响、展示组织的社会责任感、提升组织的市场美誉度。
- 把握住隐性商机可以提高组织的竞争力和市场地位，帮助组织获得更多的商业机会。

9.4 效益管理的未来及发展

未来效益管理可能会更加复杂和多样化。组织需要不断地更新和改进自己的效益管理方法，以适应不断变化的市场环境和组织需求。同时，组织也需要不断地积累经验和探索新的理论与方法，以推动效益管理的持续发展。

9.4.1 效益管理的未来与前景

未来效益管理将通过数据分析、科技创新、多元化服务等来升级与优化效益管理的形态，同时在模式上也将不断扩展，需求上也有向精准化和适应性方面不断深化的趋势，也将更加重视组织可持续发展和社会责任等方面的需求。对于组织而言，需要不断提升效益管理能力，在不断变化的市场环境中实现更加快速和高效的发展。

随着技术的发展，机器学习和人工智能技术将成为效益管理的重要工具，利用实时数据分析和智能决策将实现更好的投资组合管理和效益管理。

未来的效益管理将不再局限于传统的成本效益和财务效益管理，还包括环境效益、社会效益、员工效益等的管理，同时也将更加注重提供个性化服务和解决方案。

最终，效益管理将与组织的可持续发展目标紧密结合，通过管理实践促进环境、社会和经济的长期可持续发展。

9.4.2　PMO在效益管理领域的发展

在未来，PMO在效益管理领域将更加关注项目与组织战略目标的关系、效益的达成，而非仅仅关注项目的投资回报率。需要定期评估项目的战略价值和贡献，以确保投资组合中所有项目都对组织战略目标做出贡献，从而优化投资组合。具体来说，需要注意的重点主要包括以下几项。

（1）更加贴近业务：随着业务的多样化和项目管理的复杂化，PMO需要更加贴近业务，逐步从以管理为主要职责的组织演变成业务伙伴，通过效益管理向业务提供更加个性化的以价值为导向的项目管理方案和服务。

（2）强化组织变革和创新：PMO不仅需要保持目前专业的项目管理技能与技术水平，还需要积极探索新型管理方法，促进组织创新和变革，以满足组织对更加灵活、高效及以价值为主的项目管理方式的需求。

（3）加强数据科学和技术工具的使用：PMO将会更加依靠数据科学和技术工具，如使用机器学习算法、人工智能技术、大数据等，保证效益的实现和提高监控可视化能力。

（4）更加精细化和专业化：PMO在效益管理方面可能会更加精细化和专业化，如从对项目有效性的监控转变为对整个组织效益的管控。同时，还可能将效益管理与可持续发展等领域的指标相结合，从而实现更加综合性和多样化的效益管理。

（5）智能化和可持续化：PMO在效益管理方面还要面对全球化、数字化等新趋势的挑战，PMO可以通过互联网技术、物联网、智能分析等技术手段，实现效益管理的智能化和可持续化。

未来充满了机遇和挑战，PMO需要不断探索和创新，以适应市场变化，提升效益管理能力和竞争力，从而更好地为组织和社会做出贡献！

附录 9A

效益管理与其他领域的关系

1. 与战略管理领域的关系

战略管理的目的是确保组织长期目标的实现,它涉及组织愿景、使命、价值观、发展方向、产品/服务组合和市场定位等。战略管理需要明确组织的目标和愿景,然后制定一个行之有效的战略来促进组织的发展,从而为组织带来更多的商业价值。

然而,在实现战略目标的过程中,需要通过项目及日常运营来帮助组织推进和完成战略规划,这就涉及项目的效益管理。效益管理的目标是确保项目实现预期效益,通过对项目可行性做出正确的决策来实现商业价值最大化。在这一过程中,需要考虑项目的投资回报率、风险评估、效益跟踪等。

效益管理与战略管理之间的关系十分密切。战略管理提供了一个长期的战略计划,以指导组织在各个方面取得成功。而效益管理提供了方法和工具来帮助组织实现战略目标,确保为组织带来实际的商业价值。

关于战略管理领域的内容,详见本书第 2 章。

2. 与项目管理领域的关系

项目管理关注的是如何在时间、质量和成本约束下,管理和完成项目,达到项目目标。它包括了项目团队管理、项目进度计划、项目风险管理、项目资源分配等。在项目管理的执行过程中,需要不断评估项目的效益,确保项目的目标符合组织的战略目标。

效益管理在项目管理中的目标,是确保项目实现预期的效益,为组织创造更多的商业价值。它强调在整个项目生命周期内的效益管理,包括项目的选择和投资、业务案例开发、效益指标的制定和跟踪以及效益的实现和评估。通过对项目效益的跟踪和评估，效益管理可以帮助项目团队做出正确的决策，确保项目最终实现预期的效益。

因此，效益管理和项目管理可以相互促进。通过使用效益管理的方法和工具，可以确保项目最终实现预期效益，从而带来商业上的成功；在项目管理过程中，不断评估效益可以帮助项目团队做出正确的决策，确保项目达到预期的效益目标。

关于项目管理领域的内容，详见本书第4章。

3. 与人才赋能领域的关系

人才赋能是指帮助员工获得新的技能、知识和经验，以帮助他们更好地完成工作并应对新的挑战。效益管理会对人才赋能后的贡献进行评估，进而提高组织效率和业务价值。这两个领域可以互相促进，实现协同发展。

人才赋能通过训练和发展员工，帮助他们更好地理解组织目标和业务战略，促进组织中不同部门之间的协作和协调，这有助于提高组织的业务效率和业务价值，以及实现全面可持续发展。

同时，效益管理也可以促进人才赋能。通过分析组织的业务流程和绩效，可以确定不足之处并制定解决方案。此过程涉及不同层级的员工（从高层管理人员到基层员工），且许多分析和解决方案也需要他们的参与，他们也将因此获得更多的实践经验和技能，并最终实现赋能。

关于人才赋能领域的内容，详见本书第5章。

4. 与数字化领域的关系

数字化技术可以帮助PMO在进行效益管理的时候更加高效地管理效益数据和信息，提供更全面、实时的数据分析和绩效评估审核，从而更好地评估业务成果和目标达成情况；使分析过程数字化，减少对手工操作和人工干预的依赖，提高信息采集和分析的速度与准确性；还可以支持PMO更好地跟踪和监测效益数据，激励团队成员参与业务目标的设定与实现，并帮助团队更好地了解业务动态。

数字化技术在效益管理领域中的应用将不断增加，对于协助效益管理团队更好地管理和评估业务绩效，提升组织效率和价值都具有重要作用。

关于数字化领域的内容，详见本书第8章。

附录 9B

效益管理的工具和方法

1. 目标设定和绩效指标

- SMART 目标制定法：一个商定的、明确的项目目标对于项目的成功至关重要。制定目标可遵循 SMART 原则。
- KSF（关键成功因素）法：通过分析找出使得项目成功的关键因素，然后围绕这些关键因素确定需求，并进行规划。
- OKR（目标与关键成果）法：这是一套明确和跟踪目标及其完成情况的管理工具和方法，OKR 的主要目标是明确组织和团队的"目标"以及每个目标达成的可衡量的"关键结果"。

2. 绩效评估和监测

- 360 度绩效考核法：360 度绩效考核的特点是评价维度多元化（通常是 4 个或 4 个以上），适用于对中层以上的人员进行考核，对组织而言可以建立正确的导向。
- KPI（关键绩效指标）法：通过对员工的工作表现和业绩进行量化评估，确定员工的绩效水平。这种方法的优点是能够通过具体的数据和指标来评估员工的工作表现，缺点是不能全面反映员工的工作表现和绩效水平。

3. 分析和决策支持

- 平衡计分卡（BSC）：这是个衡量组织策略执行和效益管理的综合性指标体系，包括财务、客户、内部流程、学习与成长这四个指标。
- SWOT 分析：SWOT 分别指优势、劣势、机会和威胁。按照组织竞争战略的完整概念，战略应是一个组织"能够做的"（即组织的优势和劣势）和"可能做的"（即外部环境的机会和威胁）的有机组合。

附录 9C

各行业效益管理重点

序号	行业	效益管理重点
1	IT/软件开发行业	项目交付时间、质量、客户满意度
2	建筑与房地产行业	工程质量、进度控制、成本管理
3	制造业	生产效率、制造成本、供应链管理、质量控制
4	金融与投资行业	投资回报率、风险管理、客户
5	医疗保健行业	医疗质量改进、患者满意度、资源利用效率
6	能源与环境行业	资源节约、环境影响、可持续发展
7	零售与消费品行业	销售增长、客户体验、品牌价值
8	教育行业	学生成绩、教学质量、资源利用效率
9	媒体与娱乐行业	观众收视率、营收增长、品牌影响力
10	农业与食品行业	农作物产量、食品安全、营养价值
11	航空航天行业	飞行安全、工程质量、飞行效率
12	电信行业	网络可靠性、客户满意度、用户增长
13	政府与公共服务行业	社会效益、公共安全、公共资源利用
14	物流与运输行业	运输效率、准时交货、成本控制
15	旅游与酒店行业	客户满意度、客流量、服务质量
16	咨询服务行业	项目交付质量、客户引用率、业务增长
17	法律与法务行业	法律服务质量、案件处理效率、客户满意度
18	媒体与广告行业	广告效果评估、客户反馈、收益增长
19	汽车与交通行业	汽车质量、安全指标、研发创新
20	矿业与采掘行业	采矿效率、资源开发、环境保护
21	物业管理行业	设施维护质量、居民满意度、费用控制
22	健身与运动行业	会员增长、健身效果、用户体验
23	社交媒体与网络平台	用户增长、活跃用户数、广告收入
24	科学研究与开发行业	研究成果质量、技术创新、专利申请
25	快速消费品行业	销售额增长、市场份额、品牌认知度
26	能源与电力行业	能源生产效率、电力供应可靠性、可再生能源利用率

注意：实际上，不同行业对于效益管理的重点可能因具体情况而异，需要根据实际情况进行调整和完善，本表仅供参考。

第 10 章　PMO 能力模型

PMO 在现代组织中扮演着至关重要的角色。一个优秀的 PMO，应具备持续、高效地交付以项目组合、项目集和项目为载体的组织价值的能力。本章从 PMO 能力构成、PMO 成熟度模型和 PMO 从业者能力模型三个方面，对 PMO 能力模型进行全面、深入的剖析，并结合当下各行业 PMO 职能现状、成熟度阶段和资深从业者应具备的核心能力特征，为读者提供更具针对性的指导，供参考。

10.1　PMO 能力构成

作为国内相对新兴的组织，PMO 的责任边界并没有明确的界定，在不同的行业、业务模式、组织文化、管理者要求之下会有所不同。尽管如此，PMO 管理理论与实践自引入国内以来，它始终与各行业的快速发展紧密相连。为了更好地适应国内项目管理环境，PMO 的定位也在不断地演变，但其核心目标始终是提升项目交付的成功率。这种持续的演化使得 PMO 能更好地应对各种挑战，为组织创造更大的价值。

根据项目管理专业领域的定义和大多数业务组织的实践，PMO 能力构成可分为以下三个方向（见图 10-1）。

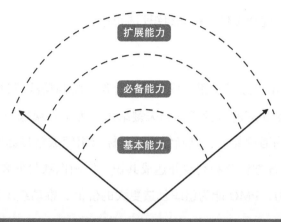

图 10-1　PMO 能力构成

基本能力：指支撑 PMO 基础运营所需的最底层的能力，包含战略落地与监控、项目组合管理、项目和项目集执行过程中的支持与监督等项目管理专业管理能力。

必备能力：指为实现基本能力，PMO 应具备的包含组织和项目环境效能治理（业务生产提效、组织流程建设、人才赋能、数字化平台建立和导入）、知识管理、组织变革等相关管理能力。

扩展能力：是为了更好地提高 PMO 运营水平，将 PMO 的能力进行外延所需的各项能力，包含组织资源管理、组织风险管理、经营分析、质量管理（独立职能）、产品管理、技术运营等相关能力。

10.1.1　基本能力

10.1.1.1　战略落地与监控

1. 战略规划

PMO 要具备与高级管理层和相关部门紧密合作的能力，围绕组织的战略规划展开工作。为了实现这个目标，PMO 需要深入理解组织的战略规划、目标和愿景，这就要求 PMO 成员具备参与战略规划会议、审查战略文件以及与项目干系人进行讨论的能力。通过这些，PMO 可以确保对战略有全面的了解，从而更好地支持项目的实施和交付，推动组织目标的实现。

2. 战略拆解

PMO 要能与项目经理和团队成员紧密合作，将高层战略目标转化为具体的项目目标，并制定相应的管控指标和关键结果。为了实现这一目标，PMO 需要具备与相关部门沟通的能力，以确保项目目标与组织战略目标保持一致。此外，PMO 还需要协调各方资源和利益并达成共识，以确保项目的顺利实施和成功交付。通过这些努力，PMO 能为组织创造更大的价值，推动组织目标的实现。

3. 战略落地

PMO 要具备制定项目实施策略和计划的能力，如通过考虑资源需求、制定项目里程碑和关键路径，确保项目按计划和预算执行。此外，PMO 还要能建立项目进度管理流程，持续跟踪和监控项目的进展情况，一旦发现潜在的风险和问题，PMO 会及时采取适当的措施进行调整和纠正，确保项目的成功实施。

PMO 要积极协调各方利益并达成共识，以确保项目目标与组织战略相一致。此外，PMO 还要通过对项目的集中管控，确保项目目标与组织战略的一致性。在此过程中，PMO 还要通过追求组织中所有项目的成功，为组织实现战略目标提供有力支持。这种协调和管控不仅有助于提高项目的成功率，还能增强组织的整体绩效和竞争优势。图 10-2 展示了组织战略实现过程。

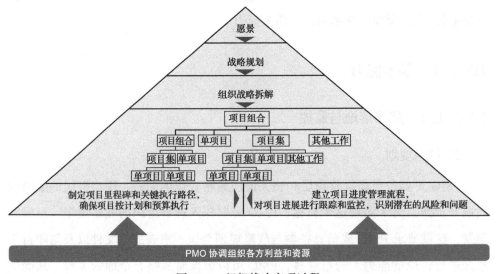

图 10-2　组织战略实现过程

4. 战略项目收尾和回顾

PMO 要具备战略项目收尾的能力，包括项目验收、知识转移和文档整理等，确保项目交付符合要求并顺利结束。PMO 还要具备项目回顾的能力，以指导项目组进行项目评估和经验总结，提供改进建议，推动组织经验的分享与学习。

10.1.1.2 项目组合管理

大多数组织都面临在同一时间内进行多项目和项目集集中交付的情况，为了更好地平衡项目和项目集，使组织快速响应外部环境的变化，获取更高的投资效益，PMO 需要为项目组合管理提供专业支持，以达到以下目的：

- 实现组织的战略规划。
- 选择项目集和项目的最优组合。
- 指导项目集和项目的管理人员决策。
- 分配项目资源，使其最大化利用。
- 确定项目优先级。
- 提高投资回报率。
- 进行综合风险管控。

1. 项目组合管理的策略

项目组合是为了做正确的事情，项目集则是为了把事情做正确。将组织的战略拆解成若干小目标，项目组合就是为了实现小目标而设立的。项目组合包含了相应的子项目组合和项目集，项目集又包含了子项目集和相互关联的项目（见图 10-2），每个项目都会交付相应的效益。把相互关联的项目放到一起来协调管理，会获得分别管理项目集组成部分所无法实现的效益和价值，这体现了设立项目集的必要性。应选择项目集与项目的最佳组合方式，以达成战略目标。

2. 项目组合的商业论证

项目组合的商业论证，是从投资角度来分析项目是否满足项目组合的战略定位，分析投资回报率、资金回收期、净现值等。项目组合是由若干项目和项目集组成的，首先需要对战略进行分析，随后对所包含的项目集或项目进行分析。项目组合经理可以根据单项目的可行性分析结果，管理和监督总体资源的分配。项目组合的商业论证还包括项目的成本预算分析，这在项目各节点都要进行。在项目报价阶段就要确认在整个项目周期中的项目预算。

3. 制定项目制度

需要制定符合自己组织现状的项目制度，确保流程制度正确执行。这有利于 PMO 更好地管控和引导项目集和项目经理达成 PMO 对组织项目的整体管理目标，同时将不同经验背景的项目管理人员培训为具备制定项目制度的相关能力，同时也帮助项目集和项目经理更好地在本组织内推动项目进展，应对项目风险。

一般来说，项目制度包括：

- 会议制度：包括制定项目周例会的频率、项目参会人员、会议纪要的记录、会议事项讨论的方式等。
- 升级机制：这是为项目出现交付风险时准备的，出现风险时逐步升级告知公司内部管理层，以便风险产生负面影响前解决问题。
- 协同机制：定义项目组中各职能部门的成员如何在项目各阶段配合项目经理达成项目目标所要进行的活动。在项目进行过程中，项目经理也可以根据协同机制，协调团队成员完成任务。

为了让组织中的资源发挥最大作用，确保项目组合中各项目的交付效率，PMO 还需要对项目经理展开各项培训。当然，这个过程中也可以根据组织战略和项目的要求，由相关职能部门培养具有相关能力的人员，以匹配组织的战略需要。

4. 项目组合中的运营管理

在实现战略目标的过程中，通常项目组合并没有明确的结束时间。当项目组合中的项目或项目集完成移交后，要保证后续的运营交付物和组织战略保持一致。PMO 应针对组织中与保持和维护项目效益相关的岗位，设定运营指标和关键结果，以判断创造的效益是否符合组织的预期。

10.1.1.3 项目和项目集执行过程中的支持与监督

项目和项目集执行落地过程中,是离不开 PMO 的支持和监督的,有效的支持和监督是项目和项目集达成预期目标的重要一环。

1. 战略一致性

明确组织的战略目标和愿景,了解组织的核心价值观和业务重点;制定项目和项目集战略,明确项目和项目集目标、范围、时间和预算等方面的要求,确保项目和项目集的目标与组织战略一致。

建立项目准入机制,制定项目准入标准和要求,评估项目是否符合组织的战略目标、资源投入、风险承受能力、市场需求等方面的要求,以决定是否批准项目启动。准入标准通常需要考虑项目的商业可行性、技术可行性、资源可行性、风险评估、市场需求、预算和时间等方面的要求。

建立项目退出机制,当项目超出限制无法继续进行,或项目的目标和需求发生变化时,需要重新评估和规划。如项目已经失去了价值,或是项目已经完成了所有的目标并达到了预期的结果,项目管理团队需要启动项目退出流程,让项目有序地结束。

2. 效益最大化

可在以下三个阶段加以控制,来达到效益最大化的目的。

- 项目立项评审:确定项目的效益目标,并且是具体的、可衡量的、可达成的目标。
- 执行过程中监督:根据项目的特点和目标,制定效益管理计划,明确效益管理责任人的责任范围,确保效益管理的有效实施。
- 结项效益绩效评估:对项目的成果进行评估,总结项目的经验和教训,为以后的项目提供参考。

3. 建立有效的项目干系人争取机制

(1) 识别项目干系人:识别所有可能与项目相关的干系人,包括内部和外部干系人,如客户、供应商、政府机构等。

（2）分析项目干系人：分析每个项目干系人的需求、期望、利益和影响，以了解他们对项目的态度和影响力。

（3）规划项目干系人争取：制定项目干系人争取计划，包括如何与项目干系人沟通，如何满足他们的需求和期望，如何处理与项目干系人的冲突等。

（4）实施项目干系人管理：执行项目干系人争取计划，与项目干系人保持沟通，及时解决问题和冲突，确保他们对项目的支持和参与。

（5）监督和控制项目干系人争取：监督项目干系人的态度和影响力，及时调整项目干系人争取计划，控制项目干系人带来的负面影响，确保项目的顺利实施。

4. 确保项目管理体系的落地

（1）制定流程和标准：制定流程和标准，从而提高项目的成功率和效率，确保项目在时间、成本、质量、范围等方面得到控制和管理，减少项目的风险和不确定性，最终实现项目目标。此外，确定项目管理流程和标准还可以为组织提供方法论，提高组织的效率和竞争力。

（2）项目管理体系培训：对项目组成员进行项目管理体系和标准的培训，确保所有相关人员都能理解和掌握项目管理的基本原理和方法，对齐理念、目标。

（3）监督和评估：对项目和项目集的实施过程进行监督和评估，及时发现和解决问题，确保项目管理体系的落地效果。

（4）持续改进：根据实际情况，不断优化和改进项目管理体系，确保其能适应不断变化的市场和业务环境。

5. 治理机制

指导各层级项目明确目标和范围：在项目启动阶段，明确项目的目标和范围，以便确定项目治理机制的目标和范围。

指导各层级项目组建治理结构：根据项目的规模和复杂程度，确定项目治理结构，包括项目经理、项目管理委员会、项目执行委员会等。

指导各层级项目组建治理规则：制定项目治理规则，包括项目决策流程、项目变更管理、项目风险管理、项目质量管理等。

指导各层级项目组建治理框架：建立项目治理框架，包括项目管理计划、项目执行计划、项目控制计划等。

指导各层级项目实施治理：根据项目治理规则和项目治理框架，实施项目治理，包括项目监控、项目评估、项目报告等。

持续改进各层级项目治理机制：根据项目治理的实际情况，持续改进项目治理机制，以提高项目管理效率和项目成果质量。

10.1.2 必备能力

10.1.2.1 组织流程建设

PMO 应对战略拆解与落地中的各项活动进行相关的流程与体系建设。在组织层面，如有相应的角色与分工、可以具备组织流程建设的能力，PMO 应对组织的活动进行分析、设计、实施和改进组织的业务流程，以提高效率、质量和绩效。

PMO 通常会通过识别和理解组织流程需求、组织流程分析来设计新的组织流程，通过各项举措对组织流程进行改进与优化。同时，PMO 还应建立流程监督和控制机制，根据内外部变化适时推出新的举措，对组织流程进行持续改进。

10.1.2.2 组织项目管理水平提升

在提升组织项目管理水平方面，PMO 应具有如下能力（见图 10-3）。

有项目管理的知识和经验：能帮助项目团队解决问题和应对风险。

数据分析能力：收集和分析项目管理数据，评估项目管理成果并提出改进建议。

创新能力：发掘项目管理领域的新技术、新方法和新思路，为组织的项目管理能力提升提供有益的思路和建议。

持续学习能力：不断学习和了解项目管理领域的新知识和新趋势，为组织的项目管理能力提升提供持续动力。

熟悉多种项目管理方法论：包括但不限于项目组合管理、项目集管理、项目管理、敏捷研发管理、精益生产、约束理论等，且能根据项目的特点选择合适的方法，帮助项目团队提升管理水平。

领导能力：为项目管理团队提供指导和支持，推动团队不断进步。

良好的沟通能力：与不同层级的员工和项目团队有效沟通，传递相关信息。

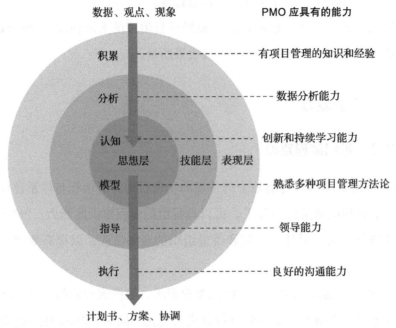

图 10-3　PMO 在提升组织项目管理水平方面应具有的能力

在提升组织的项目管理水平时，需要考虑以下几个关键点。

制定项目管理规范和标准：根据实际需要，制定适合组织的项目管理规范和标准体系，包括但不限于项目组合、项目集、单项目及敏捷开发相关的规范、标准、流程、方法等，以提升组织的项目管理能力。与高级管理层合作，推动项目管理实践和流程在组织中的落实和应用，确保组织整体项目管理能力的提升。还要制定项目集经理和项目经理的任职要求、能力模型，制定项目集和项目的绩效标准，并持续度量项目集经理和项目经理的实际绩效，以推进个人能力及项目集和项目绩效水平的提升。关于体系建设的内容，详见本书第 3 章；关于项目管理，详见本书第 4 章。

人才培训赋能：优秀的项目管理需要经验丰富的专业人员，可以通过培训、认证、知识分享等方式提升项目管理人员的技能和知识水平，还可以建立项目管理团队，通过跨部门的协作和交流来分享最佳实践和经验教训。此外，收集组织内外最佳实践和经验教训，创建项目管理知识库，以提高整个组织的项目管理水平；鼓励和支持组织内的项目经理和团队进行复盘和创新，推动持续改进，从而提高项目管理能力和组织绩效。关于人才赋能的内容，详见本书第 5 章。

业务生产提效：项目管理不仅是为了成功交付项目，还要确保项目与组织的战略目标相一致。为了提高项目管理水平，组织需要确保项目与业务目标紧密衔接。这可以通过更好的项目选择和优先级设定来实现，以确保项目的价值最大化。同时，优化业务流程，减少冗余步骤和浪费，可以提高项目执行的效率和质量。关于效益管理的内容，详见本书第 9 章。

数字化平台及能力导入：数字化工具和平台可以大大提高项目管理的效率和透明度。组织可以投资于项目管理软件、协作工具和报告系统，以更好地跟踪项目进展以及进行资源分配和风险管理。这些工具可以帮助项目管理人员更好地计划、预测和应对问题。此外，组织还可以通过引入敏捷、DevOps 等先进的项目管理方法和流程来适应快速变化的业务环境，提高项目响应能力。关于数字化管理的内容，详见本书第 8 章。

多参与外部合作与交流：例如与项目管理相关协会合作，参与行业项目管理相关标准的制定，撰写项目管理的书籍或文章，组织行业论坛和分享行业经验，与优秀外部组织合作交流，与院校展开科研合作等。

10.1.2.3 知识管理

尽管 PMO 本身并非知识的主要贡献者，但还是应提供一种框架与制度，或者与其他部门协作，提供或者维护知识管理的平台与工具，更有效地收集、组织、存储和共享组织内部和外部的知识资产。这类工作与能力包括知识识别与采集、知识分类与组织、知识存储与分享、知识创建与协作、知识保护与更新、知识传承与培训等。这些能力与活动之间相互关联，都是知识管理建设的重要组成部分，旨在帮助组织更好地应用知识，提高组织的创新能力和竞争力。关于知识管理的内容，详见本书第 6 章。

10.1.2.4 组织变革管理

PMO 在组织变革中发挥着关键的角色，通过推动和管理变革，帮助组织适应市场、技术和战略的变化。一般来说，PMO 在组织变革中主要发挥以下作用。

规划变革：PMO 首先需要对组织变革进行全面的规划和设计，包括识别变革的需求、分析变革的驱动力和阻力以及制定详细的变革计划。PMO 需要确保变革计划与组织的战略目标保持一致，并明确变革的预期结果和里程碑。

沟通与协调：成功的组织变革需要良好的沟通与协调。PMO 负责向相关利益者传达变革的必要性和好处，解释变革的步骤和预期结果。同时，PMO 还需要协调各个部门和团队之间的合作，确保变革过程中信息畅通，以减少误解和冲突。

参与和支持：PMO 鼓励和促进员工的参与，确保他们理解并接受变革。通过提供培训、资源和支持，PMO 帮助员工适应新的工作方式和流程。此外，PMO 还需要为变革过程中的关键决策提供指导，以确保变革的方向正确。

监控与评估：在变革过程中，PMO 负责持续监控变革的进展和效果，通过收集数据、分析绩效指标和反馈、评估变革的成功程度，及时发现并解决潜在问题。此外，PMO 还需要定期向高级管理层报告变革的进度，以确保变革得到足够的支持。

调整与优化：根据监控与评估的结果，PMO 可能需要调整变革计划或采取纠正措施。通过持续改进和优化变革过程，PMO 确保变革能顺利实现预期的效益，并不断适应组织内外部环境的变化。

关于变革管理的内容，详见本书第 6 章。

10.1.3 扩展能力

由于项目管理职能具备综合管理属性，某些行业（如 IT、互联网等）会将部分甚至全部综合管理职能赋予 PMO，这对 PMO 拓展自身的综合管理能力提出了更全面的要求。

10.1.3.1 资源管理

资源管理是项目管理中的一项关键领域，涉及对项目所需的各种资源进行有效的规划、分配、监控和控制。资源可以包括人力资源、物资资源、财务资源、技术资源、设备资源、供应商资源等，需始终以支持组织战略、效益最大化为管理目标。在项目集的资源管理中，复杂性、不确定性与频繁变更交织在一起，因此，做好资源管理尤为重要。资源管理过程主要包括以下几项。

1. 资源规划

- 全面了解组织的资源情况和项目需求，确保资源的合理利用和效益最大化，避免资源的重复使用或浪费。
- 与各个项目经理和项目干系人合作，从组织战略出发，根据项目属性制定资源规划策略。
- 协助项目经理，对项目所需的人力、物资、财务、技术、设备等各类资源进行规划，包括但不限于其获取渠道、使用方法、使用周期等，合理分配资源。

2. 资源监控

- 根据项目的需求和优先级，将资源分配给不同的项目。
- 监控项目资源的使用情况，并定期报告给项目干系人。
- 及时发现资源短缺或过剩的问题，并采取必要的措施予以解决。
- 通过资源监控，PMO 可以提供准确的数据和指导，帮助项目经理做出明智的决策。

3. 资源利用

有效、高效地利用资源，以提高效率和生产力。其中，设备资源的利用尤其重要，需要做到合理安排时间和定期维护设备，以确保设备始终处于最佳状态。

4. 最佳实践和标准化

- 根据组织和行业最佳实践，制定资源管理政策、流程和选择工具，以确保资源管理的一致性和效率。
- 提供培训和指导，帮助项目经理和团队了解并遵守这些最佳实践。
- 持续优化。

10.1.3.2 组织级风险管理

组织级风险管理是确保组织在面对内外部风险时能做出适当的决策，以保护利益和实现目标的过程。通过有效的风险管理，组织可以降低不确定性，提高决策的可靠性，并在竞争激烈的环境中更好地应对挑战。通过建立多层级的风险管理体系、开展风险管理活动，实现组织对各级风险的识别、分析、监控及响应。随着环境和情况的变化，风险情况也会发生变化，因此组织级风险管理是一个持续的过程，需要定期回顾和更新。

PMO 除了要为项目、项目集提供风险管理框架，还应在组织以及项目组合中提供应对风险的策略，既要洞察组织层面对风险的偏好与接受度，还应在各级举措中明确各层级各组件的风险偏好，通过规避负面风险、降低负面风险的影响，或者积极应对正面风险、将机会与组织战略或各级组件目标对齐，推动组织的效益与可创造的价值最大化。

组织级风险管理的关键步骤包括以下几个。

识别风险：定期评估内外部环境，识别可能影响组织目标实现的各类风险，包括战略、操作、合规、市场等风险。

评估风险：评估每种风险的潜在影响程度和发生概率，以确定哪些风险需要优先处理。这可以通过定量分析和定性评估来完成。

制定风险应对策略：为每种风险制定相应的应对策略，包括避免、减轻、转移、接受或组合等策略，确保策略与组织的战略目标相一致。

实施控制措施：针对每种风险，制定和实施适当的控制措施，以降低风险发生的概率和产生的影响。这涉及政策、流程、培训和监督等。

监测与反馈：建立风险监测和报告机制，定期跟踪风险情况，及时发现风险的变化和新的风险，确保风险管理策略的有效性。

沟通与培训：向组织内部的各级人员传达风险管理策略和控制措施，提高员工对风险的意识和理解。培训员工识别、报告和处理风险的能力。

紧急应对计划：针对高影响风险，制定紧急应对计划，以应对突发情况，确保组织在风险发生时能快速、有序地采取行动。

持续改进：组织级风险管理是一个持续的过程，要定期审查和评估风险管理策略的有效性，并根据实际情况进行调整和改进。

通过这些步骤，PMO 可以让组织更好地应对各类风险，保护自身利益，提高决策的准确性和灵活性，从而在不确定的环境中保持稳健运营。

10.1.3.3 经营分析

除了对项目组合、项目集和项目进行与交付有关的经营分析,PMO 还可以对组织或组织的经营状况、业绩和运营活动进行系统性的分析与评估,以获取洞察力和决策支持。通过经营分析,PMO 可以使组织更深入地了解自身的优势和劣势,发现改进和创新的机会,支持战略规划和决策的制定,并优化业务流程和资源配置,以实现持续增长和竞争优势。经营分析可以从以下几个维度展开。

财务分析:从财务部门"知其然",从组织运营活动中"知其所以然"。PMO 可以与财务部门合作,获得组织的相关财务会计报告,对组织的基础运营活动从财务与会计的视角进行更深入的分析,从而为组织经营决策提供更面向细节的反馈。

运营分析:通过收集和分析运营活动产生的各种数据、设定评价指标与绩效测量,从而对组织的运营效率进行监控,必要时,可以触发相应的举措对运营进行改善。这也可用于监控运营活动是否与组织的战略保持一致。

市场分析:与业务部门合作,获得组织外部的资源与信息,对市场环境、顾客需求和竞争对手进行分析,以了解市场趋势、市场份额、消费者行为和竞争优势,对交付的举措进行有效评估,对战略拆解与落地的合理性与正确性进行反馈。

竞争分析:组织与外部环境有关的竞争分析,包括对竞争对手(或潜在竞争对手)的策略、产品、市场份额和绩效进行分析,以了解竞争环境和自身竞争优势,为组织战略方向、产品规划与开发等活动提供有价值的信息。

绩效评估:PMO 应参与组织内绩效评估的整个过程。在产品或项目驱动的组织中,PMO 可以从产品或项目交付的过程中收集到翔实的数据并加以分析,以为组织绩效评估提供支持。

预测和趋势分析:PMO 可以通过现有的数据对未来进行预测与趋势分析,为组织战略方向与举措的生成与推进提供数据支撑。通过预测与趋势分析,PMO 可以识别出组织的机会与风险,制定应对策略。

10.1.3.4 质量管理

在一些组织中,PMO 还承担了质量管理职能(这里提到的"质量管理"不仅仅包括项目交付期间的质量管理,也包括项目交付转运营后的长期质量管理）。它可能包括如下方面。

制定质量政策和目标：在质量管理体系中，明确质量政策和目标是关键步骤。这些声明应与组织的使命、愿景和战略目标相一致，为员工提供指导和动力。

制定质量手册和程序文件：创建质量手册和程序文件，详细描述质量管理体系的要求、流程和方法，这有助于组织成员理解质量标准和操作步骤。

流程设计与改进：分析组织的关键业务流程，确保它们能实现高效和高质量的结果。根据持续改进原则，不断优化流程以满足客户需求。

通过培训提升质量意识：必要的培训可以使组织成员理解质量的重要性，并掌握如何在日常工作中保持高质量。PMO 提供培训课程和认知活动。

制定质量指导文件：制定与质量相关的指导文件，如工作指南、检查表、标准操作程序等，以确保组织成员在执行任务时能准确遵循质量要求。

设立质量指标和绩效测量：设定合适的质量指标和绩效测量标准，用于评估业务流程和结果的质量，这有助于及早发现问题并进行改进。

建立质量风险管理机制：评估可能影响质量的风险，并制定应对策略，以减小风险的影响。

定期内部审核与审计：定期进行内部审核和审计，确保质量管理体系的符合性和有效性，以及发现问题并采取有效的纠正措施。

推动质量文化建设：通过领导示范、内部传播、庆祝成功案例等方式，鼓励将质量视为每个人的责任，构建积极的质量文化。

通常，组织会设立专门的质量管理部门，对交付的产品或服务的质量负责。这些部门可能与 PMO 的质量管理能力有一定的重叠，PMO 在组织展开质量管理相关工作中，应与这些部门充分合作，确定双方职责边界以及治理模式。

在质量管理方面有很多方法与理论，如六西格玛、PDCA 循环、全面质量管理（TQM）、6S、质量成本（COQ）、质量功能展开（QFD）、失效模式和影响分析（FMEA）等。

10.1.3.5　产品管理

如果 PMO 承担了产品管理的职责，就需要对组织提供综合性的产品管理方法和实践指南，以有效地开发、交付和管理产品或服务。这涉及产品生命周期的各个阶段的活动和决策，通常包括以下几方面。

产品策划：确定产品的目标市场、目标用户和核心功能，制定产品规划、产品路线图，确定产品特性的优先级，以指导产品的开发和改进。

产品开发：在产品策划的基础上，进行产品设计、原型制作、测试和验证，协调不同部门和团队之间的合作，确保产品按时交付，并符合质量标准和客户期望。

产品定价：考虑市场需求、竞争情况和产品的附加价值，确定产品的定价策略和定价模型，以实现盈利目标并满足市场需求。

产品推广：制定产品推广计划，包括市场营销、品牌建设和销售渠道的选择。开展市场调研、进行竞争分析和制定定位策略，以确保产品在目标市场获得较高的市场份额和认知度。

产品交付：组织产品的生产和交付过程，控制好产品质量和交付时间。与供应链合作伙伴和物流服务提供商合作，确保产品能按时、安全地送达客户。

产品支持：提供产品的售后支持和客户服务，包括产品维护、培训和技术支持。收集客户的反馈和需求，持续改进产品和服务，以满足客户的期望并提升客户满意度。

产品管理往往是跨部门、跨职能的，需要与市场营销、研发、制造、销售和客户服务等部门密切合作，PMO必备的组织协调能力在此具有一定优势。PMO可以通过有效的产品管理，帮助组织更好地理解市场需求，开发出有具有竞争力的产品，并实现持续的业务增长和提升客户满意度。

10.1.3.6 技术运营

技术运营是指组织在实施和管理技术方面的活动和流程，涵盖了技术基础设施的建设、运维管理、技术支持和技术项目的执行等方面，其主要目标是确保组织的技术系统和服务的稳定性、可靠性和高效性，支持业务运营和创新。有效的技术运营可以提高工作效率、降低成本、增强安全性，并为组织提供稳定和可靠的技术基础。有些PMO在一定程度上也承担了以下职能。

技术基础设施建设：创建一系列工具、能力（通常是信息技术相关的产品与解决方案，也可以是厂房、仓库等可以存放相应技术资料的设施），对技术创建、更新、评审等环节进行支持。

运维管理：负责技术设施的日常运营和维护工作，包括监控、异常处理、安全管理、重要文档资料的备份及恢复测试等。确保技术运营的各类环节与流程稳定运行，并及时处理和解决技术问题。

技术支持：提供内部员工和客户的技术支持服务，包括问题诊断、故障排除和解决方案的提供。确保用户能顺利使用技术系统和服务，并解决他们遇到的技术难题。

技术项目执行：负责技术项目的规划、执行和交付，包括软件开发、系统集成、技术改进等。协调项目团队、资源和进度，确保项目按时、高质量地完成。

技术监测和评估：通过监测和评估技术指标和性能，了解技术系统的健康状况和实际效果。通过收集和分析数据，识别潜在问题和改进机会，并制定相应的优化和改进措施。

10.2 PMO 成熟度模型

对于大多数组织而言，PMO 更多的是支撑交付团队和决策者的重要支持部门。随着组织的不断发展，PMO 需要承担更多的职能，逐步从价值交付扩展到卓越中心和基于经营分析视角的效能提升。因此，需要以 PMO 的视角建立成熟度模型，作为 PMO 的愿景和发展蓝图。

本节将从 PMO 价值产出的角度出发，关注结果的价值交付、过程的效能提升和组织标准化卓越追求的卓越中心（COE）三维特征，结合 PMO 发展路径的五个等级，整合建立三维五级的 PMO 成熟度模型（见图 10-4）。

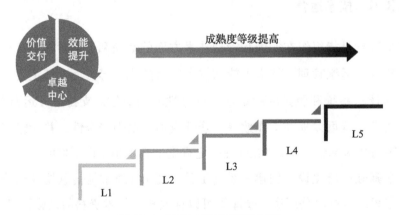

图 10-4　PMO 成熟度模型概览

10.2.1 各级别关键特征

PMO 成熟度模型阶梯如图 10-5 所示。

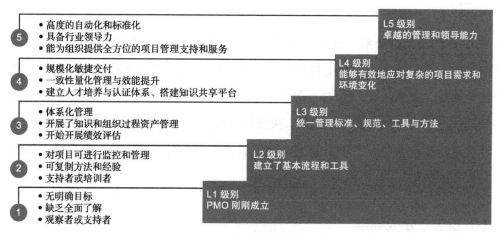

图 10-5 PMO 成熟度模型阶梯

L1 初始级别：PMO 刚刚成立。在此阶段，组织意识到了 PMO 的价值，成立了 PMO 团队，但团队还没有明确的目标，对目前组织的项目管理流程缺乏全面了解。PMO 成员以观察者或者项目支持人员的身份参与项目管理，对现状进行梳理。关键特征包括：缺乏有效的项目管理工具和技术支持；缺乏对项目管理的全面了解；以观察者或支持者身份参与项目管理过程；尝试对现有项目管理流程进行沉淀。

L2 可重复级别：PMO 已经建立了一些基本的项目管理流程和工具，并开始对其进行监控和管理。在此阶段，PMO 已经开始制定项目管理计划、监督项目进展、提供支持和培训等服务，并具备将方法、流程、工具复制到多个项目的能力。关键特征包括：建立了基本的项目管理流程和工具；开始对项目管理进行监控和管理；可复制方法和经验；提供支持和培训等服务。

L3 规范化级别：PMO 已经具备了一定的管理和领导能力，能有效地协调和管理多个项目的进展。在此阶段，PMO 已经开始制定高级项目管理计划、建立项目管理知识库、开展绩效评估等活动。关键特征包括：项目集管理；建立项目管理知识库；开展绩效评估等活动。

L4 量化管理级别：PMO 已经具备了高度的管理和领导能力，能有效地应对复杂的项目需求和环境变化。在此阶段，PMO已经开始采用持续改进的方法来提高自身的能力和效率，例如开展项目经验分享、实施变革管理等活动。关键特征包括：开始对战略进行管理；能对复杂项目组合进行管理；基于PMO能力模型建立完善的人才培养和认证体系。

L5持续改进级别：PMO已经具备了卓越的管理和领导能力，不仅能为组织提供全方位的项目管理支持和服务，同时能参与行业标准和规范制定，引领行业发展。在此阶段，PMO已经实现了高度的自动化和标准化，例如采用项目管理软件、建立项目管理框架等。关键特征包括：具备卓越的管理和领导能力；能为组织提供全方位的项目管理支持和服务；具备行业领导力；实现高度的自动化和标准化。

10.2.2 分级标准

PMO成熟度模型分级标准如表10-1所示。

表10-1 PMO成熟度模型分级标准

等级	定义	价值交付	效能提升	卓越中心
L1 初始级别	项目能交付可用的产品和服务，但过程管理相对随意，不具备可复制能力	有项目经理，能交付可用的产品和服务，但不具备可复制能力。此级别项目管理知识较为零散，应对问题的手段缺乏系统性和规范性	管理多采用瀑布式，交付节奏不好，应对变化的能力较弱	—
L2 可重复级别	项目按照一定的流程进行，基于规划与执行，可以支持大型复杂项目，并对方法、流程、工具进行沉淀	项目经理在有效交付的基础上，能支持大型复杂项目交付，开始采用项目集管理方法交付	尝试采用灵活的交付方法，并初步形成灵活交付的能力 工具：开始采用或自研项目管理工具以提升效率 过程度量：能初步定义效能指标以进行提升	开始制定标准化的项目过程管理流程，项目管理得到了初步的规范化
L3 规范化级别	具备从战略到项目的端到端交付与效能提升能力，并提升敏捷交付能力；逐步统一管理标准、规范、工具与方法	项目团队开始梯队化，能根据组织战略目标拆解出项目集和项目，实现战略—项目集—项目的端到端交付。项目集管理逐步标准化	灵活交付能力持续提升，团队具备持续快速交付能力，能及时响应变化 工具：实现端到端能力支持和项目管理全过程线上化，有效支撑交付协同效率的提升 过程度量：基于效能指标驱动过程和结果，效能得到提升	建立体系化管理方式，定义PMO成熟度模型和项目经理能力模型。建立主要项目管理标准、流程和方法，支撑组织交付和效能提升 内部有培养途径和标准课程，以培养项目经理 搭建组织资产库，积累足够的组织过程资产

(续)

等级	定义	价值交付	效能提升	卓越中心
L4 量化管理 级别	优化投资组合和资源分配，进一步提升从战略到项目的全链路规模化敏捷交付，进行一致性量化管理与效能提升，以确保战略高效落地。在规范化的基础上，支持基于场景的个性化裁剪，并提升工具自动化能力	项目团队能力更加完善，在端到端基础上新增项目组合管理，根据战略目标、商业论证建立项目集、项目准入准出标准，严格把控项目投资方向，实现投资效益最大化，且保证战略一致性	组织的灵活交付能力全面提升，团队具备以低成本快速响应变化的能力，且实现规模化灵活交付能力 工具：不断支持更多个性化场景，实现全链路可视化，并追求通过自动化能力提升效率 过程度量：基于定量指标和定性指标深度挖掘效能点，进行系统化提升	建立完整的组织级项目管理体系以支撑价值交付和效能提升，沉淀各种场景最佳实践和方法论并进行复用 基于能力模型建立完善的人才培养和认证体系 搭建知识共享平台，让组织知识有序存储和应用，形成知识共享和追求卓越的文化氛围
L5 持续改进 级别	基于组织经营绩效要求，不断对经营过程和价值交付进行持续改进，包括但不限于从战略到需求的全链路规范化、方法论、最佳实践、敏捷化能力提升；工具上实现自动化和智能化支持。参与行业标准或规范制定，引领项目管理行业发展	项目团队不断自我更新；基于组织经营要求，有效实现从战略到项目端到端交付；实现"业产研"战略和交付一体化，使其成为组织的核心竞争力和关键成功因素	赋能组织具备强大的产品试错能力，建立从需求探索到快速交付的全链路敏捷交付能力、团队自运转能力 工具：场景应用不断丰富且易用，自动化和智能化程度不断提升 过程度量：形成良好的效能文化氛围	根据组织内外部环境变化创新项目管理方法，帮助组织持续进化 参与或主导制定国家或行业标准 不断优化能力模型和成熟度模型，基于个性化需求建立培养体系并进行员工培养

10.2.3 评估标准

PMO 成熟度模型的诊断对象为组织的交付部门和 PMO 自身，倾向于宏观诊断与结果评价，进而发现各项能力的不足和提升方向。前置低成熟度能力项达到完全满足，是达到某一成熟度等级的前提，不能跨级评估。

以下对价值交付、效能提升和卓越中心的评估标准分别展开介绍。

10.2.3.1 价值交付

价值交付作维度包含目标管理、项目计划能力、项目跟踪和控制能力、风险识别与管控能力、用户导向五个子维度，如表 10-2 所示。

10.2.3.2 效能提升

效能提升维度包含快速响应能力、流程改进能力、度量与数据分析能力、团队自组织能力四个子维度，如表 10-3 所示。

表 10-2　PMO 成熟度模型——价值交付维度评估标准

维度		L1	L2	L3	L4	L5
价值交付	目标管理	以单一项目目标为导向，进行组项目价值交付	以大型复杂项目或项目集目标为导向，进行组合价值交付	以战略目标为导向，分解项目集目标，并进一步分解为项目目标，进行端到端价值交付	以战略目标为导向，通过商业论证保障项目目标的准确性，实现项目投资效益价值交付	以战略目标为导向，结合市场环境及经营策略，调整项目目标，实现项目业产一体化价值交付
	项目计划能力	初步了解和运用项目计划方法，能独立进行小型项目计划的制定，并能对计划进行分解和任务安排	熟悉并能运用项目计划方法，能独立进行中型项目计划的制定，并能对计划进行合理的分解和资源任务安排	掌握并熟练运用项目计划方法，有丰富的理论和实践经验，能为大型项目计划制定有效计划，并针对计划进行合理地调整和资源安排	在项目计划方法方面有丰富的理论和实践经验，能为大型复杂项目制定有效计划，并根据计划对现有资源进行调配和安排高效地推行和实施	在项目计划方法方面有丰富的理论和实践经验，能为战略性目标制定有效计划，能适时地针对计划进行合理调整，能合理地调配和利用现有资源，并能高效地推行和实施
	项目跟踪和控制能力	了解项目目标跟踪控制方法，能在指导下进行小型项目计划的跟踪，能在计划执行过程中协助解决问题	根据已有项目计划的具体要求和任务，独立地电子化地在项目执行中能实施，发现并反馈问题，并针对变更和突发事件采取相应纠正措施，保证项目按计划进行，并能利用数据对项目进行总结分析	根据已有项目计划的具体任务，独立地推行以完成项目目标，确保项目高质量完成，能提前发现主要问题并进行预警和规避，在问题发生后能准确定其根本原因并迅速解决，能利用数据分析的方法和工具，对项目情况进行过程控制及全面分解和预测	能进行大型项目或项目组的实施情况管理，确保项目组合成功，综合考虑产品、成本、技术、资源等多方面因素，高效地协调和安排各项目工作和进度，能处理解决重大变更和突发事件，有效进行规避措施，据项目过程进行总结提炼，形成方法论及模型	能从组织战略角度出发，综合考虑内容、成本、质量等多方面因素，高效协调和安排各项目工作和进度，具备经营思维，能结合市场环境和经营策略，优化调整项目管控过程，对过程中的问题能采取时有效的措施，以适应经效益目标
	风险识别与管理能力	能在指导下参与风险识别和分析，能在指导下参与制定风险规避措施	在项目的初期能主动预见项目的风险，能组织项目团队进行风险识别和评估，能组织团队制订并执行风险规避措施	在项目过程中能主动进行风险识别和评估，能独立制订风险应对计划并执行，对于执行过程中的偏差，能进行持续改进	始终把规避风险放在项目管理的重要位置，拥有丰富的风险控制经验，能对项目风险进行有效识别、进行定性、定量分析，并订应对计划，能通过收集和分析整理风险案例，建立组织的风险知识库	制定适合组织的风险管理策略，能积极分享风险管理的知识和经验，传授风险管理知识，能总结提炼，形成风险管理方法论和模型
	用户导向	接受用户的需求及痛点，并快速响应	理解用户的需求及痛点，并快速响应	坚持用户第一，避免出现危害用户利益的短视行为，用长远的眼光解决短期冲突	从用户角度出发思考，制定决策，采取行动，提供超越用户预期的产品与服务，为用户传递超预期的价值	从用户角度出发，全面思考问题，实现组织和用户双赢

表 10-3 PMO 成熟度模型——效能提升维度评估标准

维度		L1	L2	L3	L4	L5
效能提升	快速响应能力	以积极的心态面对变化，第一时间快速响应	第一时间采取有效行动应对变化，不踌躇不决，抗拒不决	第一时间制定响应方案、计划，并推进实施，达成目标	敏捷适应变化，模糊、动态的环境，能制定解决方案，达成目标	整合资源，应对挑战，把握机遇，快速超越预期目标
	流程改进能力	理解和执行现有流程并提出改进建议	能发现现有标准流程的问题，并提出改进建议；能结合自己的观察和理解优化现有流程和规范，并固化为流程和规范	针对自己所负责业务线的工作模式，融合不同领域的管理方法，设计项目管理体系，并不断改进和完善	针对组织的发展战略目标，制定或参与制定组织级相关的流程规范	针对组织的发展战略目标，主导和规划组织级的发展运营流程体系
	度量及数据分析能力	了解度量及数据分析的意义，具备度量的意识，在指导下收集数据	根据确认的度量模型收集信息，并有效度量；了解常用的数据分析方法，能在指导下通过数据分析日常工作中的问题，并提出解决方案	独立深入分析数据，厘清事物的多重关系，并提出有效的解决方案；根据反馈修正度量模型，优化分析方法	灵活运用度量技术，指导他人制定度量模型；积极运用有效数据分析方法，并找到复杂问题的解决方案；持续沉淀度量模型和数据分析结果	制定组织的度量模型；能运用有效数据分析方法，并提出有效的解决方案；在组织内部充当度量和数据分析的倡导者和传播者
	团队自组织能力	在项目经理的指导下完成项目工作	独立完成项目组内的沟通管理工作并达成共识，包括沟通计划编制、信息分发、绩效报告等沟通管理活动及处理项目内部的冲突	部分团队成员具备组织能力，可以组织简单的活动	团队全部成员具备组织能力，团队可以在组织者组织下运转	团队完全自组织运转，已形成良好的运转体系

10.2.3.3 卓越中心

卓越中心维度包含方法论建设、人才培养和认证体系建设、技术知识、业务知识、持续学习五个维度，如表10-4所示。

表10-4 PMO成熟度模型——卓越中心维度评估标准

维度		L1	L2	L3	L4	L5
卓越中心	方法论建设	定期或不定期进行工作总结，并不断优化工作	在工作中总结并提炼共性规律，对岗位进行核心或最佳案例进行沉淀，总结并输出成果，形成可复制的经验与模式，优化工作效率	通过标杆研究及内部实践，在本专业领域的方法论出切实存有效的方法论与推广应用	对某个领域发展最前沿的有深入了解和独到见解，掌握最前沿的方法论与工具，能开创性地进行一些创新性方法论与工具的研究与开发，对组织的提升起到专业领域相关作用	在方法论与工具的研究及开发上不断突破，引发相关专业领域的变革，为组织在相关专业领域的提升起到巨大、不可替代的作用，通过跨行业、跨组织、跨专业领域的知识分享与传播，推动专业进步与技术提升
	人才培养和认证体系建设	具备进行项目管理课程培训的能力，能帮助团队提升项目管理技能	具备进行通用类及专业类课程培训的能力，能帮助团队提升通用及专业技能	具备开发项目管理课程的能力，建立项目管理认证制度	具备开发通用及专业课程的能力，具备体系化认证制度	具备行业专家的能力，具备开发行业专业课程的能力，其认证体系受到行业认可
	技术知识	了解项目涉及的相关知识，如基本理论、开发模式、专业术语等	了解项目涉及的相关知识，如相关模块、开发模式	掌握项目周边相关领域的知识，如相关模块容易发生的同题或风险	积极运用软件开发及专业知识帮助项目进行质量改善	对研发模式有前瞻性的建议，能带领团队建设新的研发运营体系
	业务知识	了解业务相关产品形态、业务模式	熟悉业务相关产品形态、业务模式，了解行业相关产品形态、业务模式	提供业务相关产品形态、业务模式、运营规划和建议，能和讨论产品经理有效沟通和讨论产品形态、业务模式、运营模式	对行业产品知识有所研究和实践，能深入参与产品策划与建设运营模式	通过研究和分析，给出产品发展的前瞻性的规划及运营建议，并得到产品及团队的认可
	持续学习	准确认知自我差距，有强烈的学习意愿，能主动学习	能总结适合自身的学习方法，保障学习的效率及效果	能学以致用，融会贯通，将所学有效运用到实际业务工作中，提高个人及组织绩效	善于总结成功经验及发展成果，能通过培训、交流等方式在组织内分享，帮助他人学习提高	

10.3 PMO 从业者能力模型

大体上，PMO 从业者的能力分为五个方面，分别是基本素质和能力、项目管理专业能力、业务能力、技术能力、综合管理能力（见图 10-6）。PMO 从业者需要具备的能力非常多样，并会随着时间的变化而不断变化。并且，由于组织所在行业、对 PMO 的定位及 PMO 自身成熟度级别不同，对从业者的能力要求也有所区别。本节列举的能力并不要求所有 PMO 从业者都具备，可以根据实际情况匹配。

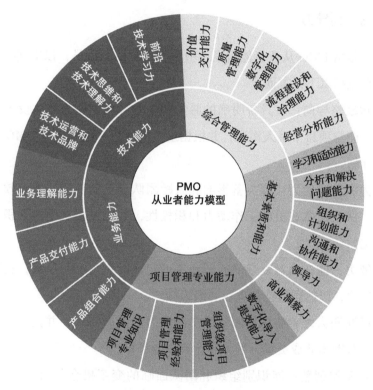

图 10-6　PMO 从业者能力模型

10.3.1　基本素质和能力

10.3.1.1　商业洞察力

商业洞察力是指 PMO 从业者对组织和行业的深入理解力，以及能将项目与商业目标对接起来的能力。它包括以下几方面。

深入了解组织：应对组织的战略目标、价值主张、核心业务和市场地位有充分的了解，了解组织的商业模式、运营模式以及组织的竞争优势。

行业和市场趋势：应持续关注行业和市场的发展趋势，了解行业的挑战和机遇以及行业标准、最佳实践和相关法规，以便将其融入项目管理实践。

创新和变革意识：应有创新和变革意识，能识别组织的创新机会和推动变革项目，应了解新兴技术和趋势，并能评估其对组织的影响和应用价值。

分析商业需求：识别项目的商业价值，并为组织提供战略建议和决策支持。

10.3.1.2 领导力

领导力是指 PMO 从业者能激发、引导和影响团队成员，以实现共同的目标和使命。它包括以下几方面。

愿景和战略导向：应具备明确的愿景和战略导向，能为团队设定明确的目标和方向；能与项目干系人沟通，并根据组织的愿景和战略制定 PMO 的发展方向和工作计划。

影响力和激励能力：应具备影响和激励团队成员的能力，能有效地传达目标和期望，激发团队成员的工作动力和积极性，并能在团队中建立积极的工作氛围和文化。

决策能力：能在面对复杂的问题和不确定性时做出明智决策，权衡各种因素，包括风险，以达到最佳的项目和组织绩效。

发展团队和人才：能识别团队成员的潜力和发展需求，并提供相关的培训和支持，以帮助团队成员提升能力和达到职业目标。

倡导变革和创新：能识别组织和团队面临的变革机会并引导其捕捉机会，鼓励团队成员提出创新的想法和解决方案，并能有效地管理变革过程。

有效的沟通和协调：能建立高效、协作的工作环境，引领团队应对挑战。

10.3.1.3 沟通和协作能力

沟通和协作能力是指有效地与他人进行沟通、合作和协作的能力，如良好的口头和书面沟通能力，以及与他人建立良好的工作关系、解决问题的能力。它包括以下几方面。

倾听和理解：善于倾听他人的观点和需求，理解各方的利益和关注点；建立良好的沟通渠道，以促进信息的流动和共享。

清晰的沟通：具备清晰、准确和有效地沟通的能力，撰写清晰的报告和文档，进行有效的演示和呈现，并与各级别的项目干系人进行交流和讨论。

团队合作：在团队中展现协作精神和领导能力，有效地管理团队资源，促进团队合作和协调，以实现项目目标。

10.3.1.4 组织和计划能力

组织和计划能力是指在管理和安排项目任务、资源和时间方面的能力。具备良好的组织和计划能力可以帮助个人有效地规划和执行工作，确保任务按时完成并达到预期的目标。它包括以下方面。

项目规划和管理：制定项目计划、时间表和资源分配方案，并能监控项目进展和执行情况。

资源管理：合理分配资源，确保项目能按时、按质、按成本完成。

风险管理：识别项目中的潜在风险，制定相应的风险应对策略，并能及时采取措施来降低风险的影响。

有效管理和协调多个项目：善于处理多任务和紧迫情况，并能根据需要进行优先排序和资源分配。

10.3.1.5 分析和解决问题能力

分析和解决问题能力是指对问题进行深入分析和寻找解决方案的能力。它涵盖了对问题全面理解、收集和分析相关信息、识别问题的根本原因以及提出切实可行的解决方案的能力。它包括以下方面。

数据分析和评估：运用适当的分析工具和方法，对收集到的数据进行分析和评估，揭示影响问题解决的关键因素和趋势。

问题识别和解决：识别和分析项目中的问题、趋势和风险，确定根本原因，并提出解决方案。

决策能力：在复杂和紧急的情况下权衡利弊，做出明智的决策，并承担相应的责任。

10.3.1.6 学习和适应能力

学习和适应能力是指不断获取新知识、适应变化和应对新情况的能力。它包括以下方面。

持续学习：关注项目管理领域的最新趋势、最佳实践和新兴技术，并不断更新自己的知识和技能。

反思和改进：反思项目执行过程中的经验教训，并进行持续改进；识别项目管理中的问题和瓶颈，并提出改进措施。

适应变化：应对项目和组织中的变化，包括战略变更、项目调整和组织重组等，以确保项目的成功实施；此外，还要适应不同项目和组织的需求。

10.3.2 项目管理专业能力

10.3.2.1 通过专业认证提升项目管理专业知识

掌握项目管理专业知识是PMO从业者的必备技能，这可以通过参加项目管理专业认证考试来全面掌握。这会为个人和组织带来双重好处：一方面，个人通过系统学习项目管理的基本原理、方法和工具，掌握国际标准和最佳实践，提高项目管理素质，从而提高项目管理的效率和质量；另一方面，组织得以建立和完善项目管理体系，提高项目成功率和风险控制能力，强化内部管理和协同能力，从而提高项目绩效和组织效益。常见的项目管理专业认证如表10-5所示。

表 10-5 常见的项目管理专业认证

序号	认证组织	认证内容
1	PMI（美国项目管理协会）	• CAPM：助理项目管理专业人士资格认证 • PMP：项目管理专业人士资格认证 • PgMP：项目集管理专业人士资格认证 • PfMP：项目组合管理专业人士资格认证 • ACP：敏捷管理专业人士资格认证 • PBA：商业分析专业人士资格认证 • RMP：风险管理专业人士资格认证 • SP：进度管理专业人士资格认证
2	IPMA（国际项目管理协会）	IPMP：国际项目管理专业人士资格认证。它分为四个等级： • A级：国际特级项目组合/项目集/项目经理 • B级：国际高级项目组合/项目集/项目经理 • C级：认证的国际项目经理 • D级：认证的国际项目经理助理

(续)

序号	认证组织	认证内容
3	AXELOS（国际化专业资格认证和最佳实践解决方案提供商）	PRINCE2：受控环境下的项目管理认证 • ITIL：信息技术基础架构库认证——主要适用于IT服务管理（ITSM） • MSP：项目管理最佳实践认证 • M_O_R：风险管理认证 • P3O：项目治理办公室认证 • MOP：项目组合管理认证 注：上述认证均分为两个等级
4	EXIN（国际信息科学考试学会）	Devops认证，分为三个等级： • 基础级（DOF-DevOps Foundation） • 专业级（DOP-DevOps Professional） • 大师级（DOM-DevOps Master）
5	Scrum Alliance（国际敏捷联盟）	• CSM：Scrum Master认证 • CSPO：Scrum Product Owner认证 • CSD：Scrum开发者认证 • CSP：Scrum专家认证
6	SAI（规模化敏捷官方机构）	• SAFe Agilist：面向决策层、领导者和经理的认证 • SAFe Practitioner：面向敏捷团队成员的认证 • SAFe Scrum Master：面向敏捷团队的Scrum Master角色的认证 • SAFe Product Owner/Product Manager：面向敏捷团队的Product Owner角色和敏捷发布火车的Product Manager角色的认证
7	国家人力资源和社会保障部、工业和信息化部	计算机技术与软件专业技术资格（水平）考试（简称"软考"），与项目管理相关的认证主要有两个： • 系统集成项目管理工程师（中级） • 信息系统项目管理师（高级）
8	中国软件行业协会	SPMP：软件项目管理专业人士能力评价。它分为三个等级： • 初级（SPMP·A） • 中级（SPMP·P） • 高级（SPMP·E）
9	中国标准化协会	项目管理专业人员能力等级评价体系，分为五个等级： • 项目管理专业辅助人员 • 初级项目管理专业人员 • 中级项目管理专业人员 • 高级项目管理专业人员 • 专家级项目管理专业人员

10.3.2.2 项目管理经验和能力

为了方便对不同项目管理从业人员的经验和能力有客观了解，根据项目管理从业年限，可大致将项目管理从业人员划分为初级、中级、高级和专家级四个等级，同时，不同等级的从业人员应具备相应的能力。

初级（1~3年）：有项目管理理论基础，在日常的项目管理工作中不断应用和实践，从而总结出适合组织、项目的一套项目管理方法；能胜任专业的项目管理工作，可成功交付一般项目；独立负责并成功交付至少1~3个一般项目。

中级（3~5年）：在沟通能力、领导力、决策能力及战略思维等方面有突出表现，可以成功主导和交付复杂项目并达成预期目标。

高级（5~10年）：在执行力、学习能力、解决问题能力、成就导向、全局项目计划等方面有更加成熟的表现，可以成功交付战略级项目、复杂的大型项目和项目集。

专家级（多于10年）：更加注重方法论的建设、知识的传承、人才的培养，以及业务能力、技术能力、项目跟踪和解决问题能力的提升，为项目管理标准和项目管理能力建设提供指导并输出领导力；通常负责管理大型组织的复杂项目、项目集或项目组合；具备根据组织项目管理需要搭建适合的管理体系的能力。

10.3.2.3 组织级项目管理能力

组织级项目管理（Organizational Project Management，OPM）是一种将项目管理和组织管理有机结合起来以实现战略目标的方法，它通过协调不同层面的项目、计划和资源，实现组织级别的项目管理和协同。在OPM体系中，项目、项目集、项目组合的全生命周期管理能力是其非常重要的一部分。

在项目层面上，PMO如同项目管理的中心枢纽，支持项目经理完成项目规划、执行、监控和收尾等工作。为此，PMO需要具备如表10-6所示的能力。

表10-6 项目层面的能力要求

序号	绩效域	能力要求
1	项目干系人	帮助项目管理人员识别项目的干系人，并与他们建立有效的沟通和合作关系；协助收集和管理项目干系人的需求，确保项目能满足他们的期望
2	团队	支持项目团队的建设和发展，包括协助制定团队建设策略、激励团队成员、促进协作和沟通，以及为团队提供必要的资源和支持
3	开发方法和生命周期	提供对不同开发方法和项目生命周期的了解和支持；与项目经理合作，评估并选择适合特定项目的方法和生命周期，并确保项目按照正确的方式进行
4	规划	支持项目经理进行范围、进度、成本、质量、资源、风险和沟通等方面的规划工作；提供模板、工具和最佳实践，帮助项目经理制定详细的规划
5	项目工作	协助项目经理处理任务分配、工作执行、问题解决和变更管理等工作；监督项目进展，协调团队资源，确保项目按计划进行，并及时采取必要的纠正措施

(续)

序号	绩效域	能力要求
6	交付	参与项目交付物的创建、审核和批准；确保交付物符合质量标准，并与项目干系人协商及确认交付物的接受标准和时间表
7	测量	协助确定绩效评估方法和工具，并定期监测项目的进展和成果；帮助项目经理评估项目绩效，并为其决策提供数据支持
8	不确定性	协助进行风险识别、评估和应对计划，并制定有效的风险监控机制；提供相关培训和指导，增强项目团队的风险意识和应对能力

在项目集层面上，PMO 需处理多个彼此交叉的项目之间的复杂关系，确保项目集目标的一致性和有效性。为此，需要具备如表 10-7 所示的能力。

表 10-7 项目集层面的能力要求

序号	绩效域	能力需求
1	项目集战略一致性	协助确定和定义项目集与组织战略目标的关联性和一致性；参与制定项目集的战略规划，确保所有的子项目和项目在目标的选择、优先级和资源分配上与组织的战略一致
2	项目集效益管理	支持项目集效益的管理和实现；帮助团队制定和监控项目集效益的评估方法和指标，并与相关团队合作，确保项目集能实现预期的商业价值，并及时调整策略，以使效益最大化
3	项目集干系人参与	负责协调和促进与项目集相关的各方的合作和参与；建立有效的沟通渠道，收集干系人的需求和反馈，推动项目集与干系人之间的互动和信息共享，以确保项目集的成功交付且满足干系人的期望
4	项目集治理	制定和执行项目集的决策机构，确保能够进行适当的决策授权和风险管理，并监督项目集的执行情况；提供规范和指导，帮助项目集管理者和团队遵循最佳实践，提高项目集管理的质量和效率
5	项目集生命周期管理	确定和优化项目集的规划和执行阶段的方法和工具，跟踪和监控项目集的进展和绩效，并及时调整资源和计划，以确保项目集按计划交付；协助进行阶段性评审，审查项目集的成果，促进知识管理和经验教训的共享，以提高项目集管理的效率并持续改进

在项目组合层面上，PMO 需要考虑决策对组织效益、战略风险等的影响。为此，PMO 需要具备如表 10-8 所示的能力。

表 10-8 项目组合层面的能力要求

序号	绩效域	能力要求
1	项目组合战略管理	参与制定和调整项目组合战略；对项目可行性分析、需求评估、资源评估等有深入了解并提供支持，帮助确定对组织目标贡献最大的项目组合，并确保其与组织战略一致
2	项目组合治理管理	协助建立有效的决策和管理机制，以确保项目组合符合治理框架、政策和规范的要求；参与制定项目选择和优先级确定的流程，提供相关数据和分析，支持项目决策的制定和执行

(续)

序号	绩效域	能力要求
3	项目组合绩效管理	参与度量和监控项目组合的绩效；收集、分析和报告项目组合的关键绩效指标，与预期目标进行比较，识别绩效差距，并采取相应的纠正措施以提高组合绩效
4	项目组合沟通管理	参与制定和执行项目组合的沟通计划；协调各项目之间的沟通和协作，向相关利益干系人传达项目组合的重要信息，促进信息共享和沟通交流
5	项目组合风险管理	参与识别、评估和应对项目组合面临的风险；支持项目风险评估和管理流程，提供专业知识和工具，帮助项目组合识别潜在风险并采取适当的应对措施，最小化风险对项目组合绩效和组织目标的影响

10.3.2.4 数字化导入提效能力

数字化技术主要包括信息系统、项目管理平台和实施数据分析等方面，能有效提升 PMO 的项目管理能力。要围绕业务建立和开展，并时刻关注数据安全能力、优化数字化流程的能力、维护数字化系统与工具的能力、数字化培训与赋能的能力（见图 10-7）。

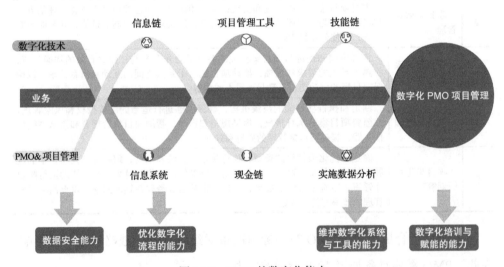

图 10-7　PMO 的数字化能力

在数字化能力建设的过程中，PMO 从业者应时刻注意安全合规，要同时树立合法意识与保密意识，防范数字化技术对隐私和信息安全造成威胁，警惕数据泄露和网络攻击等风险。

10.3.3　业务能力

PMO 从业者需要了解所在行业的市场环境、竞争情况、发展趋势、技术创新、法规政策等方面的知识，以便更好地理解项目的背景和目标。这包括以下内容。

- 了解行业的运作机制和市场情况。
- 了解客户业务及相关的市场发展策略。
- 具备基本的行业技术知识。
- 对行业前沿知识保持敏感性，关注行业发展动态。
- 了解业界同行的相关运作方法。
- 了解行业相关法律法规，在指导下发现法律风险和公关危机。

此外，在横跨多个专业领域的项目中，理解不同行业的特点，对项目执行有很大帮助。

10.3.3.1 业务理解能力

越能理解组织业务，PMO 从业者就越能理解自己的工作职责和目标，更好地与各团队合作，更准确全面地对项目交付做出判断。这包括以下内容。

（1）**行业**：理解行业是组织制定战略和决策的基础。

价值链：通过分析组织的供应链、生产流程和销售渠道，了解组织在价值链中的位置和角色，以及组织如何通过各个环节创造价值。

市场环境：通过市场调研、行业报告和竞争分析，了解组织所处的市场环境，包括市场规模、竞争格局、行业趋势等。

竞争对手：了解竞争对手的产品和服务及其如何满足客户需求，以发现自己的优势和不足。

（2）**组织**：理解组织的现状与未来。

组织定位：组织的愿景、使命和目标等。

组织战略：组织的战略目标和发展方向，以及如何通过业务来实现这些目标。

组织优势：组织的市场地位、销售渠道以及设计、开发和运营能力等。

组织架构：组织内部的各个部门、职能和人员之间的关系和层次结构，包括部门划分、职责和权力、层级关系、沟通和协作方式等。

（3）**产品和服务**：通过研究组织的产品文档、市场调研和竞争分析，了解组织提供的产品和服务，包括产品的发展沿革、功能模块、适应领域。

客户需求：通过与客户沟通、市场调研、分析客户反馈和用户画像等方式，了解客户的期望、问题和需求，以便能提供满足客户需求的产品或服务。

产品功能和特点：有助于将产品规格和要求转化为技术要求，包括功能、性能、安全性、可靠性等方面的要求，从而确定项目的范围和时间表。

产品的技术要求：评估技术要求的可行性，包括技术可行性、资源可行性、时间可行性等方面。

产品的商业模式：有助于确定项目的商业目标和预期效益。

10.3.3.2　产品交付能力

产品交付能力，简言之，就是产品对整个项目交付过程的支撑能力，它在很大程度上决定了项目交付的进度、成本和质量，是提高项目交付效率的核心潜在因素，因此我们从项目生命周期四个阶段加以探讨和应用。

1. 项目前期

沟通能力：项目前期所需的沟通能力主要指干系人需求分析能力。需要与不同干系人沟通，深入调研其真实的业务痛点，从而确定问题与目标。围绕如何根据干系人需求设计产品，需要进行大量的验证和测试，从而减少设计和执行阶段的沟通歧义或损失。在项目前期，沟通能力有时还包含谈判能力，这就需要制定合适的谈判策略，包括确定目标、制定计划、选择合适的谈判方式等，帮助从业者更好地掌控谈判的进程和结果。

任务分解能力：根据合同中的内容，明确项目的目标、范围和时效性，明确项目所需的人力、资金和资源，最终确定项目任务的完成时间、里程碑等。

风险识别及分析能力：项目风险指在项目建设过程中，出现某种影响项目正常开展或对项目造成直接损失的可能性，常见的风险有进度风险、质量风险、技术风险、人员风险和成本风险等。根据项目风险制定适当的风险应对策略，包括避免、减轻、转移和接受。分析风险可以使用风险核对表、专家会议、分解法等方法。

2. 项目实施阶段

沟通能力：项目实施阶段的沟通能力主要指解决冲突的能力。项目实施中常常会出现各种冲突，如因资源分配、时间表安排引发的冲突等，好的解决冲突的能力使从业者能找到解决方案，在保护项目利益的同时，与干系人互利共赢。沟通能力还用于日常工作交流、主持项目启动会、各里程碑评审会等。

实施标准化：为确保项目顺利交付，从业者应围绕组织项目实施各个环节，从前端销售、设计管理、计划管理，到采购管理、发运、包装，再到后期交付。通过了解项目业务阶段关口的交付物的各方面要求，明确对项目实施人员的工作要求，制定一套标准的体系化管理模式，并列入项目管理工作规范，以保证合同与交付质量。不同的项目可通过裁剪定制，呈现各自的个性化、差异化。

资源协调能力：在资源有限的情况下，通过加强整合管理，合理、充分、有效地利用人、财、物，以取得更大的经济效益。PMO从业者应了解所有项目参与部门的资源情况，争取所有可调动的资源，保障项目高效交付；同时，协调、管理和控制内部及外部资源，优化供应链布局，以保证合理有效发运，确保项目按时交付。

风险监控能力：监控和跟踪已识别的风险，及时发现和处理风险事件，并采取必要的措施进行风险控制。同时，与干系人进行有效的风险沟通，包括向管理层和员工传达风险信息，以及与外部合作伙伴和监管机构进行风险沟通。

3. 项目收尾阶段

项目验收能力：作为项目交付的最后一环，项目验收非常关键，PMO拥有好的验收能力可缩短项目交付周期。PMO从业者应推进验收各环节的落地，使项目顺利验收这包括：

成立验收小组：验收小组的主要组成为使用部门、信息技术部门、招标部门、财务等部门，该项工作需要领导的参与和批准。另外，对于金额比较大的项目，有条件的也可以请股东代表参与。

确定验收策略：根据项目的特点，验收小组确定项目验收的方式（是否需要分阶段验收及阶段划分方式），制定验收计划，并与供应商进行沟通和确认。

确定验收内容和标准：明确各阶段验收的条件、验收的内容、验收通过的标准以及需要提交的资料清单等。

领导审批。

4. 项目结束后

项目绩效评价能力：项目团队的绩效高低并非由单一因素决定，而是在主客观多种因素的影响下不断变化的，绩效考核要从多个维度进行综合评定。PMO要制定客观的绩效管理制度，确保绩效考核公开透明，以事实为依据进行评价，避免主观臆断和个人情感因素的影响。需要注意的是，实施绩效考核的目的是促进员工和团队的成长与发展，而不是奖惩。

项目复盘能力：这是PMO从业者必备的一项能力，也是出资人对投资活动进行监管的重要手段。通过对项目复盘，PMO可以发现项目决策与实施过程中的问题与不足，从中吸取经验教训，提高自身的项目决策与管理水平。

问题并不总是等到项目结束之后才出现，所以，复盘可在日常项目推进过程中开展。既可以对项目全盘进行复盘，也可以针对某个里程碑或者某个具体问题进行复盘。

复盘的重点是总结经验和教训，包括团队方面的总结和个人方面的总结，例如，回顾项目初期的规划是否合理，分析项目过程中是否存在问题，当时的解决方案是否是最优。通过复盘，可以营造积极的团队氛围，对某一类问题达成共识，归纳出对项目具有决定性影响、对全局具有参考作用的经验与教训，优化管理机制和项目流程。

知识转化能力：为沉淀组织过程资产，PMO应在项目结束时归档相关知识。这包括以下几个方面。

项目直接产出的过程和结果资料：项目交付物、技术方案和成果、设计稿、源代码、过程资料文件等。

项目管理形成的流程和知识资产：管理标准、流程、模板等，以及国标行标、法律法规解读、风险点、策略、项目管理经验与教训总结文档等知识库。

10.3.3.3 产品组合能力

产品组合能力是指组织对正在进行的项目（包含一系列子项目）或产品进行组合，并对其做出权衡取舍的能力。

PMO从业者通过深入分析客户需求，向干系人提供不同的产品或服务方案，并根据组织因素不间断地评估产品和进行组合优化，为干系人提供高价值的解决方案，实现项目价值最大化。产品组合通常综合考虑以下因素：

- 组织内部优势。
- 技术可行性。
- 财务稳健。
- 法务合规。

为了给干系人提供独特利益和卓越价值，PMO从业者应充分做好项目需求分析——不仅是干系人提出的需求，还应开展多次详尽的调研，以了解和分解干系人从事的业务，从业务分析得出业务需求（包含需求产生的背景、问题业务链条），以确定方案设计思路；此外，还应了解客户完整的决策机制。

产品评估与筛选主要分为三个步骤：①确定潜在的项目方案；②定义评估项目产品的价值标准；③依照选择标准对每个潜在的项目方案进行评估。

为了做出更好的评估，产品评审方法可采取综合评分法：首先，确定评估准则，为每个评估准则赋予权重，显示其重要性；其次，按照每个评估准则给产品打分，计算出每个产品的加权分数，得出方案的排序。

10.3.4 技术能力

在以技术为主的项目管理工作中，PMO从业者需要具备一定的前沿技术学习能力、技术思维和技术理解力和技术运营能力等，从而具备全面的业务视角，有效推动项目开展。

10.3.4.1 前沿技术学习能力

随着信息技术的不断更新迭代，项目管理也在不断适应和改进。PMO从业者需要及时学习和掌握所在行业的前沿技术和实践方法，从而可持续、高质量、高专业度地指导和管理项目。这包括以下几方面。

明确学习目标，保持敏感度：确定要学习的前沿技术领域，明确学习的目标和主题，以便更有针对性地学习，对最新的科技趋势和发展动态保持敏锐的洞察力。

了解基础知识：在学习前沿技术领域之前，需要了解该领域的基础知识和相关背景，建立基础知识体系。这些可以通过学习相关的教科书、综述文章、课程等方式获取。

阅读前沿技术论文：这是了解前沿技术领域最直接、最有效的方式。可以搜索相关期刊、会议论文集等，并结合前沿技术领域的研究热点、趋势和方法进行深入分析和思考。

参加相关学术活动：参加前沿技术领域的学术会议、研讨会、讲座等活动，与领域内的专家学者交流互动，了解最新的研究成果和研究动态。

开展实践项目：通过开展前沿技术领域的实践项目，掌握实践技能和研究方法，深入了解前沿技术领域的问题和挑战。

10.3.4.2 技术思维和技术理解力

技术思维的目标主要是解决具体的技术问题、优化技术性能，它是解决技术问题的一种特有的思维活动，其实质就是从技术的角度提出创造或改造事物的方案和意见，涉及技术发明、技术设计、工艺和施工措施、技术管理、决策等。技术思维和管理思维有很大的不同（见表10-9）。

表 10-9 技术思维和管理思维的差异

比较方面	技术思维		管理思维	
关注中心	以过程为中心	• 关心每项任务本身，而不是整体目标 • 不重视计划，对任务缺乏控制	以目标为中心	• 以终为始，关注整体目标 • 实现的路线、影响目标实现的因素、各种事件对目标的影响，区分重点
事物结构	局部思维	• 过于关注细节，对整个项目工作的内容、完成路线没有概念 • 上来就干，工作缺乏计划性、条理性	整体思维	• 采用结构化分析方法，自顶向下，先整体后局部 • 有时也采用头脑风暴，先从细节展开再归纳
逻辑思维	以机器为中心	• 思想单纯，性格直率 • 在人际问题上过于讲究逻辑	以人为中心	• 人是执行项目的主体，关注事情本身，更关注人的价值 • 学会包容，能与各种不同性格的人打交道
决策依据	完美思维	• 不关心进度和成本，只关心完美的功能和代码，并视之为艺术 • 经常将上一任的工作推倒重来	平衡思维	• 拒绝镀金 • 在进度和质量之间，员工个性与团队凝聚力之间，员工、项目、组织和客户之间取得平衡
人际关系	个人思维	• 以个人为中心，单兵作战，依靠个人能力 • 性格固执，工作方法简单	团队思维	• 发挥每个成员的作用比个人埋头苦干重要得多 • 关注团队分工和配合以及士气和凝聚力

技术思维的决策方式有如下特点：

- 强调数据和证据，倾向于在完整信息下做决策。
- 倾向于通过逻辑分析和系统设计来处理复杂性。
- 倾向于精确、明确的沟通。
- 倾向于通过规划和预防来降低风险和不确定性。

技术理解力：理解和感悟技术中所蕴含的全部意义和价值的能力。它强调的是对技术本质性、应用性的理解和感知，而后将其转化为运用指导，转化到管理职能的内涵中，转化到组织的目标计划中。

不同的技术理解宽度影响了技术融合的跨度，不同的技术理解思路决定了技术不同的运用方向。管理者的角色定位和使命任务决定了其不仅是技术的实践者，更应当具备三种技术力素养，让技术进入管理视野、产品流程，从而让技术真正落到产品中，形成效益点。这三种技术力素养分别为：

- 具备对前沿技术追踪领会的技术敏感性。
- 能创设性地将产品需求与技术有机融合。
- 能前瞻地判定技术运用的输出点。

10.3.4.3 技术运营和技术品牌

技术运营：利用技术进行服务的人，或者说直接操作技术的人。他们是上层的技术使用人员，懂得维护、使用和规划，让技术服务于更上层的设施，对业务和业务团队提供全生命周期的运营支持。

技术运营和技术运维是不同的，二者的区别如表 10-10 所示。

表 10-10 技术运营和技术运维的差异

技术阶段	技术运营	技术运维
倾向性	主动的	被动的
持续性	长期可持续	短期不可持续
状态	积极前进	稳定固守
阶段	改进	维护

技术品牌：组织将"技术"作为品牌建设的核心，其他一切品牌要素围绕

此核心进行设计、统一与规划的品牌。

重大的革新很多是由技术驱动的，技术能颠覆性地改变品牌的地位，所以，技术品牌化在品牌经营管理中至关重要。然而，很多人仅仅从纯科学的角度看待技术，认为技术就是技术，看不到技术品牌在品牌网络中的重要地位。

要想建立和维护好技术品牌，必须明确区分技术品牌和有形产品品牌，如表 10-11 所示。

表 10-11 产品品牌和技术品牌的差异

比较方面	产品品牌	技术品牌
应用范围	广泛应用于个人及家庭用产品，如服装、化妆品、家用电器等	广泛应用于商用产品，如 Linux、Ubuntu 等自由和开放源码类的 Unix 操作系统、照相机制造商的影像技术等
产品	主要是简单的产品，其出产技术、产品的结构比较简单	主要是复杂的商用产品，产品的技术要求高、结构复杂
品牌建设要素	需要强化细微特征以示区别，提出独一无二的销售口号	需要把产品的许多特征凝缩成一个概念
产品消费特点	大多是快速消费，如穿一件衣服、用一盒牙膏等，使用时间和使用寿命较短	持续的、长期的消费
产品消费行为	不需要训练	产品使用者必须经过严格、有效、长期的训练才能掌握这种技术，将它用于出产其他产品
品牌动力特性	多数购买行为属于冲动购买，如买一包香烟、一件衣服、一本书等	购买者必须经过仔细考虑后方购买，如各计算机制造商对 Unix 的新一代操作系统的采购，就必须经过组织慎重的技术和经济评价
品牌诱导因素	视觉冲击力比较强、易于演示，消费者所需要的产品触手可及，能快速引起消费者的认可，营销人员的营销手段也容易产生效果	购买者必须研究专门的资料，需要获得组织的购买批准
品牌实力构成要素	利益、价值、文化	品牌的领导地位、稳定性、国际性、进展趋势、所获支持

10.3.5 综合管理能力

10.3.5.1 经营分析能力

经营分析能力是指 PMO 从业者能运用数据和分析方法来理解项目和组织的业务情况，并从中获得商业洞察和决策支持。这包括以下几方面：

数据收集与整理：收集各类与项目相关的数据，包括项目进度、资源利用、成本情况、风险评估等，同时也要整理其他业务数据，如市场需求、竞争状况等，以全面了解项目所处的市场环境。

数据分析与解读：运用数据分析工具和技术深入研究数据，找出其中的规律和趋势。通过数据分析识别潜在问题、风险和机遇，从而及时制定出应对措施和做出决策。

风险评估与预测：对项目风险进行评估和预测，了解其可能对项目造成的影响，以便制定相应的风险管理策略。

绩效评估与优化：对项目绩效进行定期评估，并根据评估结果来优化项目管理过程。经营分析能力可以帮助 PMO 确定项目绩效指标，并监测项目在各个阶段的表现，从而推动项目的持续改进。

决策支持：通过数据驱动的决策，帮助干系人做出明智的决策、优化资源分配，提高项目成功的概率。

市场分析与商业洞察：了解行业趋势、竞争对手的策略，为项目的商业决策提供更全面的信息。

10.3.5.2 流程建设和治理能力

流程建设和治理能力是指 PMO 从业者对项目执行过程进行监督、管理和决策支持，以确保项目按照计划顺利推进的能力。这包括以下几方面。

流程建设：制定项目管理流程和规范，确保项目团队能按照一致的方法工作，以降低项目风险，提高项目交付的质量和准时性。流程建设需要深入了解组织的需求和业务流程，以制定适合组织的项目管理流程。

流程改进：不断监控和评估项目管理流程的有效性，并根据实际情况进行改进和优化。这有助于保持流程的灵活性和适应性，以应对变化的项目需求和市场环境。

治理能力：PMO 从业者负责项目执行的监督和治理，以确保项目按照计划进行，达到预期成果。这可能包括项目进度和预算的监控、风险管理、决策支持等。

10.3.5.3 数字化管理能力

数字化管理能力是有效利用数字技术和工具管理和运营业务的能力。在不同阶段表现为不同的能力。

前期：将系统和工具导入并应用到管理实践的能力。PMO 要熟练掌握各种项目管理工具，如 Microsoft Project、JIRA、Leangoo、飞书等，以便更好地管理项目进度和风险等。

中期：数字化管理平台的应用能力。这可以帮助组织：

实现项目的全面化管理：通过帮助组织管理项目的进度、质量、安全等各个方面，提高项目的管理效率和成功概率。

实现信息化管理：通过帮助组织实现信息的共享和交流，提高组织的协同能力。

实现资源管理的优化：通过帮助组织管理人力资源、物资资源、设备资源等，实现资源的合理分配和利用。

后期：持续优化运营能力。将数字化思维融入日常工作中，不断完善数字化工作的流程和标准，提高数字化管理的效率和水平。例如，利用数字技术，为生产、销售、服务等环节的智能化管理提供帮助；利用社交媒体、搜索引擎、大数据等数字化工具，为精准营销、提高品牌知名度和用户黏性提供支持；通过数据分析，深入了解用户需求、市场趋势，帮助组织制定更精准的策略和决策等。

10.3.5.4 质量管理能力

PMO 从业者负责以执行组织的名义开展质量活动，所需具备的质量管理能力包括以下几方面。

全面的质量理论知识：对各种质量体系有深刻的认识，并有质量体系认证、维护等方面的丰富经验。此外，质量知识的掌握是全方位且永无止境的，必须持续深入地研究质量管理的科学理论。

质量活动的策划、组织和协调能力：质量管理离不开各种质量活动的策划、组织、沟通和协调，例如参与建立质量管理体系、制定质量发展战略、开展阶段性的质量活动、制定质量控制计划等。

质量管理工具和方法的使用能力：质量管理五大工具包括：统计过程控制（Statistical Process Control，SPC）、测量系统分析（Measurement Systems Analysis，MSA）、失效模式和效果分析（Failure Mode & Effect Analysis，FMEA）、产品

质量先期策划（Advanced Product Quality Planning，APQP）、生产件批准程序（Production Part Approval Process，PPAP）。

质量管理常用方法：戴明环（PDCA）、石川图、帕累托图、田口方法、奥巴量尺、海因里希法则、检查表、现场抽样表等。

数学和统计能力：可以结合质量管理工具和方法对相关数据进行分析、归纳、总结和决策，主要包括三个分布（正态分布、二项分布、泊松分布）、两项分析（相关分析、方差分析）以及假设检验。

附录 《PMO 知识体系指南》编审人员

基于当前国内外 PMO 工作环境与各行业现状,"PMO 前沿"社群组织发起《PMO 知识体系指南》的内容编写共创工作。本附录包含了所有参与《PMO 知识体系指南》共创并做出贡献的人员,他们在本书的编写过程中贡献了大量的智慧、时间和精力,为本书的出版提供了重要的保障。

《PMO 知识体系指南》发起人:郑志伟

《PMO 知识体系指南》编写委员会秘书长:陈明锋

《PMO 知识体系指南》编写委员会副秘书长:周沐岚

《PMO 知识体系指南》编写委员会项目组核心成员

陈信祥　专家组组长、全书评审专家

张　丽　专家组副组长、全书评审专家

云　倩　全书统稿负责人、全书评审专家

温洁莹　第 5 章、第 7 章框架起草人

黄荷婷　第 4 章、第 8 章框架起草人,第 4 章进度负责人

黄磊磊　第 3 章、第 6 章框架起草人

鲍正伟　第9章框架起草人、全书配图设计负责人

宁艳超　特邀全书评审专家

郑志伟　第2章、第10章框架起草人，全书评审专家

周沐岚　第1章进度负责人、全书评审专家

宋文琴　第2章进度负责人

孙一丹　第3章进度负责人

周　翡　第5章进度负责人

欧观逢　第6章进度负责人

孙国龙　第7章进度负责人

郭昇华　第8章进度负责人

苗秀娟、尚利强　第9章进度负责人

陈明锋　第10章进度负责人、全书评审专家

《PMO知识体系指南》编写委员会专家组核心成员

范钰洁、王晓宇、黄奕彬、张文静、姚钧、吴伟明、代春娇、谢钊、王天宇、李满香、徐杰、吴炳彬、黎畅流、续华、雷志刚、黄翔、司寒羽、陈浩、杨帆、申建、楚永志

（以上专家为各章节编写/统稿负责人，负责统筹对应章节内容的编写、审校工作。根据章节顺序，排名不分先后。）

《PMO知识体系指南》编写委员会章节内容编写小组成员

前　言　张丽

第1章　范钰洁、高艳红、郑志伟、周中华、熊兴隆、王彦、谢海伦、易晨、廖勇

第2章　张文静、宁艳超、张雅坤、熊兴隆、吕庆冬、王晓宇、肖成胜、黎畅流、苏晓宇、罗正青、郑智鹏、秦宝林、邝欣欣、毕萍、任亚明、李坤、林晓俊、朱双杰、戚恒亮、何天坤、赵健凯

第 3 章　范钰洁、郑志伟、毕萍、温洁莹、郑智鹏、张茂新、刘亚非、杨中原、孙佳欣、兰天翔、高俪、柯敏、赖路燕、王兴、易晨、陶安琪（10）^㊀、姣柔、吴虹莹、岳银朝、张文荣

第 4 章　谢钊、李繁毓、黄荷婷、陈利华、郭芸霞、丁宁、谭丽、陈兰兰、黄鹏飞、王静华（3）、张曦、魏晓婷、霍加磊、王海新

第 5 章　王天宇、谭建、薛非非、陈有才、柴颖、刘悦好、汤玉清、何海斌、白洁、曾江城、金晶、陈燕、李家乐、周冲、陈剑、张鉴庭、舒雅

第 6 章　吴炳彬、黎畅流、黄金梅、陈良斌、牛佳宁、曲力源、王培琳、叶建强、姚靖芬、唐雁芳、陈纪旸

第 7 章　续华、雷志刚、游逸、熊飞、曾令婷、张卓、余晶晶、陆振宇、陈志强、丁成龙、黄琦、林善栋、徐慕宽、黄琦

第 8 章　黄翔、雷志刚、黄荷婷、游逸、罗震环、高飞、詹国嵘、汪珺、李石、付鹏、李玉梅、于晓茜、张新宇、邹颖、李斯隆、陆振宇、齐玲玲

第 9 章　陈浩、蒋敏、周石磊、陈丰兰、司马青涛

第 10 章　杨帆、王彦、娄玉山、胡晓通、施金奎、王永思、陈丰兰（9）、杨中原（3）、张任英、廖勇（1）、郭伟、梁旭杰、隋汕、刘珊、高巍、吴兴东、高英鑫、段婉超

（以上专家主要负责各章节内容的编写工作，排名不分先后。）

《PMO 知识体系指南》编写委员会章节内评审小组成员

周沐岚、李焕、姚钧、毕志强、宁艳超、刘春娇、黄磊磊、吴伟明、张永彬、杨志娅、曾旭杰、陈渊、谢钊、李繁毓、罗园、王天宇、王海新、陈利华、李满香、李安亮、蒋敏、温洁莹、徐杰、孙永帅、王抒音、陈纪旸、吴炳彬、续华、张祺、罗海、雷志刚、罗正青、汪珺、胡金凤、黎畅流、杨帆、申建、孙渤禹、应仙杰、陈浩、张锐捷

（以上专家主要负责各章节内部的评审工作。根据章节顺序，排名不分先后。）

㊀ 同时参与的章节，余同。

《PMO 知识体系指南》编写委员会统稿小组成员

全书统稿：云倩、吴晓松、鲍正伟、林煜森、代春娇

全书配图设计：鲍正伟、赵莎

章节统稿：黄奕彬、邝欣欣、高艳红、王培琳、孔德宇、白洁、王静华、孙公正、耿佩剑、黄海悦、王印、高文娟、赵怿辰、王秋月、刘奇峰、朱国锋、柴颖、冯继锋、徐杰、郑桂贤、邦捷、苏南、黎畅流、唐雁芳、曾江城、黄晓玲、游逸、熊飞、徐永志、曾婷婷、刘奇峰、杨帆、申建、王红霞、孙渤禹、郑智鹏、雷佳、刘宁、郑佳欣

（以上专家主要负责各章节内部的统稿工作。根据章节顺序，排名不分先后。）

《PMO 知识体系指南》外部审阅专家

以下专家为本书的出版提供了宝贵的建议：

强茂山教授、丁荣贵教授、兰国胜博士、许秀影博士、张斌博士、杨青教授、贾梓筠博士

其他为体系指南共创做出贡献的成员

周瑞宸、董一立、单旭峰、郑妍、宁越、于梦磊、刘春娇、付海燕、付渊龙、马晓、刘峥、王莉莉、吴泽希、张嘉、张学志、林若华、陈晓裕、姜爽、王洋、张彭彪、张星、高安娜、李亚超、黄铁

（以上专家为体系指南初稿框架的编写、书面评审等方面提供了重要意见。）

为《PMO 知识体系指南》的共创工作提供支持的组织

京东零售集团

北京睿思力行管理咨询中心

深圳市亿图软件有限公司